D0877074

François Mitterrand

DU MÊME AUTEUR

À l'aube du féminisme. Les premières journalistes,
Payot, 1979.
Misérable et glorieuse. La femme au XIVᵉ (sous la dir.
De Jean-Paul Aron), Fayard, 1981.
Secrets d'alcôve : une histoire du couple de 1830 à 1930,
Hachette, 1983 ; Fayard, 2013.
L'Amour à l'arsenic : histoire de Marie Lafarge, Denoël, 1986.
Avignon : 40 ans de festival (avec Alain Veinstein),
Hachette, 1987.
*La Vie quotidienne dans les maisons closes de 1830
à 1930,* Hachette, 1990 ; Fayard, 2013.
Les Femmes politiques, Seuil, 1994.
L'Année des adieux, Flammarion, 1995.
Marguerite Duras, Gallimard, 1998.
À ce soir, Gallimard, 2001.
Dans les pas de Hannah Arendt, Gallimard, 2005.
Les femmes qui lisent sont dangereuses (avec Stefan
Bollmann), Flammarion, 2006.
Les femmes qui écrivent vivent dangereusement
(avec Stefan Bollman), Flammarion, 2007.
Femmes hors du voile (avec Isabelle Eshraghi), Éditions
du Chêne, 2008.
L'Insoumise : Simone Weil, Actes sud, 2008.
Les Femmes qui aiment sont dangereuses (avec Elisa
Lécosse), Flammarion, 2009.
Françoise, Grasset, 2011.
Les Femmes qui lisent sont, de plus en plus, dangereuses
(avec Stefan Bollmann), Flammarion, 2011.
Manifeste féministe, Autrement, 2011.
Immortelles, Grasset, 2013.
Marguerite Duras, Flammarion, 2013.
Manifeste pour les hommes qui aiment les femmes, J'ai lu, 2014.
Le Théâtre, sensation du monde (avec Claude Régy),
Éditions universitaires d'Avignon, 2014.
Un long samedi (entretiens avec Georges Steiner),
Flammarion, 2014.
Vivre (avec Anise Postel-Vinay), Grasset, 2015.

LAURE ADLER

François Mitterrand

Le roman de sa vie

BIOGRAPHIE

Prologue

On a beaucoup cité son nom, ces derniers temps. Soit pour regretter qu'il n'ait pas eu d'héritières ou d'héritiers ayant son ascendant et son autorité pour savoir rassembler toutes les tendances d'un parti qu'il eut tant de mal à construire et à conserver ; soit – y compris dans le camp de ses opposants politiques – pour rappeler qu'il avait eu, lui aussi, « des affaires » à la fin de son second septennat, qui lui avaient valu de subir un harcèlement moral et médiatique.

Peu importe qu'on l'aime ou qu'on le fustige aujourd'hui. L'important est qu'on parle encore de lui. Et cela, il le voulait. Sachant que son nom viendrait après celui du Général De Gaulle, il espérait, comme on dit, « entrer dans l'Histoire ».

En ces temps de post-élection présidentielle où les citoyens ont eu l'amère impression qu'on leur avait volé leur campagne, les choix de vie commune ayant souvent été effacés par la succession des scandales, la vie personnelle et politique de François Mitterrand a beaucoup à nous apprendre sur l'évolution des mœurs, la transformation du paysage médiatique, l'importance des réseaux sociaux qui ont changé profondément la nature de la politique et de ce que signifie « faire de la politique ». Ce qui était considéré comme un engagement est-il devenu une forme subtile de marketing, une forme de scénarisation de notre réel, une usine à rêves auxquels plus personne ne croit ?

Aujourd'hui, devenir président ne fait plus guère rêver que les professionnels de la politique, au grand dam des électeurs, qui aimeraient bien être du même monde et se sentir dans le même monde que ceux qui prétendent les gouverner.

François Mitterrand a commencé à faire campagne dans les préaux d'école et a terminé son second mandat sous forme de confession à la télévision. Les moyens d'atteindre les citoyens ont été bouleversés depuis. La politique a-t-elle pour autant changé de « nature » ? Je ne le crois pas, et les principales questions que s'est posées François Mitterrand – sans quelquefois vouloir ou pouvoir les résoudre – demeurent d'une brûlante actualité – comme l'éventualité d'un renouveau du socialisme, la VIᵉ République, la cohérence d'une Europe forte et tant d'autres...

François Mitterrand a choisi la politique comme terrain de chasse pour assouvir sa nature ambitieuse sans vraiment tout lui sacrifier. Ce qu'il aurait voulu « vraiment », comme disent les enfants, c'était être écrivain. Tel est le point départ de ce livre, qui est à la fois une biographie, une enquête, un travail de réflexion historique. La publication, il y a quelques mois, de ses *Lettres à Anne* et de son *Journal*, documents passionnants et vertigineux sur son amour profond de la culture et sur la force de ce qu'il appelle « l'âme » ne fait que renforcer et mes intuitions et ma conviction.

Toute sa vie, François Mitterrand a écrit. À ses amoureuses – vous découvrirez ici des extraits de sa correspondance avec sa première amoureuse, Marie-Louise – à ses amis, à ses compagnons et adversaires politiques. Ses discours de député, de sénateur, de ministre, il les a écrits. Ceux qu'il a prononcés pendant ses deux septennats aussi. Et nous sommes une poignée d'ex-conseillers à la culture à l'Élysée à savoir mieux que quiconque qu'il n'acceptait jamais de se mettre dans les mots choisis par d'autres, y compris dans des circonstances mineures. Aujourd'hui, l'avant-dernier président a préféré parler et commenter son action avec des journalistes politiques plutôt que de se mettre devant l'écran blanc de son ordinateur.

François Mitterrand admirait les écrivains. Les vivants, il les fréquentait. Les morts, il les relisait sans cesse. Président, il commençait toutes ses journées par la lecture de livres, pas seulement d'Histoire mais également de fiction et de poésie. Certes, des livres, il en a écrit – des livres de politique, qu'il ne considérait pas comme de « vrais livres », et il n'a jamais pu mener à bien l'ouvrage qu'il aurait voulu consacrer à Laurent de Médicis. Ce qu'il aurait aimé savoir – mais est-ce une histoire de savoir ? – c'est se mettre devant une page blanche et imaginer des mondes. Il l'aura fait à sa façon en inventant une manière de faire de la politique.

Comme il paraît lointain, ce temps où la politique pouvait changer nos vies. Maintenant, on fait surtout en sorte qu'elle la dévaste le moins possible en s'engageant dans des causes associatives. Mais laissons de côté la nostalgie. Ce livre est aussi personnel : il raconte l'histoire d'une fille qui a découvert les manifs en 68 et s'est éveillée alors à la joie de l'action commune, puis qui a continué à penser que le « nous » était un impératif pour que le vivre ensemble continue à être possible.

C'est ainsi qu'en 1981, le 10 mai, dès les résultats de l'élection connus, je me suis retrouvée place de la République, mon fils sur les épaules, pour chanter la victoire et crier à l'unisson, sous cette pluie qui ne cessait pas de tomber comme pour doucher notre enthousiasme : « Mitterrand, du soleil ! » J'avais suivi sa campagne avec passion, assisté à des meetings et désiré ardemment sa victoire. J'attendais de lui qu'il puisse changer la vie.

Que s'était-il passé pour que ce personnage public, en l'espace de sept ans, se soit métamorphosé ? Que s'était-il passé pour que ce vieux monsieur, sur qui je n'aurais pas misé un kopeck en 1968 – j'avais défilé avec mes camarades aux cris de « De Gaulle au rencard, Mitterrand au placard » – réussisse en 1981 à devenir le représentant du peuple de gauche tout entier ? Comment et pourquoi ce vieux briscard a-t-il réussi à porter nos espérances et à les incarner ? Le fait d'être devenue trentenaire m'avait-il dessillé les yeux ? Le mouvement n'était pas seulement générationnel. Il entraînait avec lui des militants et des non-militants, des jeunes et des vieux, des cadres et des ouvriers, des paysans et même quelques patrons. Il en résultait une vague d'espoirs, certes, mais aussi de partage, débouchant sur une reconnaissance réciproque. Il introduisait un *nous*. Nous étions avec Mitterrand, car *nous* étions *de gauche*.

J'ai suivi avec fierté et enthousiasme les débuts de sa présidence, avec émotion, même, par exemple lorsqu'a été votée l'abolition de la peine de mort. Je suivais les grands débats sur les changements de la société, j'étais impressionnée par sa culture et la langue qu'il parlait, par sa capacité à situer les choses dans leur perspective historique. Il donnait au fait d'être de gauche du sens et de la dignité, et je le défendais chaque fois qu'il était attaqué. Je n'étais pas pour autant une « militante ». Il ne me serait pas venu à l'idée de prendre une carte du parti socialiste – pas plus que d'un autre parti d'ailleurs. Je m'ennuyais ferme quand je participais à des réunions dites « de gauche », tant le vocabulaire me paraissait obsolète et les revendications corporatistes et peu imaginatives. Je trouvais aussi que le gouvernement n'allait pas assez vite sur le social et l'éducation et pensais que le parti mettait des bâtons dans les roues du président sur le chemin des réformes. Bref, j'étais plus « mitterrandienne » que socialiste.

C'était au début du second septennat, un samedi de l'hiver 1989. Un homme au ton un rien cérémonieux me demande au téléphone si je peux venir voir le président de la République l'après-midi même. Le président de la République ? Je crois à une plaisanterie de mon fils qui connaît mon attachement à François Mitterrand, que je n'ai évidemment jamais rencontré. L'homme rappelle une deuxième puis une troisième fois. La fois suivante, c'est Jean-Louis Bianco, alors secrétaire général de la présidence, qui est au téléphone. Le président veut me voir. Il en ignore la raison, mais c'est urgent.

Tout se passait comme si je me retrouvais de but en blanc dans un roman. L'Élysée désert, le crissement du gravier, le ciel bas, l'attente interminable devant la porte du bureau présidentiel, sous le tableau de Balthus... On lira la suite de l'histoire au fil de ces pages. Un an plus tard, je rejoignais l'équipe présidentielle comme conseillère culture. Trois ans après, je décidais de retrouver mon métier de journaliste. « Vous allez avoir du mal, m'a avertie le président. On va vous soupçonner d'être parachutée. Et puis, vous allez vous ennuyer, loin de moi et de l'Élysée. » J'ai ri. Il a gardé son sérieux.

Six mois plus tard, comme pour lui donner raison, je revenais à l'Élysée. Mais cette fois, il ne s'agissait plus d'être sa collaboratrice. Je venais lui demander s'il accepterait que les portes de l'Élysée me soient ouvertes, que je puisse rencontrer ses équipes en toute liberté, que je le suive, lui, dans tous ses déplacements et que nous nous voyions une fois par semaine sans ordre du jour. À ma grande surprise, il a aussitôt accepté. C'était la dernière année de son mandat. J'ignorais tout de sa maladie et de la part d'ombre de son rôle sous le régime de Vichy, qui allait être mise en pleine lumière. Je voulais écrire la chronique des derniers mois à l'Élysée. Ce fut *L'année des adieux*[1]. Je lui en soumis le texte avant publication, et je me souviens qu'il en corrigea quelques fautes de ponctuation et de grammaire, mais qu'il s'abstint de tout commentaire sur le fond.

---

1. Flammarion, 1992 (*N.d.É.*)

J'ai ensuite continué à lui rendre visite de temps à autre. J'aimais ces rencontres qui n'étaient jamais l'occasion de bavardages, mais où l'humour, la gentillesse, avait partie liée avec l'intensité. J'en ressortais toujours avec l'impression d'avoir vécu un moment de plénitude. Il savait ses jours comptés mais, comme Marguerite Duras, qu'il connut dans sa jeunesse et avec qui il garda des liens étroits, il restait à l'affût des moindres signes de vie qu'il pouvait faire siens : la beauté de la lumière, le goût d'un mets, l'éclat d'un poème. Toujours, il était désireux de comprendre – et même, jusqu'à la fin, d'apprendre. Toujours, il était prêt à se laisser surprendre. Le président, pour moi, cédait le pas à la personne, qui ne cessait de me captiver.

Plus les années passaient, plus la densité romanesque de sa vie m'a semblé ressortir de l'amas de commentaires dans lesquels on l'a enfermé. Et plus a mûri en moi le projet d'écrire une sorte de roman de sa vie, articulé autour de « journées particulières ». Disons que la narratrice, tout en s'appuyant sur des données historiques précises, a cherché à faire vivre son personnage « de l'intérieur ». Sa boussole, au fond, a été l'intuition de François Mauriac qui, dès le milieu des années 1930, lorsqu'il l'a rencontré, a saisi l'ampleur de l'imaginaire de Mitterrand et compris qu'il se forgerait un destin.

De chaque moment de sa vie il voulait faire une page de roman. Pour répondre aux déceptions du réel, il imaginait des scénarios, s'inventait des chemins de traverse et de contournement à l'aide de la fiction. Ce livre est donc un roman vrai, nourri de recherches, d'archives – certaines inédites – et d'un grand nombre de témoignages.

De François Mitterrand, on dit souvent qu'il fait penser à un secrétaire anglais, doté de nombreux tiroirs donnant eux-mêmes sur des tiroirs qui, à leur tour... Il cloisonnait, en effet, les différentes facettes d'une vie dans le labyrinthe de laquelle on peut se demander s'il ne finissait pas par se perdre lui-même. Il ne commentait jamais ce qu'il faisait, pas plus qu'il ne donnait la moindre explication. Le silence était le complice de ses secrets.

Dans les pages qui suivent, je ne me suis pas donné pour projet d'essayer à mon tour de débusquer le « mystère Mitterrand ». J'ai seulement essayé de saisir comment il a fait face aux événements auxquels il a été confronté sa vie durant. À la manière d'un joueur d'échecs qui ne craint pas de jouer avec le diable, il a pris des risques considérables à plusieurs reprises, quitte à sombrer à tout jamais.

La politique a occupé l'essentiel de son temps, sans pourtant avoir d'emprise, à y regarder de près, sur l'essentiel de sa vie. Il répétait, d'ailleurs, dans les derniers temps, qu'il avait raté sa vie. On prenait cela pour une boutade non exempte de coquetterie. On n'avait pas forcément raison. La réussite d'une vie ne se mesurait pas, pour lui, à son degré d'élévation dans l'échelle sociale. Certes, il a été président de la République pendant quatorze années et a tenu son rôle jusqu'aux derniers instants, laissant sa marque dans l'histoire du xxe siècle et dans celle de la gauche, mais il ne s'est jamais identifié à la fonction. Envers et contre tout, il aura préservé la liberté d'être d'abord lui-même, fût-ce entre les murs de la prison dorée de l'Élysée.

J'ai commencé ce travail il y a trois ans et demi en ignorant qu'on commémorerait cette année le centenaire de la naissance et le vingtième anniversaire de la disparition de François Mitterrand. Je me suis efforcée de suivre un homme à la trace, pour ne pas dire de journée en journée, ne retenant toutefois que celles susceptibles de donner au portrait ses couleurs, que j'espère déliées des marques de la légende. C'est d'un homme, oui, qu'il est question ici, dans la succession des moments qui ont composé ce « présent » qui fut le temps auquel il aimait conjuguer sa vie et les choses, à l'immédiateté desquelles il croyait, se défiant des leurres de l'« événement ».

Vivre un temps toujours neuf n'est pas se faire complice de la prudence. Plusieurs fois, les choses n'ont pas basculé dans le bon sens et il a dû faire l'expérience de l'échec. Pas une fois, en tout cas, il n'a pensé qu'il ne parviendrait pas à reprendre le dessus. Même sur l'obstacle, et au risque de ne pas prendre le bon chemin, il ne savait aller que de l'avant.

À sa grand-mère qui lui demandait ce qu'il voudrait faire plus tard, il aurait répondu : « pape ou président ». Il était encore trop jeune. Il n'avait lu ni Proust, ni Gide, pas plus qu'Ovide ou les stoïciens... Lire lui apparaissait sans doute comme le plus court chemin vers l'écriture. Écrire : toute sa vie, au fond, il a rêvé de devenir écrivain. Et c'est en lisant et en écrivant qu'il s'est laissé surprendre par la mort.

1

26 octobre 1934

Il s'est réveillé en retard. Il déteste se lever tôt. Il n'a pas le temps de descendre au réfectoire, mais fait tout de même une courte prière devant son crucifix et dévale en courant la rue de Vaugirard.

Il porte un pantalon trop court qui découvre de grosses chaussettes en laine. Sa mère, en faisant son trousseau il y a quinze jours, n'a pas réalisé qu'il avait pris quelques centimètres au cours de l'été, même s'il se trouve toujours trop petit. Qu'importe. Il ne s'intéresse pas aux vêtements, mais ne supporte pas de ne pas être, en apparence, comme les autres.

Après le cours à la fac il a rendez-vous avec Louis, condisciple du 104 – ainsi appelle-t-il ce foyer dirigé par des prêtres de la Société de Marie situé au 104, rue de Vaugirard – chez son tailleur. Il va commander un costume. Son premier costume. Cadeau d'anniversaire de son père.

Aujourd'hui il a dix-huit ans.

Il est rêveur, timide, compliqué. Il n'en mène pas large depuis son arrivée d'Angoulême voici quinze jours. Il n'éprouve aucun sentiment d'infériorité à l'idée d'être un provincial qui débarque à Paris. Au contraire, il est fier de ses racines terriennes, mais, dans la capitale, il ne connaît personne, ignore le nom des rues et, comme il déteste demander quoi que ce soit à qui que ce soit, il préfère se perdre dans les ruelles de Saint-Germain-des-Prés.

Ne jamais rien devoir aux autres. Telle est sa devise. Il ne se sent pas pour autant maître de son destin. Pour cela, il s'en remet à Dieu. Croire est pour lui une évidence et non le fruit d'une réflexion.

Enfant de chœur, il aimait l'odeur des lys dans la sacristie, la psalmodie des Évangiles, l'accomplissement du rituel. Célébrer, recommencer à l'identique.

Hier soir, lors de la réunion à la bibliothèque du 104, il a osé prendre la parole, cité un fragment de l'encyclique de Pie VI, qu'il admire pour la profondeur de sa démonstration. Il s'en veut d'ailleurs, car il s'est laissé emporter par sa fougue, il a trop longuement parlé et ses remarques se sont insensiblement transformées en cours quasi magistral.

Il se juge prétentieux et a du mal à trouver le *tempo* entre ce qu'il ressent et ce qu'il peut en dire. Il se sent à côté de lui. Soit il est paralysé par la timidité, soit il en fait trop.

Les rares moments où cette sensation de ne pas faire corps avec lui-même le quittait c'était, l'an dernier, quand, avant de s'endormir, il murmurait à Claude, son voisin de dortoir, des passages entiers des *Nourrituresterrestres*. Maintenant, il lit Montherlant et vient de commencer la *Recherche*. Les romans sont pour lui la répétition à blanc de la vie à venir.

François Mauriac lui a donné rendez-vous dans deux jours. Il a hâte de le rencontrer et de parler avec lui de son oncle Robert, sorte de génie philosophique épris de catholicisme social, avec qui Mauriac a vécu dans cette maison même. Sa mort tragique, d'une phtisie galopante, à l'âge de vingt ans, a contribué à faire de lui une figure tutélaire, une sorte de modèle. Sa mère parle souvent de son frère adoré et c'est pour honorer sa mémoire qu'elle a inscrit son fils dans cette pension catholique de la rue de Vaugirard où il vécut des jours heureux.

Il arrive essoufflé dans l'amphi. Le cours est commencé. Il aperçoit au loin, entre deux travées, allongé à même le sol, un de ses camarades qui fait un somme. Ce n'est pas son genre. Il ouvre son cahier, dessine des nuages et pense aux huîtres qu'il va commander au restaurant.

Ce soir, en effet, il est invité à dîner par son frère aîné, Robert – oui, dans ces familles-là, il est courant que des enfants portent les prénoms des disparus trop aimés – chez *Ruc*. Pour fêter son intégration à Polytechnique.

Lui n'aime pas ce genre d'école, et il n'aurait pas supporté la discipline requise, mais il respecte son choix.

Le cours l'ennuie. Il entend des choses qui ne le concernent pas. Alors, il rêvasse. Et, à chaque fois, c'est l'enfance qui revient. Il se revoit allongé au fond de la barque. Le clapotis de l'eau résonne dans sa poitrine. Il écoute la stridence du rossignol. Son père est assis tout près de lui, silencieux. Il ne doit pas faire un geste. Son corps est engourdi de chaleur. Il est 11 heures du matin. Son père, depuis l'aube, pêche. Ils n'ont pas prononcé un mot depuis qu'ils sont partis de la maison. Pas besoin. Surtout ne pas porter atteinte aux bruits de la nature. Tout à l'heure il ira courir dans les champs, il s'enfoncera dans les rangées dégagées par la moissonneuse-batteuse. Avec un peu de chance, il attrapera des cailles à main nue dans les blés fraîchement coupés.

Les étudiants font claquer leur pupitre. Il cligne des yeux. Plus que deux mois à attendre pour rejoindre le clan familial.

Il ne sait pas bien quoi faire de sa vie. Ses parents l'ont laissé libre de l'imaginer à sa guise. Certes, sa mère ne lui a pas caché qu'elle avait de l'ambition pour lui, intellectuelle, pas forcément sociale. Elle l'aurait bien vu prêtre mais n'a jamais osé lui en parler de vive voix. Avocat aussi, pourquoi pas ? Lui-même pense que le droit peut mener à tout. Il rêve de devenir journaliste littéraire. D'être payé pour lire. Et, peut-être, un jour, lui aussi, de pouvoir écrire. On verra.

Il a des idées qui lui roulent dans la tête, le jour comme la nuit. Trop d'idées. Il s'en plaint d'ailleurs. Il préférerait être plus pragmatique, moins idéaliste.

Déjà, il rêve sa vie. Il la veut pleine de risques, dangereuse.

2

16 mai 1935

Il a pris de l'assurance. Il est devenu un jeune homme élégant sûr de ses capacités oratoires et de sa faculté de séduction. Il s'entend à merveille avec le prêtre, le père Plazenêt, qui dirige le 104 et s'y est fait une bande de copains. Une fois les cours terminés, il va avec eux au café de *La Petite Chaise* écouter les élucubrations de son copain Ferdinand Lop. Juché sur une table, le partisan de « l'extinction du paupérisme à partir de 10 heures du soir » harangue son public pour tenter de le convaincre qu'il ferait un excellent président de la République. Sa première mesure serait de faire voter des crédits pour prolonger le boulevard Saint-Michel jusqu'à la Seine. Ça fait hurler de rire François.

De temps en temps, il se joint aux Camelots du roi et aux Jeunesses patriotes pour participer à certaines manifestations au Quartier latin. Bagarres. Coups de poing. Coups de canne. Il ne déteste pas. C'est un rite initiatique qui l'amuse. Il n'a pas hésité à porter sur le visage le masque d'un groin de porc pour défiler boulevard Saint-Michel avec les Volontaires nationaux, ces jeunes qui, comme lui, admirent le colonel de La Rocque, à la tête des Croix-de-Feu.

Il est de droite, légitimiste, ayant une forte idée de la nation, catholique, traditionaliste.

Il écrit chaque semaine au père Jobit, son professeur de philosophie d'Angoulême, et lui confie son intérêt de plus en plus grand pour la politique. Néanmoins, il ne souhaite pas et ne pense pas possible que le désir politique puisse prendre le pas sur l'action chrétienne. Il assiste tous les dimanches matin à la messe à Saint-Séverin avec son frère Robert. Après, ils vont au restaurant. Mais, le plus souvent, dans la semaine, il dîne au réfectoire du 104, où on fait le bénédicité – comme chez ses parents – avant le repas. Il va, de temps en temps, à l'Assemblée nationale écouter des hommes politiques et vient de décider de prendre des cours d'exercice oratoire.

C'est bientôt la fin des examens. Il sort de plus en plus. Il a vite compris les règles de la vie étudiante, et, à Sciences Po, n'assiste qu'à certains cours, ceux où *il faut se montrer* ; il est dilettante et content de l'être. Plus jeune, il n'était pas bon élève, ce qui inquiétait Robert, qui l'a supplié de travailler plus. Il a refusé, mais a réussi à avoir de meilleures notes. À Paris, c'est pareil. Il butine de cours en cours, l'après-midi surtout. Le matin il lit la *NRF*, à laquelle il est abonné, puis flâne dans les librairies – il vient d'acheter les *Vues sur l'Europe* d'André Suarès et se passionne pour Julien Benda, auteur de *La Trahison des clercs*, que lui a fait découvrir son ami Pierre et qu'il a lu et relu plusieurs fois.

Deux fois par semaine, il joue au tennis. Déjà, il aime les tournois et déteste perdre.

Hier soir, Pierre et lui sont allés tous deux au théâtre voir *Le Chef*, d'après Drieu La Rochelle. Il aurait préféré, chez Jouvet, revoir *Ondine* mais son ami a insisté – le critique dramatique de *L'Action française*, qu'ils lisent avec passion, en avait fait l'éloge.

Pierre milite à l'Action française depuis l'âge de quatorze ans. Il était sur le pont de la Concorde le 6 février 1934 et a vécu cette journée dans un état de grande exaltation. Depuis, il est devenu un castagneur quasi professionnel et aime à faire peur.

Lui, l'Action française, ce n'est pas son genre, même s'il respecte les choix de son meilleur ami. Sa mère n'a cessé, depuis qu'il a dix ans, de lui répéter que si on y adhérait on était excommunié... Pas question d'encourir les foudres de Pie XI, qu'il admire tant. Cela ne l'empêche pas d'accompagner Pierre aux réunions de l'Action, chaque semaine, rue Saint-André-des-Arts. Il y retrouve des étudiants de la fac de droit. Ils sont plus d'une centaine à écouter Gustave Le Bon, Morris, Buchon... Maurras est toujours là. Quelquefois il prononce un discours. Pierre boit ses paroles. Lui, prend des notes. Il ne croit pas, comme Pierre, que le suffrage universel constitue un appauvrissement de la vie de la cité et que le choix du roi pour la gouverner soit le meilleur. Son éducation, sa foi le poussent vers la politique de ses convictions : l'engagement social. C'est ainsi qu'il se rend en banlieue avec ses camarades de la Jeunesse étudiante chrétienne, un dimanche par mois, pour porter des vêtements et distribuer la soupe à des nécessiteux. Mais, une fois ses bonnes œuvres accomplies, la conscience tranquille, il invite à la patinoire une de ses camarades de Sciences Po et la convie ensuite à l'accompagner chez les Lévy-Despas, des amis de la famille, qui, chaque dimanche après-midi, font des thés où sont régulièrement invités Éric Satie, Paul Valéry, Arthur Honegger.

Il est ondoyant, papillonnant. Il le sait et cultive déjà cette multiplicité de facettes qu'il peut créer et faire coexister sans problème.

C'est un taiseux. Très jeune, il a compris la force du secret.

Ainsi, il n'a pas dit tout de suite à son ami Pierre qu'il avait adhéré aux Croix-de-Feu dans la section jeunesse, aux Volontaires nationaux. Contrairement aux Jeunesses patriotes et aux Camelots du roi, ces derniers ne font pas partie du Front national. Mais il a bien du mal à convaincre ses camarades du 104 que les Volontaires nationaux ne sont pas, à proprement parler, un organisme politique et qu'on ne peut pas ne pas les cataloguer à droite. Il a pourtant organisé deux conférences et s'est enflammé en appelant à une France propre, forte, tissée de courage, d'entraide et d'honneur. Certains ont ricané en l'écoutant. Il n'en a cure.

Il a aidé cet après-midi le père Plazenêt à transformer les deux salles du réfectoire en salle de conférence. Ce jeudi soir l'institution religieuse reçoit le colonel de La Rocque. Pendant deux heures, il écoutera, fasciné, cet homme expliquer comment son mouvement, né des anciens combattants, cherche à pénétrer toutes les couches de la société en faisant appel aux valeurs de la bienfaisance et de l'action sociale.

Il monte dans sa chambre. Sur son bureau, en face d'une reproduction d'un primitif italien punaisé au mur, une lettre de sa mère. Elle lui demande s'il a bien pris son quinquina, évoque très rapidement ses fièvres, ses étouffements de plus en plus fréquents, mais s'attarde surtout à décrire la beauté du chant de la fauvette qui est revenue devant sa chambre dès le début du printemps.

Dans un mois, il pourra la prendre dans ses bras.

Ce soir il faut qu'il s'endorme vite. Demain c'est la finale du tournoi. Il doit être à la hauteur de sa réputation. On l'appelle « le crocodile ». Ses camarades le trouvent teigneux, opiniâtre, courant après toutes les balles, ne se croyant jamais définitivement battu.

François Mitterrand, lors d'une manifestation de l'Action Française en février 1935.

3

12 janvier 1936

Dans sa dernière lettre – écrite au crayon – sa mère lui explique, avec sérénité et humour, son indocile préparation à ce qu'on nomme autour d'elle « ses derniers moments » qui, hélas, n'arrivent pas.

Après une interminable agonie, et, contre les avis de ses médecins, elle commandera des huîtres et du vin rouge avant de s'endormir définitivement ce 12 janvier.

Il n'était pas là et le regrettera.

Depuis que sa grand-mère l'a choisi pour la voir « partir », il est persuadé qu'il entretient des rapports privilégiés avec les mourants. Il sait les toucher et aime leur parler jusqu'à leur dernier souffle.

Chaque soir, avant de s'endormir, il pense à sa mère et à sa grand-mère.

Plus tard la communauté des morts s'agrandira. Il gardera la même habitude. Il y consacrera de plus en plus de temps.

4

28 novembre 1936

Il a, pour la première fois, sa photographie dans un journal. *L'Écho de Paris*, quotidien de droite fondé par Thierry Maulnier et Jean de Fabrègues, lui demande son avis sur les conséquences de la dernière grève universitaire. Il est président, depuis juillet, de la section littéraire de ce journal auquel il envoie souvent des articles. Si jeune et déjà président.

Il porte un costume, une cravate. Il n'est plus un jeune homme et veut apparaître comme un homme.

Président, il l'est aussi de la Conférence Saint-Vincent-de-Paul et, à ce titre, dirige les activités caritatives du 104. En décembre il deviendra aussi président du Cercle Montalembert.

Il n'a pas ressenti l'exaltation de Simone Weil parcourant Paris et sa banlieue nuit et jour pendant les événements de juin. Il n'a pas, comme elle, voulu entrer dans les cours d'usines occupées, partager les chants devant les feux de joie avec les camarades ouvriers s'appropriant pour la première fois leur lieu et leur instrument de travail. Certes, il s'est laissé entraîner par son ami Louis au Quartier latin la nuit des élections et a consenti à chanter *Ah ça ira, ça ira* sans s'époumoner... Il ne partage pas pour autant la haine de son ami Pierre pour le gouvernement Blum qui, depuis le 18 juin, a dissous les ligues factieuses, Croix-de-Feu, francistes, Solidarité française, Jeunesses patriotes. Lui, il balance plutôt à droite à cause de son éducation. Il n'a pas véritablement d'opinion politique arrêtée, mais il pense de plus en plus que l'action politique doit être subordonnée à l'engagement spirituel. Il pratique le culte de l'Enfant Jésus et continue à aller à confesse chaque semaine. Quand on lui pose des questions trop précises, il répond en citant Barrès et Montherlant, mais à la fac de droit, terrain de manœuvre des ligues factieuses, faire semblant devient de plus en plus compliqué. Ses camarades s'enflamment pour interdire les cours du professeur Jèze accusé, parce qu'il soutient le négus d'Éthiopie, d'être un anti-mussolinien. Lui suit le mouvement et défile au Quartier latin aux cris de « Jèze au poteau », prend et donne quelques coups de poing. Il aime bien comprendre par lui-même et ne se contente pas de quelques slogans. Il s'inscrit donc en certificat d'ethnologie aux cours de Marcel Griaule sur l'Éthiopie et y puisera son amour définitif des civilisations africaines.

Il devient sarcastique, légèrement méprisant, pas suffisant mais pas loin, et aime se gausser des intellectuels de gauche qui ont signé le Manifeste pour la défense de la culture tout en ironisant encore plus méchamment sur la médiocrité de ceux qui, à droite, militent en faveur du Manifeste pour la défense de l'Occident. Il déteste l'idée même qu'il existe des partis traditionnels. Ce sont pour lui des coquilles vides ne subsistant qu'afin d'alimenter les fantasmes de célibataires ivres de vérité.

Par nature profondément individualiste, il a une haute idée de lui-même. Il se sent au-dessus de la mêlée. Pas supérieur mais différent. Qu'y a-t-il au-delà des affiches, des discours ? Où est la vérité des mots ? Il ne faut pas continuer à laisser la place aux sculpteurs de fumée, eux-mêmes à la remorque des fabricants de doctrine. Est-il possible de penser le monde à partir de ses propres espérances et sans être obligé d'utiliser les vieux mots des professionnels cyniques experts en illusions ? Avec Georges, qu'il a rencontré il y a deux mois, alors qu'il se battait contre des antisémites qui l'abreuvaient d'injures sur le boulevard Saint-Germain, ils passent leur temps, tout en se raccompagnant l'un l'autre interminablement chaque soir, à imaginer leur futur. Georges Dayan veut devenir avocat. Pierre de Bénouville officier ou général, Claude Roy journaliste. Lui, plutôt prof de droit. Ou directeur de journal. Le mieux – mais ça ne se décide pas – ce serait écrivain.

5

28 janvier 1938

Il est rentré fourbu dans sa chambre. Ce soir il ne sort pas. Il est pourtant très sollicité. Au début, il se trouvait gauche et maladroit dans les soirées. Depuis, il a pris des cours de tango et ne se débrouille pas mal. Il a plutôt belle allure. C'est un beau brun ténébreux qui se trouve un peu petit mais possède une certaine prestance, une faculté à charmer par sa conversation, des yeux avec un regard qui ne vous lâche pas. Mais, avec les filles, il est timide et ne sait pas trop comment s'y prendre. Ainsi, dimanche, il a invité une de ses camarades de la faculté qui lui plaît à venir patiner à Molitor, puis il l'a raccompagnée chez elle sans rien oser lui dire. Même scénario hier où il l'a emmenée au théâtre. Devant chez elle, il lui a parlé de Stendhal. La conversation s'est éternisée mais il n'a pas osé l'embrasser. Demain matin, il a un examen. Il va donc se coucher tôt. Il aperçoit sur son bureau une invitation pour ce soir au bal de Normale Sup. Il avait complètement oublié, alors que son frère le lui avait rappelé. Les bals des grandes écoles, il connaît et il en a soupé. Avec Robert, il se rend, depuis deux ans, au bal de l'X, à l'Opéra, et le spectacle de toutes ces mères qui viennent pour tenter d'y marier leur fille l'attriste. Mais ce soir, il a le cafard et n'arrive ni à reprendre sa lecture de Romain Rolland ni à poursuivre l'écriture – pourtant en retard – de son enquête pour *L'Écho de Paris*.

Alors il sort, et se rend à l'Opéra à pied.

Grappes de glaïeuls rouges, robes blanches froufroutantes, odeur de lys, parquets luisants, musique de valses hésitante, mal exécutée. Au milieu de la piste quelques couples tournoient. C'est presque la fin de la soirée. Il se décide à rebrousser chemin. Tout à coup, elle est là. Devant lui. Toute fluette. De grands yeux pervenche. Une robe longue rose et une rose dans les cheveux. Un visage d'ange avec un ovale parfait. Une apparition. D'ailleurs est-elle bien réelle ? Il ne comprend pas ce qui lui arrive. Il est tétanisé. Il va mettre du temps pour pouvoir ouvrir la bouche et l'inviter à danser. Elle refuse. Et le paso-doble et la valse. Il lui demande son prénom. Elle refuse. Tout juste lui a-t-elle murmuré le nom de son lycée.

Puis elle s'éclipse.

Le lendemain, après avoir planqué tout l'après-midi, il la voit sortir de Fénelon. Elle ne veut toujours pas lui parler. Il la suit jusqu'à son domicile. Elle prend des détours. Le manège dure des semaines. Il emprunte à un ami sa bicyclette pour ne pas la perdre dans les rues.

Devant chez elle, un soir, elle lui avoue qu'elle s'appelle Marie-Louise. Elle dit avoir quinze ans. En fait, elle est encore plus jeune, mais elle a l'air, déjà, d'une vraie jeune fille.

Il l'attend chaque jour et la raccompagne. Elle se sent à la fois flattée et harcelée par ce garçon insistant qu'elle trouve un peu trop vieux, mais cultivé et manifestement très intelligent. Très vite, il lui demande d'être présenté à ses parents, qui se montrent plus impressionnés qu'elle par la force de son caractère et sa personnalité. Il a choisi – en référence à Dante – de l'appeler Béatrice.

Et décidé qu'elle serait la femme de sa vie.

Sa volonté de faire plier le monde selon ses désirs constitue pour lui une évidence. C'est ainsi. Il ne réfléchit pas aux conséquences. N'a-t-il pas écrit fort sérieusement à sa cousine Marie-Claire, il y a quinze jours : « Comment Dieu a-t-il pu créer le monde sans que j'en sois à l'origine ? »

Le week-end, il lui donne rendez-vous dans des églises et lui confie ses poèmes.

Son père, accompagné de sa sœur Marie-Josèphe et de son frère Jacques, est venu à Paris présenter son chien Orloff à l'exposition canine de la porte de Versailles. Il déjeune avec eux chaque jour, mais ne dit mot de son amour. À ses camarades non plus, il ne parle pas. Seul François Dalle est dans la confidence, sachant qu'il lui écrit cinq lettres par jour. Cela ne l'empêche pas de sortir. Il est fou de théâtre et ne se lasse pas de retourner voir Pitoëff monter Aristophane. Il fréquente les soirées dansantes avec son frère et valse souvent avec une certaine Marguerite avec qui il s'affiche.

Cette atmosphère d'insouciance va brusquement cesser le 12 mars. Les troupes allemandes pénètrent cette nuit-là en Autriche sans rencontrer la moindre opposition.

Il rédige dès le lendemain matin son premier texte politique qu'il intitule « Jusqu'ici et pas plus loin », que la revue *Montalembert* publiera le mois suivant. Son père lui écrit son inquiétude, voit l'avenir en noir et pense qu'Hitler ne s'arrêtera pas là. Les trois frères se réunissent au 104 et il leur lit à haute voix des extraits de son article. « Jusqu'ici et pas plus loin », c'est ce qu'avait dit le chancelier Schuschnigg à Hitler. L'Autriche devient allemande et la France, l'Angleterre, l'Italie en prennent acte avec une indignation vertueuse au lieu de réagir avec colère. Tout recul est une défaite. En politique, il y a les forts et les faibles. L'étudiant de vingt-trois ans, profondément pacifiste et hanté par les conséquences des ravages de 14-18, hésite : faut-il faire la guerre ? « Il est peut-être vrai que la France serait folle de tenter la guerre pour sauver une paix perdue, la mort d'un homme est souvent plus grave que la destruction d'un État. » Pierre de Bénouville n'éprouve pas ce genre d'atermoiement. Il lui explique qu'il faut être fou et ignare pour ne pas voir que la guerre est inévitable et que les Allemands possèdent les clefs de la victoire. Il tente, en vain, de le convaincre. Pierre ne croit pas en la force de la République. Lui, si. Il conclut ainsi son article : « Devant la venue triomphale du dieu de Bayreuth sur le sol de Mozart, je sais quel sacrilège se prépare et, malgré moi, j'éprouve une sorte de honte, comme si je m'en reconnaissais responsable. »

La honte, c'est le mot qu'emploiera Léon Blum dans *Le Populaire*, le 30 septembre, au lendemain des accords de Munich. Partagé, comme de nombreux Français, entre un lâche soulagement et la honte.

6

3 septembre 1939

C'est en se promenant boulevard Saint-Michel avec Georges qu'il apprend, devant un kiosque à journaux, la déclaration de guerre. Il est soldat depuis un an.

Appelé sous les drapeaux en septembre 1938, il a, en effet, choisi de ne pas demander de sursis, de crainte d'être affecté en province comme officier de réserve. Il a aussi renoncé à préparer le Commissariat à la marine, ainsi qu'il en avait l'intention avant sa rencontre avec Marie-Louise, car cela signifiait deux ans sur mer comme lieutenant de vaisseau. Il a tenté avec son ami François Dalle le cours préparatoire pour élèves officiers de Saumur et a échoué sur une question militaire. Il se garde bien de le dire. De toute façon son obsession est d'être le moins éloigné possible de son amoureuse. Car il n'envisage pas de vivre loin d'elle. Il a réussi à tisser des liens étroits avec les parents de la jeune fille – la mère le considère très vite comme un gendre idéal qui va pouvoir calmer sa fille si papillonnante, et si désireuse de plaire, et le père aime discuter avec lui politique – ainsi qu'avec son frère normalien. On peut dire qu'il est presque admis dans la famille puisque, au cours de plusieurs permissions, il est reçu à leur domicile et a même obtenu d'eux l'autorisation de rejoindre Marie-Louise dans leur résidence secondaire à Valmondois. Depuis octobre 1938, dans les nombreuses lettres qu'il lui adresse, il l'appelle « ma fiancée chérie » et évoque le mariage pour « réussir notre amour et ne pas nous arrêter en chemin et l'accomplir comme une vocation religieuse ».

Cette vie de militaire, il l'endure au début comme « une féerie à rebours » où il subit l'ennui, la paresse, la sottise. Il craint dans ce climat que « ce soit difficile de conserver une mentalité droite ». Il accomplit, sans rechigner, toutes sortes de tâches : balayer les couloirs, coudre des chiffons, frotter le plancher, apporter les repas de ses supérieurs. L'important n'est pas dans les gestes mais dans l'esprit. Il s'entend très bien avec ses compagnons laotiens, cochinchinois, sénégalais et saute quelquefois le mur le soir en leur compagnie. Mais il répète à Marie-Louise qu'il ne tient que grâce à son amour : « Cette litanie sans variation suffit à donner un sens à ma vie. » Chaque permission est pour lui « une certitude de bonheur et une provision de paix ».

Affecté au 23e régiment d'infanterie coloniale au fort d'Ivry, il supporte de plus en plus difficilement l'imbécillité des sous-officiers qui tirent leur pouvoir de leur capacité d'humiliation envers des troufions comme lui, et se vantent le soir d'être des hommes accomplis en se rendant au bordel le plus proche. Le samedi, heureusement, il peut s'échapper pour voir Marie-Louise à Paris. Il lui remet son paquet des cinq lettres quotidiennes qu'il continue à écrire, puis il rentre dormir chez son frère.

Il ne fait plus mystère de son amour à Robert et, profitant d'une visite de son père et de sa sœur à Paris, il invite Marie-Louise à un déjeuner familial. La jeune fille aura beau déployer tous ses charmes, le père la trouvera bien faite de sa personne, mais dangereuse et mélancolique. Le clan Mitterrand semble manifestement excédé par le changement de comportement opéré sur ce frère et ce fils devenu secret, susceptible. Lui n'en a cure et leur présente les parents de celle qu'il appelle « Béatrice ». La rencontre se passe mal et Marie-Josèphe trouve la mère de Marie-Louise « vulgaire ». C'est tout dire.

Il s'en moque. Il profite de la permission de Noël pour faire sa déclaration en bonne et due forme. Les parents de Marie-Louise l'acceptent. La jeune fille, elle, tarde à donner sa réponse définitive. Plus les parents insistent pour louer ses qualités, plus elle hésite. Elle le trouve insistant, envahissant, a peur de son amour, ne se sent pas à égalité avec lui et éprouve d'autres inclinations amoureuses pour des amis de son frère qu'elle aime séduire, et avec qui elle se sent plus d'affinités. N'obtenant pas de réponse claire de sa bien-aimée avant la fin d'une permission, c'est à la mère qu'il s'adresse pour dire la sincérité de son amour ainsi que sa détermination.

Cela ne l'empêche pas d'avoir, chaque fin de semaine, une vie de mondain – il est rompu aux rites sociaux de la haute bourgeoisie parisienne –, et d'éprouver un intérêt certain pour le gotha parisien, tout en restant fidèle à ses copains du 104. C'est avec eux qu'il a l'idée de partir voir le comte de Paris un week-end, dans son manoir près de Bruxelles. Il lui a tenu le crachoir pendant un après-midi entier : ensemble, ils ont évoqué la politique internationale. Le comte le considérera dès lors comme un des siens et, jusqu'à la fin de sa vie, l'appellera « le dernier des Capétiens ».

Le 4 septembre 1939, il part de la gare de l'Est pour le front. Il n'a qu'un vieux fusil dans les mains et porte 30 kilos sur le dos. Il est indécis et marche à cloche-pied. Personne ne chante dans son wagon. Comme ses camarades, il se sent réfractaire à la guerre, sans pour autant le proclamer à haute voix. Le jeune sergent du 23e régiment d'infanterie coloniale – appartenant au corps des sous-officiers depuis six mois – regrette de ne plus pouvoir écouter chaque soir avant de s'endormir le *Concerto pour piano n° 21* de Mozart. Dans sa besace, il a emporté *Le Démon du bien* de son cher Montherlant, déjà annoté par ses soins. À son père, il évoque avec ironie « ce voyage payé par l'État » pour aller voir « les voisins d'en face » et ne déteste pas, au début, de « vivre en sauvage ».

François Mitterrand (en haut, deuxième en partant de la droite) pose dans son uniforme parmi ses camarades.

7

3 mars 1940

Il aime dormir dans les foins, regarder l'aube se lever, s'amuser à enlever les limaces de son casque. Au début de la « drôle de guerre », il a vécu dans les tranchées sans être particulièrement affecté par les conditions matérielles de la vie collective. Envoyé dans un premier temps aux avant-postes – le régiment colonial auquel il appartient est destiné à subir les chocs les plus sanglants – il sera tout d'abord épargné. Son frère Robert se trouve à une cinquantaine de kilomètres. Officier chez les artilleurs d'une division de cavalerie, ce dernier passera plus d'un mois à patrouiller à la frontière belge dans un taxi G7 réquisitionné pour l'occasion. À l'avant : son chauffeur, militaire élève ; à l'arrière : des cochons récupérés dans un village déserté par ses habitants. Quand les deux frères se retrouvent, il décide d'offrir un cochon à son frère et à ses hommes.

Robert s'est fiancé avant de partir au front et il voudrait se marier le plus vite possible. Il peut compter sur François qui écrit, le 5 novembre 1939, à sa future belle-sœur : « Il faut vous marier... aller au bal, manger des gâteaux, acheter des robes. Il faut rire quand on en sent l'envie, et modérer ses élans de piété, ses aspirations métaphysiques, son narcissisme avec ses multiples figures. On dirait que le monde joue une partie extraordinaire alors qu'il ne fait que changer de masque. » Le mariage est fixé. Dix jours de permission pour Robert, deux pour lui. Il en profitera pour arracher à Marie-Louise – qui a seize ans et vient d'entrer en première à l'Institut catholique de l'Isle-Adam – la promesse d'une date pour leurs fiançailles.

Ce fut un long combat ainsi qu'une suite d'obstacles : elle lui signifie une première rupture en mars 1939, mais il ne la croit pas et, à chaque permission, continue à venir passer des journées entières devant son domicile dans l'espoir d'une apparition. De guerre lasse, il demande rendez-vous à la mère et au père – sans la prévenir – pour de nouveau plaider sa cause. Pendant toute cette période, il continue à lui envoyer des lettres. Il l'appelle « ma petite déesse allégorique » et lui confie ses lectures de Fichte, de Hegel, de Leibniz, lui avoue qu'il ne sait plus très bien s'il veut continuer à vivre loin d'elle. La mère, au contraire, espère que cet homme jeune – contrairement aux fréquentations de sa fille, entourée de jeunes gens – va calmer ses ardeurs de séductrice pour faire d'elle, rapidement, une mère au foyer, épanouie, elle en est sûre, tant il possède de qualités. Elle ne comprend pas l'absence de réciprocité de cet amour et trouve sa fille insensible. Ainsi confie-t-elle à son fils, le 17 octobre : « Il faudra que François Mitterrand soit tué pour qu'elle s'aperçoive de ses qualités. » Le père se montre impressionné par le courage, la culture et la sincérité de ce sergent-chef de la coloniale qui saura, à coup sûr, rendre heureuse sa fille, en lui donnant une structure.

Mitterrand ne s'estime jamais perdant. Il aime jouer. Et il n'est jamais aussi bon que dans l'adversité. Bénéficiant d'une permission pour Noël, il monte à Paris et réussit à savoir dans quelle église Marie-Louise compte se rendre pour assister à la messe de minuit. Il la contemple pendant tout l'office et l'aborde à la sortie. Il l'accompagne devant chez elle et lui demande un nouveau rendez-vous. Elle n'ose pas refuser. Elle confie son trouble à sa mère qui l'encourage à le revoir et à cesser de le faire souffrir. Avant de s'engager, elle lui avoue qu'elle a un flirt avec un garçon, qui ne compte pas. Il décide de la croire. Elle dit aussi avoir un peu peur de lui et de cet amour envahissant. Il sourit.

La cérémonie de fiançailles – un repas – a lieu à l'heure du déjeuner, le 3 mars, chez les parents de Marie-Louise, avenue d'Orléans. Il lui a offert un diamant et a fait livrer trois magnifiques corbeilles de fleurs. Le clan Mitterrand est au complet. Les six frères et sœurs sont là, ainsi que Georges Dayan. Avant de repartir, il supplie sa fiancée de quitter Paris et de venir se réfugier à Jarnac, chez son père. Marie-Louise hésite. Elle ne veut pas quitter ses amies, interrompre ses études. Finalement, elle partira, accompagnée de sa mère. Loin des tentations, loin du flirt. Il se sent rassuré. C'est désormais sous le toit de son père que vit cette jeune fille en fleurs et à Jarnac qu'il lui envoie des centaines de lettres.

Il lui avoue que le temps lui paraît long mais qu'il a décidé de s'arranger avec lui-même et d'endurer le froid et la boue sans se plaindre. Il confie que ses rapports avec ses camarades sont bons, même si on le trouve « peu liant ». C'est sa méthode. « À mes camarades je ne dis jamais rien de ma vie, de mon passé. Mes supérieurs, eux, me jugent froid, trop fier et trop indépendant pour réaliser le type du bon militaire. » Le 7 février 1940, il confie sa solitude, ses sentiments de révolte : « La moindre erreur de jugement m'irrite lorsqu'elle a force de loi. Je n'aime pas la bêtise officielle. Or je m'aperçois que devant l'immense gabegie, il vaut mieux se taire. Tu sais bien qu'on ne pardonne qu'aux puissants. » Il éprouve l'impression de faire partie d'une génération qui doit payer une dette. Il répète, sans forfanterie apparente, qu'il n'a pas peur de mourir. Le jour, il creuse des fossés en forme de T et, la nuit, quand il le peut, il lit Saint-Exupéry.

Le 10 mai 1940 le commandant réunit ses hommes. La guerre durera quatre ans, leur dit-il. L'orage d'acier s'abat sur le 23e RIC qui va se battre le long de la Meuse aux côtés de la Légion. Il voit des camarades tomber à ses côtés sans comprendre pourquoi lui n'est pas touché. À sa fiancée, il envoie des lettres joyeuses où il évoque l'éternité de l'amour. À son père, il réclame un appareil photo, du cognac et termine ses courriers par : « À demain, j'espère. »

Le 14 juin, à 5 heures du matin, à la cote 304, devant Verdun, au lieu-dit Mort-Homme, il est atteint par un éclat d'obus. Il tombe. Ensanglanté mais conscient. À un centimètre près, la colonne vertébrale était brisée. Édouard, prof de philo dans le civil, qui commande la section, l'allonge sur une civière et se met à la recherche d'une infirmerie de campagne. Un soldat infirmier le prend en charge. Traîné sur les routes de l'exode, sanglé à son lit de fortune, dont il ne peut s'échapper pour aller, lors des alertes, dans les fossés, il fixe le ciel et observe de très près les avions italiens qui lâchent leurs chapelets de bombes sur les colonnes de civils.

À Jarnac, personne ne sait. La vie commune n'est pas facile et les tensions s'exacerbent entre Marthe, la mère de Marie-Louise, et les sœurs du fiancé. Elle les trouve prétentieuses, mal embouchées, jouant à ce qu'elles ne sont pas vraiment, bref des pimprenelles. La famille Mitterrand ? Des grands bourgeois un peu hautains qui n'aiment pas le peuple, ne cesse-t-elle de répéter à sa fille, qu'elle juge trop inféodée à sa future belle-famille.

Aucune nouvelle du front. Marthe a le pressentiment que le fiancé de sa fille ne reviendra pas et ne se prive pas de le lui dire. Elle la presse de quitter Jarnac au plus vite. Le 8 juillet, Marie-Louise reçoit une carte ainsi rédigée : « Éclat à l'omoplate droite. Rien de sérieux puisque je t'aime. » Hospitalisé à Toul, puis à Bruyères, il y sera raflé par les Allemands le 21 juillet. Le 27 juillet, une lettre parvient à Jarnac adressée à son père et à Marie-Louise : il part pour l'Allemagne dans un camp indéterminé.

8

5 mars 1941

Prisonnier depuis neuf mois, il ne cesse de penser à s'évader. Et s'étonne de la facilité avec laquelle les hommes s'accoutument à ce qu'il nomme la vie de troupeau. Lui, il en accepte les règles en apparence, mais s'exclut, en son for intérieur, de cette communauté contrainte et temporaire. Il s'estime au-dessus de la mêlée et est très vite reconnu comme tel par ses camarades. Il incrimine le régime d'avoir laissé sa génération être encagée dans des wagons à bestiaux à destination de camps où ce qu'il nomme la fraternité tenace de capote mouillée ne lui fera pas oublier ce sentiment de déshonneur, de gâchis, d'inutilité qui l'assaille en permanence.

Il voit se décomposer le monde de sa jeunesse et s'aperçoit que les règles sociales, tenues pour naturelles, ne s'appliquent plus ici. Il observe que de grands professeurs lèchent les poubelles en quête de traces de papier de confiture et que de petits bandits règnent en maîtres tout en volant les quelques rares objets de valeur.

Il subsiste comme il peut le jour et, le soir, une fois les corvées terminées, il discute philosophie, fait des discours sur Fourier, Cabet, parle à ses voisins de chambrée d'utopie, de mondes meilleurs.

Passionné et doué d'une forte mémoire, il aime évoquer l'histoire de la Révolution, cite des poèmes appris par cœur. Ses camarades l'écoutent, fascinés. On l'appelle, dans le stalag XI A, « l'empereur romain ».

Il écrit tous les jours cinq à sept lettres à Marie-Louise, qui lui répond – au mieux – tous les dix jours, des lettres affectées. Elle a regagné Paris, ne va plus au lycée et a réussi à persuader son père que, si elle restait fidèle, bien entendu, à son fiancé parti au front, elle avait tout de même le droit de sortir le soir et de s'amuser. Il ne sait rien de tout cela mais s'en doute. Il est inquiet. Alors il envoie des lettres angoissées au père de Marie-Louise pour savoir ce qui se passe ; il supplie Robert d'aller la voir à chacune de ses permissions et de lui raconter ce qu'il en est ; il demande à Georges de la rencontrer pour lui réaffirmer son amour. Il sait que s'il la revoit, il retrouvera son ascendant et que l'histoire recommencera.

Envoyé au stalag IX C en Thuringe, il est expédié en commando à Schaala. De 30 000 hommes, il passe à un camp de 260 prisonniers, qualifiés « d'intellectuels ». Beaucoup sont instituteurs, avocats, prêtres. Lui-même est tour à tour jardinier, affecté à la corvée de foin, puis aide charpentier. Il en fait le moins possible et garde son énergie pour les veillées où il brille par sa faconde. Il se lie avec Bernard Finifter – un juif qui revendique sa judéité, russe blanc, ancien boxeur – et avec un jeune prêtre épris de Pascal. Grâce à ses deux nouveaux amis, il décide de s'évader en compagnie de Xavier, curé à Saint-Pourçain-sur-Sioule.

Désir de retrouver sa « Béatrice » ? Sûrement, mais pas seulement. S'évader est une obsession depuis le premier jour où il a été fait prisonnier. C'est intuitif, animal, comme l'oiseau qui veut s'échapper de sa cage.

Son évasion, il l'a préparée pendant six mois. D'abord il a copié sur des petits bouts de papier, chaque jour, des fragments de cartes de l'Allemagne punaisées dans le couloir des chauffeurs du camp et y a, progressivement, dessiné un parcours de 650 kilomètres. Il a fait confectionner par son ami jésuite, Delobre, deux sacs à dos et met de côté, depuis des semaines, des biscuits, du chocolat, des sachets de thé. La veille, il a coupé sa vareuse militaire et s'est procuré un imperméable très long en rayonne.

Les fugitifs franchissent avant l'aube du 5 mars les barbelés, traversent une prairie, se perdent dans la nature. Ils ont calculé qu'il leur fallait trois semaines de marche pour parvenir à la frontière. Ils se cachent la nuit dans la forêt et marchent le jour d'abord à travers les prés, puis, les pieds ensanglantés, sur de petites routes. Ils endurent la pluie et la neige. Un dimanche matin, ils s'aventurent dans un village, Egersheim, et passent devant une église, croisent quelques fidèles, se trompent de carrefour, reviennent sur leurs pas. Des hommes les poursuivent des bâtons à la main. Ils sont conduits à la mairie où, après un interrogatoire sommaire, ils sont enfermés dans le grenier. La sœur du bourgmestre leur sert une soupe chaude. Un sous-officier excité qui porte les insignes nazis sort son revolver, les fouille, trouve une boussole, les fait prisonniers.

Ils passent un mois dans la prison de Spaichingen où les filles du geôlier leur apportent en douce des romans français, puis, comme on ne sait que faire d'eux, ils sont ramenés sous escorte militaire au stalag IX C, avant d'être reconduits au stalag XI A, celui d'origine. Ils sont marqués au fer rouge et n'ont pas droit aux corvées à l'extérieur. Il lui faudra sept mois pour repérer un transformateur, une sentinelle d'ombre, l'endroit où le fossé est moins large.

Le 28 novembre 1941, il récidive.

Cette deuxième tentative, elle aussi, sera vouée à l'échec.

La troisième sera la bonne.

9

10 décembre 1941

Il court à perdre haleine. Derrière lui l'aboiement des chiens. Il escalade la barrière d'enceinte. Il entend des cris, des hurlements. Les Allemands sont à ses trousses. Il arrive sur la place à bout de souffle. Le rideau de fer du marchand de journaux tenu par Maya Baron – une amie de l'homme de confiance du camp – se lève. Il a juste le temps de prononcer son nom. Elle l'emmène par une cour arrière chez deux vieilles dames ; il y restera deux nuits. Puis il se fera passer pour le fiancé de Maya : ils prendront le train pour Metz et, les mains dans les mains, ne se quitteront pas des yeux durant tout le trajet. Elle l'accompagne dans une famille amie pendant deux jours. Deux hommes le conduisent ensuite dans une église et lui demandent de faire semblant de prier. Il n'a pas besoin qu'on lui explique.

Un inconnu s'approche et murmure qu'il lui faudra suivre l'homme agenouillé devant lui dès qu'il se lèvera. Celui-ci le mènera à la gare et montera avec lui, en compagnie de trois autres évadés, dans un train qui longe la frontière. En pleine nuit, à un ralentissement pour travaux indiqué par le passeur, il saute, marche dans l'obscurité, ne sait pas où le conduisent ses pas. Au petit matin, il se retrouve en France dans un petit village. Il se rend à la gare où des cheminots l'accueillent et lui fabriquent une fausse carte d'identité, avant de le mettre dans un autocar avec pour consigne de sauter près de Mouchard.

Il franchit sans encombre la ligne de démarcation. Il traverse Chamblay, le premier village de sa liberté, hébété de fatigue. Un paysan lui offre de dormir dans le foin de sa grange. Le lendemain il prend un autocar pour Lons-le-Saunier, s'arrête à Mantry et débarque chez sa très chère amie Marie-Claire qui ne l'a pas vu depuis deux ans et ne le reconnaît pas, tant il a l'air d'un loup affamé. Il pèse 50 kilos. Avec sa sœur, elle le gavera de maïs, de rutabagas, de lait caillé.

À Lons-le-Saunier, il accomplit les formalités de démobilisation et touche une prime du gouvernement de Vichy. Il devient, officiellement, un évadé. Son frère Robert le rejoint à Mantry et lui propose de partir avec lui se remplumer à Saint-Tropez chez leurs amis Lévy-Despas qui ont une grande maison près de la citadelle. Ils sont accueillis à bras ouverts par cette famille dont le fils joue un rôle actif dans la Résistance et qui se réjouit d'héberger un prisonnier évadé.

Le 1ᵉʳ janvier, il quitte précipitamment Saint-Tropez. Il prend le train et, après Bordeaux, saute en marche. Sous la conduite d'un passeur, il franchit la ligne de démarcation à Langon. Le 2 janvier il arrive à Jarnac. À peine arrivé, il appelle Marie-Louise devant son père.

Depuis juillet dernier il s'est résolu, la mort dans l'âme, à lui rendre sa liberté. Il accuse la guerre, la longueur de son absence, et préfère devancer une situation que d'avoir à la subir, tout en lui réaffirmant la force de son amour : « Je crois que tu t'es toujours un peu trompée à mon égard. Mon amour n'est pas seulement fait de l'idéal que tu représentes pour moi, il est fait d'une violence qui ne s'arrêtera pas et qui surgit de toutes les fibres de mon être. »

Cet esprit chevaleresque bouleverse les parents de Marie-Louise qui font pression sur leur fille pour qu'elle cesse cette foucade avec Antoine, son nouvel amoureux, et renoue avec François. La mère la traite de « fofolle », d'« écervelée », le père tente de la raisonner. Elle l'a dans la peau, Antoine, mais éprouve de l'admiration, mêlée de peur, pour François. Elle lui avoue son infidélité. Peu importe, lui répond-il. « Je t'assure que je ne te juge pas. Quand tous te blâmeraient je serais toujours avec toi et malgré tout ce que tu peux me dire tu es ma petite fille bien-aimée à qui j'ai tout donné. » Quand ils se reverront, tout recommencera. « Serais-tu la femme d'un autre il y aura toujours en toi ma part et de même toi en moi. » Il veut fonder un foyer et ne voit pas l'avenir sans elle.

Face à son silence, il demande en août à son frère Robert d'intercéder auprès de son père, qui « lui fera peut-être entendre raison ». « Je ne veux pas la retenir ni qu'elle souffre par moi. Moi je suis séparé de la vie et je veux son bonheur. » Elle est faible, insouciante, égoïste ? Il ne peut lui en vouloir, car elle doit souffrir atrocement. Il lui garde son amour et son estime. Le message fut transmis mais aucun signe ne suivit. Le 2 novembre, pensant la rupture définitive, il a envoyé une ultime lettre : « Pauvre petite fille, trop belle, captive du désir des autres, je saurai te révéler à toi-même. Tu n'échapperas pas à notre destin que ce soit bientôt ou dans des années. » Depuis, plus de nouvelles.

Il n'abdique jamais face à son désir.

Au lieu de lui parler, Marie-Louise s'effondre en larmes. Il réussit à lui arracher un rendez-vous à Paris. Le 4 janvier, ils se retrouvent place Denfert-Rochereau. Il lui propose de marcher jusqu'à la Seine. Elle lui explique son affection et son impossibilité à la transformer en amour véritable. Il l'assure qu'il lui restera fidèle jusqu'à son dernier souffle. Elle enlève sa bague de fiançailles et la lui donne. Arrivé au Pont-Neuf, il jette le bijou dans la Seine.

Neuf ans plus tard il prendra sa revanche.

Pour l'heure il part pour Vichy tenter de l'oublier.

10

2 mars 1942

François Mitterrand voit pour la première fois le maréchal Pétain au cinéma de la rue Sornin en fin d'après-midi. Il est ébloui par son allure, sa présence. Il vit depuis trois mois à Vichy, d'abord dans un appartement avec deux camarades, puis, depuis deux jours, seul, au 20 de la rue Nationale. Il aurait pu rester à Paris où est installé son frère Robert ou revenir à Jarnac auprès de son père malade ou partir pour Marseille rejoindre son ami Pierre, qui cherche à prendre un bateau pour franchir la Méditerranée. Il le fera peut-être. Il envisage d'aller à Tlemcen vivre chez sa cousine germaine pour fuir cette ville, tant il est déçu par les bassesses des intrigues de l'entourage du « sauveur » de la France. Il était venu ici dans l'espoir de pouvoir travailler à la réinsertion des prisonniers et compte sur un ami de sa famille pour l'aider à trouver un poste dans l'administration.

Comme son père – et comme la plupart des Français à cette époque – il est maréchaliste. Comme son père, il est devenu farouchement anti-allemand. Il n'a pas entendu l'appel du 18 juin 1940. Il a vécu la défaite comme un désastre et fait confiance au Maréchal pour sauver l'honneur de la France, même s'il constate qu'il est mal entouré et que ses idées ne sont « malheureusement » pas appliquées. Il ne fait pas de la lutte contre l'occupant sa priorité, tant le préoccupe le sort des prisonniers. Ses activités sur le front, sa blessure de guerre, ses mois de captivité et ses trois évasions lui permettent de penser qu'il peut bénéficier d'un certain répit. Il ressent vivement cette absence de reconnaissance vis-à-vis de ceux qui ont été en première ligne et qui, aujourd'hui, se retrouvent un peu méprisés. Il éprouve une vive solidarité pour ces camarades de stalag restés là-bas dont il est sans nouvelles.

Il ressent – et s'en étonne – une certaine exaltation à l'égard de la France. Il s'en sent, étrangement, responsable. Mais comment agir quand on est un sous-fifre de Vichy, ancien évadé, ex-étudiant qui n'a même pas terminé son doctorat en droit ? Il pense que rien ne peut résister à une volonté. C'est son tempérament, dont il fait déjà une philosophie. Il se sent des ambitions mais sait qu'il n'a pas les moyens de les assouvir. Alors, il prend des cours d'anglais, d'allemand, d'histoire, de droit, lit des manuels d'économie. Il veut se construire, se constituer des fondements solides, comprendre ce qui lui est arrivé pendant sa captivité, sortir de cette nuit, trouver une constance dans ses efforts. Toujours ce sentiment d'un puzzle pas encore véritablement achevé. Et ce désir de vivre hors des normes, avec intensité, en prenant des risques.

Dans sa chambre une reproduction de saint François d'Assise et une photographie de Marie-Louise. Il joue les cyniques et affecte de « ne plus vouloir souffrir » à cause des femmes. Rimbaud le hante. « Je filerai vers des pays qui me donneront l'illusion de la découverte, ou dans la volonté et l'exercice de la puissance, je trouverai le goût du risque, mais je ne voudrais pas être inutile ou vain », écrit-il à un camarade en ce mois de mars.

Le jour, il s'ennuie dans son petit bureau de la rue de Séville, le soir il se rend au *Cintra* discuter avec certains de ses anciens camarades du 104. De temps en temps, il fait de la radio, des chroniques littéraires pour Claude Roy qui dirige une émission pour la radio nationale. Prudent, il prend un pseudonyme : Lorrain, le nom de sa mère. Le désir d'écrire le reprend. Il publie dans *Le Figaro* du 8 avril un grand article sur un livre d'un de ses camarades du stalag, intitulé *Mes évasions*, préfacé par Paul Marion, ministre de la Propagande. Il écrit beaucoup à son père pour tenter de faire le point sur ce qu'il ressent, ce qu'il a envie de faire, à quelques amis aussi, dont Georges Dayan, à qui il envoie des lettres interrogatives et philosophiques sur le statut de son existence et le devenir de la politique.

Il veut participer à la reconstruction de la France. Pour cela, il faut avoir de l'ambition et commencer à donner sa démission de son boulot de gratte-papier à la Légion française des combattants. Ce qu'il fait quatre jours après le retour de Laval à Vichy. Non en signe d'une quelconque opposition politique – il écrit à un de ses camarades, le 22 avril : « Je ne participe pas à cette inquiétude née du changement de gouvernement. Laval est sûrement décidé à nous tirer d'affaire. Sa méthode nous paraît mauvaise ? Savons-nous vraiment ce qu'elle est ? Si elle nous permet de durer, elle sera bonne. » Il y perdait son temps et ne s'y sentait pas utile et ne veut pas, à son âge, d'un avenir de fonctionnaire : « Mieux vaut mourir dans le mouvement, dans l'action et à bref délai, en acceptant tous les risques, que d'attendre que la mort vienne vous chercher selon la norme... » Romantique ? Certainement. Vaniteux ? À coup sûr : « Je suis d'une autre trempe, malgré mes faiblesses, mes hésitations qui sont en moi. Notre époque est magnifique. Je ne veux pas la regarder de ma fenêtre. » Il ajoute : « Ce serait sans doute la suprême sagesse, mais alors être Pascal. »

Il sait qu'il ne peut pas. Il préfère devenir François Mitterrand. Ce n'est pas à la hauteur de ses ambitions, mais c'est un moindre mal.

11

12 juin 1942

Il décide de passer trois jours au château de Montmaur, dans les Hautes-Alpes, pour une réunion d'ex-prisonniers. Le jeune homme un peu dilettante affirme maintenant son caractère. Il a démissionné de la Légion non par conviction politique, mais parce qu'il n'a plus le temps « de ne servir à rien ». Il vient d'être engagé par son copain Roussel au Commissariat au reclassement des prisonniers. Celui-ci lui avait aussi proposé d'entrer au Commissariat aux questions juives, trois fois mieux payé, mais il a refusé. Il sait qu'au Commissariat, il doit rédiger des articles et tenter de venir en aide aux prisonniers et à leur famille. Il a l'impression qu'il pourra y être utile.

Il débarque dans ce château du xve siècle avec quelques idées simples :

« 1) On ne dirige une masse qu'avec quelques hommes ;

2) Lesquels ne doivent rendre aucun compte à cette masse ;

3) Et on la dirige selon son bon plaisir qui doit être sa bonne conscience et sa volonté de réussite. »

Idées qu'il conservera toute sa vie.

Il y rencontre un type extraordinaire, l'un de ceux qu'il admirera le plus pour son courage, son intransigeance, la force de son idéal, son esprit chevaleresque, sa rectitude morale. Antoine Mauduit, ancien légionnaire, récemment converti au christianisme et spécialiste des sciences théologiques, veut trouver des moyens d'aider les évadés tout en construisant une France forte, chrétienne, généreuse. Ses élans de mysticisme, alliés à son sens du combat et à sa croyance en une certaine utopie pour accoucher d'un monde nouveau, l'enthousiasment. Fascination non réciproque. Mauduit se méfie de tous ceux qui viennent de Vichy.

Peu importe. Il prendra le temps pour l'amadouer. C'est la première fois qu'il rencontre les représentants de petits groupes d'un peu partout venus partager leur désir de lutte contre l'occupant. La franchise et l'altitude des discussions renforceront sa détermination. À l'issue des trois jours, Mauduit crée « la Chaîne ».

Comme les autres camarades, il y adhère. Elle restera un lien puissant entre eux. Une sorte de pacte spirituel vient ainsi d'être signé, mélange de patriotisme blessé, d'exigence morale, de volonté de renoncement et de dépassement de soi-même.

Le lendemain, il débarque pour son premier jour au bureau du Commissariat et, à sa stupéfaction, retrouve trois camarades avec qui il vient de passer trois jours à Montmaur...

Le double jeu peut commencer.

12

15 octobre 1942

Mitterrand est reçu par le Maréchal à *L'Hôtel du Parc* en compagnie de trois de ses camarades, Albert Vazeille, Blanchet et Marcel Barrois, qui sera déporté un an plus tard pour faits de Résistance et mourra en avril 1944 dans le train qui l'emmenait à Auschwitz. Le Maréchal serre la main à chacun et les félicite de leur collecte de vêtements chauds, entreprise dans l'Allier par leur organisme, le Comité d'entraide aux prisonniers.

Au Commissariat, il travaille au reclassement des prisonniers depuis quatre mois et donne satisfaction. Il a le titre de chef de la section presse en zone non occupée. Cela lui plaît. Il a un boulot considérable et passe son temps à rédiger. Pas de *farniente*. Pas de possibilité de penser à Marie-Louise.

Maréchaliste ? À coup sûr. Pétainiste ? Et alors ? Comme beaucoup de Français, il pense que Pétain et de Gaulle, chacun à leur manière, servent la France. L'important est d'agir et d'aider ses camarades en captivité. Il fait déjà des actes illégaux, fabrique des faux papiers, en utilisant notamment des tampons en pomme de terre, pour ses camarades de captivité. Il les leur transmet clandestinement dans le dos en bois des brosses placées dans les colis.

Pour autant, il n'est pas « entré » dans la Résistance. On n'entre pas dans la Résistance. On en fait ou on n'en fait pas. Lui, il multiplie les gestes, les déplacements, les communiqués radio et presse, dirige le Centre d'entraide des prisonniers de l'Allier et, à ce titre, rencontre des personnes de sa hiérarchie. Il est pétainiste et opposant à l'occupant, comme ses camarades du Commissariat, qui ne l'apprécient pas forcément – à l'exception de Jean Védrine avec qui il se lie pour la vie – tant il est hautain, secret, arrogant, « trop fort pour nous », disent-ils.

D'ailleurs, lui-même s'accuse de manquer de sympathie, d'empathie envers les autres, de souffrir de sécheresse. Est-ce parce qu'il tente de cicatriser la blessure d'amour qui semble avoir mis à mal sa croyance en lui-même et son narcissisme ? Est-ce parce qu'il traverse des tourments métaphysiques – il a quitté la foi, car « mille idées s'agitent dans [sa] tête », mais n'exclut pas d'y revenir un jour. Il a renoncé en tout cas cette année à faire son pèlerinage au Puy dédié à la Vierge. Il se méfie, s'entoure de silence, écoute plus qu'il ne s'exprime, possède un jugement rapide sur les gens. Ainsi se comporte-t-il quelquefois de manière hautaine avec certains, comme avec ce Michel Cailliau, neveu du Général, rencontré à Lyon le mois dernier, et qui veut lui faire la leçon au nom de la Résistance. Il sait qu'il est protégé par l'entourage du Maréchal et prend de plus en plus d'initiatives. Il sait aussi l'importance stratégique du rôle des prisonniers et pressent que certains voudraient diriger ce qui pourrait devenir une organisation politique. Il a du sang-froid, de l'intuition, le sens de l'anticipation. Il veut, déjà, diriger et n'a pas l'intention de laisser certains contester son autorité, dont il connaît la force et la puissance d'envoûtement.

Des hommes, il en a maintenant à ses côtés, des anciens du 104, des copains du stalag, des nouveaux de Vichy.

En cette fin du mois d'octobre se dessine l'idée que les prisonniers de guerre constituent une force. Ce groupe informel deviendra en février-mars 1943 le Rassemblement national des prisonniers de guerre. C'est une fédération. Il va désormais déployer tous ses efforts pour la diriger.

13

10 juillet 1943

Il se tient au fond de la salle Wagram à Paris, debout, prêt à bondir. Il observe ces centaines de personnes qui affluent de toutes parts depuis 10 heures du matin pour s'installer face à l'estrade où trône un portrait géant du Maréchal. L'orchestre de la police nationale enchaîne les marches militaires. Ils sont 3 500 à être invités à cette grand-messe où, pour la première fois, Laval doit leur parler, à l'occasion de la Journée nationale du prisonnier, créée à l'initiative du nouveau commissaire André Masson.

Le prédécesseur, Maurice Pinot, a été révoqué par Laval le 13 janvier. Lui et ses camarades se sont réunis dès le lendemain et, en signe de solidarité, ont donné leur démission. Maréchaliste, il l'est toujours, mais pas collaborateur. Il travaille, avec l'aval du secrétariat particulier du Maréchal, à empêcher le noyautage du Commissariat par Laval et ses affidés et s'emploie activement à ce que les prisonniers ne puissent servir ni de monnaie d'échange ni de masse de manœuvre, dans les jeux politiciens collaborationnistes.

Il a, depuis les débuts de l'année, pris des responsabilités de plus en plus grandes et noué des contacts importants avec l'Organisation de résistance de l'armée, la Résistance intérieure, les cadres d'Uriage, les Chantiers de jeunesse. « Doublure » de Pinot depuis février, il est en relation avec le mouvement de Résistance Noyautage des administrations publiques (NAP), dont le but est de noyauter l'administration publique, ainsi qu'avec d'ex-officiers qui ont décidé de résister et ont fait acte d'allégeance à Giraud. Autant dire qu'il est désormais, comme il se nomme lui-même, un hors-la-loi.

Mitterrand voit qu'au premier rang sont assis les ministres de l'Agriculture et des Finances et que le service d'ordre est très nombreux. L'objet de la réunion est de faire avaliser la politique dite de la « Relève », nécessitant l'envoi d'ouvriers en Allemagne. Une honte doublée d'une escroquerie. Il écoute le début du discours du commissaire rendant d'abord hommage au Maréchal et à Laval, pour demander ensuite aux prisonniers de guerre de se dresser contre les agitateurs et de faire preuve de civisme avant de critiquer « la trahison de De Gaulle et la félonie de Giraud ». Lui l'interrompt et, pour mieux se faire entendre, se met debout sur sa chaise : « Monsieur, si nous acceptions un tel langage, nous ne l'accepterions pas de vous, monsieur, qui êtes rentré d'Allemagne dans des conditions que nous n'admettons pas... Pas plus que nous n'acceptons le honteux marché que vous appelez la Relève et qui se sert de nos camarades restés là-bas comme d'un honteux moyen de chantage pour justifier la déportation des Français... Vous n'avez pas de leçon de patriotisme à nous donner. » Le commissaire s'étrangle, lui demande des comptes et le menace de le faire convoquer chez le Maréchal. Il continue : « Vous nous avez menti. Qu'entendez-vous par civisme ? Le mouvement est-il politique ou non ? » Le poète de service, Jean-Pierre Maxence, tente de venir en aide au commissaire qui perd pied. La salle rit. Masson vide les lieux sous les quolibets.

Mitterrand remonte calmement par la travée centrale et, à son tour, quitte la salle. Dans sa poche, de faux papiers d'identité. Des argousins l'interpellent. Il montre ses papiers. La police casquée le laisse sortir.

Quatre jours plus tard Masson démissionne. Le surlendemain, Paul Racine, qui travaille au cabinet du Maréchal, le convoque pour le féliciter d'avoir su créer l'événement et lui propose... de le remplacer.

Certains prétendent qu'il aurait hésité.

En tout cas, il eut l'intelligence de refuser ou de ne pas donner suite.

Six mois plus tard, le 12 janvier 1944, Maurice Schumann, la voix des Français, rendra hommage sur la BBC à ce vaillant patriote qui sut s'opposer à un ministre de l'anti-France.

14

5 décembre 1943

Mitterrand arrive en fin de matinée à la villa des *Glycines* à Alger. Contrairement à son ami Pierre, il n'est pas dans un état extrême d'exaltation à l'idée de rencontrer le général de Gaulle. Il a pourtant dû patienter deux semaines à Londres – où il estime qu'il n'a pas été bien traité – avant de recevoir enfin, le 29 novembre, l'ordre de mission du colonel Passy.

Il a à peine le temps d'admirer le panorama des collines et de la baie qu'Henri Frenay l'invite à traverser une grande pièce, véritable capharnaüm de machines à écrire et de bibelots dépareillés entassés sur des lits de camp, avant de le faire entrer dans le bureau nu et austère du Général. Il le trouve penché sur une table, les jambes repliées, avec une drôle de tête, petite pour ce grand corps, une allure de *condottiere* frotté chez les bons pères. « Je m'encourageai en pensant à Stendhal. Pas de doute, c'était de Gaulle. »

L'humour n'est pas de mise et l'humeur n'est manifestement pas aux convenances sociales. Le Général, qui l'a convoqué, lui demande, sur un ton mi-figue mi-raisin, pourquoi il est venu à Alger par un avion anglais. Puis il lui pose des questions sur les réseaux, le climat, l'état de la Résistance. Il note le mouvement de sa main qui accompagne, comme une berceuse, ses paroles. Son ton se fait plus rude quand il s'agit d'aborder le vif du sujet. Il explique l'importance du réseau des prisonniers dans la configuration de la Résistance intérieure. Il souhaiterait pouvoir unifier le mouvement et le faire financer. Le Général l'écoute mais lui explique qu'il a une autre idée : pour réaliser cette fusion qu'il juge comme lui nécessaire, il a pensé à un dénommé Charrette.

« Vous voulez dire Cailliau, votre neveu Cailliau ? »

La suite de la conversation, nous n'en connaîtrons jamais la véritable teneur, puisqu'il en existe, pour chacun des intéressés, plusieurs versions.

François Mitterrand a vingt-sept ans et n'est qu'un obscur militant de l'ombre, venu de Vichy, et à qui le régime a fait, pour le protéger, obtenir la francisque en avril dernier. Il s'est opposé à plusieurs reprises et violemment avec Cailliau, qu'il considère comme son adversaire politique – ils ne partagent pas le même point de vue sur la définition de la Résistance – ainsi que son concurrent stratégique. Il sait que, s'il n'emporte pas la décision du Général de voir reconnaître la spécificité d'une résistance des prisonniers, il repartira pour la France sans soutien logistique ni légitimation de son autorité.

Il sort du rendez-vous et téléphone à Georges Dayan. Et tombe sur sa femme, Irène. « C'est

Morland », lui dit-il. Il se montre abattu, lui confie que l'entrevue ne s'est pas bien passée, mais qu'il a obtenu gain de cause. Le soir, il retrouve son frère Jacques, lieutenant d'aviation, et bientôt capitaine de l'armée de l'air, et une amie, Louquette, infirmière de son état, avec qui il noue une relation amoureuse enflammée. Il insiste sur le courage et la loyauté d'Henri Frenay, qu'il a rencontré pour la première fois en mars dernier, avec Bertie Albrecht. Responsable des prisonniers de guerre, c'est lui qui a permis l'entrevue. Il déploiera tous ses efforts pour vanter ses mérites face à un Général méfiant, autoritaire, sarcastique. Il a un peu barguigné, ajoute-t-il. « Il insistait pour que je parte sur le front d'Italie. Je repartirai dès que possible. »

Il est blanchi de son vichysme et gagnant dans son duel qui l'oppose depuis des mois à Cailliau. Il a hâte de retrouver le territoire français. Il patientera. Ainsi en a décidé le Général, ou ses services. Est-ce à la suite d'une lettre de Charrette adressée à de Gaulle, le 8 décembre, pour demander à son oncle que Morland, décidément menteur, hâbleur, giraudiste, vichyste tout à la fois, donc éminemment dangereux, soit affecté dans l'armée ? Lui noue des contacts avec les membres du CFLN et ceux de l'Assemblée consultative provisoire. À tous, que ce soit le colonel Passy, le communiste Grenier ou Pierre Mendès France, qu'il rencontre pour la première fois, et qui l'impressionne, il explique l'importance de la cause des prisonniers de guerre, la vitalité, la force et la détermination de la Résistance intérieure tout en s'étonnant de cette étiquette de gaullisme, seul certificat, véridique manifestement, d'opposition à l'occupant, et unique passeport d'obtention de postes de respon-sabilité dans la France de demain. Mais il n'arrive pas à partir. On lui propose un poste à l'Assemblée. Il refuse. Il tente plusieurs démarches et comprend qu'il faut passer par les services giraudistes. C'est donc grâce à un ami de la famille, le commandant Ernoul de La Chénelière, qu'il se retrouve... dans l'avion de Giraud pour Marrakech.

Il est hébergé dans le somptueux palais du second vizir où Joséphine Baker, artiste la nuit et agent du Deuxième Bureau le jour et la nuit, l'accueille. Il passera plusieurs jours sur une terrasse du palais à écouter les sons du muezzin et repar-tira précipitamment pour Londres dans l'avion de Montgomery.

La vie est un roman mais un roman vrai avec Mitterrand.

Le voyage sera difficile et tourmenté. Juste avant d'atterrir, Montgomery lui dit : « Je ne sais pas qui vous êtes ni pourquoi vous êtes dans cet avion. Il est préférable que vous ne débarquiez pas à Londres. Descendez à Prestwick. »

Il monte dans un train pour Londres sans billet et retrouve ses amis de l'ORA. Frenay le rejoint. Il le voit chaque jour et travaille sur la structure du nou-veau Commissariat. Il s'exerce au saut en parachute et à l'exercice des armes, ce qu'il déteste. Il joue au bridge avec Passy. Mais il trouve le temps long. Est-ce vraiment à cause du mauvais temps qu'il ne peut rejoindre la France ? À Georges Dayan, il avoue son impatience : « Je vais avoir une tâche énorme. Il y a un pays à refaire. » À une amie, il confie qu'il se prépare « avec son âme et son corps à s'introduire dans le siècle et à prendre tous les risques pour commencer à s'imposer ».

Le 26 février, grâce aux réseaux anglais, il attend la nuit à Dartmouth pour embarquer à bord d'un MTB, bateau de la Royal Navy conduit par... David Birkin, le futur père de Jane, en compagnie de deux inconnus. Il s'appelle « monsieur Jacques ». Avec ses camarades anglais, il tente de rejoindre le rivage dans un canot pneumatique à la fin de la nuit.

La falaise est abrupte, la mer haute. Personne sur la plage de Beg-An-Fry. L'aube se lève. Louis-Joseph Mercier, mareyeur de son état, les réceptionne. Il fera le voyage caché dans sa camionnette de poissons jusqu'à la gare de Morlaix où il prend un train pour Montparnasse. Vêtu d'un costume, il porte avec lui une petite valise qui contient un imperméable, des sachets de cyanure, un revolver. À son arrivée il voit des policiers sur le quai qui contrôlent les valises. Il est apostrophé : « Contrôle économique. » Il s'exécute. Les policiers soulèvent l'imperméable et découvrent le revolver. « Pas d'œufs ? Pas de sucre ? Le contrôle est terminé. Vous pouvez y aller. »

15

1er juin 1944

Il arrive, comme d'habitude, en retard au rendez-vous de son groupe, rue Dupin, au domicile de Marie-Louise, la sœur de son ami Robert Antelme. 18 heures passées. Il porte cinq ou six noms, possède plusieurs cartes d'identité et habite dans cinq chambres refuges. Il arbore une moustache qui lui donne l'allure d'un danseur de tango argentin. Il aime le risque mais déteste l'imprudence. Conformément aux règles, il entre dans le bureau de poste voisin et appelle Marie-Louise : « Ça va là-haut ? Rien à signaler ? » Celle-ci lui répond d'un ton cérémonieux : « Monsieur vous faites une erreur. » Il rejoint Beauchamp, qui l'attend devant la *Brasserie Lipp*, et lui dit : « N'y va pas. Je viens de téléphoner. Attends-moi. Je vais réessayer. »

Dans l'appartement règne un silence de mort quand retentit pour la seconde fois la sonnerie du téléphone. Sont réunis là des compagnons tous membres du nouveau mouvement, fondé le 12 mars, qui s'appelle désormais Mouvement national des personnes de guerre et déportés : Marie-Louise, Robert, Paul, Jean.

Quelques minutes auparavant, Jean, inquiet du retard de François, descend dans la rue et voit deux hommes sortir d'une traction noire. L'un d'eux lui demande ses papiers. Deux policiers attendent devant l'entrée de l'immeuble. Jean tente de s'enfuir par les escaliers. Les policiers lui courent après et tâchent de l'arrêter. Il donne des coups de poing, réussit à s'enfuir et court faire le guet au coin de la rue pour prévenir ses camarades retardataires du piège tendu.

Le matin même, au cours d'une réunion avenue Charles-Floquet, un homme avait sonné et demandé à parler à un de ses camarades en l'appelant par son nom de résistant. Confiant, il avait été le chercher. Quand celui-ci s'est présenté, l'homme a braqué un revolver sur lui et lui a intimé l'ordre de le suivre. De la fenêtre, François Mitterrand a vu son camarade disparaître dans une voiture de la police.

Délation ? Trahison ? Il a des soupçons depuis quelque temps, mais ne peut ni ne veut accuser personne, ne disposant d'aucune preuve. Simplement, il se méfie de plus en plus, y compris de certains membres du groupe. Il rappelle Marie-Louise d'une cabine téléphonique, boulevard Saint-Germain. Sa voix est sèche et coupante : « Mais monsieur, je vous ai déjà dit que vous faisiez erreur. » Il comprend. Il part en courant et intime l'ordre à Georges de le suivre.

Il apprendra plus tard que l'homme de la Gestapo demandait, revolver à l'appui, à Marie-Louise, d'encourager son interlocuteur à venir les rejoindre le plus vite possible.

Paul, Robert, Marie-Louise sont arrêtés. Ils seront déportés. Marie-Louise ne reviendra pas.

Le soir même, il appelle Marguerite, la femme de Robert, et lui dit qu'il y a le feu là où elle vit. « Le feu se propage très vite », ajoute-t-il. Il lui donne rendez-vous dans un café, rue de l'Abbaye. Il l'attend sur le trottoir et, sans prononcer un nom, avec des mouvements de bras, lui indique dans quelle direction elle doit aller se cacher. Puis il retrouve un camarade qui a réussi à s'enfuir de la rue Dupin. En l'écoutant, il fait le rapprochement entre ce qui s'est passé le matin, avenue Charles-Floquet, et les arrestations de la rue Dupin. Le même homme est venu aux deux endroits et a arrêté plusieurs membres du groupe. Il connaît la filière. Il va continuer.

Son réseau est démantelé. Il est harassé, à bout de souffle. Le débarquement signifiera, pour tous, le salut.

Un homme, que Marguerite Duras appelle Pierre Rabier dans *La Douleur*, sera fusillé à la Libération. Avant de mourir, il aurait confirmé l'identité du traître. Un plan avait été ourdi pour tuer François Mitterrand dans une maison de Verrières où il séjournait. Tout était prévu, y compris l'endroit où il devait être enterré. L'homme n'a jamais donné suite à l'ordre. Il ne s'y est pas résolu.

16

26 août 1944

Il remonte les Champs-Élysées au septième rang derrière de Gaulle, se laisse porter par la vague d'enthousiasme tout en se souvenant qu'il y a quelques semaines une foule nombreuse était venue acclamer Pétain quand il se rendait à Notre-Dame. Mitterrand accorde une certaine relativité aux grandes émotions nationales. Il est, depuis le 19 mai, l'un des quinze secrétaires généraux du gouvernement provisoire. Nommé grâce à Henri Frenay et par Alexandre Parodi, délégué général auprès de De Gaulle, il a la charge des prisonniers, déportés et réfugiés et va, à ce titre, accompagner le Général à l'Hôtel de Ville, où il doit prononcer un discours. La foule presse de tous côtés et le Général n'est pas protégé de ses mouvements. De Gaulle supplie : « Ne poussez pas, ne poussez pas, bon Dieu ! » Pour prononcer son discours il se met sur le rebord d'une fenêtre où il se trouve emporté, soulevé. Avec son ami Pierre, Mitterrand le retient par les jambes pour l'empêcher de basculer dans le vide.

À partir du 19 août, avec son groupe, il participe activement à la libération de la capitale. Ce jour-là, il est pris, avec des camarades, dans un violent accrochage au Quartier latin, et essuie des tirs de feu des Allemands. Le soir même, il s'installe dans la Maison du prisonnier, place de Clichy.

Le lendemain, après avoir reconquis l'ensemble des bâtiments administratifs dépendant de son ministère, il surgit, en fin d'après-midi, l'arme au poing, au siège du Commissariat général, rue Meyerbeer, après avoir essuyé un violent accrochage avec une unité allemande. Il entre dans le bureau de l'ex-commissaire collaborationniste, un certain Moreau, qui a succédé à Masson. Celui-ci lui demande qui il est, ce qu'il veut. Il ne répond qu'à la seconde question : « Que vous vous en alliez. » L'autre parlemente, demande des explications, fustige l'action de ces « jeunes sans mandat ». Il lui montre la porte : « Monsieur, il n'y a pas à discuter. C'est la révolution. »

Le 22 août, il signe pour la première fois un édito dans *L'Homme libre*. Il rend un vibrant hommage aux prisonniers : « Fils captifs d'un pays captif, chiens qu'on croyait mener à la schlague, ils prouvent que la liberté gardée farouchement au fond de soi-même comme un inaliénable privilège contient en elle toutes les victoires », et il organise sa première réunion de ministre où il réussit à fédérer les organismes de prisonniers, de déportés, de réfugiés, soit une population qui regroupe plus de 2 millions d'hommes dans la force de l'âge.

Le 28 août, il est convoqué par de Gaulle au ministère de la Défense, avec ses quatorze secrétaires généraux. Ils se tiennent tous debout, en file, devant la salle du Conseil. De Gaulle les salue un par un, très solennellement. Mitterrand est le dernier. Arrivé à sa hauteur le Général s'exclame : « Encore vous ! » Deux mots restés, de nos jours encore, énigmatiques...

17

29 octobre 1944

Il la regarde droit dans les yeux, assise sur la barrière d'un champ non loin de sa maison natale. Elle est vêtue d'un corsage blanc et d'une jupe à grands carreaux. Lui porte la barbe et semble bien endimanché dans son costume croisé au milieu des prés. Il paraît plus âgé qu'elle. C'est d'ailleurs un problème pour Danielle, qui n'a pas caché à sa sœur après le premier rendez-vous : « Moi j'aime les garçons et François, c'est un homme. »

La première fois, elle s'est sentie un peu gênée. Sa sœur, l'intellectuelle, qui vit librement et revendique son indépendance, lui aurait-elle tendu un piège en lui proposant un mariage arrangé ?

Au début, tout a commencé comme un gag. Ou plutôt il a compris que ses camarades se moquaient de lui quand, au cours d'une soirée chez une de ses amies de la Résistance, qui vivait en concubinage avec son ami Patrice, il s'est arrêté devant la photographie d'une jeune fille posée sur le piano et a demandé : « Qui est cette personne ? » Christine a répondu : « C'est ma sœur. » Il a alors déclaré sérieusement, à haute et intelligible voix, à l'assistance médusée : « Je veux l'épouser. » Tout le monde a ri sauf lui.

Dix jours plus tard ils se rencontraient. L'entretien ne s'est pas bien passé. Elle l'a trouvé intimidant, pas drôle, un peu arrogant. Christine a insisté. Au second rendez-vous, elle a pu se confier, il l'a écoutée, elle l'a trouvé gentil finalement, même si elle était impressionnée par sa détermination et sa force de caractère. Alors, elle l'a présenté à ses parents. Ils l'ont tout de suite trouvé droit, courageux, ne partageant pas les mêmes convictions politiques, mais porté par les mêmes idéaux de républicanisme et de fraternité.

Il est revenu trois fois à Cluny en coup de vent, entre deux missions, auréolé du danger qu'il affrontait et du secret dont il devait s'entourer. À la quatrième fois, il lui déclare sa flamme. Elle l'entend, mais n'en fait pas une affaire : elle continue à vivre sa vie de jeune fille insouciante. Elle va au bal avec les garçons du village. De toute façon, il ne lui a pas dit quand il reviendrait. Puis, les jours précédant la Libération, il lui demande d'aller se cacher à Dijon avec Ginette, la petite amie de son copain Jean. Le soir de la Libération, ils ont débarqué tous deux de Paris sans crier gare dans une traction noire. Ils ne les ont pas trouvées à leur domicile, ont erré dans les rues et les ont surprises dans un bal en train de chanter et de danser avec des GI. C'est là, au milieu de la liesse populaire, qu'il fait sa déclaration. Elle lui tombe dans les bras.

Elle a choisi le jour de ses vingt ans pour l'épouser. Il a voulu un mariage religieux à l'église Saint-Séverin, qu'il fréquente depuis son arrivée à Paris. Elle porte une tenue classique et un long voile de tulle encadre son visage ravissant, laissant deviner ses longs yeux émeraude en amande, légèrement étirés vers les tempes, qui donnent l'impression qu'elle sourit tout le temps. Pourquoi a-t-elle accepté de se marier religieusement, elle qui est athée et a été élevée par un père franc-maçon, instituteur de son état et fier de l'être, devenu principal de collège et qui a préféré fermer son école plutôt que d'appliquer les lois raciales de Vichy ? Son fiancé a tellement insisté qu'elle a cédé. Pour le clan Mitterrand, son athéisme a posé problème. Le père ne voit pas ce mariage d'un bon œil : ses autres enfants, Geneviève, Philippe, Robert se sont mariés dans le même milieu social et religieux. Mais avec François, c'est toujours différent.

Le soir même, lors de la réception et avant même que le gâteau ne soit coupé, il chuchote à Danielle : « Il faut que je parte. J'ai un rendez-vous. » Stupéfaite, celle-ci demande des explications. Il n'en donne pas. Elle décide de l'accompagner. Étonnés, ses camarades le verront arriver avec sa femme en robe de mariée pour une réunion qu'il n'avait pas pris soin d'annuler.

Le lendemain du mariage ils sont partis pour Cluny. Sur les photos, elle sourit aux anges. Lui semble préoccupé. Demain ils repartiront tôt pour Paris, devant emménager avenue du Maréchal-Lyautey, dans le même immeuble que Christine et Patrice. Danielle ne connaît personne dans la capitale. Sa sœur, collaboratrice d'Henri Frenay, va l'aider. Ils n'ont pas d'argent. Ils sont, comme lui le dit souvent, « sur le sable ». Il n'est plus secrétaire général du gouvernement depuis le 1er septembre, date à laquelle Frenay retrouve un ministère qu'on lui avait en quelque sorte délégué. Il a refusé sa proposition de se faire fonctionnariser – décidément c'est une obsession de ne pas devenir fonctionnaire – et préfère être journaliste, écrire des éditos, lire de la philosophie, commencer des manuscrits, rêvasser, aller le soir avec Danielle écouter du jazz à Saint-Germain-des-Prés.

Il a assez donné pour son pays.

Tout – tout son temps, toute son énergie, il veut tout consacrer désormais à ce qu'il nomme « la vie personnelle ».

18
29 avril 1945

François Mitterrand entre, aux côtés du général Lewis, dans le camp de Landsberg. Pas un survivant. Dans la terre qu'ils ouvrent pour faire des tranchées, ils découvrent des milliers de cadavres. Sur le sol gelé des corps brûlés au lance-flammes sont empilés. Les Allemands avaient prétendu qu'il s'agissait « d'un lieu de convalescence pour les malades ». Ceux qui ont vu n'oublieront jamais.

La veille, à la demande des militaires américains, une délégation de membres de l'Assemblée consultative provisoire a été constituée qui doit constater la libération de certains camps en Allemagne.

Puis il se rend à Dachau, libéré depuis deux jours. La mort partout. On le conduit aux fours crématoires. Il marche au milieu des gazés, des pendus, des fusillés. Les survivants, tourmentés par une épidémie de typhus, sont regroupés vers l'entrée du camp. Quelques soldats allemands sont arrêtés. Il assiste à leur exécution saluée par les cris de joie des déportés.

Il se trouve dans la baraque de l'état-major américain, quand son camarade Pierre Bugeaud se penche vers lui et dit : « J'ai retrouvé Robert. » Tous deux partent vers le carré des morts. Robert, en un murmure, dit son nom. Mitterrand s'agenouille. Dans un souffle Robert leur explique qu'il a marché pendant dix jours après l'évacuation du camp de Buchenwald. Puis sa colonne a été dissoute à Bitterfeld. Il a été ensuite embarqué dans un train à destination de Dachau où il est arrivé dans un état d'épuisement extrême. Il leur demande de le faire sortir d'ici au plus vite.

François Mitterrand tentera toutes les démarches administratives auprès des Américains. Il suppliera le général de prendre Robert Antelme avec eux dans l'avion qui les ramène en France. Il tempêtera. Rien n'y fera. En raison d'une épidémie de typhus, aucune autorisation de sortie n'est délivrée.

Arrivé à Paris dans la nuit, il appelle Marguerite Duras pour lui dire que Robert est vivant et demande à Georges Beauchamp de le rejoindre à son domicile. Il lui donne sa voiture, ses bons d'essence, sa tenue de colonel, ses cartes d'état-major. Le lendemain matin il lui fournit un ordre de mission. Délivré par les Américains.

Georges Beauchamp et Dyonis Mascolo partent immédiatement et roulent sans s'arrêter. Arrivés dans le camp ils cherchent longtemps Robert Antelme. Dans les baraques, entre les baraques, les morts et les vivants sont emmêlés. Ils l'ont trouvé au sein d'un groupe de personnes qui se tenaient debout. Ils ne l'ont pas reconnu. C'est lui qui leur a parlé.

Deux jours plus tard, en début d'après-midi, il attend, en compagnie de Marguerite Duras, le retour de Robert Antelme dans l'escalier de l'immeuble de la rue Saint-Benoît. Le déporté pèse 35 kilos et meurt de faim. De trop manger, il peut mourir. Il fait venir un professeur à son chevet qui leur dit : « Au bout de dix-sept jours la mort se fatiguera. »

Chaque jour, François Mitterrand rendra visite à Robert Antelme. Vingt jours plus tard, ce dernier lui confie : « Je suis vivant puisque j'ai su pleurer. Je suis un vivant solidifié. »

19

5 juin 1945

Mitterrand est convoqué par le Général rue Saint-Dominique. Une demi-heure d'entretien en présence de ceux que le président du Conseil du gouvernement provisoire nomme « deux acolytes », Jean Cornuau et Georges Thévenin, membres comme lui de la délégation des prisonniers.

De Gaulle l'apostrophe violemment sur son dernier éditorial de *Libres*, le journal du Mouvement national des prisonniers de guerre. Il l'accuse de « pisser du vinaigre » et de s'en prendre systématiquement à Frenay qui ne le mérite pas.

Le 2 juin a eu lieu une grande manifestation de prisonniers, dite des « mal vêtus », contre son ministre, accusé par les communistes et par certaines organisations de ne pas avoir assez de moyens pour prendre en charge ces milliers de personnes qui affluent sur le territoire depuis l'écroulement de l'Allemagne.

Lui-même a participé à la manifestation qui s'est achevée place de la Concorde, alors que la queue stationnait encore sur cette même place. Il a défilé avec ses camarades, est allé déposer une gerbe sur la tombe du Soldat inconnu, s'est même rendu avenue Foch devant les grilles du ministère, mais est très vite parti quand la manifestation a commencé à dégénérer.

La nuit même, il a rédigé son article où il rend hommage à la force de cette nouvelle communauté des prisonniers, dénonce ceux qui évoquent une manifestation instrumentalisée par le PC et les appelle à avoir plus d'équité vis-à-vis d'Henri Frenay qui « a une tâche colossale ». Il ne veut pas se « substituer » à lui mais « l'aider ». Depuis le 10 février, il est directeur du journal *Libres*, qu'il mène de plus en plus comme un directeur d'opinion. Il y délivre des analyses politiques qui disent son dégoût devant une certaine reconstruction de la France : « Comme des rats et avec des galons recousus de neuf, les ratés et les lâches nous reviennent à belle allure. Ils encombrent nos bureaux. Ils envahissent nos formations... » Lui qui a plaidé pour une épuration efficace se rend compte que ceux qu'il nomme « les ouvriers de la treizième heure » s'imposent dans le fonctionnement de l'État. Le slogan s'impose déjà : « La Résistance a joué son rôle ; donnez aux combattants des médailles, mais réservez les postes aux maîtres en rouerie, en ficelles, aux équilibristes de la politique et de l'administration. »

Des médailles justement, il n'en a pas. Il n'a pas été fait Compagnon de la Libération. Frenay l'a proposé mais le Général a préféré Pierre Lemoigne, un de ses seconds...

Il ne sait pas ce qu'il va faire de sa vie. Certes, il est éditeur au Rond-Point et démarche des scientifiques et des philosophes pour lancer une collection. Cela lui plaît. Il restera peut-être dans le milieu littéraire tout en continuant son métier de journaliste, mais il éprouve une passion pour la politique qui se lit dans chacun de ses papiers de *Libres*. Il rêve d'une France nouvelle. Il a des idées mais, comme les autres anciens prisonniers, il éprouve de plus en plus le sentiment « qu'il n'est pas dans la course », que la voix de ces 2 millions de personnes dont il se sent responsable est bâillonnée, marginalisée. Il méprise l'esprit de parti et le conspue dans chacun de ses articles. Lui, qui dénonce l'internationale de l'argent et de la trahison, constate que la République nouvelle à laquelle il aspirait ne se définira pas par rapport à la liberté. Les tractations politiciennes reprennent le dessus et le provisoire dure. Le Général est-il encore nécessaire à la France ?

Alors, dans son bureau, ce dernier lui demande de baisser le ton et de se montrer solidaire du gouvernement. L'entretien se déroule mal. Il n'est pas question de se taire, répond-il : « On ne s'est tout de même pas tu pour sauver l'honneur des escrocs et des lâches. » Le Général se lève, s'impatiente, lui demande des comptes. Il lui explique qu'il avait vingt ans au moment des accords de Munich, que pour toute sa génération son cadeau de majorité a été l'humiliation, la mort et la captivité. Cela leur donne un peu le droit de juger et de manifester leur sévérité. L'entretien est écourté.

À son ami Georges Dayan il écrit, début juillet : « Je commence à tailler dans le vif. À quoi sert de travailler si on ne garde pas de temps pour sa vie

privée ? J'ai bien quelques hésitations politiques...
l'atmosphère est trouble. J'adhérerais bien à la SFIO
mais le parti rassemble tant de vieilles cloches...
Les communistes m'embêtent, les autres sont des
jean-foutre. Reste l'inconnu... »

20

10 juillet 1945

Pascal, âgé de trois mois, vient de mourir du choléra infantile. Danielle, au début de l'été, avait emmené le petit dans sa famille à Cluny. Lui, est resté à Paris.

Le 8 juillet, Danielle lui demande de la rejoindre. Leur fils subit des fièvres à répétition. Le diagnostic n'est pas posé. Il part immédiatement. Quand il arrive, plus aucun espoir n'est permis. De ces tout petits enfants qui meurent si tôt, les pères de l'Église disent qu'ils partent dans « les limbes ». Où sont ces limbes ? Situés entre le paradis et l'enfer, sont-ils différents du purgatoire ? Où les situer dans la géographie intérieure ? Pourquoi les savants théologiens ne les ont-ils pas autorisés à aller directement au paradis ?

À toutes ces questions, il ne sait répondre. Dans la langue française, il y a un mot pour désigner les enfants qui perdent leurs parents, mais aucun pour nommer ceux qui perdent leurs enfants. Pourquoi être né pour mourir ?

À ces questions il ne peut répondre. Il peut juste prier, tenter de retrouver la foi de l'enfance, penser à la séparation éternelle. Dans la vie, il faut être fidèle aux morts. Il s'est fait le serment qu'il ne se passerait pas un jour sans qu'il se souvienne, ayant le sentiment d'avoir été choisi dans la famille pour être le tombeau du souvenir. Penser aux morts, c'est assurer leur survie.

21

5 mai 1946

Depuis janvier, François Mitterrand sait que son père souffre horriblement d'un cancer de la prostate et lui et ses frères et sœurs se relaient à son chevet.

Joseph ne se plaint pas, garde tous ses esprits et se montre soucieux de la pérennité de son entreprise de cognac après sa disparition. Il a demandé à chacun de ses fils son accord pour prélever une somme, par lui calculée, afin d'augmenter son capital. François, comme les autres, a accepté.

En mars dernier, il est venu passer trois jours à son chevet. Son père a souhaité que son lit soit installé en bas, dans la grande pièce, pour bénéficier de la vue sur le jardin et profiter ainsi de l'éveil du printemps. Lui continue à s'intéresser à la politique et s'interroge, après la démission du Général, qu'il ne regrette pas, sur le maintien des ministres communistes dans le nouveau gouvernement de Félix Gouin. Il craint que les dirigeants veuillent faire disparaître la petite industrie. Il profite des moments où il ne souffre pas trop pour s'entretenir avec lui du passé, de sa grand-mère paternelle, dont il ne sait rien, sauf le prénom.

Marie-Josèphe s'est installée nuit et jour à son chevet. Robert a refusé une mission en Autriche pour pouvoir à tout moment lui rendre visite.

Début mai, François reçoit, comme le reste de la fratrie, le télégramme de sa sœur ainsi rédigé : « Papa chaque jour plus mal. Feriez bien de venir nombreux maintenant. »

Quand Mitterrand arrive dans la maison de Jarnac, son père a déjà reçu l'extrême-onction. Il repose, comme sa femme autrefois, au milieu du salon face à ses rosiers. Son frère Robert lui a fermé les yeux puis l'a longuement dessiné. Ils décident de le veiller à tour de rôle.

Auprès de lui, il récite des mots appris par cœur implorant une intervention divine et appelant à des retrouvailles dans l'autre monde. C'est le poids des habitudes, le fruit d'une éducation, l'expression d'un besoin. Il sait que son père croit en l'au-delà. Lui pense que la transcendance est toujours porteuse d'espérance.

22

2 juin 1946

François Mitterrand est candidat pour la première fois dans la cinquième circonscription de Paris en tête de liste. Il avait failli se présenter aux élections législatives à la première Assemblée constituante dans le département des Vosges, comme indépendant, mais, après la mort de son bébé, il a renoncé. Cette fois, il y va.

Il tire le diable par la queue. Une salade coûte 22 francs sur le marché de Buci et il ne peut en acheter tous les jours. Il a sous presse deux livres de poésie, attend des réponses pour des auteurs à qui il a commandé des livres politiques, des travaux historiques. L'édition marche mal mais concrétise son désir d'indépendance, pour le moment. Il se console de ses mauvais comptes avec Robert Antelme, Marguerite Duras et Dyonis Mascolo qui, eux aussi, s'occupent d'une maison d'édition, La Cité universelle, qu'ils n'arrivent pas à faire financer.

Il partage les mêmes désillusions devant la confiscation de la victoire et ne se résout pas à accepter l'absence de rupture avec le monde ancien. Il pourrait, comme Marguerite, adhérer au PC par croyance en un communisme primitif, ou y aller faute de mieux, comme Robert et Dyonis qui se sont inscrits en mars dernier par résignation et avec un sentiment de tristesse. Il a hésité. Il se sent proche d'eux mais ne veut pas franchir le pas de s'y inscrire et « de ce fait les relations avec eux se sont tendues au point qu'aujourd'hui on me qualifierait facilement de vichyssois ou de néofasciste ». « Ces gars-là sont impossibles », écrit-il à Georges Dayan en ce début d'année : « Leur sectarisme est sans limites. Leur obédience stricte ne leur permet aucune aventure amicale et humaine. » Alors, la politique, pourquoi pas ? À condition de ne pas abdiquer son individualité et pas forcément pour en faire un métier. Mais où ? Pas plus au Parti socialiste qu'au Parti communiste : « Entre les éléments unitaires et les éléments réformistes, la vieillesse et la carence des cadres, l'anarchie des fédérations », il ne voit pas comment trouver sa place. Réaliste, il confie à Dayan : « Si j'y vais je serai noyé, perdu et je n'ai point l'intention d'aller dans un parti comme on rentre en religion. » Il veut pouvoir exister en exprimant ses propres points de vue et ne pas disparaître dans les querelles de tendance, sous prétexte de rester fidèle. D'ailleurs, le jeu n'en vaut pas la chandelle. Il en a déjà soupé depuis la Libération des comités, des organismes, des réunions interminables qui ne débouchent sur à peu près rien. Pour autant, il veut conserver son idéal et ne pas apparaître comme un opportuniste. Inquiet de cette possible image que se font certains de ses ennemis, il se justifie auprès de Georges : « Tu penseras que cela ressort du calcul et non pas de l'idéal. Pas si simple : mon idéal est pour l'unité ouvrière et restera fidèle à sa prise de pouvoir mais, à l'expérience, les hommes sont de tels chiens qu'on essaie de les fouailler et qu'il est normal de conclure que le premier but à atteindre est de se dégager à tout prix de la vase, de la médiocrité, de la sottise dans lesquelles les citoyens conscients et organisés se débattent avec bonheur. »

Il vient de lire *L'Existentialisme est un humanisme*, a assisté en octobre 1945 à la conférence de Jean-Paul Sartre organisée par le club Maintenant. Même s'il ne se revendique pas de cette obédience philosophique, cette mise en question du sens de l'histoire et l'interrogation sur son propre devenir comme constitutives de la nécessité de sa liberté conviennent à la définition qu'il se fait alors de l'existence.

Donc, la politique, pourquoi pas ? Pas comme une vocation mais plutôt par esprit d'aventure. Une aventure peut-être sans lendemain.

Par l'intermédiaire de Roger-Patrice Pelat, il frappera finalement à la porte du Rassemblement des gauches républicaines, une petite formation dont il sait qu'il ne peut escompter une victoire et qui, comme son appellation ne l'indique pas, est une formation de droite accueillant le Parti radical ainsi qu'une myriade de petits partis et aussi quelques personnalités conservatrices. Lui-même est un adhérent direct.

Il n'a pas de ligne politique définie. Il est sans aucune illusion. Il vit cette période comme la mise en terre, sans doute définitive, des espoirs suscités par la Libération. Comme Marguerite, Robert, Dyonis mais aussi Edgar Morin, alors rédacteur en chef au *Patriote résistant* – journal de la Fédération nationale des déportés – et David Rousset, qu'il fréquente assidûment, il éprouve un sentiment de trahison, de colère, devant cette absence de représentativité politique de la Résistance intérieure et de volonté d'une refondation de la République.

Il est battu. Sévèrement. 5,9 % des voix. Battu mais content. Il a compris que parler dans un préau d'école, au beau milieu d'un marché, et même à une tribune, lui procurait du plaisir. Faire de la politique, ce serait donc pouvoir parler ? Alors il a envie de recommencer. « J'ai été battu » confie-t-il à Georges, début août 1946, « c'était à prévoir. Mais j'ai tout de même un nombre honorable de voix et je remettrai ça. » Il ne sait pas sous quelle étiquette. Peu importe. En attendant il s'envole pour New York avec Danielle.

Discours prononcé à l'attention des prisonniers de la Fédération nationale des prisonniers de guerre et déportés en 1946.

23

10 novembre 1946

Il est élu député.

Non aux nationalisations. Non aux réglementations. Non à l'installation au pouvoir du Parti communiste. Non à la bureaucratie, n'a-t-il cessé de répéter pendant les dix jours de sa campagne, à Nevers et dans toute sa région, pour les premières élections législatives de la IVe République nouvellement instaurée.

Parachuté, il l'a été. C'est Henri Queuille qui l'a envoyé chez Barrachin avec ce petit mot pour son nouveau protégé : « Ce jeune homme ira loin. Tu as de la place dans ton département ? » Justement il en a et, qui plus est, une circonscription gagnable. Mais l'intéressé fait la moue. « La Nièvre, connais pas. – C'est bien pour cela qu'il faut y aller, mon petit, vous n'avez pas encore d'ennemis », lui avait rétorqué son nouveau parrain.

À droite toute, tel est son cap. Il sera, pendant sa campagne, aidé par les marquis, les patrons, les politiciens de droite qui veulent faire barrage au communisme. Il revendique, dans sa profession de foi, la protection du droit de la propriété et le maintien de la paix religieuse. Il s'adresse à l'électorat de droite. L'important est de se faire élire, lui répète Barrachin. Tout est bon. Il n'hésite pas à venir à la cathédrale de Nevers le dimanche matin. À se mettre au troisième rang et à communier ostensiblement. On l'a même vu baiser l'anneau de l'évêque.

Il ne s'économise pas et, dans un temps record, fera 30 meetings, accompagné de Danielle, qui attend un bébé pour le mois prochain. Ils sillonnent la région, vont dans les coins les plus reculés, dorment quand il le faut dans leur vieille bagnole, une Hartford, au milieu de la forêt, discutent avec des électeurs partout où ils les trouvent, y compris dans des bistrots peu fréquentés. Ils s'amusent comme des fous et tombent amoureux des gens de la région.

Logiquement il aurait dû perdre. Il a gagné avec un score honorable.

Sans adversaire à droite, il a pu ainsi l'emporter avec ce qu'il nomme pudiquement « des voix mélangées ». L'important c'est de gagner. Demain il entre au Parlement.

24

22 janvier 1947

Devenu ministre à trente et un ans, il rayonne
de joie. Il est même, depuis l'Empire, le plus jeune
ministre de l'histoire de la République. Pourtant,
il n'a pas été choisi. Il a eu de la chance. Paul
Ramadier, en effet, premier président du Conseil
de la IVe République, n'a pas pensé à lui, mais
à Claudius Petit, pour le portefeuille des Anciens
combattants. Lequel a refusé, ne voulant pas
inaugurer les monuments aux morts, un autre
poste peut-être. Il a suggéré le nom de Forcenot,
qui a été retoqué. Alors, il a soufflé celui de
Mitterrand : « Avec lui vous n'aurez pas de problèmes. » Ramadier a entendu parler du jeune élu
par leur ami commun, Georges Beauchamp, qu'il
a fréquenté aux Jeunesses socialistes. Et il dit oui.
Ainsi va la vie politique, faite de hasards, de circonstances. Il faut savoir saisir sa chance. Et à
cela, lui s'entend.

C'est seulement le jour où François Mitterrand
entre au gouvernement qu'il donne officiellement
son adhésion à l'Union démocratique socialiste de
la résistance (UDSR). La politique, ce n'est pas
forcément l'appartenance à un parti, mais la pos-

sibilité d'exercer son ambition sans trop écorner ses principes de justice sociale. D'ailleurs, l'UDSR est-elle un parti ? C'est plutôt un rassemblement composite de résistants gaullistes et travaillistes, de socialistes humanistes, opposés au marxisme, sans socle idéologique précis, mais qui présente un intérêt majeur pour ceux qui veulent faire carrière : étant un parti charnière, malgré – ou à cause – de sa petitesse, il représente le plus fort taux de ministres par députés.

Mitterrand incarne, avec Pierre Bourdan, la jeunesse de ce gouvernement. Il n'est pas préparé mais a cependant l'expérience de son court séjour dans le gouvernement provisoire. Il croit à la cause que le gouvernement lui propose et considère depuis deux ans qu'elle est éminemment politique. Il sait que ce ministère, dirigé par Laurent Casanova, est une forteresse dont les troupes sont organisées, mais il fait confiance à son sens de l'autorité, qu'il a pu tester durant les années de guerre, et est persuadé que son âge ne sera pas un handicap. Il croit en sa bonne étoile.

Dès le premier jour, il met en œuvre ce qui va devenir sa méthode : nommer des proches à son cabinet et, dans toutes les situations, savoir se faire respecter. Il fait appel à ses amis de la Résistance – Védrine, Beauchamp, Benet – mais aussi à son propre frère Robert, ainsi qu'à d'anciens vichystes comme Jean-Paul Martin. Ce n'est pas l'étiquette politique qui compte, mais la fidélité. Il s'entoure déjà d'une garde rapprochée à laquelle il accorde totalement confiance.

Lorsqu'il arrive, le lendemain de sa nomination, dans son ministère, rue de Bellechasse, des piquets de grève communistes l'empêchent d'entrer. Le bâtiment est occupé. Refusant de se laisser intimider, il tente de passer outre. Dans son bureau, où ont été installés des lits, une vingtaine de personnes l'attendent. Il sera fait prisonnier toute la journée et ses communications coupées. Le lendemain, il réclame la liste des directeurs et chefs de service qui adhèrent à l'idée du blocus de son ministère et les révoque le jour même en les remplaçant par des présidents d'associations de prisonniers. Les locaux ne sont pas, pour autant, évacués. Il patiente jusqu'au Conseil des ministres. Son premier. Il y demande la parole et avertit ses cinq collègues communistes qu'il fera appel à la force publique. Maurice Thorez – à l'époque vice-président du Conseil – l'approuve et, à la fin de la réunion, lui promet en aparté que tout rentrera dans l'ordre.

Il revient, en fin de matinée, à pied jusqu'à la rue de Bellechasse. Une délégation de récalcitrants l'attend, dirigée par le responsable de la CGT, un certain Zimmermann, qui exige que..., qui ne s'en ira pas si..., qui profère des menaces... Lui l'écoute patiemment et dit : « Monsieur Zimmermann, vous le savez, je suis ministre pour la première fois, et peut-être l'idée que je me fais de ma fonction est-elle un peu trop haute mais, voyez-vous, ce n'est pas du tout dans ces termes que je conçois le dialogue entre un ministre et les membres du personnel. » Il l'écarte poliment. Zimmermann, nullement intimidé, poursuit ses litanies. Mitterrand l'écoute mais au mot de « nous exigeons » l'interrompt : « Je vois que vous tenez à votre vocabulaire. Aussi je considère que la séance est terminée... en ce qui me concerne je ne vous reverrai plus. » Puis il quitte la pièce.

Un accord discret fut trouvé. Il n'y eut plus de grève. Mais, pendant neuf mois, Mitterrand renvoya, un par un, les plus intransigeants.

25

5 septembre 1948

Robert Schuman, qui a reconduit François Mitterrand à son poste après la chute de Ramadier, lui demande, pour la formation de son nouveau gouvernement, de prendre le portefeuille de l'Intérieur. Lui est prêt à accepter. Son parti en décide autrement et s'oppose à sa nomination. À deux reprises.

Serait-il trop ambitieux ? Pourquoi est-il si jalousé ?

« Pour quelle raison fait-on appel encore à vous ? » demandent des membres de son parti. Il plaît. Malgré son jeune âge, il ne cache pas ses ambitions et semble se plier aux usages de ce qu'on attend du haut personnel de la IVe République. Reconnu pour son courage oratoire face aux communistes, il séduit, autant qu'il irrite, par sa causticité. De plus, il aime se projeter dans le futur et se déclare ouvertement européen. En mai précédent, ayant participé au congrès de l'Europe à La Haye, il avait été fortement impressionné par le discours de Churchill.

Coqueluche de ces dames, il continue aussi à accumuler les conquêtes, bien que récemment marié. Cela a commencé par des visites dans une maison de rendez-vous où l'a conduit en fin d'après-midi un de ses amis députés, maison située au cœur d'une impasse du VIIe arrondissement. C'est une pratique courante dans ces milieux. Juste un sport qui peut devenir une habitude. Les premières fois il n'est pas monté à l'étage, il a juste regardé le ballet des filles puis, petit à petit, s'est enhardi, prenant confiance en lui. Il sort souvent sans Danielle, qui garde les enfants, et séduit qui il peut, y compris les épouses de ses amis. Ce ne sont pas les conclusions qui l'intéressent dans les aventures qu'il mène mais les préliminaires. Lorsque ses camarades le traitent de Dom Juan, il répond : « Non, plutôt Casanova. » Au cours des dîners il annonce, le sourire aux lèvres, qu'un jour il deviendra président de la République. Ce sera avant ses cinquante ans. Il a tout le temps d'y penser.

Il paraît ne concevoir aucune amertume de sa mise à l'écart, qu'il pense temporaire. Au contraire, il prend de la distance, continue à louer les vertus de la IVe République, « ce bel édifice à construire », mais apostrophe de plus en plus souvent dans l'hémicycle, et de plus en plus violemment, le Rassemblement du peuple français (RPF), mouvement fondé par le général de Gaulle, qu'il considère comme un parti de petits boutiquiers, de rentiers, confits de conservatisme, politicards intéressés car obsédés par l'appropriation des postes : « On nous dit : "Vous n'avez pas envie de quitter vos places." C'est peut-être vrai, mais moi je vous dirai : "Vous êtes un peu pressé de prendre les nôtres." »

Il se revendique comme hérétique, se vante de ne pas suivre les chemins balisés, de ne pas utiliser de facilités de langage, de ne pas promettre l'avenir sous les meilleurs auspices. C'est sans doute pour ces raisons qu'il est nommé par le gouvernement Queuille – le « bon docteur Queuille », qui fut député de Corrèze, s'étant souvenu de son ancien poulain – à titre individuel et non comme représentant de son parti, après qu'il a hésité à le nommer ministre des Finances, secrétaire d'État auprès de la présidence du Conseil, chargé de l'Information.

Finis les commémorations dans les cimetières, les dépôts de gerbe aux monuments aux morts, vive l'odeur de l'imprimerie, les programmes de radio, l'invention de la télé, les concerts à l'Olympia, les premières de théâtre et... les jeunes starlettes.

Avec Danielle, la vie de couple s'est distendue. Elle se plaint de vivre seule, veut croire à la solidité de son couple et devient moins exigeante, élève Jean-Christophe qui n'a pas encore deux ans et constate que son époux rentre très tard le soir – mais ne découche pas – et part tous les week-ends, « accaparé par [sa] vie politique » dit-il. Elle a renoncé à lui poser des questions depuis qu'un soir il a sèchement répondu à ses interrogations : « Je ne savais pas que le mariage c'était l'inquisition. » Elle a cependant appris la sténo pour tenter de devenir sa secrétaire et, ainsi, essayé de mieux contrôler son agenda mais lui a refusé, prétextant qu'il ne fallait pas tout mélanger.

À ses conquêtes qui ne durent que quelques jours il ne dit jamais que c'est terminé. Simplement, il ne donne plus de nouvelles. Quand elles demandent des explications, il explique être un homme marié.

Et un jour Danielle lui apprend qu'elle attend un enfant ; il espère que ce sera une fille.

Déjà, il a appris à tout cloisonner.

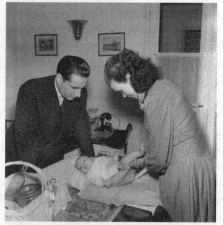

26

2 septembre 1949

Il porte un costume blanc bien coupé. Se tient, un peu raide, sur les marches du palais. Attend que l'orchestre commence à jouer pour les monter. À ses côtés, dans un tailleur un peu trop chic, Danielle sourit avec l'air d'une fille de province, vaguement empruntée, qui fait comprendre poliment mais fermement qu'elle n'est pas très contente d'être là, en espérant que le moment ne va pas s'éterniser. Lui, il regarde les jambes de BB. Pas sa bouche, pas ses hanches, ses jambes. « Tu les aimes mes jambes ? »

C'est le jour de l'inauguration du Festival de Cannes. Après avoir écouté le discours hésitant du maire, comme un jeune premier sûr de ses effets, Mitterrand a improvisé le sien, assisté aux ballets puis aux illuminations, et s'est rendu à la réception organisée par Robert Favre Le Bret où, plus tard dans la soirée, il a osé inviter Martine Carol, la véritable vedette de cette année, à danser un cha-cha-cha. Depuis quatorze mois, il est en charge de l'Information. Il vient de faire adopter pour la télévision naissante la « définition des 819 lignes », travaille sur le statut de l'Agence France-Presse, se bat, à plusieurs reprises au Conseil des ministres, pour l'existence d'une chaîne uniquement culturelle à la radio et se noue d'amitié avec les patrons de presse qui fabriquent l'opinion comme Hervé Mille, Hubert Beuve-Méry, Patrice Blank. Il entre également dans le cercle de Pierre Lazareff.

Il est devenu une personnalité, un homme lancé. D'ailleurs, il figure en quatorzième position, certes après Louison Bobet et Yves Montand, dans la liste des Français les plus séduisants.

À l'Assemblée, il est de plus en plus pris à partie par les gaullistes, qui l'attaquent de leurs flèches empoisonnées depuis qu'il a osé, en novembre dernier, comparer de Gaulle à Bonaparte. Quand ces derniers sont un peu essoufflés, ce sont les communistes qui prennent le relais et le poursuivent de leur vindicte en rappelant sans arrêt que, de cet homme qui a obtenu la francisque sous Pétain, il ne fallait pas s'étonner qu'il pratique la censure comme seule manière de gouverner. N'a-t-il pas osé remplacer l'enregistrement des chœurs de l'Armée rouge par une série confiée à Léo Ferré sur la musique russe ? Censure. Censure. Censure. Ils s'énervent. Pas lui, qui répond toujours calmement : « La prochaine émission sera consacrée à la *Dame de pique*. Mettez-vous à l'écoute. De telles émissions sont propres à adoucir les mœurs. » L'hémicycle rit. À droite on l'applaudit.

27 mars 1949

Il devient, de haute lutte, et malgré la vague victorieuse des gaullistes du RPF, conseiller général de la Nièvre, élu dans le canton de Montsauche-les-Settons. Député depuis 1946, il est entré en 1947 au conseil municipal de Nevers où il demeure, en tant qu'UDSR, minoritaire. L'inscription politique sur le terrain lui apparaît comme une nécessité, ministre étant un état temporaire. Député, on espère le rester. Conseiller, c'est un passeport pour l'avenir. Il envisage maintenant la politique comme son métier et songe à y faire carrière. De fait, il se prépare aux futures élections législatives de 1951 en renforçant son implantation sur le terrain.

Le centre, oui, c'est Paris, mais le véritable exercice du pouvoir et la légitimité qui doit y être attachée se pratiquent et se trouvent en province. On voit ce qu'on fait. On tient des promesses. On noue des pactes sur l'intelligence des uns, sur la ruse des autres et non sur des motions et des slogans. Lui se méfie des buts lointains, définit des principes plutôt que des structures, prend parti pour les faits et déteste faire, comme il dit, « des voyages en Icarie ». Désormais il s'appuie sur deux

leviers : la Nièvre et l'hémicycle, consubstantielle-
ment liés. Le terrain, l'enracinement, le discours
au voisin seront les fondamentaux de son rapport au politique. Les électeurs, on les conquiert
un par un.

Dans son parti, il utilise la technique du salami,
celle des cercles de contagion : grignoter l'appareil
lentement mais sûrement, en mettant des copains
au comité directeur, légitimer sa présence en trans-
formant les réunions en instances de discussion et
en parlant de ce qu'il vit au gouvernement, et dans
la Nièvre et le Morvan.

Sur place, il prend soin de ne pas afficher de parti
pris, écoutant patiemment les doléances de chacun.
Il n'y a pas de cause petite. La grandeur est de
savoir servir celui que vous représentez. Mais son
territoire n'est ni sa ville, ni son département, ni
ses cantons : c'est la France tout entière.

La France, d'ailleurs, il la « sent » physiquement, sensuellement. Il se gorge de la variété de
ses paysages, connaît le nom de tous les fleuves,
est imbattable en géographie. Dès qu'il le peut, il va
découvrir une nouvelle région. Il aime en prendre
possession en y marchant, en visitant les églises,
en s'attardant dans les cimetières.

Il profite de la naissance de son troisième enfant,
Gilbert, pour proposer à Danielle de louer une vieille
maison avec une terrasse dallée de pierres et un
jardin rempli d'hortensias dans un hameau nommé
Champagne, entre Clamecy et Château-Chinon. Dès
que le printemps arrive, le clan familial s'y retrouve.
Débarrassé de ses obligations ministérielles – il
quittera le gouvernement en octobre de cette même
année, lors de l'arrivée du MRP Georges Bidault à

la présidence du Conseil –, il lit, écrit des poèmes
et reçoit ses amis de la rue Saint-Benoît à qui il
apprend qu'il va bientôt partir en Afrique plusieurs
mois visiter le Dahomey, le Soudan, le Niger, le
Sénégal, le Liberia et le Ghana.

28

28 mai 1950

Coup de téléphone de Marie-Louise. Ce soir, il la rejoindra et prétextera une réunion politique pour ne pas dîner à la maison. Voici quelques mois que Marie-Louise est montée à Paris, après s'être séparée de son mari, et cherche un travail. Elle a bien fait un peu de secrétariat, mais son patron en a profité pour oser des avances. Elle a ensuite posé pour une marque de fourrure ; son contrat n'a pas été renouvelé, ses employeurs la trouvant « trop ronde ». Elle rêve de faire de la radio. Lui l'encourage, car il trouve qu'elle a une belle voix. Et promet qu'il lui fera rencontrer son ancien chef de cabinet, en poste maintenant à la Radiodiffusion française, Jean d'Arcy.

Quand elle l'a appelé la première fois, son cœur a battu la chamade. Il l'a invitée à dîner non loin de son appartement, avenue d'Orléans. Il la trouve assurée, drôle, assez délurée et entretient avec elle des relations enfin d'égalité. De temps en temps, il dort chez elle et regagne l'appartement familial. Marie-Louise ne demande rien, sauf des conseils, à son ancien fiancé.

Justement, il lui a expliqué ce qu'il conviendrait de dire quand Jean d'Arcy l'a convoquée en vue d'un concours de speakerines pour le nouveau système de télévision. Elle est même venue répéter son audition dans son bureau. Mais si elle pense que l'examen s'est bien passé, pas de nouvelles. Elle est inquiète : plusieurs concurrentes seraient bien placées, dont une fille de ministre. Elle le supplie de relancer son ancien subordonné. Ses désirs seront exaucés.

Sa « Béatrice » s'appelle désormais Catherine Langeais.

Sa triple vie vient de commencer.

29

Octobre 1950

Pour la seconde fois de la journée, Mitterrand le voit. La première, c'était dans un restaurant, un contact encore informel. Là, il le reçoit officiellement, en grande pompe, à son ministère. L'ambiance est solennelle. Les photographes patientent sur le perron. Le ministre des Colonies – sa nouvelle fonction –, au grand dam de certains partis de droite, reçoit donc, au nom de la République, Félix Houphouët-Boigny. Or ce député, docteur en médecine, propriétaire terrien en Côte d'Ivoire, est accusé, en tant que chef du Rassemblement démocratique africain, d'être à l'initiative des émeutes qui secouent son pays et d'alimenter, dans plusieurs foyers d'Afrique, l'opposition à la puissance coloniale, qu'il accuse de ségrégation raciale.

François Mitterrand est ministre de l'Outre-mer depuis le 12 juillet et se plaint de ne pas pouvoir assez agir. Quatre ministères se partageant la responsabilité de notre ancien empire, lui hérite de l'Afrique occidentale et équatoriale, de Madagascar et des comptoirs de l'Inde. Au Conseil des ministres il s'aperçoit assez vite qu'en raison de la jeunesse de son ministère, l'ordre de préséance ne lui permet pas, ou très peu, de prendre la parole. Il n'entend pourtant pas rester inactif et sait qu'il peut compter sur le président du Conseil, qui assume aussi la responsabilité de son propre parti. Son séjour en Afrique l'a convaincu que la flambée nationaliste ne s'arrêtera pas de sitôt, que les injustices sont criantes et que la politique de répression, conduite par son prédécesseur, a conduit au désastre. Doubler les garnisons, remplir les bagnes et envoyer des bataillons n'est pas une solution.

Houphouët est recherché par la police. Mitterrand lui a fait savoir qu'il souhaitait le rencontrer et a pris l'engagement qu'il ne serait pas arrêté quand il arriverait sur le territoire français. René Pleven, le président du Conseil d'alors, est à l'initiative de la sortie de clandestinité d'Houphouët et de sa venue à Paris. Il a négocié avec lui la réhabilitation de son parti, le Rassemblement démocratique africain (RDA), à condition qu'il rompe avec les communistes et ne réclame pas l'indépendance. Mais la police arrête Houphouët à sa descente d'avion. Il faudra toute la matinée pour qu'il soit libéré, avec Mitterrand à la manœuvre, qui l'invite à déjeuner et lui demande quelles sont ses revendications. Le militant pourchassé, très ému, au nom de ses compagnons, réclame que les balances sur les marchés soient « normalisées » pour éviter que le café dit africain pèse moins lourd que celui des Blancs, veut un code du travail et l'accès des Africains aux conseils municipaux.

C'est donc au nom de la France que François Mitterrand s'engage, dans l'après-midi même, à faire cesser les privilèges honteux, à imposer l'égalité sociale et humaine entre les communautés et à instituer le suffrage universel et le collège unique à tous les échelons. Ne voulant pas pour autant laisser apparaître qu'il soutient les mouvements d'indépendance, il demande donc à Houphouët-Boigny, comme gage de confiance, de rédiger une lettre où le chef du RDA n'entend « en aucun cas sortir du cadre de l'Union française ». Houphouët écrira ce texte qu'il gardera secret, n'exhibera jamais. La politique est une affaire de personnes. Les principes ? Oui, mais d'abord les personnes. Le serment. L'engagement dans la parole.

Accusé d'être un bradeur d'empire, une hyène communiste par la presse nationaliste, Mitterrand essuiera la vindicte des députés MRP et radicaux – contrairement à Pleven, qui gardera le secret –, qui demandent sa tête au président de la République. Traité de félon, de démolisseur, il subira pendant des semaines les questions interminables des parlementaires au cours de séances violentes. Mais jamais il ne s'énerve ; il argumente et continue à parler, même quand les quolibets couvrent sa voix. Si le gouvernement le soutient, le Parlement, lors du vote du budget, soustrait une partie de ses crédits. Partout où il va, quelques individus lui crient : « Vous livrez l'Afrique aux Noirs, quelle honte ! » Il s'approche d'eux, s'enquiert de leur identité et, s'il s'avère qu'ils ont des responsabilités, saisit le parquet et s'arrange pour les faire transférer.

Le mot d'ordre d'apaisement sera transmis dans tous les foyers de rébellion d'Afrique. Lui-même reverra Houphouët. Les poursuites contre les chefs seront abandonnées et ceux qui sont prisonniers, libérés. Ils viendront rue Oudinot dire leur reconnaissance et accepteront, à son instigation, de quitter le Parti communiste (auquel ils étaient affiliés) pour le suivre dans son propre parti. Six d'entre eux deviendront chefs d'État. Houphouët sera ministre sous la IVe République, puis ministre du général de Gaulle avant l'indépendance de son pays.

La haine contre Mitterrand ne désarmera pourtant pas. Quand Pleven, en octobre 1951, reviendra au pouvoir en tant que président du Conseil des ministres, il songera à lui pour continuer cette politique qu'il avait initiée et que Mitterrand avait servie courageusement sans dire qu'il exécutait des ordres. Entre-temps il avait pris fait et cause pour l'Afrique. Mais des parlementaires radicaux, MRP et gaullistes, enverront un télégramme au président Auriol afin d'éliminer ce ministre qui a « livré l'Afrique au communisme international ». Pleven, ayant besoin du Mouvement républicain populaire, ce parti des résistants démocrates-chrétiens se voulant au-dessus du clivage gauche-droite, cédera. François Mitterrand s'en souviendra et saura lui ravir, en temps utile, la présidence de son groupe politique.

30

2 mars 1951

Ce jour-là, il prend connaissance de la une des *Échos d'Afrique noire*, le grand hebdomadaire colonial de la défense française. L'éditorialiste y tire à boulets rouges sur le haut-commissaire Paul Béchard, qui ose traduire en justice, à Dakar, le père Paternot, responsable du journal *L'Afrique nouvelle*, pour avoir transgressé la loi. Quoi ! Un gouverneur socialiste de l'AOF envoyant un ecclésiastique devant la justice des hommes aux côtés des proxénètes et des prostituées... Mitterrand se saisit du dossier et décide de soutenir Béchard, en dépit, ou en raison, des injures. Ce Béchard n'est-il pas nommé « caudillo de l'antéchrist », et lui « ministricule » ?

L'affaire enfle. En s'attaquant à la liberté de la presse et aux catholiques, il fédère des adversaires qui veulent signer son arrêt de mort. À la Chambre, il est attaqué par des parlementaires exigeant de lui qu'il se sépare de « ce fonctionnaire socialiste qui souille le prestige des missions ». Même tempête au Sénat. Lui n'en démord pas. Alors la hiérarchie catholique, les grands patrons des grosses entreprises coloniales s'allient pour constituer une bronca. Il demeure inflexible. Un député du Centre national des indépendants (CNI), formation conservatrice, demande à l'Assemblée que son traitement de ministre soit diminué d'un tiers. Amendement adopté. Il menace de démissionner. Le gouvernement lui donnera finalement raison et il conservera ses émoluments. Dès lors il devient l'homme politique le plus haï de France ; bouffeur, et même assassin, de curés...

31

20 janvier 1952

François Mitterrand reçoit la proposition de devenir ministre d'État. Edgar Faure, le jeune et nouveau chef du gouvernement, lui demande ce qu'il veut faire. Il choisit le dossier tunisien. Depuis dix-huit mois, le gouvernement de la IVe République a fait, par la voix de son ministre des Affaires étrangères, des promesses d'émancipation. Il est allé jusqu'à prononcer le mot d'indépendance, pour se renier ensuite en proposant une co-souveraineté franco-tunisienne. Deux jours plus tôt, le leader indépendantiste Habib Bourguiba a été arrêté et mis en prison.

Il se met au travail jour et nuit avec son équipe – toujours la même –, relit Ferry, Clemenceau, Gambetta, et propose la double nationalité, l'émergence d'un gouvernement tunisien mais avec le maintien de la France pour la Défense et les Affaires étrangères. La politique du « ni ni ». Ni indépendance ni maintien dans la colonisation. Union française. Autonomie interne de chacune des parties. Association des peuples. Cohésion de l'union nationale. Son plan est accepté. Mais le 29 février, le gouvernement est renversé. Et le successeur de Faure, Antoine Pinay, ne fait pas appel à Mitterrand.

Le 26 mars, le gouvernement tunisien est démis par le résident général de France en Tunisie. Le gouvernement Pinay tente de renouer le dialogue en proposant un catalogue de réformes, sans aborder les problèmes de fond.

Le 5 juin, ce prétendu plan est soumis à l'Assemblée dans une indifférence générale. François Mitterrand attend de prendre la parole dans l'hémicycle, mais une dizaine seulement de députés sont présents. Pas assez pour ouvrir la séance, qui aura lieu le 19 juin. En politique, il ne faut jamais renoncer à l'expression de ses convictions. Il a préparé pendant des semaines son intervention, rédigée par bribes sur des fiches. Il a étudié l'arrière-fond historique, juridique, diplomatique. N'étant plus ministre, il sait que son discours ne sera pas suivi d'effet et qu'une poignée de députés consentira à faire semblant de l'écouter. Mais il s'élance au perchoir et parle pendant deux heures afin d'adjurer le gouvernement de faire ce qu'il dit et de prôner l'Union française. C'est ce qui s'appelle avoir de la suite dans les idées.

32

20 août 1953

Il démissionne d'un autre gouvernement. Mais pourquoi diable a-t-il accepté d'y entrer alors qu'il n'a cessé de brocarder la politique de droite de Joseph Laniel, appelée plaisamment par François Mauriac « dictature à tête de bœuf » ? Qui plus est pour ne pas obtenir le nombre de postes qu'il demandait ni le portefeuille qu'il souhaitait ?

Politicien ? Politicard ?

Pourquoi n'a-t-il pas suivi Pierre Mendès France – qu'il admire et dont il regrette qu'il n'ait pas obtenu l'investiture en juin dernier, tant cet homme incarne la possibilité du renouveau et la seule chance de sortir la France du bourbier de l'Indochine – qui, lui, a préféré refuser toute idée de se compromettre et d'hypothéquer sa carrière. À quelques rares amis qui osent l'interroger sur ce point, il répond en s'emportant qu'il ne peut passer sa vie à démissionner et espère agir de l'intérieur. Plutôt acteur que spectateur, toujours. Roublard, opportuniste, technicien subtil, il connaît admirablement les mœurs, les ficelles, les arrangements, les coups tordus de ce régime qu'il continue à défendre bec et ongles.

Pour l'heure, sous Laniel, il occupe le poste de chargé des Relations avec le Conseil de l'Europe. Il a eu des attributions plus passionnantes ; et dans cette équipe, Edgar Faure représente son unique allié. Mais il a toujours en poche deux ou trois options politiques qu'il choisit selon les circonstances. Il croit en lui, sait diriger les hommes, construire des réseaux qui vont établir et perpétuer son ascendant. Il est, par nature, profondément individualiste, mais conscient que, pour son ascension, un parti s'impose. C'est pour cette raison que, depuis six ans, patiemment, obstinément, il a remodelé l'UDSR construite à sa main afin d'en prendre la tête, avec méthode et discernement, sans jamais brûler les étapes. Alors, oui, certains disent dans son parti qu'il est le roi des « fédérations Bottin ». Certains de ses amis auraient payé des paquets de cotisations pour prendre le contrôle de départements et mis sur des carnets à souche des noms pris au hasard sur le Bottin.

De lui, on se méfie. Certains disent, en riant, que mieux vaut ne pas aller seul avec lui à la chasse au tigre. Il a publié en juin dernier un ouvrage intitulé *Aux frontières de l'Union française*, préfacé par Mendès France, qui a le mérite de rechercher des solutions, au lieu, comme le fait le gouvernement auquel il appartient, de les repousser sans cesse. Il est donc entre deux feux. Il fait partie du comité France-Maghreb, créé à l'initiative de François Mauriac, et a signé le 23 juin de cette même année 1953 le manifeste, en compagnie de David Rousset, d'Albert Camus, de Léopold Sédar Senghor, de Jean Paulhan et bien d'autres, demandant que les droits de l'homme soient respectés au Maroc et que son sultan, Sidi Mohamed ben Youssef, qui règne sur son pays depuis vingt-cinq ans, ne soit pas destitué par un coup d'État militaire français.

Le 20 août, en plein Conseil des ministres, il apprend, de la bouche du président de la République Vincent Auriol, que le souverain a été enlevé en pyjama par des gendarmes, emmené en Corse puis à Madagascar. Mis devant le fait accompli, il donne sa démission au chef de l'État. Celui-ci le convainc de ne pas ajouter, pour ce gouvernement, le déshonneur à la honte. Ses amis de gauche le désavouent et ne se privent pas de stigmatiser ses manquements à la parole donnée. « Vous nous aviez promis de démissionner de ce gouvernement de janissaires si le souverain légitime était déposé. Qu'attendez-vous, monsieur Mitterrand ? » s'étonne Louis Massignon.

Il attendra le 3 septembre, date à laquelle il apprend, toujours en Conseil des ministres, que contre sa décision et sans qu'il en ait été informé, Voizard, haut fonctionnaire de vieille tradition, un « dur », vient d'être nommé résident général en Tunisie.

Cette fois-là, il n'ira pas voir le président.

33

Avril 1954

Il est invité à la campagne, comme chaque dimanche, chez Hélène et Pierre Lazareff. Il y vient avec Danielle, qui a noué des relations d'amitié avec Hélène. Dans la semaine, sa femme le voit peu, et a renoncé à savoir ce qu'il faisait. Elle a confié à une amie que, le surlendemain de son mariage, ayant attendu son mari toute la nuit, elle l'a accueilli par une scène de jalousie. Celui-ci, étonné, est reparti vers la porte d'entrée en soupirant : « Alors, si c'est ça, le mariage... » Ce n'est pas pour autant qu'elle en a pris son parti.

Il rentre tard le soir, très tard. Ils habitent maintenant un grand appartement rue Guynemer, qu'il a loué à son propriétaire. Celui-ci a dû, pour ce faire, mettre à la porte l'Association des anciennes déportées et internées de la Résistance, l'ADIR, qui y faisait un travail de réinsertion, d'hébergement et de suivi médical dans quatre appartements de l'immeuble, réquisitionné après la guerre.

Il prétend avoir des réunions à l'UDSR. C'est vrai. Le compte rendu de toutes les réunions auxquelles il participe est soigneusement conservé dans les cartons de l'Institut Mitterrand. Lui, contrairement à d'autres camarades, est assidu et ne manque aucune séance. Le prix à payer pour pouvoir diriger. Et puis il aime écouter, relancer, construire un consensus, commenter l'actualité. Après quoi, il raccompagne à pied, chez lui, rue de Rivoli, son copain Georges Dayan et se rend ensuite à un rendez-vous galant. Il ne ressemble pas à ses collègues : des messieurs bedonnants aux lunettes cerclées d'acier et à la chevelure dégarnie. Lui, même si le corps s'est empâté, garde belle allure et, en dépit de sa taille moyenne – il se trouve petit et en souffre –, sait jouer au beau brun ténébreux.

Hier soir, il a dîné place Colette avec une femme rencontrée la veille dans l'un des bureaux de *L'Express* où il passe en ce moment l'essentiel de ses journées. Il la reverra peut-être.

Aujourd'hui, c'est la première journée du printemps. Des tables sont dressées dehors, sous les arcades du Palais-Royal. Il connaît presque tout le monde – patrons de presse, personnalités artistiques et politiques, avocats. C'est là qu'il rencontre pour la première fois Robert Badinter alors en pleine discussion avec la célèbre et redoutée Carmen Tessier. Pour tous, il apparaît alors comme un homme politique important. On loue son habileté, son talent. On murmure, de manière insistante, qu'il sera le prochain président du Conseil.

Lui-même a de l'ambition. Il aime le pouvoir pour le pouvoir, contrairement à Mendès qui ne possède aucune habileté manœuvrière mais semble être le seul homme à gauche capable de changer les choses. L'un est praticien, tacticien, l'autre théoricien, idéaliste. L'un fait partie du système, a accepté les règles du jeu, l'autre veut les changer. Le premier sait que seul le second peut redonner ses lettres de noblesse au mot même de politique.

34

18 juin 1954

Mitterrand est sur le perron de l'Élysée, à gauche sur la photo, en compagnie de Jacques Chaban-Delmas, de Christian Fouchet et du général Pierre Kœnig.

Il avait disparu la veille. Tout l'après-midi et une bonne partie de la soirée. Ils – Georges Boris, Paul Legatte, Edgar Faure – ont téléphoné dans tout Paris sans arriver à le retrouver. Rue du Conseiller-Collignon, dans l'appartement de Mendès, le temps s'étire et on a besoin de lui pour constituer la liste définitive du gouvernement. Il n'existe pas de meilleur orfèvre pour les équilibres entre partis.

9 heures, 10 heures... Il débarque à 11 heures, ne s'excuse pas, explique qu'il vient de quitter une actrice connue dont il ne peut dévoiler le nom et sort de sa poche des petits papiers où sont inscrits des noms qu'il soumet au nouveau président ; il en profite pour souffler deux noms d'hommes de son parti et essayer de caser plusieurs de ses proches. Mendès, qui n'a pas voulu se soumettre au rituel des marchandages avec les chefs des partis, s'incline devant sa technique des jeux parlementaires.

Au début du mois, dans un restaurant de la rue Surcouf, il avait décidé, lors du déjeuner, en compagnie de parlementaires UDSR, MRP, SFIO, d'accélérer la chute du gouvernement Laniel et s'était proposé de construire le discours « en notre nom à tous ». Ils ont tous accepté. Le piège a fonctionné. Ce qui fut promis fut fait.

Pour l'accession à l'investiture de Mendès, cinq à six voix manquent afin de constituer une majorité. C'est lui qui va la trouver sur les bancs des adversaires en promettant beaucoup de secrétariats d'État.

Il a pris l'habitude de formuler ses exigences auprès de ses présidents du Conseil. Intégrant le gouvernement le plus prestigieux de la IVe République, il ne déroge pas à cette manie en proposant un grand ministère des DOM-TOM. Mendès refuse. Il demande alors le ministère de l'Intérieur pour, dit-il, s'occuper tout de suite de l'Algérie. « Vous n'y pensez pas. – C'est cela ou rien. » Mendès le rappellera dans la nuit.

Le lendemain matin, il apprend qu'il est numéro trois du gouvernement.

35

3 août 1954

Danielle n'a pas aimé ses dernières vacances, l'année précédente, à l'île de Ré. Non seulement il a plu tout le temps mais lorsque son époux a daigné la rejoindre un week-end, il n'a cessé de courtiser la jeune femme chargée de s'occuper de Jean-Christophe et Gilbert. Quand il a suggéré de relouer au même endroit l'année suivante, elle a prétexté que tout était complet et accepté la proposition de Georges Beauchamp de partir à Hossegor.

Ils en reviennent tous deux enchantés. Elle, par la beauté des paysages et la vie simple qu'elle y menait, lui par ses promenades dans les dunes avec son chien et le parcours de golf qu'il fait chaque matin.

L'année suivante, ils achèteront un bout de terrain sur lequel ils font construire une petite maison avec patio. Ils plantent un pin devant et invitent le clan rapproché : la famille. C'est là que Christine choisira de se marier avec Roger Hanin, l'homme qui, par sa gentillesse naturelle, sa chaleur et ses blagues permanentes et récurrentes, sait faire rire

Mitterrand à chaque fois qu'il ouvre la bouche et provoque des fous rires inextinguibles qui lui font un peu honte puisque, comme un gamin, il se cache le visage avec ses mains.

36

19 octobre 1954

Ministre, il prend la parole devant l'Assemblée algérienne et rappelle que l'Algérie est au centre de ce vaste ensemble qui constitue l'essence même de la République française. Il appelle à plus de démocratie pour que « le plus grand nombre trouve plus de joie, plus de bonheur et plus de volonté de participer à la collectivité nationale ».

Venu rendre visite aux réfugiés du tremblement de terre à Orléansville, il a commencé à dévoiler son plan de réformes, la veille, à Oran : participation d'un plus grand nombre d'Algériens à la gestion des affaires publiques, création d'une école d'administration pour former les cadres locaux, fusion des polices algérienne et française.

Celui que ses adversaires appellent « le liquidateur de l'AOF », ce compagnon du « bradeur de l'Indochine » entend, sur place, à la fois séduire les ultras et continuer à faire appliquer ses décisions afin de préparer des changements.

Dès le mois d'août il a demandé à Mendès de recevoir Ferhat Abbas, figure du nationalisme modéré. Celui-ci leur a expliqué que l'Algérie souffre de ce que l'on n'y applique même plus les lois françaises. Faire appliquer la loi suffira-t-il ?

Avant de rentrer à Paris, Mitterrand déclare au cours de sa conférence de presse : « J'ai trouvé les trois départements d'Algérie en état de calme et de prospérité. Je repars plein d'optimisme. » C'est ce qu'il cherche à se faire croire et à faire croire : il envoie à Mendès un télégramme ainsi rédigé : « Encore sur la terre algérienne, je tiens à vous dire le grand espoir que notre gouvernement suscite parmi ces populations locales et fidèles et combien j'ai été sensible à la confiance qu'elles font à votre personne. »

À son retour d'Algérie, il s'ouvre cependant à André Rousselet, confident et membre de son cabinet, de ses vives inquiétudes. Le 25 octobre, il dépêche sur place Pierre Nicolaÿ, son directeur de cabinet, pour enquêter. Le 26 octobre, Nicolaÿ l'avertit de la préparation d'un complot. Celui-ci lui réclame son feu vert, qu'il doit communiquer au préfet chargé du maintien de l'ordre. Mitterrand prend un temps de réflexion et donne finalement son accord. Le 30 octobre, Pierre Nicolaÿ, par courrier, demande au gouverneur général de procéder aux arrestations. La nuit rouge de la Toussaint fera sept morts. Attentats à Alger, Constantine, attaque de casernes à Blida, Batna, à quelques minutes d'intervalle.

La guerre d'Algérie commence. Il faudra attendre quarante-cinq ans pour la nommer ainsi.

Dans son *Bloc-notes* publié dans *L'Express* le 13 novembre, François Mauriac écrit : « La responsabilité des fellaghas dans l'immédiat n'atténue en rien celle qui, depuis cent vingt ans, pèse sur nous d'un poids accru de génération en génération. L'horreur de ce qui va se déchaîner doit être tout de suite adoucie par une offensive concertée contre les bas salaires, le chômage, l'ignorance, la misère et par les réformes de structure qu'appelle le peuple algérien. Et, coûte que coûte, il faut empêcher la police de torturer. Je veux m'efforcer de croire encore que le gouvernement actuel, si déçus que nous puissions être, demeure notre dernière chance. »

37

12 novembre 1954

À la tribune de l'Assemblée nationale, après avoir rappelé les faits – dans la nuit du 31 octobre au 1er novembre, une trentaine d'attentats ont été perpétrés en divers points du territoire algérien, au cours desquels sept personnes furent tuées et quatre blessées –, François Mitterrand les qualifie d'émeute, récuse l'idée que l'Algérie soit à feu et à sang, explique qu'il a pris des mesures immédiates et que le gouvernement a fait son devoir, car « il se trouve que l'Algérie, c'est la France ».

Quelques instants plus tôt, à la même tribune, Pierre Mendès France a déclaré : « Il s'agit de défendre l'intégrité de la République. Les départements de l'Algérie font partie de la République... Jamais la France, jamais aucun gouvernement ne cédera sur ce principe fondamental. »

Le ministre de l'Intérieur renchérit : « Personne, ici, n'a le droit de dire que le gouvernement de la République a pu hésiter un seul instant car l'action qu'il a menée correspond à l'essentiel même de sa politique. »

C'est donc une seule et même voix qui s'exprime.

En trois jours, seize Compagnies républicaines ont été dépêchées. Mendès a dû intervenir personnellement contre l'armée, qui considère que ce ne sont que quelques pétards, pour envoyer des troupes. Il ne s'agit pas seulement de réprimer, mais aussi de protéger les populations civiles.

« L'Algérie, c'est la France », répète-t-il. « Et qui d'entre vous hésiterait à employer les moyens pour préserver la France ? »

Volonté, fermeté, présence.

Devant la commission de l'intérieur, le 5 novembre, Mitterrand a réaffirmé clairement : « Il n'y a pas de revendications nationales du peuple algérien ; ceux qui présentent des revendications de caractère national sont des adversaires qu'il faut condamner, éliminer, écarter. Tant que je serai ministre de l'Intérieur, je n'accepterai jamais qu'un homme politique quelconque, métropolitain ou algérien, me demande d'introduire le moindre contact, la moindre conversation, même pour arranger les choses, avec quelqu'un qui se réclamerait de revendications nationalistes. Il n'y a pas de discussion possible. »

Il n'y a pas de sécession dans les Aurès. Il n'y a pas de sécession en Algérie. Il n'y a pas de territoire à reconquérir puisque aucun n'a été perdu. Il entend assumer l'ordre tout en continuant les réformes. À la fin de son discours, il est applaudi à gauche sur quelques bancs, mais surtout au centre, à droite et à l'extrême droite.

« L'Algérie, c'est l'Algérie », écrit Pierre Courtade dans *L'Humanité*. Messali Hadj, chef du MTLD – dont Mitterrand a dissous le mouvement le

136

5 novembre, alors même qu'il avait désapprouvé la nuit sanglante en précipitant ainsi certains modérés à rejoindre l'insurrection – l'apostrophe : « Si l'Algérie est un morceau de France, pourquoi alors est-elle soumise à un statut particulier ? »

La résistante Germaine Tillion et l'islamologue Louis Massignon lui demandent rendez-vous. Il les reçoit avec une certaine froideur, mais accepte, sous sa responsabilité, de confier à l'ethnographe une mission de surveillance dans les Aurès « afin de prévenir et de signaler des exactions éventuelles infligées à la population ».

Le 27 novembre, lui-même part pour l'Algérie et se rend à Batna, centre de départ des grandes opérations militaires. À sa descente d'avion il déclare aux journalistes : « Nos soldats sont des pacificateurs et des amis de la France. »

38

3 décembre 1954

François Mitterrand est sanglé dans un costume bleu marine. Le visage blême. Il s'avance vers le micro pour répondre aux infamies du député RPF de l'Oise, Jean Legendre, de la confrérie des betteraviers. Celui-ci s'étonne d'abord qu'il continue ostensiblement à protéger « cette confrérie très à la mode, celle des homosexuels », décision dangereuse pour un ministre de l'Intérieur car « ces personnages ont des défauts qui les rendent particulièrement vulnérables dans les postes où vous les avez nommés ou maintenus ». Puis il lui demande les raisons pour lesquelles il a désorganisé le service très étoffé du renseignement anticommuniste que dirige le commissaire Dides, avant de l'accuser d'avoir commis une trahison, en juillet 1953, en livrant des informations stratégiques aux communistes, qui pourraient être responsables de la chute de Diên Biên Phu.

Mendès se lève et apostrophe l'élu : « Qu'insinuez-vous ? »

Mitterrand prend la parole à son tour. Il la gardera pendant plus d'une heure, d'une voix douce et mesurée, sans notes et sans répondre d'abord à son adversaire – technique qu'il utilise désormais souvent. Il fait le rappel des faits de cette machination si compliquée que ses collaborateurs n'hésitent pas à la comparer à celle du collier de la reine.

L'affaire des fuites a commencé le 3 juillet.

Le commissaire Dides apporte à Matignon des documents reproduisant les discussions du Comité national de défense. Le responsable de ces fuites serait le ministre de l'Intérieur. Le directeur de cabinet saisit Mendès, qui diligente une enquête.

C'est seulement le 8 septembre que Mitterrand est prévenu. Léone Georges-Picot, collaboratrice de Mendès et amie, l'appelle alors qu'il se trouve en vacances. Il rentre immédiatement et convoque son cabinet. Il téléphone à Mendès, qui se trouve à Londres, et lui demande pourquoi il n'a pas été mis au courant dès le début. Le président du Conseil lui répond qu'en raison de la négociation des accords de Genève, des débats sur la Communauté européenne de défense, il a imposé un gel complet sur ce dossier. Jamais, lui dit-il, il n'a pensé une seule seconde que son ministre pouvait être coupable. Jamais non plus il n'a imaginé les dimensions que pourrait prendre cette affaire destinée à briser un homme, un gouvernement, une politique.

C'est le *nous* que Mitterrand emploie devant l'Assemblée pour évoquer ces semaines où son honneur était bafoué sans qu'il en sache rien. C'est encore le *nous* qu'il utilise pour dire pourquoi et comment le gouvernement fut trompé et combien la recherche de la vérité fut compliquée. Et c'est à partir de la date à laquelle il a été informé qu'il fait commencer la seconde phase de l'enquête, celle qui va permettre de le disculper, d'identifier les coupables et de les faire arrêter.

Car c'est lui qui, avec méthode et autorité, et grâce à l'appui de son équipe soudée, remonte les fils de cette histoire embrouillée où les rumeurs de déshonneur personnel se mêlent inextricablement à la volonté de déstabilisation d'un gouvernement par des adversaires voulant le faire tomber au plus vite et par tous les moyens.

Pourquoi Mendès ne lui a-t-il rien dit ? Il ne croit pas aux raisons invoquées. Goût du président du Conseil pour le secret ? Emploi du temps surchargé par les négociations de Genève ? Ou méfiance envers ce ministre qui a exigé – en prenant le risque d'affronter le président de la République – le changement du préfet de police, même s'il lui a alors marqué sa solidarité ?

Pourquoi le président du Conseil a-t-il laissé passer autant de temps et les choses s'envenimer ? Pourquoi n'a-t-il pas lancé une enquête officielle dès le début ? Pourquoi a-t-il accordé du crédit à des informateurs qui n'avaient pas été pris en considération par le gouvernement précédent ? Pourquoi le premier flic de France n'a-t-il rien su des perfidies qui le concernaient au premier chef, alors que le responsable de la DST et celui de la Sûreté nationale, ses subordonnés, étaient au courant comme certains journalistes, notamment les plus notoires – Jacques Fauvet du *Monde*, Jean Ferniot de *L'Express*, Georges Altschuler de *Combat*, Bernard Lefort de *Franc-Tireur* ? Cloisonnement des sources ? Isolement du ministre ?

Et puis il y a l'étrange rapport que lui-même entretient avec la vérité. Il ne pouvait être responsable de certaines des fuites dont on l'accuse puisqu'il n'était plus, alors, en responsabilités. Il aurait pu tout de suite le dire. Pourtant il ne se sert pas de ces faits et ne cherche en rien à se faire disculper. Pourquoi ? Dès qu'il est mis au courant, son énergie sert à remonter les pistes, à essayer de savoir et non à prouver l'innocence. Au lieu de s'ouvrir sans détour à Jacques Fauvet – en qui il a confiance –, qui veut tirer l'affaire au clair avec lui lors d'un tête-à-tête, il donne des explications si subtiles et alambiquées que celui-ci, entré dans son bureau persuadé de son innocence, en sort en se posant des questions.

En cet après-midi du 3 décembre, même si l'opinion publique le tient pour innocent, le débat à l'Assemblée a des relents de Haute Cour de justice. C'est lui qui est accusé. Lui qui doit se justifier. Il prend donc son temps. Puis théâtralise son propos en considérant l'hémicycle comme un prétoire. Il apostrophe les parlementaires : « Si l'un de mes anciens collègues partageait l'opinion de M. Legendre, il doit le dire. Sinon qu'est-ce qui permet à M. Legendre d'avancer cette infamie ? »

Le silence plane sur l'Assemblée. Mitterrand n'a pas peur du silence. Il le fait même durer. Il se fait apporter un verre d'eau, le boit lentement, sait qu'un ancien ministre a raconté sous serment à un juge que lui, Mitterrand, avait trahi un secret défense, accusation que cet homme ne pourra renouveler contre lui puisque ses propos ont été depuis publiquement démentis par Vincent Auriol, Joseph Laniel, Edgar Faure. Il l'enjoint donc de se démasquer, lui explique qu'il y sera contraint et fait durer le plaisir. Georges Bidault se lève et, dans un souffle, murmure : « C'est bien ainsi que les choses se sont passées. »

Mendès se dresse et déclare à la tribune :

« À un homme qui a dû souffrir ces derniers mois, couvert de boue par tant d'adversaires politiques avec une légèreté et une passion dégradante, je veux dire l'estime, l'affection et la confiance que nous avons pour lui, pour celui qui est aujourd'hui ministre de l'Intérieur et qui est pleinement digne d'occuper cette fonction... Jamais ni un jour, ni une heure, je n'ai regretté avoir confié ce poste de responsabilité, de courage à M. Mitterrand. Je suis fier d'avoir dans mon gouvernement un tel collaborateur. »

Il a gagné. En apparence. Bidault, quelques mois plus tard, renouvellera ses accusations devant la communauté française de Milan et le procès déclenché contre ses accusateurs n'aura lieu que deux ans plus tard. La confiance entre Mendès et lui est, en outre, rompue. À l'Assemblée, il a fait preuve d'une certaine maîtrise et montré sa sérénité. Un peu trop peut-être, note François Mauriac dans son *Bloc-notes* : « Il a tenu tête avec calme, avec un excès de calme, il me semble, à un spécialiste des coups bas. » La haine dont il a été l'objet lui construit, paradoxalement, une légitimité et cette affaire le transforme en chef tout désigné. Mais à ses proches, comme André Rousselet, Irène Dayan, il confie son désarroi, ses doutes, ses incertitudes. Il marche dans les rues pendant de longues heures. On l'a vu arriver à un dîner les yeux rougis.

Va-t-il jeter l'éponge et quitter la politique ? C'est bien mal le connaître. La vindicte n'a jamais fait de lui une victime.

« À ceux qui ont voulu l'abattre après l'avoir sali et qui ont misérablement échoué, il faut qu'il réponde en situant sa vie politique sur le plan le plus élevé. »

Va-t-il incarner ce à quoi, par sa caution morale, François Mauriac le convie ? Il entend désormais se situer, en tout cas, au-dessus de la mêlée.

Avec François Mauriac en 1949.

39

3 février 1955

Il tente d'interrompre Mustapha Benhamed, député SFIO de Constantine, qui, sur les bancs de l'Assemblée, décrit la torture de la baignoire, le tuyau d'eau, le goulot de la bouteille. Le ministre se justifie en expliquant ses mesures de fusion des polices française et algérienne. Benhamed reprend la parole et crie qu'il dit la vérité, qu'il s'adresse non à lui mais à ses opposants : « Le sort de l'Algérie mérite que vous oubliiez pour quelques instants vos ressentiments contre ce gouvernement... Vous aurez toujours l'occasion de le renverser mais ne le renversez pas sous le prétexte qu'il n'a pas accompli son devoir en Algérie. Vous nous ouvririez une vallée de larmes et de sang. »

Depuis un mois, le responsable de la Place Beauvau est interpellé chaque jour sur la torture. Rares sont les élus qui, comme Benhamed, lui font encore confiance parmi les engagés dans ce qu'on appelle toujours pudiquement « les événements ». Le 6 janvier dernier, il était pris à partie à ce sujet par *L'Humanité*. Le 13 janvier, Claude Bourdet, dans *France Observateur*, titre son papier « Votre Gestapo d'Algérie ». Après avoir relaté un cas de tor-

144

ture, le journaliste pose la question : « Nos hommes d'État ont-ils une conscience ou peuvent-ils supporter calmement ce qui se passe ? C'est la grande colonisation qui donne les ordres mais ce sont MM. Mendès France et Mitterrand qui sont responsables devant l'opinion et l'histoire. François Mauriac, dans *L'Express* du 15 janvier, décrit les tortures que subissent « les suspects » dans la région de Constantine. À la suite de cet article, Mitterrand fait rapatrier en France les policiers les plus compromis mais ne les révoque pas. Il crée une commission d'enquête qu'il confie à un inspecteur de police d'Alger. Les premiers résultats ne permettent pas de vérifier l'exactitude des faits incriminés. Le rapport final conclut cependant à la torture, sans pour autant la dénoncer.

Il ne reste pourtant pas inactif. Ainsi, il s'oppose à ce que les juridictions civiles soient remplacées par des tribunaux militaires pour juger les militants nationalistes. Colère au sommet de la hiérarchie judiciaire en Algérie. « Hors du soutien au nationalisme tout est négociable », dit-il à ses interlocuteurs. Pour lui, son réformisme constitue encore une réponse politique. De leur côté, les caciques d'Alger, menés par le sénateur Borgeaud, menacent le gouvernement de le renverser si le ministre maintient ses propositions – outre la fusion de la police, figurent l'ébauche d'une réforme agraire, l'octroi du droit de vote, ainsi que la création d'une école d'administration destinée à former les futurs cadres. Lui s'époumone à expliquer sa politique d'intégration alors que ceux qu'on appelle « les couteaux » – députés anti-mendésistes – ont déjà décidé la mise à mort du gouvernement. La meute du lobby betteravier algérien, celle des bouilleurs de cru et des grands féodaux du régime aura bientôt gain de cause.

Pense-t-il, comme François Mauriac, lorsque des cris de joie retentissent à la chute de Mendès le 5 février, que le triomphe de ses ennemis sera de brève durée ? Pourquoi tant de haine ? Celui qui a su réveiller un peuple part dans l'honneur mais sous les huées. La gauche, naissante et dispersée, pourra-t-elle s'en remettre ?

40

14 décembre 1955

Il entre dans la salle de Luthenay-Uxeloup. Cet après-midi, à Saint-Parize-le-Châtel, il n'y avait pas grand monde. Mais ce soir, la salle est comble. Il voit, au fond, des types avinés qui discutent bruyamment et essaient de couvrir sa voix quand il commence à prendre la parole. Méthodes connues : bombardement de projectiles divers – pour lui, ce soir, des tomates et des bouteilles vides –, coupures de courant, blocage des portes des réunions. La veille, à Saint-Pierre-le-Moûtier, il n'a pu s'exprimer qu'après deux heures de perturbations. Plus tôt, à Lucenay-lès-Aix il a été obligé de partir sans s'exprimer. Les voies de fait et les violences verbales ont été si sévères qu'elles ont entraîné la démission du maire. Ce soir, donc, tout recommence.

Toujours les mêmes insultes : « bradeur d'empire », « traître à la patrie », « elle est où ta francisque ? » Lui attend que le service d'ordre poujadiste se lasse. Il a tout son temps. Lorsqu'il reçoit un projectile sur la tempe gauche, il accuse le coup, mais reprend son souffle, feint de ne rien ressentir, attend que ça se calme. C'est alors qu'un militant communiste s'approche, l'apostrophe et lui demande de s'expliquer sur le tract que ses militants distribuent et où il est écrit : « Voter Mitterrand, c'est voter anticommuniste. C'est voter antisoviétique. C'est voter français. » Alors il prend le micro et, de sa voix la plus caressante, répond : « Les amis de MM. Thorez et Duclos me réservent le meilleur de leur hargne. Ils m'ont toujours trouvé devant eux pour faire barrage à leur entreprise totalitaire. Je suis toujours là. » Et il enchaîne sur Mendès : « Avec Mendès j'ai voulu et fait la paix en Indochine, réalisé la concorde en Tunisie, préparé le seul plan valable en Algérie. » Le militant l'interrompt et veut savoir pour quelles raisons il a refusé de constituer une liste mendésiste avec des socialistes et des radicaux. Mitterrand balaye l'argument, déclare qu'il ne veut pas rentrer dans les subtilités de ce Front républicain – coalition électorale réunissant l'UDSR, la SFIO, les radicaux et les républicains sociaux – auquel il a adhéré sans trop y croire. Il reproche en lui-même à Mendès d'avoir favorisé la SFIO au détriment de son propre parti dans le choix des circonscriptions mais l'important n'est pas là. L'heure tourne, il doit partir vers une autre réunion. L'essentiel est de faire bloc contre le communisme et contre l'extrême droite.

À 20 h 30, il retourne à Saint-Pierre. En tout, il a à visiter vingt-sept communes. Il fait nuit noire quand il arrive devant la salle des fêtes. Un comité d'accueil musclé l'attend aux cris de « Algérie, fellagha », « Diên Biên Phu, trahison ». L'un lui crache au visage. Il sort son mouchoir, ne le regarde pas et continue à avancer dans la salle vers le micro. Ce soir-là, il en profitera pour délivrer – provocation ou prise de conscience ? – un message clair : « Donner à nos anciennes possessions l'indépendance ou l'autonomie n'est pas un aveu de faiblesse. Le monde change, ouvrons les yeux. »

Le 24 décembre, a lieu un « match » avec Pierre Poujade dans la salle des fêtes de Château-Chinon. L'endroit est bondé, l'ambiance au ring de boxe. La campagne de l'extrémiste Tixier-Vignancour, animée par un certain Jean-Marie Le Pen, excite le camp des irréductibles de l'Algérie française, qui n'hésitent pas à faire le coup de poing et à intimider. Violence verbale mais aussi physique. Poujade fait monter les enchères en déclarant d'en-trée de jeu : « Des types comme vous, je les écrase comme des limaces. » La veille, dans son édito du *Courrier de la Nièvre*, Mitterrand avait brossé le portrait de son adversaire en ces termes : « Pas une idée. Pas une proposition mais une éloquence efficace et rapide de tribun, une allure agréable de trois-quarts de rugby et surtout une complai-sance extrême pour les acclamations grisantes de ses partisans. Il a le cerveau de Déat et l'abattage de Doriot. C'est un modèle réduit de fasciste. Et il n'est qu'un épisode. »

Poujade s'excite beaucoup au début du face-à-face. Lui s'économise. Et, par ses arguments, il aura le dessus avant de le mettre KO.

Le lendemain, jour de Noël, François Mitterrand s'effondre en plein discours. Et met quelques secondes à reprendre connaissance. Certains pensent qu'il est épuisé par sa campagne. Lui-même rectifiera : la rage de sentir la victoire lui échapper lui fait perdre pied physiquement. Jamais, ô grand jamais, il ne se sent fatigué au contact de la foule. Au contraire, cela devient un excitant.

Le 2 janvier, Mitterrand accuse la défaite. Même s'il reste député de la Nièvre, son parti est sévèrement battu. Il espérait trente élus à la Chambre, ils seront cinq. La politique est un éternel jeu de recommencement. C'est dans l'adversité qu'il retrouve sa férocité.

41

1er février 1956

François Mitterrand est nommé garde des Sceaux par Guy Mollet. Pierre Mendès France a remporté les élections, mais c'est Mollet qui se voit nommé à la tête du gouvernement. L'UDSR de Mitterrand a perdu 12 sièges, mais lui est promu, parce que son parti demeure charnière. Il ne tente aucune approche permettant à Mendès de revenir à la tête du gouvernement. Dont il devient le numéro deux. À pas quarante ans.

Quand il arrive avec Danielle dans les appartements du ministère, un énorme bouquet de roses l'attend, agrémenté d'un bristol signé d'une de ses admiratrices. Danielle fait renvoyer le bouquet sans commentaire.

On le dit très séduisant, couvert de femmes, doté d'un humour sarcastique, ravageur, cynique, avec, en poche, toujours deux ou trois solutions. Il fait l'objet de rubriques dans les magazines. On prétend qu'il a chassé en Afrique et s'entoure d'une cour de jeunes gens et de jeunes et jolies femmes. Il répète souvent être dilettante et que la politique n'est pas son métier, même s'il y déploie une belle habileté et y dépense beaucoup d'énergie.

Il a une vie de jour et une vie de nuit. Personne n'y trouve à redire. Cela fait même plutôt partie de son charme. Dans la presse spécialisée, on l'appelle Casanova. Lui affecte de ne pas être timide et cache ce trait profond de caractère sous une légère arrogance. Il est cultivé, ne fait pas montre de son immense érudition, a de la conversation. Certains soirs, il part avec des copains en goguette dans des bals, danse – il danse toujours aussi mal –, drague. Et accumule les conquêtes. Il ne s'en vante pas mais ne s'en cache pas.

Au mariage du prince Rainier et de Grace Kelly en avril 1956.

42

12 mars 1956

Mitterrand signe le décret des pouvoirs spéciaux, violant ainsi les principes constitutionnels, solidaire – comme les autres membres du gouvernement dont Mendès et Gaston Defferre – d'une politique mollétiste qui dirige par décrets-lois. Il accepte, comme tous, le transfert des juridictions civiles aux tribunaux militaires, alors qu'il s'y était fermement opposé comme ministre de l'Intérieur sous Mendès et que son prédécesseur – Maurice Schumann – l'avait refusé.

Le 24 mars, il applaudit le discours courageux du député MRP Reille-Soult. Lequel, dans l'hémicycle, demande avec virulence des explications sur le prétendu suicide de l'avocat Ali Boumendjel dans les locaux du général Massu. Trois mille disparitions ont été signalées dans les prisons d'Alger.

Le 27 mars, lors du Conseil des ministres, Mendès, ministre d'État sans affectation spécifique, s'indigne de la politique de Guy Mollet, dénonce l'absence des poursuites devant les exactions des militaires et déclare : « La gauche ne se reconnaît plus dans ce gouvernement. » Mitterrand garde le silence. En sous-main il tente d'endiguer les violences commises en Algérie sans parvenir à ses fins. Il obtient cependant que Ben Bella et les siens soient soumis au régime politique et fait en sorte que quelques nationalistes soient extraits des prisons où leur vie est menacée.

Il garde toutefois le silence quand Claude Bourdet, son camarade de Résistance, est arrêté le 1er avril et incarcéré à la prison de la Santé par Bourgès-Maunoury, ministre de la Défense, pour « démoralisation de l'armée » à la suite d'un article paru dans *France Observateur*.

Le 2 avril, il reconnaît, devant la commission des lois de l'Assemblée nationale, « l'existence de sévices et de détentions arbitraires en Algérie », dénonce ces méthodes illégales, s'inquiète de leur recrudescence, se désolidarise de son gouvernement mais n'en tire pas les conséquences.

Le 23 mai 1956, Pierre Mendès France démissionne, en désaccord avec la politique algérienne menée, et indique au pays désemparé un autre choix « qu'entre l'abandon, préconisé par les communistes, et l'installation dans la guerre », écrit Mauriac le 23 mai dans son *Bloc-notes*, qui se félicite de cette liberté retrouvée qui lui permettra « d'ouvrir une autre route ».

Mitterrand reste. Et se tait. En juin, le Conseil décide d'accélérer les exécutions des prisonniers algériens condamnés à mort. Lui ne s'y oppose pas. Au cours de l'année qui va s'écouler, quarante-quatre personnes d'origine arabe et un Européen seront exécutés. Chaque cas se verra étudié par le Conseil supérieur de la magistrature, qui donne son avis au président de la République, lequel choisit ou non de commuer la condamnation. Or il est, en tant que ministre de la Justice, vice-président de ce conseil. Dans au moins trente-deux cas, il recommande que les condamnations soient effectives. À Françoise Giroud, qu'il voit beaucoup à cette période, il confie être dans un trou noir, vivre une situation intenable sans savoir pour autant quoi faire d'autre. Il dit s'employer à limiter les dégâts.

Le 26 octobre, Alain Savary, en charge des Affaires marocaines et tunisiennes, claque la porte au moment de l'arraisonnement de l'avion des cinq leaders du FLN dont Ben Bella, au mépris du droit international, et démissionne trois jours plus tard. Pierre de Leusse, ambassadeur de France à Tunis, fait de même.

Mitterrand, lui, reste toujours. Désir de ne pas apparaître comme un ministre qui pratique la démission à répétition ? Attentisme ? Opportunisme ? Ambition de devenir lui-même, à bref délai, président du Conseil ? Plus le temps passe, plus la torture se banalise. Le procureur général Jean Reliquet le tient informé de cette contagion chez les policiers civils. À plusieurs reprises, le ministre lui exprime son aversion et envoie des instructions écrites. Le 4 février 1957, il signe un texte permettant de réduire le délai entre le recours en grâce et la peine de mort. Face à son équipe toutefois, il s'enferme dans le silence, contrairement à ses habitudes, lui qui leur fait confiance depuis longtemps et aime le travail collectif du cabinet. Il se voit de plus en plus critiqué, y compris dans son propre parti. Il ne répond pas aux attaques, ne se justifie pas, encaisse. Deux hommes se battent à l'intérieur de lui-même : le protecteur des libertés individuelles et une personnalité autoritaire qui pense qu'en état de guerre tout ce qui s'oppose à l'intégrité de la France doit être puni, y compris par la mort.

Le 8 mai 1957, au Conseil des ministres, Gaston Defferre appelle à un cessez-le-feu immédiat. Mitterrand se tait encore.

Le 20 mai, il adresse une lettre au président du Conseil « pour que cessent les erreurs communes » et « rappeler les règles les plus saines du droit ». Pas de réponse.

Le lendemain c'est la chute du gouvernement.

43

30 mai 1957

Rue Guynemer, il attend que son téléphone sonne. Sûr, ce sera pour cette fois ! *L'Express* estime qu'il est « l'unique », *France Observateur* et *Le Monde* le citent comme « possible ». Il s'entend bien avec René Coty, qu'il a rencontré durant les dix-huit mois interminables du gouvernement Mollet, au moins quatre fois par semaine, et le président de la République lui a fait comprendre qu'un jour ce serait son tour. Voici peu il l'a même appelé pour le sonder et lui demander s'il accepterait les suffrages communistes. « Bien entendu, a répondu Mitterrand, et si ce n'est pas suffisant j'irai les solliciter. – Alors ce sera peut-être difficile », a rétorqué le président.

Mais il y croit encore. Les indices concordent, les rumeurs s'amplifient, ses dernières conversations avec ses amis députés dans les travées lui font penser que, même si le chef de l'État hésite, il va se décider enfin à le nommer président du Conseil. On dit même que c'est pour mieux faire passer sa candidature que le premier magistrat du pays aurait lancé des « opérations blanches », tâté le terrain auprès de personnes n'ayant aucune chance, comme Antoine Pinay, Pierre Pflimlin ou Maurice

Bourgès-Maunoury. Lui sait bien que ce n'est pas ce qu'il a fait qui emportera la décision du président mais, comme toujours, les petits arrangements. Il sait aussi ne pas être aimé dans l'hémicycle – pour la droite, il est le bradeur de l'Algérie, et pour certains de son camp, plus à gauche, l'homme qui s'est compromis dans son attitude vis-à-vis de l'Algérie. Il y a également cette vieille rengaine de francisque, reprise dans la presse d'extrême droite, qui a pu s'infiltrer, y compris au palais de l'Élysée. Il convient donc avoir une carrière « intéressante » mais pas « exemplaire ». Quand Mendès demeure au firmament de l'incarnation du courage et de la vertu, lui fait remarquer « qu'il n'a pas démérité ». Ce n'est pas un but en soi que de devenir président du Conseil, mais il en a l'appétit et voudrait « changer de politique ». Et puis, il connaît parfaitement les rouages du pouvoir et bénéficie d'un bon entourage. D'ailleurs, il a appelé quelques amis auxquels il a songé pour des postes stratégiques et déjà prévenu, par télégramme, à New York où il siège comme représentant de la France à l'ONU, son camarade de l'UDSR, Jacques Kosciusko-Morizet, de se tenir prêt.

Il se réveille tard le lendemain matin. Les enfants sont partis à l'école, Danielle travaille dans son atelier de reliure. Vers minuit il avait compris : toujours pas cette fois. Le nom de Bourgès-Maunoury avait été prononcé à la radio.

Le téléphone sonne. Le nouveau président du Conseil lui demande d'entrer au gouvernement et de garder son portefeuille et son rang. Il refuse. Bourgès insiste. Il lui raccroche au nez. Cela ne

159

l'empêchera pas de rempiler, cinq mois plus tard, dans une équipe dirigée de nouveau par Guy Mollet, toujours en tant que garde des Sceaux, tout en se contentant d'être neuvième du gouvernement.

À l'Élysée avec le président René Coty, en juin 1954.

44

31 janvier 1958

Deux places réservées au Théâtre des Champs-Élysées pour *Rendez-vousmanqué*. Son amie Françoise Sagan a insisté. Elle veut son avis sur ce ballet dont elle a écrit le livret. Il apprécie le décor, signé Bernard Buffet, n'est pas ébloui par la mise en scène due à Roger Vadim. Et ferme les yeux, attendant que ça passe. Danielle lui tapote le bras. Le public applaudit.

À la sortie, pas de taxi. Ils remontent à pied en direction des Invalides. Alors Danielle se lance. De toute façon, il avait deviné depuis plusieurs mois. Il s'appelle Jean et se montre très gentil avec les enfants. François Mitterrand incline la tête. Il ne s'indigne pas, ne montre pas le moindre signe de jalousie. Il marche plus vite, change de sujet. Ils arrivent tout essoufflés rue Guynemer. Danielle refera la chambre, Jean aura sa chambre de bonne au dernier étage et lui s'installera un lit de fortune dans l'entrée. La vie de couple peut continuer.

L'annonce ne le fait pas changer de mode de vie. Il reste toujours aussi absent, laissant Danielle élever leurs deux enfants. Celle-ci, après avoir souffert d'un sentiment d'abandon, a repris progressivement confiance en elle mentalement, psychiquement et aussi professionnellement. Elle fait alors de la reliure et s'épanouit si sensiblement qu'elle en redevient désirable aux yeux de son mari.

Fable bourgeoise, ficelles éculées et comportement hélas banal d'un provincial bon teint qui préfère ne pas mettre en accord ses actes avec sa vie, qui a une sainte horreur du divorce et qui a besoin d'aimer son épouse pour mieux désirer celles qu'il continue à collectionner.

Dans l'appartement de la rue Guynemer.

45

3 mars 1958

Il est invité au dîner dit « des Pyramides ». Autour de la table, conviés par le patron de *L'Express* Jean-Jacques Servan-Schreiber : Pierre Mendès France, Maurice Duverger, Alain Savary. Après le drame du curé d'Uruffe et les éloges sur *La Question* d'Henri Alleg, un seul sujet est à l'ordre du jour : le retour du Général. À l'exception du patron de *L'Express*, tous sont d'accord pour penser que c'est la seule issue à la crise politique et au drame de l'Algérie. Mais parviendra-t-il à se faire investir ?

Pour le moment, de Gaulle se tait. Et la France est suspendue à son souffle. Que ce silence est assourdissant... Mauriac, dans son *Bloc-notes*, le compare à Dom Juan et l'adjure de se déclarer, car le dernier acte vient de commencer. Le Général est l'homme recours, le seul à pouvoir rendre l'honneur.

Pour les participants au dîner, la seule question est : quand ? Autour de la table, seul Mitterrand se tait. La théâtralisation de ce silence l'agace et l'inquiète. Il y pressent le retour des factieux.

Avec Pierre Mendès France en mars 1958.

46

19 mai 1958

Le 19 mai, il assiste à la réunion de rédaction de *L'Express* tenue à l'issue de la conférence de presse du Général. Et se félicite de la réaction de Mauriac – qui, pour une fois, est partagé sur de Gaulle –, note avec satisfaction le revirement de Françoise Giroud, a priori favorable mais ressortie fort inquiète de la séance. De Gaulle, une hypothèse ? Pourquoi pas ? Une solution ? Sûrement pas.

Mitterrand quitte *L'Express* afin de retrouver Pierre de Bénouville, proche des généraux d'Alger. Il sait que ce dernier va tenter de le convaincre. Alors il l'écoute discourir sur la grandeur du Général et ne tente pas de l'interrompre, conscient que sa carrière politique vient de voler en éclats et que la IVe République agonise. Va-t-il quitter cet univers, revenir vers l'édition, ou plutôt, devenir avocat ? Il a compris qu'il n'était plus rien et que son avis ne comptait plus.

Dans la nuit du 13 mai, il a voté l'investiture de Pierre Pflimlin en espérant que la gauche saurait sauver l'honneur de la République face à une droite complice des généraux mutinés du putsch d'Alger. Le lendemain, il déjeune avec Mendès, Giroud, Mauriac. Ils évoquent ensemble l'idée d'un appel à celui qu'ils nomment l'arbitre national. Il y souscrit et approuve les propos que Mauriac s'apprête à publier : « Nous espérons toujours en de Gaulle mais en un de Gaulle qui répondrait à l'appel d'un Massu. La grandeur de De Gaulle c'est d'appartenir à la nation tout entière. Puisse-t-il ne pas dire un mot, ne pas faire un geste qui le lierait à des généraux de coup d'État. » L'après-midi il se rend à l'Assemblée. Constatant le silence du gouvernement face aux activistes d'Alger, qui ont créé, à l'initiative de Massu, un comité de salut public, il est l'un des rares à exiger que la République soit respectée. Il adjure le président du Conseil de faire respecter la légalité des institutions ; il croit en lui, en sa force, en son courage, il veut y croire. Il n'est pas écouté.

Le 16 mai, alors que l'Assemblée vote l'état d'urgence pour trois mois, il pense encore que la situation est maîtrisable et que la République s'identifie toujours à la patrie.

Le 20 mai, il prend la parole à l'Assemblée. Devant l'absence de sanctions du gouvernement, devant l'équivoque entretenue avec les chefs militaires d'Alger, devant les déclarations, la veille, du Général en conférence de presse qui, au nom de l'unité nationale, n'a pas condamné la sédition et a conclu ainsi son intervention : « J'ai dit ce que j'avais à dire. À présent je vais rentrer dans mon village et m'y tiendrai à la disposition du pays », Mitterrand s'adresse au président du Conseil. Il demande à Pflimlin d'arrêter l'insurrection et de faire respecter la légalité républicaine : « En cet instant d'une extrême gravité je demande au gouvernement de mesurer devant l'Histoire – oui devant l'Histoire – son immense responsabilité. » Il n'est pas écouté.

Le 25 mai, il reçoit, alors qu'il se trouve en compagnie de Mendès, un appel de Jacques Foccart : de Gaulle ne veut pas revenir au pouvoir appelé seulement par la droite. Il attend un « signe » de la gauche. Ni l'un ni l'autre ne veulent « d'un Général qui reviendrait dans les fourgons des parachutistes ».

Le 26 mai François Mitterrand s'élance à la tribune. Les observateurs, sur le banc de la presse, le trouvent pâle. C'est d'une voix émue qu'il prend le micro et sort de sa poche des notes déchirées d'un carnet pour un discours qui sera finalement improvisé et fera date dans les annales de l'Assemblée.

Il dénonce le coup de force, en Corse, de Pascal Arrighi, député impliqué dans tous les complots contre la IVe République et ardent défenseur de l'Algérie française, évoque le *pronunciamiento*, exige des comptes, harcèle le ministre de la Justice. Sa parole est prenante, violente. Il s'emballe. Avec une éloquence sourde, il continue sur un ton d'imprécateur. Ses voisins lui donnent des coups de coude pour qu'il s'arrête. Un ministre lui demande une certaine sérénité en raison des circonstances. Il reprend la parole. Paul Ramadier lui souffle : « Laissez-les donc en paix. Vous voyez bien qu'ils font ce qu'ils peuvent. » L'effet provoqué est contraire. Il prend un ton de prédicateur. Et se découvre lui-même : lui si policé, si assagi par les rites de la IVe République, constate d'un coup que le silence se fait dans les travées. À la fin de son intervention, seuls les communistes l'applaudissent. L'opposant est né.

47

28 mai 1958

Mitterrand est en tête de cortège dans la manifestation pour la défense de la République qui part de la Bastille vers la Nation aux cris de « le fascisme ne passera pas ». Trois cent mille personnes défilent, selon les organisateurs. Ce gouvernement qui se couche, ce jeu de marionnettes siciliennes le dégoûtent. Il est atterré par la pauvreté des slogans mais ne dit rien. Il porte son masque d'impassibilité, feint l'indifférence. Il se reproche de ne pas avoir crié assez fort et de n'avoir pas su déranger le cérémonial. Certes, *LeMonde* et *L'Express* ont vanté la qualité d'indignation et d'émotion de ses discours, qui ont tranché sur la logorrhée paresseuse et léthargique des babillages des rentiers de la IVe République, mais faut-il qu'il continue à se poster en sentinelle d'un pont-levis abandonné ?

Quand il a un problème à régler, il marche. Le lendemain matin, il a donc décidé de remonter les quais. Toujours le même trajet : Notre-Dame, la pointe de l'île Saint-Louis et retour. Lui, le chef de ce petit parti qu'est l'UDSR, va-t-il pouvoir continuer à exister ? Comment rassembler ? De Gaulle lui ravirait-il définitivement la possibilité d'accéder au sommet ? Il s'attarde chez les bouquinistes, se décide à acheter le volume V de *L'Histoire de la Révolution* de Lamartine. Il y trouvera peut-être des pistes de réflexion.

La IVe République est morte. Vive la République. Mais quelle République ? Il rentre chez lui et éprouve une sorte de révélation : de même qu'il eut, le jour de son évasion, la sensation qu'il s'identifiait à la France, il éprouve maintenant le sentiment qu'il a une responsabilité vis-à-vis du peuple français. La politique a été trop tachée par les compromissions de ses professionnels, les mots semblent usés pour dire la nécessité de la démocratie. Combattre pour qui ? Il ne sait pas. Contre qui ? Il vient de le décider.

Il se rend à 15 heures à l'Assemblée où le président René Coty a convoqué les députés et les sénateurs et, à sa stupéfaction, prend connaissance de sa déclaration : « Si les Assemblées ne font pas appel au général de Gaulle, le président de la République démissionnera. » Après la démission de Pflimlin, alors même qu'il détenait encore la majorité, le retrait du chef de l'État... C'est donc sans surprise que Mitterrand apprendra, par la radio, que le Général, « président pressenti » par un président de la République qui vient de se comporter comme s'il était son directeur de cabinet, acceptait de former le gouvernement et demandait des pouvoirs exceptionnels et constituants.

Le 31 mai, en tant que leader de l'UDSR, il est invité par le Général à l'*Hôtel La Pérousse* à une étrange cérémonie : avant de demander l'investiture à l'Assemblée, de Gaulle souhaite s'entretenir avec les principaux partis politiques. Il ne veut pas d'une majorité « aléatoire ou incertaine ».

Il attend donc dans les salons en compagnie d'une trentaine de personnes. Tous les partis sont venus, à l'exception du Parti communiste. Lorsque le Général arrive, Mitterrand observe les uns et les autres se précipiter pour le féliciter. De Gaulle les remercie fort courtoisement et leur demande s'ils ont des questions. Pas vraiment. Ramadier s'enhardit et pose celle de la séparation des pouvoirs. De Gaulle le rassure, enchaîne sur l'urgence de la situation. Guy Mollet pose une question sur le Marché commun : « Nous verrons, nous verrons », répond le Général, qui fait comprendre qu'il est pressé.

Mitterrand se campe alors en face de lui et, devant tous les présents, en cercle autour de l'homme du 18 Juin, déclare : « Mon général, je ne voterai pas pour vous tant que vous n'aurez pas désavoué publiquement les comités de salut public d'Alger... Nous sommes entrés depuis peu dans la voie insolite et périlleuse des *pronunciamientos* réservée jusqu'ici aux républiques sud-américaines. Après les généraux ce sera l'heure des colonels. Vous êtes ici à la suite d'un concours de circonstances peu ordinaires. Vous auriez pu naître ou mourir plus tôt. » Étrange dernière phrase interrompue par le Général : « Alors, Mitterrand, vous voulez ma mort ? Si c'est cela, j'y suis prêt. »

48

1er juin 1958

À 15 heures, s'ouvre la séance d'investiture au cours de laquelle Charles de Gaulle, qui s'est refusé à tout débat contradictoire, lit son texte pendant six minutes. Il demande les pleins pouvoirs pour six mois et annonce son projet d'un changement de Constitution. Puis il s'en va, laissant vide le banc du gouvernement.

La tribune est bondée. Après Mendès, et comme Mendès, Mitterrand déclare qu'il ne votera pas en faveur de l'investiture. De sa voix légèrement sifflante, il commence par ironiser sur l'illégalité de la procédure. À peine a-t-il entamé son discours qu'un député poujadiste veut le faire taire. Il couvre sa voix et continue à dénoncer, non une réforme de la Constitution, mais un changement de régime obtenu par de multiples conjurations et *via* un coup de force. À droite, on essaie de lui imposer silence. Il persévère. Il est le seul à parler de coup de force et de sédition. On se moque de lui. Des travées de droite fusent des « Vous ferez comme tout le monde, vous vous rallierez ». Lui ignore les lazzis. Ironisant sur ce nouveau gouvernement dont il a appris, voici moins d'une heure, que la moitié des membres venaient des gouvernements précédents, il tente de continuer. À droite, on tape du pied de plus en plus bruyamment pour couvrir sa voix. « Eh bien, oui, si le général de Gaulle est le fondateur d'une nouvelle démocratie, si le général de Gaulle est le libérateur des pays africains, si… » À l'extrême droite on conspue ses effets de manche. Il aura bien du mal à conclure : « Puisque le général de Gaulle nous incite à nous taire et à le laisser faire, je pense que c'est maintenant qu'il faut crier à la nation que les hommes qui se battent pour la liberté et pour la souveraineté populaire, même s'ils ont le cœur plein d'inquiétude, même s'ils sont angoissés, ne se laisseront pas aller au désespoir. »

Rares furent ceux qui, dans son propre parti, vinrent le féliciter. Sur 14 députés, 10 votèrent pour l'investiture. Ceux qui affectèrent de le soutenir, au dernier moment, votèrent blanc. 22 députés feront appel à la résistance républicaine. Au moment de donner les signatures à la presse, on chercha le vingt-deuxième. En vain. On apprendra le lendemain qu'il était nommé au gouvernement !

Le lendemain, après une réunion électorale dans la Nièvre, Mitterrand tiendra un conseil restreint avec ceux de l'UDSR qui l'ont suivi et quelques jeunes mendésistes. Après s'être étonné que ces propos contre le Général aient été si mal reçus, il leur confie : « On en a pour dix ans. Le temps de ramener les communistes à 10 %, d'accrocher une casserole à la droite, d'apprendre à gouverner. »

49

6 juin 1958

Il est invité à Sciences Po, pour une intervention. Accompagné de Georges Beauchamp, Roland Dumas et Georges Dayan, il déclare à l'amphi bondé : « On a agité l'épouvantail communiste mais la classe ouvrière a parfaitement conscience que le PC se joue d'elle : elle n'est prête à se battre ni pour le PC ni pour les autres. » Il a saisi cette occasion pour faire savoir qu'il ne veut pas être enfermé dans la gauche de la gauche, là où les commentateurs politiques le placent depuis son opposition au Général. Il ne croit pas au centre gauche et condamne les orphelins de la troisième force qui veulent créer un nouveau parti.

Il est isolé. Anticommuniste ? Pas vraiment mais pas prêt à devenir systématiquement leur allié. Minoritaire ? Cela ne lui déplaît pas. Il signera, le 24 juin, l'appel de Daniel Mayer pour le regroupement des forces de gauche non communiste. Il n'y croit guère mais se console en se disant qu'il s'y trouve en bonne compagnie : ont signé, en effet, Mendès, Savary, Bourdet. Le 4 juillet, il adhérera sans enthousiasme à l'Union des forces démocratiques, plus connue sous le nom de « Parti du refus ».

Il diverge avec Mendès sur le diagnostic de ce nouveau régime. Le premier pense que, né dans la rue et sans véritable programme économique, il se terminera dans la rue. Mitterrand estime, bien au contraire, que se met en place pour longtemps une dictature visible à l'œil nu sous son masque bonasse.

A-t-il pour autant la sensation d'avoir perdu la main ? Pas vraiment. Lors de sa dernière conversation avec René Coty, celui-ci lui a avoué qu'il avait plusieurs fois pensé à lui pour diriger le pays. Il n'est cependant pas du genre à ressasser les occasions manquées. En sortant un jour de Sciences Po, il tombe sur Louis Mermaz, un de ses proches, à qui il confie : « La traversée du désert sera longue mais nous sommes jeunes et nous accumulerons un capital de sympathie qui ne fera que croître. » Il invite alors à déjeuner chez *Lipp* sa garde rapprochée. Andouillette frites, baba au rhum. Il a un appétit de loup et semble d'une humeur badine. Il avoue à Dayan qu'il songe à devenir avocat et demande s'il ne peut pas intégrer le cabinet de sa femme, Irène, pour s'occuper plus particulièrement des affaires pénales. Au café, il dit à Roland Dumas : « Il faudra s'organiser. Le temps passe vite. J'en profiterai pour lire, aller au théâtre. » Et à tous, avant de se lever : « Comme tous les vivants qui aiment la mort, ne pas oublier, puisque j'en ai maintenant le temps, de s'y préparer. »

50

30 novembre 1958

Mitterrand est battu aux élections législatives. C'est sa première défaite. La veille du scrutin, le Général s'était enquis de savoir qui, dans l'opposition, risquait d'être éliminé. À Léon Noël qui lui dit « Mendès », il répond : « C'est dommage. » Et « Mitterrand aussi », ajoute Noël. « Ça, c'est une autre histoire », rétorque de Gaulle. Blackboulé, donc, comme Mendès, Jacques Duclos, Gaston Defferre, Robert Lacoste, Jules Moch, Maurice Faure.

Sa campagne dans la Nièvre a été mouvementée. Il s'est fait tirer dessus à boulets rouges pour cause d'indiscipline. Il n'en a cure.

Arrivé, en effet, en troisième position au premier tour, après le docteur Benoist, socialiste molletiste, il a refusé, comme les règles l'exigent, de se retirer en faveur du candidat le mieux placé, prétendant que c'est à Benoist de se désister en sa faveur ! Parce qu'il le considère comme un adversaire politique pour avoir voté oui à l'investiture du régime gaulliste. Afin de se présenter, il n'hésite pas à brouiller le jeu et à faire appel aux communistes. Ce sera le candidat gaulliste qui l'emportera.

Mitterrand a préféré faire perdre la gauche plutôt que de se sacrifier.

S'il n'est plus rien sur l'échiquier politique, il demeure patron d'une formation. Un mouvement exsangue où, à chaque réunion, devant une assistance clairsemée, il dénonce avec fougue et brio la manière dont le processus totalitaire se met en place et explique que, pour prendre le pouvoir, il suffit d'un petit nombre de fidèles. Sa détermination reste intacte ; c'est à ce moment-là que son entourage, y compris ses amis, commence à l'appeler « président ».

Comme bon nombre d'hommes politiques de gauche – Mendès fait l'objet d'une protection policière continue – et comme ses amis journalistes de *L'Express* et de *France Observateur*, il reçoit sans cesse des menaces. Lui ne semble pas affecté par cette atmosphère de délation, de violences verbales et physiques. Il vient d'apprendre qu'à Oran des listes circulent de personnes à abattre et qu'il en est le numéro un. Chaque jour il reçoit des lettres avec des cercueils en papier. Ses collègues lui disent qu'il a tort de continuer à marcher seul dans les rues. Il craint pour la sécurité de ses enfants et les accompagne tous les matins à l'école. Il a contacté, sans le dire à Danielle pour ne pas aviver son inquiétude, un ami de la Résistance – Bernard Finifter – afin qu'il demande au directeur de la Sûreté générale un gilet pare-balles. Celui-ci le lui refuse. À défaut il fait installer rue Guynemer une porte blindée.

51

25 février 1959

Mitterrand obtient enfin rendez-vous avec
Édouard Depreux. Il veut entrer dans son nouveau
parti, le Parti socialiste autonome, créé en scission
d'avec la SFIO, le 11 septembre 1958. Il a dû beaucoup patienter. Il n'en attend pas grand-chose mais
ne veut pas être écarté de cette formation qui a
réussi à démarcher Mendès France. Il sait ne pas
y avoir que des amis. Depreux lui annonce que
sa candidature sera examinée par une commission
et qu'elle est controversée. Il insiste, demande des
explications. Alain Savary et Gilberte Brossolette
s'opposent à son arrivée, lui reprochant pêle-mêle
d'avoir eu un passé ambigu pendant la guerre,
d'être, sans l'avouer, un « franciscain », d'avoir
accepté, lorsqu'il était garde des Sceaux, de laisser guillotiner des indépendantistes algériens, d'être
un opportuniste, un homme de l'ancien régime.
Face au déluge il affecte l'indifférence. Depreux lui
demande de patienter. Le soir même, Mitterrand
réunit sa garde rapprochée : « Je ne me soumettrai
jamais à ce genre d'examen. Nous devons désormais compter sur nous, et seulement sur nous. »
Mitterrand n'entrera pas au PSA, qui devient en
1960 le Parti socialiste unifié (PSU).

52

26 avril 1959

François Mitterrand entre au palais du Luxembourg. Il a été élu maire de Château-Chinon le mois dernier, puis conseiller général du canton de Montsauche, puis ce jour-là, séna-teur.

Contrairement à Mendès, qui a jeté l'éponge, il a su reconquérir, à partir de son fief, une légitimité qui semblait l'avoir abandonné. Il a cependant pris de la distance par rapport à un monde politique qui l'a tant déçu même s'il ne peut s'en passer. Il se réfugie souvent dans les Landes et, quand il est à Paris, part faire du golf deux fois par semaine avec ses amis, Rousselet, Beauchamp, Dayan, bref, la bande. Il sort beau-coup, au théâtre comme au cinéma. Pas dans les dîners en ville, qu'il affecte maintenant de mépriser. Il ne manque jamais aucune réunion de l'UDSR où il peut se montrer sarcastique, cas-sant, autoritaire. Dans l'hémicycle, il prépare soi-gneusement ses interventions, travaille les sujets en profondeur, passe beaucoup de temps à la bibliothèque, attaque violemment et systémati-quement le gouvernement, son Premier ministre

Michel Debré, le parti majoritaire constitué de « ces maniaques de la mitraillette, de ces éternels agités », s'en fait une spécialité, devient, avec délice, un sujet de haine et de vindicte.

53

7 octobre 1959

En sortant du palais de Justice, il va boire un café avec Roland Dumas. Qui ne lui cache pas son étonnement de l'avoir vu si bien danser le tango à la réception où il l'a croisé la veille au soir. Mitterrand avoue avoir pris des leçons. Pas beaucoup. Juste pour savoir où placer ses pieds. Comme d'habitude, il est encombré par sa liasse de journaux – il achète tout et lit avec délectation les quotidiens de province chaque matin. Il s'apprête à traverser le pont quand un monsieur assez gros, rougeaud, salue Roland Dumas, qui fait les présentations sans s'attarder tant il a peu de sympathie pour cet obscur député, ex-gaulliste actuellement poujadiste, expert en rumeurs. Mais l'homme insiste, il veut lui parler. Mitterrand n'a pas le temps. Il est invité à déjeuner chez Irène et Georges Dayan. Or l'homme le suit. Lui presse le pas en direction du Châtelet et voit en kiosque, affiché, le numéro de *LaNef*, dirigée par Lucie Faure, auquel il a participé, évoquant longuement le drame algérien, la droite colonialiste, « cette mégère haineuse et rapace qui protège les margoulins du colonialisme ».

Au Sénat, hier, il a dénoncé à la tribune tous ces conjurés qui, dans l'ombre du Général, n'ont pas cessé de préparer les lendemains et occupent tous les rouages du pouvoir. Il n'est plus le seul à vilipender la prise en main des gaullistes : Mendès, Defferre, Mollet en font leur combat. Mais il est le seul à le faire avec cette détermination, cette opiniâtreté, cette intransigeance – il parle déjà de coup d'État. Il est devenu pour certains gênant, visible, trop visible. Il parle trop et en sait trop. N'a-t-il pas refusé, lorsqu'il était garde des Sceaux, de détruire un dossier concernant Michel Debré mettant en cause sa responsabilité dans l'assassinat par bazooka d'un commandant français à Alger ? Lui aime le secret et se montre d'une nature méfiante. Y compris à ses amis, il n'aime pas se confier. Depuis l'enfance il a pris l'habitude de garder pour lui ses pensées intimes. Lui qui célèbre l'amitié comme un culte et qui l'entretient avec passion considère que cet art ne peut faire commerce de la confidence.

Pesquet, l'individu qui le suit, dans le brouhaha de la rue l'avertit qu'il est menacé. Mitterrand n'en est guère étonné. Les menaces d'attentat pleuvent sur les personnalités politiques de gauche ; des plastiquages ont eu lieu ; *L'Express*, auquel il collabore, est gardé jour et nuit. L'homme précise qu'il arrive d'Alger, sait qu'une nouvelle vague d'attentats va être déclenchée et que son nom est en tête de liste. Le sénateur l'écoute puis l'éconduit.

Avant de monter chez Dayan, il croise rue de Rivoli un de ses copains, Wladimir Porché, qu'il met au courant : « J'ai rencontré un drôle de gars. Il promet mon assassinat pour bientôt. »

L'histoire ne s'arrête pas là. Après, il reçoit à son secrétariat du Sénat des appels répétés de Pesquet qui le harcèle en vue d'obtenir un rendez-vous. Il ne donne pas suite. La nuit, des coups de téléphone anonymes, des menaces contre ses fils, contre lui : « Tu vas crever », des messages destinés à Danielle : « Achète-toi des vêtements noirs », pleuvent. Quelques mois auparavant, il avait déjà été poursuivi par ce genre d'appels. Il était allé porter plainte mais l'affaire avait été classée sans suite. Craint-il le ridicule pour décider de ne pas retourner au commissariat ?

Il accepte finalement de revoir Pesquet le 14 octobre et lui fixe rendez-vous à la terrasse d'un café des Champs-Élysées. Pourquoi prend-il le risque de se montrer dans un lieu public en présence d'un ultra ? Chez lui, le goût du romanesque le dispute souvent à l'esprit de provocation. Il se dit las de tant de menaces et veut en savoir plus. Pesquet précise que l'attentat est imminent et qu'il doit le revoir demain. Mitterrand ne rentre pas dormir chez lui mais va camper chez les Dayan. Sans les avertir de quoi que ce soit.

Le lendemain, il fixe rendez-vous à Pesquet au Sénat dans la salle des pas perdus. Et comprend que son interlocuteur sait où il habite. Celui-ci lui conseille de faire attention le soir en rentrant chez lui et recommande, s'il est suivi, de prendre par l'avenue de l'Observatoire où les grilles sont basses et où il est possible de se réfugier. Pesquet affirme qu'il parle au péril de sa vie et, en échange, lui demande de garder le secret. Il accepte. Sa détestation de la police date de l'affaire des fuites. Il pourrait se confier à Danielle, à Dayan, à Dumas, à Rousselet, à son frère Robert, dont il est très proche ; il ne le fait pas. Maintenant, c'est Pesquet qu'il croit. Trop de détails, trop de précisions écartent à ses yeux l'hypothèse du simulateur.

En le quittant, Mitterrand avertit ce dernier que, s'il a du nouveau, il sera chez *Lipp* en seconde partie de soirée. Il va chercher son fils à l'école rue Campagne-Première et dîne chez lui en compagnie de deux amis et d'un ancien compagnon de captivité. Puis il prend sa voiture et, avec ses copains, part au *Pam Pam*, sur les Champs. Au retour il repart seul en voiture et s'arrête chez *Lipp*. *Lipp*, il connaît bien. C'est l'un de ses fiefs. Il y a même sa banquette. Le patron lui tend *Paris Presse*. À la une, Lucien Neuwirth, député UNR, annonce : « Il est urgent de se ressaisir. Le drame peut être pour demain. Déjà des commandos de tueurs ont passé la frontière espagnole. Les personnalités à abattre sont désignées. » Il se sent visé. Il attend Pesquet. En vain.

À minuit trente, il rentre chez lui au volant de sa 403 bleue et s'aperçoit qu'une voiture – une Dauphine verte – le suit rue de Seine, puis rue de Tournon. Il prend à droite, la voiture tente de le coincer, il tourne rue Auguste-Comte et, au square de l'Observatoire, bondit de son siège en laissant le moteur en marche, escalade la clôture, court dans les jardins, s'allonge derrière les bosquets. Des détonations retentissent. Il apprendra que sept coups de feu ont été tirés d'une mitraillette.9 mm sur sa Peugeot. Il est minuit 45.

Il se rend au commissariat faire une déclaration. Il n'a pas vu les tueurs. Au chef de la police, il raconte les faits mais ne parle pas de Pesquet. Au journaliste de *France Soir* dépêché sur place, il explique : « On a sans doute voulu m'intimider. » C'est le préfet de police Maurice Papon qui annonce à Danielle, par téléphone, que son mari est indemne.

Le lendemain, François Mitterrand fait la une de l'actualité. La gauche se mobilise contre le fascisme. Il reçoit des appels de solidarité de Mendès, Jacques Duclos, Gaston Defferre, Edgar Faure, Jacques Chaban-Delmas. Le PC exige que toute la lumière soit faite et les comploteurs mis hors d'état de nuire. *L'Humanité* titre : « Exigez la dissolution des bandes fascistes ». La CGT parle « d'acte inqualifiable ». Seul Jean Cau dans *L'Express* apporte une note discordante : « Ce galopin de Mitterrand, qu'avait-il à jouer les blousons noirs du côté de la rive gauche ? À 1 heure du matin on dort ; on ne s'amuse pas à se faire tuer. » Le mouvement de soutien s'amplifie. Il reçoit des centaines de messages venus de France mais aussi de l'étranger. Pendant une semaine, il apparaît en héros.

Le 19 octobre, il donne rendez-vous à Pesquet au bar *Le Cristal*. Là, il le remercie de lui avoir sauvé la vie et lui renouvelle sa promesse de ne pas parler. Le 20, une conférence de presse de l'Union des forces démocratiques est organisée en son honneur. Comme d'habitude, il arrive en retard. À son entrée, la salle se lève et l'applaudit à tout rompre. L'après-midi, il reçoit longuement chez lui Pierre Viansson-Ponté, à qui il fournit des explications minutieuses.

Pourquoi laisse-t-il le mensonge s'installer ?
Pourquoi accepte-t-il ces louanges ?

La fidélité à un pacte signé avec un individu peu recommandable, qui plus est ne partageant pas les mêmes opinions politiques que vous, vaudrait-elle mieux que l'aveu de la vérité ? Pense-t-il naïvement, ce qui ne lui ressemble pas, que l'affaire est classée ? Se sent-il invincible ? Qu'a-t-il à espérer de cette posture de dissimulation ? Là se constate l'incompréhensible.

54

22 octobre 1959

François Mitterrand prend connaissance de la une du journal d'extrême droite *Rivarol* annonçant que l'attentat a été monté de toutes pièces. Il ne s'inquiète pas. Puis il apprend que Pesquet va donner une conférence de presse. Plus inquiet, il y dépêche un ami. L'assistance est clairsemée. Son « informateur » explique comment et pourquoi l'attentat était « bidon », qu'il a été commandité par la victime elle-même dans le but de provoquer des perquisitions dans les milieux d'extrême droite et de « doubler » Mendès chez les électeurs de gauche. L'autre affirme détenir des preuves : six heures avant l'agression, Pesquet s'était envoyé à lui-même une lettre à une adresse poste restante dans laquelle il décrivait minutieusement ce qui allait se passer. Et de montrer aux personnes présentes ce courrier qu'il a pris soin de faire authentifier par un huissier, attestant l'heure et le jour indiqués par le cachet de la poste.

Pesquet ne peut donc que dire la vérité. En moins d'une heure Mitterrand est cloué au pilori.

La presse de droite, unanime, crie à la forfanterie. Dayan, Beauchamp, Rousselet débarquent chez lui. Très abattu, il évoque tout de suite un guet-apens. Ce n'est même pas la peine d'apporter les preuves d'une machination. La machine à tuer politiquement et moralement est en marche et rien ni personne ne pourra l'arrêter.

Dans son camp politique, au mieux on le plaint, au pire on prononce avec dégoût et mépris le nom de cet homme politique ambigu et opportuniste qui a su traverser tous les régimes. Pas tous. Pierre Mendès France lui adresse, dès le lendemain, une lettre de soutien, et Françoise Giroud lui téléphone pour lui proposer de venir à *L'Express* s'expliquer lors d'une conférence de rédaction exceptionnelle. Il accepte. Pâle et défait, il répond aux questions sans aménité, fait son autocritique en évoquant son absence de prudence. Et relate inlassablement le parcours de la soirée. Oui, il en convient, il a cru en Pesquet, à sa sincérité à vouloir le protéger. Il répète aux journalistes de *L'Express* : « Il m'a demandé de l'aider à se sauver de lui-même. »

On se croirait dans un roman de Dostoïevski. D'ailleurs, Mauriac, dans son *Bloc-notes*, pour tenter d'éclairer un tel comportement, rappelle qu'il a des origines chrétiennes. Françoise Giroud le voit à plusieurs reprises les larmes aux yeux. Irène Dayan l'observe muré dans une solitude désespérée. André Rousselet craint qu'il ne se suicide. Danielle est admirable et fait montre d'un courage exceptionnel : c'est elle qui lance le mouvement de la reconquête de la dignité de son mari. C'est elle la véritable guérillera. « L'affaire » va les rapprocher et soudera leur conjugalité. Comme lui ne demande rien, Danielle prend l'initiative d'aller voir tous les amis pour défendre son honneur. La plupart lui répondent « oui, mais »... Elle rompt immédiatement et pour toujours avec celles et ceux qui – comme Hélène et Pierre Lazareff – tiennent ce genre de discours.

Le 28 octobre, Henri Frenay – camarade de Résistance et parrain de son fils Gilbert –, qui habite le même immeuble, rompt avec lui. La SFIO le lâche. *France Observateur* organise un concours de saut devant les grilles de l'Observatoire. L'ensemble de la presse le conspue. Dans *L'Aurore*, Robert Bony conclut un article en notant que « l'auteur de pareilles palinodies demeurera définitivement disqualifié ». Le 29 octobre, François Mauriac lui consacre son *Bloc-notes* : « Déshonorer un adversaire, c'est le seul assassinat qui soit payant pour ceux qui le haïssent. Dans cette bataille ignoble, tuer n'est rien, salir est tout. »

Le même jour paraît son entretien dans *L'Express* : pour la première fois il ne se défend plus. Il accuse : « Et je les nomme : Tixier-Vignancour, Biaggi, Arrighi, Le Pen ont sorti les poignards de la guerre civile. » En apparence, il tient le coup mais à son ami Paul Legatte, il confie : « Même mes amis ne sont pas convaincus de ma bonne foi. »

Le parquet engage des poursuites à son encontre et demande la levée de son immunité parlementaire. Il est accusé d'« outrage à magistrat » pour « avoir caché des éléments valables qu'il possédait ». Au lieu d'en être abattu, il reprend du poil de la bête. Comme le fait observer Mauriac : « C'est dur à abattre, un homme s'il n'y consent pas. »

Le 2 novembre il apprend que Pesquet avait, deux mois auparavant, tenté de tendre le même piège à

Maurice Bourgès-Maunoury. Celui-ci, contrairement à Mitterrand, en avait immédiatement averti
la police. La soi-disant innocence de Pesquet est
donc remise en cause et lui ne peut plus être accusé
de se trouver à l'origine du complot. Il s'interroge
sur l'attitude du gouvernement qui a tu, pendant
des semaines, cette information lui ayant valu de
continuer à être couvert d'opprobre. Il a la sensation d'être enfermé dans un puits mais commence
à comprendre qu'il est tombé dans un complot dont
Pesquet n'est qu'un des subalternes.

Il va pouvoir revenir dans l'arène. La sienne :
celle de la politique. Faire oublier les obscurités
et dissimulations d'un comportement mystérieux
pour mener une bataille contre celui qui veut le
voir quitter l'hémicycle et qui n'est autre, à ses yeux,
que le Premier ministre. Il déclare : « La lutte n'est
pas finie. Je ne suis à la disposition ni d'un agent
provocateur, ni d'intrigues de palais, ni d'un gouvernement qui croit écraser du talon une victime
affectée. Je les méprise tous et j'userai du temps
que Dieu me prêtera partout où leur bassesse les
portera. »

La meilleure défense, c'est l'attaque.

55

18 novembre 1959

Il apprend que Delalande, un républicain indépendant, conclut à l'acceptation de sa levée d'immunité parlementaire tout en soulignant dans son
rapport que « la décision du Sénat ne saurait, par
elle-même, entacher l'honneur ». C'est pourtant
bien de son honneur qu'il s'agit. Alors François
Mitterrand va lui-même plaider sa cause et, avant
le vote final des sénateurs, s'adresse à eux dans
l'hémicycle en ces termes : « Les accusations
dont on m'accable sont fausses, les moyens qu'on
emploie pour m'abattre sont infâmes. » Le silence
constitue-t-il un outrage à magistrat ? Mitterrand
se place tout d'abord sur le terrain juridique et
note les contradictions de l'enquête puis, d'un ton
serein, détaché, dégoupille sa bombe et raconte son
entrevue, quand il était ministre de la Justice, avec
un homme politique alors en proie aux pires accusations venu lui demander du temps pour pouvoir
s'expliquer. Devant des sénateurs qui retiennent
leur souffle, lui-même prend son temps, ménage le
suspense, décrit avec précision le comportement de
cet élu aux abois qui supplie qu'on ne lance pas la
levée de l'immunité parlementaire contre lui, qu'on
n'accélère pas la machine judiciaire, qu'on ne livre

pas son nom en pâture à l'opinion publique, avant de lâcher : « L'homme qui n'hésitait pas à réclamer la protection du pouvoir lorsqu'il estimait son droit en péril... Cet homme, c'est Michel Debré. »

Tohu-bohu dans les travées. La séance est suspendue. La décision ajournée.

Il pense avoir gagné la première manche. Interrogé sur ces révélations le jour même à la sortie du Conseil des ministres, Michel Debré déclare : « M. Mitterrand, encore une fois, a menti. » Le 25 novembre, il apprend que la suppression de son immunité parlementaire a été votée à une écrasante majorité : 75 voix pour et 27 contre. Guy Mollet a fait avancer la date de son congrès pour permettre à ses députés de voter contre lui. Parmi les partis, seul le PC, en bloc, l'a défendu.

Il prend Roland Dumas comme avocat. Celui-ci reçoit un appel de son confrère et ennemi politique, Me Isorni, qui lui suggère « de chercher du côté du juge d'instruction ». Dumas mène son enquête et s'aperçoit que Pesquet et le magistrat sont amis depuis leur service militaire. Encore faut-il en apporter la preuve. Il passera des semaines à dépouiller les archives militaires et tombera sur une photo de régiment où on les voit côte à côte. Le procureur aussi est un ami de Pesquet. Un conseil de guerre se tient à la chancellerie en présence du juge et du procureur. Sans suite.

Le 20 novembre, Mitterrand dîne avec Mauriac. Il rit beaucoup et parle d'autre chose que de « l'affaire ». Mauriac note : « C'est dur à abattre un homme s'il n'y consent pas. En politique tout devient machine de guerre... Dans l'affaire Mitterrand, c'est Mitterrand qui doit vous intéresser, non ce qu'on peut en tirer contre le régime. Qu'il sorte de ce tunnel comme il est sorti de l'affaire des Fuites. Que ce destin continue... »

En décembre, le juge d'instruction procède à son inculpation.

Georges Pompidou, alors membre du Conseil constitutionnel, a voulu arranger les choses. De Gaulle s'y est opposé. La procédure s'est perdue dans les sables. Mitterrand ne fut jamais acquitté pour son supposé outrage à magistrat. Et, contrairement à tous les règlements de justice, l'affaire ne sera jamais classée.

56

3 février 1960

François Mitterrand décide de lancer un nouveau
mouvement : la Ligue pour le combat républicain.
Il abandonne le siège de l'UDSR, rue du Mont-
Thabor, trop coûteux – il refuse les subventions
du régime – pour un cinq-pièces, 25, rue du Louvre.
Veut-il éloigner quelques anciens petits camarades
qui, dès qu'il paraît dans une réunion publique,
murmurent des infamies, ricanent bruyamment et
couvrent sa voix s'il essaie de parler ?

Fidèle à sa méthode, expérimentée depuis la
guerre, il choisit ses hommes par cercles concentriques. D'abord, au cœur du dispositif, toujours
les mêmes, la garde rapprochée qui s'est un peu
étoffée au cours de la traversée du désert : outre
Dayan, Rousselet, Beauchamp, Perrin, on trouve
aussi Mermaz, Defferre, Badinter, Hernu, Dumas.
Puis il élargit progressivement, lentement mais
sûrement, avec des hommes dont il a éprouvé la
fidélité, comme ces sénateurs qui n'ont pas voté
la levée de l'immunité parlementaire.

À la première réunion, on lui fait objecter que ce
nom de ligue a des relents factieux. Il interrompt :
« Ligue comme la Ligue des droits de l'homme au

moment de l'affaire Dreyfus. » Les cicatrices ne se refermeront jamais.

Il n'a plus d'espace, mais un nom bafoué, une image dévastée. Pourtant il garde, chevillée au plus profond de lui-même, la conviction qu'il peut continuer à agir, la certitude de la fidélité de quelques amis et un goût immodéré pour la parole. Alors, chaque semaine, il la prend, certes dans une toute petite salle, avec une assistance clairsemée, mais avec gourmandise et passion.

« On n'était pas nombreux, se souvient André Rousselet, mais pour rien au monde on n'aurait manqué une réunion. Il n'y avait pas d'ordre du jour. Il passait au crible l'actualité, parlait du "pouvoir" et se refusait à prononcer le nom du Général. Il testait devant nous ses idées et c'était pour lui une manière de ne pas perdre la main. »

Robert Badinter, lui non plus, n'a pas oublié : « On devait être une petite cinquantaine, jamais plus, me raconte-t-il. On riait beaucoup. Mitterrand était un type qui riait énormément. On s'amusait, c'était très gai. Je me souviens de la qualité des échanges, de l'ouverture d'esprit, du niveau des débats, de la force d'argumentation. Chacun pouvait à sa guise prendre la parole et dire ce qu'il voulait. Il ne demandait jamais l'alignement. »

Il refuse que soit communiquée la moindre information sur leurs activités. « À quoi bon ? Ne nous dispersons pas. Gagnons d'abord en crédibilité. Après, seulement, nous serons écoutés. »

57

23 janvier 1961

François Mitterrand part pour la Chine. Il traverse un passage à vide et l'idée de ce voyage
lui plaît. François de Grossouvre – qui lui a été
présenté par Mendès –, industriel du Rhône et
président des Amitiés franco-chinoises, a organisé
le voyage. Pendant trois semaines, il parcourt le
pays, visite des usines, des unités agricoles, est
invité à des dîners officiels, accompagné par un
guide qui répond à chacune de ses questions par
une citation de Mao. Il assiste à des réunions où
l'on récite *Le Petit Livre rouge* et où l'on célèbre à
tout propos et avec insistance la juste direction du
Parti, seule capable de mener à bien, et jusqu'au
bout, toute entreprise – y compris celle de la culture
des chrysanthèmes. Il observe, prend des notes en
vue d'un reportage que lui a demandé *L'Express*
à son retour. Il sera reçu comme un chef d'État
par le Grand Timonier, trop content de nouer des
contacts avec un pays qui a rompu avec lui toute
relation diplomatique. Sur la photographie officielle, ils se sourient. La pose ne semble pas trop
convenue. D'ailleurs, au retour, il avouera qu'entre
eux « le courant est passé ». Il peut se vanter d'être

l'un des trois hommes politiques à avoir passé une journée avec Mao Zedong.

Un mois plus tard, il publiera son compte rendu dont il fera, bien après, un livre, *La Chine au défi* : il y louera « la sagesse doctrinale » et le « réalisme vigilant » de Mao, tout en dénonçant les prisons, les camps d'internement, le système totalitaire basé sur une pression mentale intolérable. Il pensera avoir réussi à ne pas être dupe. Il commit cependant l'erreur de nier la famine, alors à son acmé et dont moururent 38 millions de Chinois. Il écrivit : « Le Parti communiste, aussi puissant soit-il, n'est pas en mesure de parquer des populations affamées derrière une moderne grande muraille afin d'abuser ses invités. » Il ne fut pas le seul des visiteurs occidentaux à s'être si gravement trompé.

Le 8 juin, il pose au Sénat la question de la reconnaissance diplomatique de Pékin. « Ce serait la ruine de toute notre politique étrangère », lui répond, effaré, Maurice Couve de Murville, le ministre des Affaires étrangères.

58

20 septembre 1961

Il a promis à sa mère qu'il s'occuperait d'elle, qu'il la chaperonnerait. Ce soir il l'invite à dîner au restaurant. Depuis quelques jours, Anne a emménagé dans une maison catholique pour jeunes filles. Elle a quitté le cocon familial de Clermont-Ferrand. Au lycée Jeanne-d'Arc, où elle a suivi une excellente scolarité, elle a passé son bac philo. Elle a réussi à persuader ses parents de « monter » à Paris pour suivre le cours d'histoire de l'art à l'École des métiers d'art. Dans sa famille, les filles ne doivent pas forcément travailler. Elle souhaiterait peut-être devenir conservatrice de musée et étudie le vitrail. Elle est supposée, aussi, faire une formation pour apprendre la décoration, ce qui ne sera pas inutile, lui dit sa mère, lorsqu'elle se mariera et aura à devenir une maîtresse de maison accomplie.

Lui connaît ses parents depuis quatre ans, joue régulièrement au golf avec le père, Pierre, qui a le même âge que lui, un industriel de Clermont-Ferrand et, avec Danielle, ils les invitent, pendant les vacances, plusieurs fois à dîner. Cet été, André Rousselet a bien remarqué qu'il venait chercher le matin Pierre Pingeot et traînait dans leur maison avant d'aller au golf. À maintes reprises, il lui a demandé de venir voir son fils Jean-Christophe jouer au tennis avec la fille de leurs amis.

Il la connaît depuis qu'elle a quatorze ans. Au début, il la voyait comme une jeune fille de bonne famille autorisée à venir écouter les conversations à l'heure de l'apéritif, sans y participer. C'est un homme mûr qui n'a plus rien à prouver dans le domaine de la séduction. Des maîtresses il en a plusieurs ; trois en même temps, c'est un minimum. La conquête l'excite toujours beaucoup plus que la capture. Il déteste expliquer. Donc, on l'a vu, il ne rompt jamais mais ne donne plus de nouvelles. Aux élues ex-heureuses de comprendre par elles-mêmes. Il feint, s'il les rencontre, que rien entre eux n'a existé. Certaines peuvent attendre. Elles ont raison. Il lui arrive, sans explication, de reprendre une liaison.

Il choisit une table à l'écart. Les convives se retournent sur cette jeune femme ravissante, d'une élégance et d'une classe à couper le souffle. Elle lui parle de peinture sur verre, découvre Paris, dit son émerveillement, évoque avec ardeur ce métier de maître verrier auquel elle se destine. Il l'écoute, la regarde. Lui-même est étonné des sentiments qui l'occupent. Cela lui tombe dessus. Comme Marie-Louise au bal. Voilà en effet quelques semaines – depuis qu'elle a joué chez elle à Hossegor, villa *Lohia*, dans une petite saynète préparée pour les amis de ses parents le rôle d'une poétesse – qu'il la voit autrement. Ce genre de chose est supposé ne pas arriver. Pic de la Mirandole ou Dom Juan ? Il a quarante-sept ans. Elle vient d'en avoir vingt. Il attendra plus d'un an avant de se déclarer.

59
2 octobre 1961

Mitterrand a tout de suite accepté l'invitation de
son ami Sékou Touré, qu'il a connu par Houphouët-
Boigny, alors qu'il était ministre de l'Outre-mer, et
avec qui il a siégé comme député dans le parti qu'il
dirigeait, à venir célébrer le troisième anniversaire
de l'indépendance de la Guinée, le pays dont il est
devenu le chef d'État. Il aime la faconde, la culture
de cet ancien instituteur qui fut le premier à lancer
un non retentissant à la politique africaine du général de Gaulle et à avoir fait voter au peuple guinéen,
par référendum, en 1958, le refus d'appartenir à la
Communauté française des colonies.

Il fait très chaud ce matin-là à Conakry. Les
enfants des écoles ont été convoqués deux heures
avant le début des discours officiels. Je porte l'uniforme – chemisier blanc, jupe bleu marine, sur
laquelle j'essaie de tirer pour cacher mes genoux
cagneux, et chaussures vernies qui me font mal. Je
suis en nage et angoissée. Depuis trois jours, nous
répétons le refrain de l'hymne d'indépendance et
j'ai peur de me tromper. Notre institutrice – une
religieuse en longue robe blanche ornée d'un voile
gris qui découvre l'ovale de son visage – n'en mène

pas large non plus et nous donne l'ordre d'avancer dans cette foule compacte. Des grappes de jeunes sont accrochées aux fromagers pour mieux voir le président et ses invités. Mitterrand est au premier rang en costume-cravate, impassible sous le soleil. C'est le seul homme blanc. Des femmes en boubou se mettent à danser. Elles arborent sur leur poitrine et leur postérieur le visage de Sékou avec ses lunettes cerclées. Ça crie, ça siffle, ça applaudit. Il faut en même temps chanter en cadence et avancer au pas. Des chauves-souris volettent au-dessus de nous. Au loin, on entend une fanfare. À l'arrière, ça pousse. J'ai peur de tomber. La sœur nous dit de nous prendre la main et de monter sur la tribune en direction du monsieur. C'est la première fois que je vois un homme politique français.

60

20 septembre 1962

François Mitterrand critique vivement la proposition du Général de faire élire le président de la République au suffrage universel. Il stigmatise cette « course au plébiscite », cette « présidentialisation » et multiplie les prises de position contre l'illégalité de la procédure et non sur la nature même de la Constitution : la Ve République prévoit, au sommet de l'État, un homme qui possède de grands pouvoirs et bénéficie d'une grande stabilité. Ce jour-là, il comprend que, le moment venu, il pourra se porter candidat.

61

25 novembre 1962

Aux législatives, il est très largement réélu dans le Morvan malgré un contexte défavorable. Mendès est battu à Évreux au terme d'une campagne nauséabonde où l'antisémitisme de son adversaire le disputait à son goût pour la calomnie. François Mitterrand avait adopté comme slogan de campagne : « Moins qu'hier on votera pour les programmes, pour les partis. Plus qu'hier on votera pour les hommes ». Cela ne l'a pas empêché d'être élu par une coalition de Front populaire, socialiste PSU et Parti communiste. Il fait deux fois plus de voix que son adversaire.

C'est donc la tête haute qu'il revient, après deux ans d'absence, à l'Assemblée nationale, seul espace, selon lui, où l'on peut mener le seul combat qui vaille : sauver la démocratie en péril.

62

15 septembre 1963

Il a choisi Saint-Honoré-des-Bains, non loin de Château-Chinon, pour ressusciter la tradition des grands banquets républicains du xixᵉ siècle.

Les cars sont venus de loin. Les tables, dressées dans les prés, ont été recouvertes de draps blancs. Il fait beau, on se tient par le bras, on s'embrasse, on se congratule. Importance du rapport physique quand on fait de la politique. Il faut savoir prendre son temps pour écouter, donner une accolade, deviser tout en marchant. Mitterrand adore ça et fait durer le plaisir avec ses vieux compagnons qui le vouvoient et l'appellent tous président. Vin rouge à volonté. Lui ne boit pas. Il ne boit jamais lorsqu'il est en service commandé. Dans la Nièvre, on sait qu'il fait semblant. En fait, il est le roi de la limonade et s'il accepte les verres, c'est pour ne pas vexer. À l'issue du repas, plusieurs participants lui demandent de chanter. Il chante très bien, et pas seulement *La Marseillaise* et *La Carmagnole*, avec un répertoire de chansons étendu. Il connaît tout Bruant, mais aussi Piaf par cœur, Brel et même certaines comptines en créole.

Ils sont 800, de toutes obédiences à gauche, à avoir accepté son invitation, sur le modèle du banquet de Nîmes organisé par Gambetta dans sa campagne en faveur des républicains. Avec lui, tout est toujours crypté.

Alors, avant son grand discours, il chante une chanson d'amour. À Tarbes, au même moment, le leader du PCF Jacques Duclos appelle à l'union de la gauche. Dans les prés, il prêche, lui, pour un grand rassemblement, car « rien ne sera plus comme avant si nous le décidons ».

63

19 septembre 1963

François Mitterrand ne croit pas du tout à ce monsieur X, rocambolesque invention de pré-marketing politique, mais se garde bien de le dire. À la une de *L'Express* s'affiche en effet la silhouette d'un homme en noir. Lancée le 19 septembre, cette campagne pour le moins étrange est censée créer un suspense susceptible d'attirer la curiosité des futurs électeurs pour l'homme qui incarnera l'opposition aux prochaines élections. « La grande faiblesse de monsieur X », note malicieusement Mauriac dans son *Bloc-notes*, « c'est de ne pas exister comme la grande force de De Gaulle, c'est d'être et de persévérer dans l'être ».

Mais qui est donc ce monsieur X ? Gaston Monnerville ? Maurice Faure ? Guy Mollet ? Personne, en tout cas, ne cite le nom de Mitterrand. Ce sera, en fait, Gaston Defferre, avec son idée de grande fédération centre gauche, qui sera choisi pour porter les couleurs de l'opposition. Dès le début, Mitterrand ne croit pas à son projet politique, mais il s'engage tout de suite dans l'équipe. Defferre est pour lui un compagnon fidèle depuis la fin de la Résistance, or il n'a jamais failli à ce qu'il considère comme une vertu cardinale, la fidélité, et, entre eux, se sont nouées depuis plus de quinze ans des relations d'amitié pas seulement fondées sur la politique, mais aussi sur l'amour de la littérature et de l'histoire : n'ont-ils pas l'habitude de se lancer dans des joutes oratoires à coup de citations de Saint-Just, Lamartine ou Gambetta ?

Il l'accompagne donc dans ses meetings, même s'il arrive toujours au dernier moment, joue les messieurs Bons offices entre les partis de gauche qui se déchirent. Il se montre d'une patience remarquable et d'une fidélité exemplaire. Mais il sent bien que « ça ne prend pas ». Defferre est mal à l'aise dans les réunions publiques. Les négociations entre partis se révèlent de plus en plus âpres et le désir de perdre – consubstantiel à la gauche – sans doute trop prononcé.

Le rêve de la fédération vole vite en éclats. Il sait que celui qui pourra faire rêver, porter une espérance, incarner des valeurs avec enthousiasme sans se contenter de se ranger sous la seule bannière du mot même de socialisme, celui-là et lui seul, pourra être candidat.

64

8 mai 1964

François Mitterrand vient de publier *Le Coup d'État permanent*. Dans *Le Courrier de la Nièvre*, semaine après semaine depuis plus de deux ans, il avait aiguisé les couteaux, fourbi son argumentation, théâtralisé sa prose, testé le niveau de ses indignations. On retrouve dans le livre la plupart de ses morceaux de bravoure publiés dans le journal sous forme d'éditoriaux.

Dans l'hémicycle, séance après séance, plus en improvisant qu'en lisant – ses notes préparatoires griffonnées en attestent – il a fait du Général sa cible de prédilection en se battant sur tous les fronts – liberté démocratique, liberté d'expression, liberté juridique – et en tentant de devenir, lui qui n'est que le chef d'un petit parti – la Convention des institutions républicaines – l'incarnation de la figure de l'opposant. D'un côté le Général ; de l'autre, le porte-parole du peuple, la voix de la liberté et de la vérité, la seule alternative au bon plaisir de ce dictateur qui « règne sans partage sur notre diplomatie, notre défense nationale, notre Constitution ».

Le ton se veut lyrique, incantatoire. Il a relu Hugo mais aussi Chateaubriand, cité en exergue. Sa mise en cause du régime est totale et, comme le titre l'indique, il en analyse les principes et le fonctionnement. Ce n'est pas un programme d'action, mais un pamphlet qui appelle, en conclusion, à la mort de ce régime de dictature. La mort de Kennedy y est évoquée en conclusion afin de stigmatiser l'appropriation et la personnalisation des institutions. On se souvient du mot du Général à son égard six ans auparavant : « Vous voulez ma mort ? J'y suis prêt. » Sa disparition est même évoquée dans les dernières pages du *Coup d'État permanent*.

Un gaullisme sans de Gaulle est-il envisageable ? Un « après-de Gaulle » est-il même pensable ?
« Voici le gaullisme à pied d'œuvre.
Le gaullisme ? Quel gaullisme ?... Mérite-t-il d'ailleurs son nom, ce gaullisme-là qui... conclut cette étonnante alliance qui... réconcilie pour un temps les deux fractions du nationalisme français... les anciens des réseaux et du BCRA, les doriotistes et les miliciens, la grande bourgeoisie d'affaires et la vieille garde d'Action française, les poujadistes et les activistes, les ratés et les fanatiques du fascisme. »

Il est fier de donner son livre à Anne, avec laquelle il vit une passion amoureuse depuis plus de deux ans. Il ne s'en cache plus auprès de certains de ses amis comme Laurence Soudet et mène déjà une vie de couple avec elle, sortant souvent en sa compagnie au théâtre et au cinéma. Anne l'emmène le week-end dans les galeries et les musées et lui fait découvrir son parcours de bibliophile dans le Paris des librairies spécialisées. Entre eux c'est l'amour fou. Ils ont le même goût pour un certain ascétisme et une vie simple sans ostentation ni mondanité. Elle le régénère, lui donne une nouvelle jeunesse et même une certaine innocence. Lui, qui s'est plongé dans une vie politique où les définitions de la vérité sont multiples et les agissements à triple entente, avait cru s'en sortir par son cynisme et son indifférence comme posture intellectuelle. Mais avec elle, il retrouve son âme romantique de provincial. De plus elle, discrète et soucieuse de ne pas nuire à sa « carrière », l'encourage à rester dans le monde intellectuel et à ne pas dépenser tout son temps dans les congrès politiques où la parole s'abîme en des jeux de domination et d'instrumentalisation.

Le Coup d'État permanent, annoncé en une par *L'Express* une semaine avant sa sortie, sera réédité puis passera bientôt en livre de poche où il sera vite épuisé. Il sera détrôné, deux mois plus tard, par le *De Gaulle* de François Mauriac, fervent hommage « au plus illustre des Français ».

65

6 septembre 1965

Mitterrand revient de Hossegor au volant de son ID noire et dîne, ce soir-là, chez son éditeur, en compagnie de journalistes politiques, tels Jean Ferniot et Raymond Tournoux. La conversation porte sur le nom du futur candidat de la gauche après le renoncement de Gaston Defferre. Deux noms sont évoqués avec insistance : ceux de Maurice Faure et de Daniel Mayer. Personne ne cite le sien. Lui ne dit rien. Il a pourtant évoqué l'hypothèse, en juillet dernier, auprès de quelques amis. Dayan, Hernu, Beauchamp, Estier sont dans la confidence, avec engagement de rester bouche cousue.

Mitterrand réfléchit une journée, puis engage une course contre la montre. Il se lance dans le grand bain de la première élection présidentielle au suffrage universel.

Le 8 septembre, il prend rendez-vous avec Guy Mollet pour lui faire connaître ses intentions. Celui-ci déclare sans enthousiasme ne pas y être « forcément hostile », trouve même sa candidature « acceptable ». L'après-midi, il dépêche Roland Dumas auprès de Mendès. Adversaire de l'élection du président de la République au suffrage universel, celui-ci ne se portera pas candidat et estime que Mitterrand fera une bonne campagne. En tout cas, il le soutiendra. Le 9, il rend visite à Maurice Faure et lui apprend qu'il est soutenu par Guy Mollet. Faure comprend qu'il n'a aucune chance et jette assez facilement l'éponge. Mitterrand frappe enfin à la porte de Daniel Mayer qui, lui, veut y aller. Il arrive à le convaincre qu'il sera un meilleur candidat.

Personne ne veut véritablement de lui, mais personne n'a autant que lui le désir de se présenter. Aucun observateur ou homme politique, ni à gauche ni à droite, ne pense qu'il possède la moindre chance. Il n'est dangereux pour personne. D'ailleurs, qui pourrait résister à de Gaulle ? Encore une fois, Mauriac résume la situation : « Il ne s'agit pas de l'emporter sur lui, ce qui est impossible, mais de prendre sa place quand il ne sera plus là et qu'on n'aura plus devant soi que ses épigones. »

C'est exactement ce que Mitterrand va faire, conscient que ses chances se situent dans les faiblesses qu'on lui prête. C'est pour cela qu'il est allé très vite. En politique, comme en amour, il faut savoir utiliser la vitesse.

Dans *Le Monde*, sous la plume de Pierre Stibbe, il prend connaissance du portrait idéal que fait la gauche morale du futur candidat : « Il doit être d'une rigueur morale absolue, qui ne puisse prêter le flanc à aucune critique d'ordre personnel, pas avoir contribué à déprécier le politique par l'opportunisme, l'arrivisme, le goût de l'intrigue ou des affaires, eu aucune compromission avec le régime de Vichy, pris part aux erreurs et aux défaillances d'une grande partie de la gauche dans les épreuves de la décolonisation. »

Bref, son antiportrait idéal.

Il donne rendez-vous le 9 septembre au matin, chez lui, rue Guynemer. Une quinzaine de personnes l'attendent dans son bureau, certaines à même la moquette. « Il arrive à être en retard même chez lui », ironisent quelques-uns. Il fait le récit de ses dernières entrevues et feint de poser la question : « Pensez-vous, vous aussi, que je doive être candidat ? » Une seule voix s'élève, celle d'Alain Savary. Se plaçant sur le plan « éthique », il lui dit qu'il est « vulnérable » et que l'affaire de l'Observatoire est encore trop présente dans les esprits. Mitterrand le remercie d'une voix glaciale et déclare : « Eh bien, je suis candidat. Qui vient déjeuner avec moi ? »

À 13 heures, ils sont à *La Palette*, à Saint-Germain-des-Prés, quand il leur annonce avoir décidé « de prendre à la roue » le Général. Celui-ci fera une conférence de presse à 14 heures. Il fera, lui, sa déclaration à la même heure. Dangereux, jugent les uns, risqué estiment les autres. Il leur rétorque que les dépêches tomberont vers 16 heures et que c'est au contraire un bon moment pour que sa candidature ne passe pas inaperçue. Il déchire un morceau de la nappe en papier et rédige quelques phrases.

Le flash tombe pendant la conférence de presse du Général. À droite, on s'esbaudit, à gauche on ironise. Les premières estimations lui donnent 11 % de votes favorables.

66

21 septembre 1965

C'est sa première conférence de presse. La salle du *Lutetia* est pleine à craquer. On note la présence – inhabituelle pour lui – de journalistes de télévision. La SFIO, méfiante, a envoyé ses trois secrétaires généraux adjoints. Il sort de sa poche des papiers, les pose sur le pupitre, prend son temps. Il attend un message du Parti communiste depuis la veille au soir. Il commence maintenant à parler : « Ce n'est ni un meeting, ni un spectacle, ni une comédie réglée d'avance… » Soudain, il reconnaît Borker, son copain avocat du PC, qui lui tend une feuille. Il en prend connaissance tout en continuant à parler de la Résistance, du sens de son combat, du plan en sept propositions qu'il entend soumettre.

La conférence se termine par des questions écrites. L'une d'elles l'interroge : « Que faisiez-vous, en 1959, dans les jardins de l'Observatoire ? » Il s'adresse au public : « Cette lettre n'est pas signée, la personne qui me la pose peut-elle se faire connaître ? » Silence dans les rangs. Il attend un long moment. Puis passe à une autre question. Au moment où tout le monde se lève, théâtral, il sort de sa poche une lettre que Waldeck Rochet, le secrétaire général du PCF, lui a fait parvenir dans la matinée et à laquelle il répond en public : « Je dis aux communistes comme je le dis à tous les partis sans exclusive, à tous ceux qui se reconnaissent dans la gauche, que le temps presse, qu'il faut se lancer dans la bataille contre le pouvoir personnel. La balle est dans leur camp. »

Le lendemain, le comité central décide de soutenir sa candidature.

67

3 octobre 1965

Il rentre de Cannes où se tenait la veille un congrès sur la construction européenne. À l'aéroport d'Orly, une meute de journalistes l'attend en lui tendant la une de *Paris Presse* : Guy Mollet annonce que son candidat, c'est... Antoine Pinay. Refusant toute déclaration, Mitterrand se rend directement chez Guy Mollet. Celui-ci prend un air embarrassé, rejette la responsabilité des propos sur les journalistes qui auraient interprété sa pensée. Voyant qu'il perd son temps, Mitterrand change de méthode. Il appelle son frère Robert, qui connaît Pinay depuis longtemps, et le charge de l'inviter à déjeuner. Arrivé à l'heure du café, il lui explique qu'il peut être éliminé au premier tour, ce qui nuirait à son prestige. Antoine Pinay n'en croit rien et lui rétorque : « C'est moi qui serai deuxième, et largement. » Il change alors de tactique et avertit : « Naturellement vous êtes libre de vous présenter mais moi je me présenterai aussi et, à mon grand regret, je vous distancerai largement. »

À gauche, on continue à poser des mines : c'est maintenant au tour du PSU d'appeler, sous le nom de Servet, pseudonyme de Rocard, à voter en sa faveur, mais à condition « que ses membres s'engagent à ne pas participer à la campagne ». Au *Nouvel Observateur* on prépare un numéro spécial dont la couverture titre : « Mitterrand jamais ». Claude Estier, journaliste à la rédaction, l'apprend à temps et réussit, grâce à sa force de conviction, à la faire transformer en : « Mitterrand pourquoi ? » *Les Temps modernes* titrent : « Un compromis inutile ». Dans son éditorial, Jean-Paul Sartre écrit : « Après Defferre, Mitterrand. Si celui-ci est candidat de la gauche c'est pour mieux en exprimer la déliquescence... Mitterrand c'est le Petit Chose... il a tout pour plaire aux dirigeants actuels de nos deux "grands" partis : la solitude, l'irresponsabilité, l'innocuité. Il ne menace rien, il ne conteste aucune situation acquise, il ne remet en cause aucune ligne politique si erronée soit-elle. »

Au lieu d'abattre Mitterrand, toutes ces critiques l'excitent et lui donnent encore plus d'énergie. Il sait que sa candidature n'est pas d'adhésion. On murmure que certains gaullistes voteront pour lui, car ils savent qu'il ne sera pas élu. Lui s'en moque, il prend tout. Vouloir voter pour lui sans illusion, c'est affaiblir le Général. Peu importent les motifs. Peu importent les moyens dont il dispose : l'équipe de campagne – nom pompeux pour désigner une bande d'amis – s'est installée dans le cinq-pièces de la rue du Louvre, et va, grâce à des bénévoles et des sympathisants, de jour en jour plus nombreux, travailler jour et nuit d'arrache-pied en inventant au fur et à mesure un style, un élan, un espoir.

En tout, au début, dix amis et quatre téléphones. 97 millions d'anciens francs, soit moins du dixième de la campagne du Général. Un groupe de femmes l'entoure : Marie-Claire Papegay, Laurence

Soudet, Paulette Decraene, Marie-Thérèse Eyquem, Édith Cresson. Rousselet, Hernu, Dumas, Dayan, Beauchamp, Estier forment l'équipe rapprochée. Il fait appel à des spécialistes de droit et d'économie – et, au début, écoute beaucoup et s'avance prudemment, pratiquant délibérément l'anti-langue de bois : « Je suis le produit d'une situation. Je ne suis ni un guide ni un chef mais celui qui monte au parapet avec un commando. Je ne rêve pas à la manière dont les gardes républicains feraient mon lit à l'Élysée mais je suis convaincu que la bataille que nous engageons peut marquer le réveil de la gauche. »

Au début, les espoirs sont minces. On peut le constater en consultant les archives de l'Institut Mitterrand, où tout est consigné. Paul Legatte, fidèle d'entre les fidèles, a assisté à toutes les réunions et tout noté. Aucune chance d'être élu, le risque d'un résultat très médiocre, fatigue physique et psychique à prévoir, chance peut-être d'émerger à cause de sa personnalité ?

Plus la campagne avance, plus il refuse d'être embrigadé dans des slogans, des stratégies, vérifie tout, la moindre affiche, la publication d'un slogan, retire des images qui ne lui plaisent pas, insiste pour qu'une photo de lui au format carte postale soit envoyée dans les campagnes pour pouvoir être posée sur les cheminées *(sic)*. Les affiches, jaunâtres, ne sont guère convaincantes, le slogan non plus : « Un président jeune pour une France moderne ». Qu'à cela ne tienne. Difficile de l'accuser d'être un homme du passé quand son adversaire a soixante-quinze ans. Le Général se mure toujours dans le silence, mais quelques dignitaires du régime com-

220

mencent à aboyer. Pierre Messmer : « Mitterrand est un aventurier de la guerre. » Christian Fouchet : « Voter pour Mitterrand c'est voter le néant. »

Lui préfère méditer ce que François Mauriac écrit à son endroit : « Dans cette faillite des partis, dans ce vide sinistre dont au fond nous souffrons tous, l'intelligence, le courage, le talent d'un homme cela compte et peut lui assigner demain ou après-demain une place éminente, mais à une condition : ne pas jouer les roquets. »

68

4 novembre 1965

En meeting à Lyon, à la Bourse du travail devant plus de mille personnes, il souffre d'agoraphobie et se demande s'il va pouvoir continuer. Il voit Pierre Mendès France dans la salle et reprend le fil de son discours. Pourquoi donc Mendès a-t-il refusé de venir à la tribune ? Il a pris le train pour assister au meeting, lui a proposé de dîner ensuite en petit comité, mais a refusé de se montrer, alors qu'il avait déclaré son soutien franc et massif dans une déclaration faite au *Nouvel Observateur,* le 27 octobre dernier ? Hernu a encore insisté, rien n'y a fait.

Un certain énervement gagne son entourage. Aujourd'hui, le général de Gaulle a enfin fait acte de candidature. Un non-événement mais l'opinion publique le crédite de 60 % au premier tour. Va-t-il s'abaisser à faire campagne ? La véritable surprise : la candidature de Jean Lecanuet, qui, au grand étonnement de Mitterrand, rallie de plus en plus de déçus du gaullisme. Comment avancer quand on incarne la vieille gauche républicaine et qu'on a participé onze fois aux ministères de la IVᵉ République ? Parler, expliquer, convaincre. Tous les soirs, être à la tribune : en tout, 40 villes en cinq semaines. La fatigue le transporte : « Aujourd'hui je crois devoir me tenir prêt à poursuivre ma tâche, mesurant en connaissance de cause de quel effort il s'agit, mais convaincu qu'actuellement c'est le mieux pour la France. »

Moi ou l'abîme ? Pas sûr que l'argument soit décisif. À droite, on l'attaque de plus en plus violemment et systématiquement. Commencerait-il à faire peur ? Pour Pompidou, il est un aventurier de la pire espèce, un homme qui va amener la France à la faillite et qui ne sait qu'abdiquer. Pour Malraux – son ami Malraux : « Le gouvernement que nous promet Mitterrand c'est de l'histoire-fiction, comme il y a de la science-fiction. » Quant à son ami Mauriac, il vitupère désormais son ancien protégé, qualifié à présent de « MRP héritier des naufrageurs du ministère Mendès France, disciple des benoîts entrepreneurs de catastrophes échelonnées sur dix années ». L'écrivain n'imagine pas sans frémir son arrivée à l'Élysée.

Mitterrand ferait-il peur ?

69

19 novembre 1965

Seconde conférence de presse au *Lutetia*. Cette fois tout le monde est là : Guy Mollet, Waldeck Rochet, même Aragon s'est déplacé et a fait une entrée remarquée.

Mitterrand décline pendant deux heures et demie ses vingt-huit propositions. Long, trop long. Il a le visage blême, la barbe naissante, semble au bout du rouleau. Mollet s'enquiert de sa santé et lui conseille de se coucher plus tôt. Comment le pourrait-il ? Il enquille toujours les meetings et voit, avec satisfaction, qu'il attire de plus en plus de monde, que des militants veulent le toucher, l'embrasser, lui parler. De plus en plus de républicains en déshérence, qui en ont assez de perdre, de plus en plus de militants communistes qui viennent à titre individuel, mais n'ont pas leur pareil pour s'occuper de l'encadrement, de plus en plus de femmes qui arrivent le plus souvent avec leurs maris et à qui il s'adresse directement, en réclamant pour elles l'égalité de salaire avec les hommes, une plus grande accessibilité à l'emploi, ainsi que la contraception et la liberté sexuelle. Il a abandonné le ton pamphlétaire de son ouvrage *Le Coup d'État permanent* mais n'hésite pas à parler de l'âge du Général en le trouvant préoccupant et évoque à chaque intervention son passé de résistant. Il sait que de Gaulle s'est opposé à la publication d'une photographie de lui avec le maréchal Pétain proposée par son ministre de l'Intérieur Roger Frey auquel il a expliqué : « Il faut préserver l'avenir. On ne sait jamais de quoi il sera fait. Cet homme deviendra peut-être un jour président de la République. Alors ne le salissons pas. »

Dans les meetings, Mitterrand fait tout, tout seul : il se présente, fait son discours – au début, il emploie toujours dans les dix premières minutes des mots tarabiscotés, s'embrouille, puis se rattrape, enchaîne sur l'histoire de France, puis termine par la politique où il réclame des garanties pour l'indépendance de la justice et le droit à l'information. Enfin, il organise la discussion avec la salle.

Il préfère ce genre de contacts à ceux que lui impose une certaine presse. Il s'y plie cependant parfois et accepte de devenir une « vedette ». Il pose ainsi avec Danielle en faisant semblant de deviser, en compagnie de leurs deux enfants, dans les allées du Luxembourg – tentative bien maladroite de désensorcellement de l'Observatoire ? –, accréditant l'image d'un bon père de famille, dont l'épouse travaille dans un atelier de reliure tout en s'occupant de ses enfants. Danielle, toujours prête à jouer les « girls-scoutes » de son mari, le suit souvent dans les meetings. Son compagnon, Jean Balenci, est aussi embrigadé et accompagne Mitterrand dans ses tournées les plus lointaines, notamment en Corse où il joue le rôle de garde du corps. Danielle se félicite de voir à chaque fin de meeting une escouade de femmes entourer son candidat de mari qui s'attarde au buffet sans avoir envie de rentrer... Elle préfère qu'il papillonne plutôt que de le voir fixé avec cette jeune femme qui réussit à le rendre fidèle, à sa grande stupéfaction.

Difficile d'estimer le surcroît d'énergie et de désir donné par l'amour que Mitterrand porte à Anne dans cette campagne ébouriffante d'inventions et de dynamisme. Face à un vieillard de soixante-quinze ans, « le porte-parole du siècle de sa naissance, le XIXe siècle », il souhaite apparaître comme le candidat de l'avenir, ainsi que le précisent ses affiches, le candidat de celles et de ceux qui veulent prendre leur futur en main.

Le 20 novembre commencera, pour la première fois dans l'histoire de la République, la campagne officielle à la télévision. Il sait que plus rien ne sera comme avant. Le sort désignera, comme premiers cobayes, Jean-Louis Tixier-Vignancour, candidat d'extrême droite, et l'autogestionnaire Marcel Barbu. Ils ne seront pas bons.

Lui non plus, contrairement à un Lecanuet épanoui, qui devise comme s'il avait pratiqué la caméra toute sa vie. Mitterrand apparaît tendu, mal rasé, inquiétant ; il sourit à contretemps, ne regarde pas l'objectif. Il va d'abord en tenir responsable le ministre de l'Information, coupable, selon lui, de le faire filmer comme un escroc mondain et non en homme politique convaincant, refuse de répéter, mais accepte des conseils pour apprendre à respirer et à ne pas, sans arrêt, cligner des yeux. Sa voix ne colle pas avec son visage. Et puis, grâce aux conseils de Pierre Badel et Stello Lorenzi, il prend petit à petit ses marques, choisit comme interlocuteur Roger Louis, Georges de Caunes, Benoîte

Groult avec qui il entame une longue aventure...
Sa voix se fait douce pour évoquer son passé et
revendiquer son esprit de liberté, sarcastique quand
il évoque d'un ton coupant les atteintes à la liberté
d'un gaullisme essoufflé faisant régner l'arbitraire
depuis trop longtemps, convaincante quand il
évoque ses convictions européennes. Même Guy
Mollet n'en revient pas et fait de lui le leader de
la gauche de demain. Prudent Mitterrand répond :
« Cela dépendra des résultats. »

Le 26 novembre, les sondages lui donnent 25 %
de votes favorables, le Général n'est plus crédité
que de 51 %.

70

5 décembre 1965

Le dimanche le plus long de l'année. Encourager les possibles sans promettre le grand soir, telle a été la tactique de Mitterrand. Il n'a jamais cru à la victoire, mais s'est vite persuadé qu'il serait qualifié au second tour. Il pense que sa candidature unique à gauche, face à une droite dispersée, aura des vertus psychologiques dans le futur, qui permettront un grand élan.

Ce n'est pas tant un nouveau programme qu'un nouveau rythme qu'il entend imprimer et faire entériner aux Français. Ce qui compte à ses yeux, c'est que l'idée même d'alternance devienne une hypothèse crédible. Peu importe que la gauche soit floue sur ses objectifs. À la question : « Qu'est que la gauche ? », il répond : « Rechercher dans la société les moyens de fonder le bien-être et le bonheur de l'homme. » Ce n'est pas avec ce genre de définition qu'il va s'aliéner une quelconque partie de l'électorat... Prudent, il n'a en outre jamais prononcé le mot même de socialisme durant la campagne.

Quelques jours auparavant, Alain Peyrefitte avait demandé au Général s'il excluait de s'incliner au cas, peu probable, où l'opposition l'emporterait. « Vous me voyez choisir Mitterrand comme Premier ministre ? Installer Mitterrand à Matignon ? Ça voudrait dire que la légitimité d'un gouvernement reposerait non sur celle d'un président, mais sur celle de l'Assemblée. » L'hypothèse, d'invraisemblable, devient pourtant imaginable.

L'avant-veille au soir, il est allé voir *Viva Maria*, le film de Louis Malle, en compagnie de Danielle. Avec l'une des deux héroïnes il a tenté d'avoir une liaison. En vain, celle-ci l'ayant trouvé froid, calculateur, cynique. Le matin, il a dédicacé *Le Coup d'État permanent* à Sciences Po. Il a fait semblant d'oublier les horaires et dû courir sur le quai de la gare pour attraper le train de Château-Chinon. Il joue ainsi de temps à autre au jeune homme et pourtant, plusieurs fois pendant la campagne, découvrant son visage dans un miroir, il a lâché : « Qu'est-ce que je fais vieux ! »

Qu'est-ce qu'il fait vieux, en effet, quand il se promène dans les rues de Saint-Germain-des-Prés avec Anne et voit certains regards observer ce couple père-fille. Il n'éprouve jamais de regrets et déteste la nostalgie mais il aimerait tellement avoir vingt ans de moins. Il encourage Anne à s'émanciper professionnellement. Il connaît et admire sa rigueur intellectuelle et son goût pour la sculpture du XIXᵉ siècle. Il adore jouer les Pygmalion et, quand elle en a besoin, se rend toujours disponible pour l'aider à se préparer à l'examen qui lui permettra de devenir conservatrice de musée. Il continue à cloisonner sa vie mais rentre de moins en moins souvent rue Guynemer, à l'exception du week-end.

Le samedi soir, il a dormi dans sa chambre du *Vieux Morvan*, hôtel de la place Gudin à Château-Chinon tenu par ses amis Chevrier où il a ses habitudes et où il est traité non en client mais en membre de la famille ; il montre d'ailleurs volontiers à la cantonade son rond de serviette. Il a passé la journée du dimanche avec Christine Gouze-Rénal, Roger Hanin, Danielle, Jean et Georges Dayan avant de repartir pour Paris en début de soirée.

En voiture, il entend sur Europe 1, à 21 h 30, les dernières fourchettes : 44,6 % pour le Général. À 21 h 43, la station annonce le ballottage.

Mitterrand arrive au Cercle républicain où l'attendent militants et journalistes. Ne sachant pas encore qu'il a obtenu 31,7 % des voix, il déclare : « La victoire d'aujourd'hui est celle de toute la gauche et non celle de François Mitterrand. »

Puis il part discrètement, en compagnie de Georges Dayan, rue de Rivoli, rejoindre Mendès France, qui l'attend en compagnie d'Hector de Galard, Jean Daniel et Claude Estier. Pierre Mendès France a les cheveux tout embroussaillés et donne l'impression d'un homme qu'on a brusquement tiré de son sommeil. Les rédacteurs du *Nouvel Observateur* lui demandent un texte pour appeler à voter Mitterrand au second tour, et, à Dayan, sa présence à deux meetings. Mendès sort un gros calepin, le feuillette longuement et répond que non, décidément, en raison d'un calendrier trop chargé, il ne pourra pas se libérer. Tous insistent, sauf Mitterrand. Demain matin, il a rendez-vous à Hossegor avec son pépiniériste. Il faut penser à le décommander.

À l'hôtel *Morvan*.

71

19 décembre 1965

Au second tour de la présidentielle, François Mitterrand, candidat unique de la gauche, est battu avec 44,80 % des voix contre 55,20 % pour le général de Gaulle.

Il n'est pas déçu puisqu'il n'y a pas cru. Ces derniers jours, il ne cessait de répéter : « J'ai deux chances sur dix d'être élu. » Pour tromper l'angoisse, il range sa bibliothèque. Il sait qu'il n'a pas été très bon à Nice et à Nantes, mais qu'à Toulouse, devant 25 000 personnes, il a su trouver les mots, a fendu l'armure.

S'il a la certitude de ne pas pouvoir être élu, pourquoi a-t-il accepté le report de voix de Tixier-Vignancour, en prenant le risque de se faire traîner dans la boue par certains de ses camarades de gauche, mais aussi par une droite « morale » ? Ni Malraux – « Mitterrand, le candidat des trois gauches, dont celle de l'extrême droite » –, ni Mauriac ne s'en privent. Dans son *Bloc-notes*, ce dernier écrit : « Avec qui allez-vous voter, en votant Mitterrand ? Votre bulletin va-t-il se mêler à celui des Rebatet, des Isorni, des Fabre-Luce, des membres du Jockey, et de la faune qui s'habille le soir ? » Interrogé par son état-major, Mitterrand répond, avec la mauvaise foi dont il sait user, qu'il « n'est pas comptable de ses électeurs », qu'il n'a pas « à trier les voix ». Il ne dit pas tout. Ainsi, il a passé sous silence ses tractations avec son ami Pierre de Bénouville, pour lui rallier certains déçus du gaullisme, et le soutien de René Bousquet, qu'il n'a pas cherché à dissimuler puisqu'il a participé à plusieurs meetings au premier rang, mais qu'il se garde de présenter. La politique serait-elle uniquement une histoire d'arithmétique ? « Sûrement pas », s'écrie-t-il. D'ailleurs, n'a-t-il pas refusé le ralliement de Lecanuet en ne voulant pas donner de gages aux centristes ? « Je préfère rester un homme de gauche intransigeant », a-t-il expliqué à son équipe.

Ce soir, chez Bérard-Quelin, rue de Bellechasse, ses amis sont plus tristes que lui. Pragmatique, il fait les comptes : certes, il peut s'enorgueillir d'une belle victoire et a obtenu entre les deux tours 3 millions de voix supplémentaires, mais le plein n'a pas été fait dans toutes les régions favorables à la gauche. La gauche unie de 1965 a moins bien fonctionné que celle désunie de 1962. De Gaulle a continué à mordre sur certains électeurs de gauche. Pourquoi ? De Gaulle n'est pas de droite ? Mitterrand n'est pas de gauche ? Mauriac aurait-il raison ?

72

20 décembre 1966

Il est 2 heures du matin. Pourtant, les photographes sont encore nombreux pour immortaliser le moment : à l'issue d'une semaine difficile de négociations, l'accord avec le PC vient d'être signé. Mitterrand en est l'initiateur, l'artisan, le vainqueur. Pour la première fois, depuis août 1945, un document, contresigné par les socialistes, les radicaux, les communistes, précise qu'au cours des prochaines élections les désistements se feront, non en faveur des candidats de gauche arrivés en tête, mais au profit des candidats de gauche les mieux placés. Différence sémantique en apparence anodine, cette mesure, qui semble technique, change la donne et met en place une stratégie politique innovatrice qui permet de redéfinir la gauche et de l'élargir à... toutes les gauches.

À midi, rue Guynemer, il a déjeuné avec Jacques Brel. Il a commandé une poule au pot – plat qu'il affectionne – et a tenté de lui expliquer que les communistes étaient des gens très compliqués mais qu'il ne doutait pas qu'il saurait les rallier. En politique, seul le résultat compte. Les aboiements de *L'Humanité* l'indiffèrent. Lui, il a approché des hommes, pas un parti. Il n'est pas allé au siège mais s'est rendu dans des cafés de Saint-Germain depuis le printemps dernier, en compagnie de Claude Estier et de Charles Hernu, et grâce à la complicité de son agent secret, Jules Borker. Il aime cet homme cultivé et chaleureux, présenté par Claude Estier, qui est très proche de Waldeck Rochet. Avec lui, il a moyen de savoir s'il peut aller plus vite, plus loin que Guy Mollet, qui, sans cesse dans la procrastination, analyse encore et encore la campagne de 1965 alors que les législatives de 1967 constituent le véritable enjeu. Inutile de méditer sur le passé. Il veut continuer à revêtir les habits de celui qui aurait pu être président et n'entend pas se faire imposer ni une stratégie ni un calendrier par les autres ténors de la gauche.

Il a donc élaboré cette stratégie comme une dramaturgie. Unité de lieu : le siège de son parti, la Fédération de la gauche démocrate et socialiste (FGDS) ; unité de temps : trois semaines, pas plus. Il a précisé que les nuits pouvaient être longues. L'important est de conclure l'accord ou d'annoncer l'échec. Car il a pris soin de médiatiser l'affaire qui emballe les commentateurs politiques et qui fera la une des journaux et de la radio.

Sur le perron, Georges Marchais rit sous cape, Roland Leroy feint d'être sérieux. Tous deux se moquent de ces courtisans qui, autour de Mitterrand, l'appellent cérémonieusement : « Monsieur le président. » Lui feint de ne rien entendre et congratule

Waldeck Rochet. Le texte est signé mais flou. Peu importe. Comme il a coutume de le dire : « En politique le possible représente toujours un progrès important. »

73

29 avril 1966

Mitterrand n'arrive pas à engranger les succès de la gauche et à devenir le seul véritable leader de l'opposition. Mendès conserve son crédit moral, Guy Mollet continue à régner. Comment innover dans un jeu institutionnel où les partis vermoulus s'abîment dans leurs rivalités intestines ? Comment remodeler une gauche qui vieillit mal sans laisser d'espace à ceux qui veulent la rajeunir, comme ce Michel Rocard qui, la veille, au congrès de Grenoble, l'a appelée à renoncer à couvrir de phraséologie révolutionnaire ses pratiques opportunistes si elle voulait accéder au pouvoir ?

Mitterrand s'était bien gardé d'assister au congrès, mais y avait dépêché deux lieutenants. L'un, Marc Paillet, quand il est venu à la tribune pour lire l'allocution de son patron, a pu constater qu'une partie de l'assistance se levait, tandis qu'une autre entamait de vives discussions pour couvrir sa voix. Comment récupérer une partie de sa crédibilité ? Il ne suffit pas de s'opposer à l'interdiction de *La Religieuse* de Jacques Rivette, ni de se montrer à la première des *Paravents* de Jean Genet. Il faut récupérer une partie des syndicalistes, engranger dans la classe moyenne pour renouveler les adhérents.

Dans ce but, il va faire ce que certains qualifient de « coup d'État ».

À Lyon, le 12 mars, au cours d'un congrès, il a imposé ses conditions en vue des prochaines élections : un groupe parlementaire unique à l'Assemblée, une candidature par circonscription et la composition d'un contre-gouvernement – à la britannique, comme le *shadow cabinet* – avec nomination de « contre-ministres ». La SFIO trouve ces idées dangereuses, les radicaux préféreraient la formation d'une « équipe de contestation », le PC ricane. Lui tient bon. Reçoit des tombereaux d'insultes, des lettres de camarades qui l'accusent « d'abus d'autorité », d'une « conception du pouvoir trop personnalisée ». Quand le conflit se fait trop violent, il menace de démissionner, alors que, dans la Convention, il représente une minorité. Joueur de poker ? Prêt à tout, y compris à quitter l'arène politique, tant il est écœuré par ces intrigues minables, ces zizanies médiocres, ces méthodes de malfrats – son bureau sera « visité » par des militants un peu trop curieux. À André Rousselet, il confie : « Il faut savoir estimer ses ennemis. Ceux-là ne sont pas à ma hauteur. Je me retire. »

Il réussit, ce 29 avril, son coup de force. Le comité entérine. Le 5 mai, il annonce enfin la composition du contre-gouvernement. Billères, Mollet, Defferre, toutes les tendances sont représentées, toutes les notabilités figurent dans ce catalogue à la Prévert : un coup d'épée dans l'eau qui provoque, tant à droite qu'à gauche, ironie et même compassion. François Mauriac persifle : « La gauche, même quand ses chefs ont l'âge de Mitterrand, c'est une collection de vieux illustrés, ils racontent une histoire finie. »

L'âge de Mitterrand ? Lui-même se sent une nouvelle jeunesse. Il a recommencé à s'adonner à son sport préféré : outre le golf, les conquêtes. À l'issue des meetings, deux anciennes maîtresses dont il a fait des amies proches, ainsi qu'un ou deux camarades politiques, sont chargés, pour les unes, de faire patienter celles qui ont été choisies, pour les autres de les emmener dans l'hôtel où il a loué une chambre. Il peut, aux dires de certains de ses camarades, avoir ainsi cinq rendez-vous successifs. Dans les allées du pouvoir, ça jase. Mais dans son entourage on ne commente pas. Certains sont même plutôt fiers de ce comportement de coq vu comme une marque de démonstration virile et non comme le symptôme d'une absence de morale dans un univers politique où ce genre de pratiques est courant. Il possède d'ailleurs tous les signes extérieurs du bourgeois de province, dont il est l'une des caricatures : une femme légitime qu'il adore et respecte, une jeune femme dont il est fou et qui s'apprête à embrasser un métier qui, lui aussi, le passionne, des femmes de passage qu'il n'hésite pas à choisir dans son cercle d'amis rapprochés – femmes de son âge mais aussi femmes de plus en plus jeunes puisqu'il tente de séduire les filles de certains de ses amis.

Fidèle à sa réputation d'homme secret, il ne dit rien de ses frasques à aucune de ses femmes aimées, qui souffrent en silence et aimeraient le voir s'assagir. Dans ce comportement de machine célibataire bien rodé, il a compris qu'il avait tout à gagner : d'abord l'assouvissement de sa jouissance, la sensation de la transgression de certains interdits – donc la sensation d'une liberté illimitée –, mais aussi la certitude d'être aimé et l'autorisation d'aimer encore plus. Danielle se sent de fait rassurée quand elle apprend qu'il a de nouvelles aventures, elle qui pense que l'histoire avec Anne dure depuis trop longtemps. Quant à cette dernière, elle a réussi à établir un *modus vivendi* qui la satisfait et lui, quand il va dormir au domicile conjugal, dans l'entrée sur un lit de camp, tire beaucoup de plaisir à prendre le petit-déjeuner avec l'amant de sa femme.

À des amis qui lui demandent s'il songe à divorcer il répond, l'air dégoûté, qu'il n'y a jamais songé.

74

22 février 1967

Il descend l'allée du Parc des expositions de Nevers, rebaptisé, en hommage au film d'Alain Resnais, *Hiroshima mon amour*. Et voit, en bas de l'estrade, des barbouzes gaullistes du SAC. Il en reconnaît d'autres, qui se sont mélangés dans les premiers rangs aux commerçants de la Loire et aux paysans du bas Berry, sous la conduite de leur chef Paul Comiti. Plus de 5 000 personnes patientent ; le duel avec le Premier ministre, en pleine campagne des législatives, s'annonce serré. Celui-ci s'estime chez lui et parle le premier. Depuis quelques mois, Georges Pompidou développe une argumentation de plus en plus violente et efficace contre la gauche. Ce soir-là, il envoûte le public par son immense culture et la force polémique de ses accusations contre son adversaire.

François Mitterrand a bien du mal à imposer le silence pour prendre à son tour la parole. D'ailleurs, immédiatement, les barbouzes essaient de couvrir sa voix. Alors il baisse le ton, s'approche du micro et s'embarque dans l'histoire de la Révolution. Lui aussi réussit à captiver. Tous deux sont des boxeurs ivres de fatigue et qui vivent, depuis un mois et demi, la même vie. Enfin à peu près. Pompidou, c'est le Mystère 20, lui, l'avion à hélices. Tous deux montent chaque soir sur le ring pour se faire insulter ou ovationner. Personne n'est dupe, ni le public ni les partis et encore moins les intéressés. C'est déjà le grand cirque pour deux futurs présidentiables qu'on vient jauger comme on regarde les bêtes au marché à bestiaux au foirail le samedi matin.

Les barbouzes sont fatigués. Ce sont eux, qui avec leurs coups de sifflets, vont signifier que le match est fini.

Pompidou part dans sa DS noire. Mitterrand va dîner avec ses amis. Il n'est pas mécontent : « Ce soir, j'ai fait ce que j'ai pu. » Autour du buffet tout le monde semble épuisé. Sauf lui. Demain il remontera sur le ring.

75

12 mars 1967

Il se félicite du résultat du deuxième tour des élections. Avec 244 députés, la droite ne conserve sa majorité qu'à une voix près. La stratégie de coalition de « front populaire » s'est révélée payante et tous ses amis sont élus : Rousselet à Toulouse, Dayan à Nîmes, Dumas à Brive, Mermaz à Vienne, Fillioud à Romans, Estier à Paris, dans le XVIIIᵉ arrondissement.

Lui a obtenu, au premier tour dans la Nièvre, un score exceptionnel.

Mauriac, excédé, peste contre cette coalition hétérogène et compare Mendès à une chauve-souris, Waldeck Rochet à un poisson rouge. Le mollétisme, blessé, serait-il en train d'agoniser ? Vive, non le socialisme auquel aspirent encore certains membres de la SFIO, mais le mitterrandisme.

Le 15 mars, il attend boulevard Saint-Germain sa troupe de conventionnels : ils arrivent en ordre dispersé, un peu intimidés, et posent pour la photo officielle sur les marches du Palais-Bourbon autour de leur chef. On les appelle désormais les « sangliers de François Mitterrand ».

Il se déclare « prêt pour le pouvoir ». Certes, à l'Assemblée, il apparaît comme le véritable adversaire de Pompidou, qu'il affronte régulièrement sur l'ensemble des sujets dans des joutes oratoires d'une rare violence. Mais, à l'intérieur de la gauche, les choses n'avancent guère : les communistes se font prier, au PSU Michel Rocard ne veut pas intégrer la coalition jugée « trop archaïque ». À la tribune du dernier congrès de la SFIO, plusieurs sommités ont dénoncé « le pouvoir personnel qui règne à l'Élysée et dans la Nièvre ». Lui s'ennuie dans les congrès, bâille dans les réunions interminables où l'on rédige quelques motions tout en ânonnant les sempiternelles affirmations doctrinales sur la dénonciation de l'oppression capitaliste et l'appropriation des grands moyens de production, ne supporte plus la longueur et la lourdeur des banquets de congrès.

Il préférerait être dans sa maison d'Hossegor, jouer au golf tous les matins, revenir à Venise visiter, avec Anne, l'Académie et aller se promener à la fin de la journée sur les Zattere ou, encore, repartir avec elle un week-end marcher dans la forêt des Landes qu'il connaît si bien et revoir cette ferme abandonnée qu'il a découverte au cours d'une promenade et achetée il y a deux ans en lui promettant d'y partager avec elle, été comme hiver, la vie qu'ils aiment : une existence simple, voire spartiate, dans le silence des longues promenades et des lectures tôt le matin et tard le soir.

Au lieu de cela, il est obligé de subir la cacophonie de paroles dont il n'a que faire, de laisser filer les heures sans en avoir la maîtrise.

Son tempérament d'hédoniste reprend le dessus. Il songe, pour la première fois, à donner sa démission de toutes ses fonctions. Date annoncée à ses amis : le 1er octobre.

76

14 mai 1967

Il a passé le week-end de la Pentecôte à Cluny, dans la famille de sa femme, avec quelques amis. Il aime inventer des rites et s'y tenir. Solutré n'en est que la partie émergée. Le rituel s'étale sur deux jours. Tout commence par un dîner le samedi soir à l'*Hôtel Moderne*. *Moderne*, c'est son nom, ancien, c'est son charme. Les canalisations font tant de bruit que personne ne ferme l'œil de la nuit, mais lui dort chez ses beaux-parents et les invités n'osent se plaindre. Une petite escalade à la roche, une marche sans trop forcer et en s'arrêtant beaucoup pour commenter le paysage, quelques tirades de Lamartine entre deux blagues de Roger Hanin, un déjeuner copieux dans ce restaurant qu'il affectionne et où il a ses habitudes – il impose toujours le même menu : charcuterie, gigot à l'ail, fricassée de champignons, fraises à la crème, le tout arrosé de chiroubles – puis une sieste dans le jardin, les yeux fermés ; il fait semblant de dormir, mais, comme un chat, bondit quand il s'agit d'émettre un commentaire politique. Puis il part dans sa chambre « travailler ». Il a emporté avec lui le dernier livre de

Julien Gracq, le premier volume des *Lettrines*, *Les Métamorphoses* d'Ovide et le livre de grammaire grecque de ses années de collège, dont il se sépare rarement.

77

10 mai 1968

François Mitterrand tient meeting à Chambéry et parle, comme si de rien n'était, de l'avenir politique de la gauche. Il n'a pas approuvé l'article de Georges Marchais – il approuve rarement les propos de Marchais – sur l'anarchiste Daniel Cohn-Bendit, mais ne l'a pas officiellement critiqué non plus. D'ailleurs, il est sur la même ligne. Il estime que ces groupes d'extrême gauche font preuve d'un certain « infantilisme » et sont incapables de mener à bien le moindre mouvement social. La politique, pour lui, ce sont des partis, des alliances, des forces en présence, des rapports de force, de l'opposition dans des lieux bien définis qui servent à cela et non des individus qui descendent dans la rue pour contester l'ordre établi en criant quelques slogans improvisés.

Depuis février dernier, il a repris du poil de la bête. Lui qui voulait s'éloigner de la politique est parvenu à se faire réélire pour deux ans président de la Fédération de la gauche. Le Premier ministre, qui ne cesse de l'attaquer, lui donne paradoxalement une légitimité accrue. Il a confié à quelques amis – Claude Estier, Roland Dumas, Louis Mermaz, André Rousselet... – que « le temps de la gauche se précisait ». Il a même organisé une réunion chez lui, mi-mars, pour leur dire « qu'il se tenait prêt ».

Alors, que viennent faire ces trublions dans l'espace public, garnements qui récusent et contestent l'idée même de pouvoir ? Certes, ce matin, avant de rejoindre son congrès, il est allé à l'Assemblée stigmatiser l'attitude du gouvernement qui traite les étudiants « comme des objets », et qui, par l'absence de dialogue, recherche la violence. Demain, il repart pour Gap, Digne, Niort. Il pense que les soubresauts de Nanterre et la Sorbonne sont un feu de paille et n'entend pas changer son programme.

Quand il rentre à Paris le 12 mai, Georges Fillioud et Charles Hernu lui demandent de modifier son emploi du temps et de descendre dans la rue à la rencontre des étudiants. Il hésite, tergiverse, finalement s'y résout, accompagné de ses deux amis, remonte sur le trottoir une manifestation en sens inverse sans se faire reconnaître, revient chez lui, rue Guynemer, où il déclare à Claude Estier et Louis Mermaz : « Non, décidément, tout cela n'a rien à voir avec une révolution. » Il est inquiet tout de même puisqu'à 4 heures du matin, il appelle Charles Hernu et lui demande de convoquer le lendemain matin, rue de Lille, Waldeck Rochet et Guy Mollet pour signer un communiqué commun exigeant l'arrêt de la répression et demandant une discussion à l'Assemblée sur l'avenir de l'Université.

Le 13 mai, il défile en fin de cortège avec Guy Mollet et René Billères. Personne ne prête attention à lui. Le soir même, il préside une réunion salle Pleyel sur le thème : « 13 mai, dix ans après ». Pendant ce temps, à la Mutualité, Dany Cohn-Bendit fait conspuer le nom d'hommes politiques, y compris le sien, mais « celui-là, dit Dany en riant, peut encore nous servir ». Le 14 mai, Mitterrand intervient dans l'hémicycle pour réclamer une amnistie générale et la fin des brutalités policières ; il lance à Pompidou : « Il est temps que le gouvernement s'en aille. » Personne ne l'applaudit à gauche. Sa voix ne porte pas.

Chez lui, ses deux fils, qui vont manifester, reviennent exaltés et parlent à leur père de ce qu'ils sont en train de vivre. Charles Hernu, très présent ces jours-ci rue Guynemer, est vent debout pour la révolution. Mitterrand se moque de lui et ne cesse de l'interroger sur ce mouvement qui, en apparence, ne veut rien de concret, lui semble infantile, incohérent, répétitif. Il se montre cependant intrigué par Daniel Cohn-Bendit, qu'il trouve « inventif et facétieux ». Au mieux, il s'amuse de ceux qu'il nomme ces « pseudo-révolutionnaires » ; au pis, il les conspue en privé en les accusant d'être inconséquents et mus par une stratégie d'autodestruction.

En vérité, ce qui arrive perturbe ses plans et contrecarre son projet d'accession au pouvoir. Le gaullisme se délite. Mais au profit de qui ?

Le 17 mai, il se rend au siège de la Fédération où l'attendent une délégation du PC et les principaux représentants de la SFIO. À l'ordre du jour : la gauche dispose-t-elle d'un programme pour accélérer la chute du gouvernement ? Au bout de deux heures d'arguties on se retire, on sourit aux photographes et on se donne rendez-vous... huit jours plus tard, malgré la fièvre des événements.

Depuis le 17 mai, le PC, *via* la CGT, a repris en main le mouvement ouvrier qui semblait lui échapper, tout en maintenant sa violente hostilité à la contestation étudiante. Les communistes ne semblent pas vouloir la chute du régime, mais une négociation sur de nouveaux accords. Coincé entre ses partenaires de la Fédération et le PC, Mitterrand sent que le vent tourne, et pas à son avantage. Il continue cependant à apostropher le gouvernement dans l'hémicycle. Ainsi, le 21 mai, il déclare : « Vous avez tout perdu. Il faut que vous partiez. » Pour la première fois en France, les citoyens peuvent voir les débats parlementaires en direct à la télévision. Son intervention est sincère, argumentée, brillante, mais il fait vieux et paraît décalé.

Le soir il reçoit des copains de ses enfants, discute avec eux, tente de comprendre, les appelle en riant « des enragés ». Il accepte aussi de recevoir les 60 jeunes socialistes qui ont occupé le siège de la Fédération. Soupesant la situation, il pense qu'il faut que ça se décante et se demande si, face à une extrême gauche qui engrange et dispute au PC sa prééminence, il n'y aurait pas place pour un mouvement capable d'agréger les gauches les plus diverses et la droite modérée pour constituer une formule de transition susceptible de rallier une majorité. Plus de vide ni de « chaos », mais un gouvernement qui étendrait les libertés, s'attaquerait aux réformes les plus urgentes et provoquerait les élections. À sa tête il ne voit qu'une personnalité : Pierre Mendès France, le seul homme politique dont l'autorité morale et intellectuelle n'a cessé de grandir depuis le début des événements.

Le soir du 23 mai, Mendès vient lui rendre visite rue Guynemer, accompagné de sa femme Marie-Claire, de sa fille Nathalie, et de son ami Georges Kiejman. Mitterrand lui demande s'ils n'iraient pas tous deux faire un tour au Quartier latin et se montrer auprès des étudiants. Mendès objecte que ce n'est pas le moment et que cela risquerait de faire un peu « récupération ». Le surlendemain, Mitterrand lit dans la presse que Mendès a passé une bonne partie de la nuit avec les insurgés ; d'un coup il se sent trahi. À tort. Les témoins racontent que ces moments ne furent pas prémédités : alors que des rumeurs d'incendie de la Bourse se propageaient à toute vitesse, après une longue marche au Quartier latin, Mendès et les siens se sont retrouvés au siège de l'UNEF, rue Soufflot, au moment d'une violente charge des CRS. Des étudiants venus à son secours lui permirent d'échapper à une souricière. Des photographes immortalisèrent le moment au milieu des applaudissements. Le lendemain, Pierre Mendès France fait la une.

Mitterrand est blessé et son sentiment de trahison s'accompagne tout de suite d'une réaction : il fait approcher Alain Geismar *via* Jean Poperen et lui fixe rendez-vous chez Georges Dayan rue de Rivoli. L'entretien dure plus d'une heure. Il demande si lui et ses camarades seraient prêts à envisager « un débouché politique ». Geismar répond qu'il ne peut pas déclarer publiquement son soutien, car sa base ne le comprendrait pas. Il répète « qu'il est de leur côté » même s'il pense, lui, la politique « en termes plus classiques ». Geismar l'écoute puis, finalement, décline. Le lendemain, Mitterrand part pour Château-Chinon où il fait un discours offensif ovationné. Cette ferveur populaire lui redonne un surplus d'énergie. Pas longtemps. La présence de Mendès au stade Charléty – où il n'a jamais envisagé d'aller, sachant qu'il pourrait s'y faire conspuer, mais où il a envoyé des hommes à lui « pour voir » – ainsi que celle de Michel Rocard aux côtés d'Alain Geismar renforcent sa détermination et l'incitent à agir sans délai.

Il passe la nuit à rédiger son acte de candidature à la présidence de la République. Le lendemain, le 28 mai au matin, il le lit solennellement au bureau de la FGDS réuni au grand complet et annonce qu'il propose la constitution d'un gouvernement provisoire dirigé par Mendès France. Aucune objection. C'est sous les flashs des photographes, très nombreux, qu'il déclare au cours d'une conférence de presse tenue à l'*Intercontinental* en fin de matinée, la voix blanche : « Il n'y a plus d'État et ce qui en tient lieu ne dispose même pas des apparences du pouvoir. » Il annonce un gouvernement provisoire composé de dix personnes « et pour le former, je pense d'abord à Pierre Mendès France. Et pour la présidence de la République, le suffrage universel en décidera. Mais je vous l'annonce, je suis candidat ». Mollet vient le féliciter.

Si l'ensemble de la classe politique à gauche réagit positivement et se réjouit « de ce tandem de demain », les grandes plumes journalistiques – telles Françoise Giroud et Michèle Cotta – sont consternées : pourquoi s'être précipité ? Le pouvoir n'est pas encore vacant...

Autour de lui, en revanche, on s'agite : les barons, comme Antoine Pinay, Jean Lecanuet lui font déjà des appels du pied, sa jeune garde le félicite. Mendès avait donné son accord à Claude Estier le matin même. Mais l'annonce de sa nomination fait grincer des dents les communistes, qui avertissent Mitterrand qu'ils n'en veulent pas. Les problèmes ne font que commencer. Le 29 mai, en fin de journée, au domicile de Georges Dayan, Mitterrand propose à Mendès le poste de ministre de l'Éducation. Celui-ci refuse. Il voudrait y nommer Jacques Monod et souhaite intégrer dans son équipe les forces vives de la contestation. Mitterrand réagit violemment : « Vous n'y pensez pas. C'est de la provocation. Un portefeuille pour Geismar ? Vous allez tout faire échouer. »

Un arrangement se conclut. À 21 heures, Mendès déclare aux journalistes qu'il accepte de conduire ce gouvernement. Au même moment, la radio annonce le retour du Général à Colombey. Le 30 mai, de Gaulle annonce la dissolution de l'Assemblée nationale et la tenue d'élections anticipées. Une immense manifestation gaulliste remonte ce jour-là les Champs-Élysées. La foule crie : « Les cocos au poteau », « Mitterrand, c'est raté », « Mitterrand charlatan », « Mitterrand, fous le camp. »

78

7 novembre 1968

Il est seul, isolé, pestiféré. Depuis les élections de juin, François Mitterrand est obligé de siéger au Parlement comme indépendant, ses petits camarades le rendant responsable de leur échec. En juillet, Gaston Defferre a insisté lourdement : « Ce serait le moment de te retirer de la présidence de la Fédération de gauche. » Il a compris. Il prononce donc, ce soir, son dernier discours de président. Celui-là, il ne l'a pas improvisé. Très sobre, il appelle au futur du Parti socialiste et espère qu'une nouvelle génération prendra le pouvoir. Personne ne l'applaudit. Tout juste si Pierre Mauroy vient lui serrer la main. Il est trop vieux, fini, « out ». D'aucuns disent qu'il sent le cadavre. Il va prendre sa retraite comme Guy Mollet.

Il y a un temps pour tout et la vie politique possède ses cycles. Une période se termine et il ne sait pas ce qu'il va faire. Pour le moment, il semble heureux du temps qui lui est enfin donné. Va-t-il savourer de grandes vacances ? L'été dernier il est parti dans le Sud à l'invitation de Laurence Soudet. Désormais, avec Anne, ils passent le mois de juillet ensemble. Comme dit Laurence, ils « font l'amitié à quatre » depuis plusieurs années. L'hiver dernier ils sont allés en Israël. Entre eux quatre, pas de complications. En juillet dernier, il est resté trois semaines avec Anne dans leur maison de Gordes. Il y a sa chambre – spartiate mais avec une vue magnifique –, ses habitudes, ses promenades, ses amies antiquaires qui viennent dîner régulièrement. Ce n'est pas un mondain ni un couche-tard, même l'été, il aime se réveiller tôt.

De temps en temps, il descend au Festival d'Avignon. Cette année, il est allé voir Le Living Theater au cloître des Carmes. Il n'a pas été convaincu par ce mélange de danse, de performances et d'incantations, même s'il en a apprécié l'intensité et la sincérité. Il est outré par le comportement de certains soixante-huitards qui conspuent, dans les rues, Jean Vilar, et n'en croit pas ses oreilles lorsqu'il entend qu'une manifestation a eu lieu sur la place de l'Horloge aux cris de « Vilar, Béjart, Salazar même combat ! ».

Puis, en août, il a rejoint Danielle à Hossegor où l'attend, comme chaque été, sa belle-sœur Christine Gouze-Rénal à qui le lient, depuis la guerre, une tendre amitié et une rare proximité. Danielle étant aussi la petite sœur de Christine, avec elles deux il se sent en grande sécurité. La maison de Latché n'est pas encore habitable mais quand il a parlé à Danielle de l'aménager pour « lui » – il n'a pas eu besoin de préciser... – il pensait que la crise de jalousie soudaine occasionnée serait temporaire. Il a dû déchanter et se rendre à l'évidence : Danielle ne cédera pas et veut faire de Latché une maison de famille où ses enfants et futurs petits-enfants pourront venir régulièrement. Il lâchera vite et songera, alors, à acheter un terrain à Gordes. Lui qui déteste les conflits redoute les discussions interminables avec son épouse. Il accepte donc que la vente d'Hossegor vienne financer les travaux de Latché.

Il a bien profité de son dernier été dans les Landes. Il a joué au golf tous les jours, terminé la lecture de *Cent Ans de solitude*, dont il parle tous les soirs au dîner tant il en est émerveillé, marche les fins d'après-midi au bord de l'océan avec son chien qui tournoie autour de lui, le bouscule : de toute façon, il lui a toujours tout laissé faire. Il s'est acheté une nouvelle espèce de rosiers, est devenu un expert en boue bordelaise, a compulsé des manuels de botanique et fait faire à ses amis fidèles, qui viennent lui rendre visite, un petit tour en forêt, histoire de montrer qu'il en connaît les chemins de sable, les clairières, les arbres abattus par la dernière tempête. On ne peut plus l'arrêter tant, sur ce sujet, il se montre intarissable.

À la politique, en revanche, pas question de consacrer trop de son temps. Il s'est astreint, dit-il en souriant, à une cure de silence peut-être définitive.

79

2 mai 1969

Le 28 avril 1969, de Gaulle a démissionné après le résultat négatif du référendum sur « le projet de loi relatif à la création de régions et à la rénovation du Sénat » qui a eu lieu la veille.

Depuis une semaine, le PC courtise François Mitterrand et souhaite qu'il fasse acte de candidature à la présidentielle qui s'annonce. Lui a constaté, non sans étonnement, que la démission du Général n'avait pas été vécue comme un drame et même été vite oubliée. La droite est déjà passée à autre chose : Pompidou ou Poher ? Aujourd'hui les dates de la présidentielle viennent de tomber : 1er et 15 juin. Et s'il recommençait ? Il a fait quelques meetings au début de l'année et a constaté qu'il continuait à déplacer les foules, mais juge que la gauche n'a jamais été aussi désunie. Ses relations avec Guy Mollet sont exécrables et la campagne officielle lui fournit l'occasion de multiples croche-pieds, de promesses non tenues, de tentatives permanentes de l'humilier. Ainsi le leader socialiste a tenté de lui interdire l'accès à la télévision. Le 4 mai, la SFIO désigne Gaston Defferre. *Bis repetita*. Mitterrand s'incline, mais dénonce l'absence de discussion préalable. Il entérine le choix, mais cette fois ne fera rien pour aider le candidat. Isolé, dévalué, calomnié par certains, il passe son tour. Quand on lui demande pour qui il votera au premier tour, il répond : « À gauche. » Alain Krivine ou Jacques Duclos ? Au second tour, sans donner de consignes, il fera comprendre qu'Alain Poher – un centriste président du Sénat – est son candidat. Il en veut « à ces hommes de brigue et d'intrigue » qui, à gauche, ont pris la responsabilité de briser peut-être les espérances populaires. Le drame de la défaite du tandem Defferre-Mendès – 5 % des voix – l'encourage à penser que sa stratégie d'union de la gauche est la seule valide.

Quatre jours après les élections, lui qui s'était astreint à ne parler que de manière sibylline, le voilà frais comme un gardon, annonçant au cours d'une conférence de presse qu'il songe… aux prochaines présidentielles. À Charles Hernu et Roland Dumas, il confie : « Et vous verrez, on gagnera. » À l'occasion de la sortie de son nouveau livre – à chaque fois qu'il traverse une période difficile, il en profite pour écrire un ouvrage avec des journalistes qu'il choisit pour leur absence de langue de bois et leur flair politique ; ici c'est Alain Duhamel pour *Ma part de vérité*, titre ô combien mitterrandien – il fait le tour des rédactions, enjoué, de bonne humeur, le seul à ne pas afficher dans son camp une mine morose. Il parcourt aussi la France profonde, va de préau d'école en mairie, se forge une nouvelle image, moins ringarde, plus romantique, charnelle, moderne, à contre-courant des vieilles barbes, se plaçant sous la protection de René Char : « Ce qui vient au monde pour ne rien troubler ne mérite ni égards ni patience. » Il a hâte, de nouveau, d'en découdre.

80

6 août 1969

Il emménage avec Danielle à Latché. Son refuge, le lieu où il se sent le plus libre, est une maison de brique et de bois, installée dans une clairière, qui a été construite en 1873. Il l'a achetée 40 000 francs en 1965, avec un terrain de 1 000 mètres carrés et une promesse de vente de 2 hectares, faite par un riche propriétaire. Ce qui lui a valu un incident politique pittoresque. Quand il est allé chez le notaire du propriétaire – le baron Etchegoyen –, l'homme de loi lui a signifié les ordres de ce dernier : pas question de vendre à un homme ayant osé se présenter contre de Gaulle. Il pouvait intenter un procès, imperdable devant un tribunal, mais n'a pas voulu, selon ses propres mots, « entrer dans le pays » par une procédure. Il a donc attendu, lui qui aime prendre son temps. Il lui a fallu patienter fort longtemps : le baron n'est mort qu'à quatre-vingt-douze ans... Ensuite, il a acheté le terrain voisin de celui-là et y a planté 1 220 arbres. Cela lui a coûté 60 000 francs.

Il avait promis à Anne d'y vivre avec elle de longues retraites, mais quand Danielle l'a appris, à sa grande surprise – il pensait qu'entre eux les passions s'étaient calmées –, elle s'y est vivement opposée. Elle fait valoir qu'elle a envie d'une maison qui pourrait accueillir ses enfants et ses futurs petits-enfants. Il ne met pas longtemps à céder et décide de trouver un autre paradis pour Anne.

Il appelle Latché « mon petit royaume ». Il va l'agrandir au fil des années. Une maison centrale, puis des maisons adjacentes. Sa méthode, acheter des granges abandonnées pour en faire des maisons. Ici, il marche en aimant se perdre. Ici, il fait du vélo. Ici, il flâne sur la plage avec son chien au soleil couchant. Ici, c'est la bohème. Il n'y a pas d'horaires pour déjeuner ou dîner, les amis peuvent arriver à l'improviste, les copains des fils peuvent s'installer. Ici, il met ses pantalons en velours usés et ses chemises à carreaux. Ici c'est le domaine de Danielle : elle aime recevoir, cuisiner, jardiner.

Bientôt viendront les ânes. Puis la grange, qu'il transformera en bibliothèque. Il aménagera sa chambre au milieu des livres.

« Par rapport aux hommes de mon âge qui ont une certaine réussite de carrière, je suis plutôt considéré par eux comme subalterne. Mais ce que j'ai me suffit ; je me trouve riche. »

81

7 novembre 1970

Il a choisi l'heure de la messe à Château-Chinon pour s'entretenir avec les élus municipaux. Souriant, disert, bonhomme, en pleine forme, il ironise sur Jean-Jacques Servan-Schreiber, l'ex-cofondateur de *L'Express*, qui vient d'échouer lamentablement à Bordeaux et stigmatise cet « habillage éphémère d'une pseudo-société nouvelle élaborée par des conservateurs qui se pensaient un peu trop intelligents ». La salle rit. Il revendique, lui, la lenteur, l'absence d'esbroufe, le bon sens. Il attaque la droite qui ne cherche qu'à préserver et accroître ce qu'elle possède. Soudain, les cloches sonnent. Il est obligé de parler plus haut. Il cite Blum, Jaurès. Il est parti et ne sait plus où il va. La salle est envoûtée. Le corps de travers, la bouche toute proche du micro, il improvise et, au fil du discours, trouve des formules. Il n'invoque pas les lendemains qui chantent, mais la plainte qu'il entend sourdre partout en France et qui va devenir vacarme. Les souvenirs des textes des conventionnels qu'il avait appris par cœur enfant s'entrelacent à des commentaires politiques d'actualité. Gauche boiteuse, gauche vaincue. Pour marcher sur ses deux jambes, la gauche doit être équilibrée. Un pays où le Parti communiste ferait 30 % est un pays où le socialisme serait perdu. Mais qu'est-ce que le socialisme ? Pas besoin, pour le moment, d'en donner une définition précise. D'abord, se regrouper. Et puis, il y a les vrais. Ceux qui veulent espérer. Ce matin-là, aucun représentant des partis de gauche n'est présent pour l'écouter. Ce matin-là, il énonce pour la première fois sa vision. Il lui faudra du temps, le sens aigu de la stratégie, le don de la dramaturgie, de la rouerie, la connaissance parfaite des mécanismes des partis, le goût certain pour la tactique du commando, quelques fidèles et... un congrès pour l'incarner.

82

11, 12, 13 juin 1971

Il a ourdi le complot grâce à des émissaires, des rendez-vous clandestins, des doubles jeux, des stratégies d'alliance. Il ne fait pas mystère, depuis deux mois, ni auprès de ses amis, ni auprès de quelques journalistes, de vouloir devenir le premier secrétaire du nouveau Parti socialiste. Premier secrétaire ou rien, en vue de la prochaine présidentielle de 1976. Il est déjà dans l'anticipation, prévoit, comme adversaires au premier tour, Jean-Jacques Servan-Schreiber et Georges Marchais, et se pense capable d'obtenir 4 millions et demi de voix.

Pour mettre au point sa stratégie, il veut changer de style et trouver de nouveaux adhérents. Il en a assez de ces employés de parti qui distribuent des lettres et rédigent des motions au lieu d'agir, qui perdent leur temps dans des arrière-salles de cafés minables en tenant des propos minables sur l'avenir. Lui cherche à atteindre les cadres, les ingénieurs, les techniciens, tous ceux qui construisent notre société.

Pour ce faire, il doit se débarrasser d'Alain Savary, qui occupe le poste depuis deux ans. Mitterrand est un homme qui n'oublie pas et peut méditer pendant des années comment exercer la meilleure des vengeances. Un scorpion qui prend son temps. Mitterrand ne pardonne jamais qu'on puisse l'humilier. Cela fait plus de vingt ans que Savary lui donne des leçons d'éthique, se pose en modèle de vertu, le rabaisse, lui interdit l'accès à la gauche morale, n'a jamais cru en lui, y compris durant la campagne de 1965. Il s'est même encore permis, voici quelques mois, de déclarer que s'il l'invitait à son prochain congrès, ce serait pour le placer au fond de la salle, près du radiateur.

Mais son véritable adversaire, depuis des décennies, s'appelle Guy Mollet. Guy Mollet assure, depuis des années, qu'il va bientôt partir, mais ne supporte pas qu'on le lui rappelle. Mitterrand pense qu'il ne tardera pas à tomber sous le poids de la « social-médiocratie », dont beaucoup de militants le rendent responsable.

Il va donc étouffer le vieux et cannibaliser le jeune. Sans rien dire ni expliquer. En prenant son temps, en se souvenant des bonnes vieilles méthodes employées pendant la clandestinité, en cloisonnant. En faisant appel à une poignée d'hommes, qui permettra au chef du groupuscule de la Convention des institutions républicaines de devenir le patron du nouveau Parti socialiste !

De la stratégie, de la stratégie, de la stratégie. Il s'agit de ne pas se tromper. « Je n'ai qu'un seul fusil à un seul coup avec une seule cartouche », a-t-il répété à ses amis. De la connaissance de la dissension entre les protagonistes, il va user au cours de ce congrès pour tisser sa toile et prendre en étau la majorité. De la maîtrise du temps, il se montrera orfèvre en laissant s'épuiser les rivalités factices ou réelles et, du coup, en raflant la mise.

L'action se passe en trois temps et se déroule, près d'Épinay, dans un immense gymnase transformé en salle de congrès. Tout est rouge : les sièges, la tribune. Dans la salle, 3 000 participants, dont 957 adhérents : 800 socialistes, 30 représentants des clubs Vie nouvelle et 97 conventionnels.

Le congrès a débuté le vendredi. Mitterrand est arrivé le samedi après-midi. Les choses sérieuses n'ont commencé que dans la nuit du samedi. Logeant dans un hôtel situé non loin de Montmorency, il a préparé, avec Dayan, Mermaz, Joxe, Estier, Mexandeau, et grâce à l'appui de Chevènement, de Defferre et de Mauroy, les contacts en vue de parvenir à une majorité. Fin du premier acte.

Ce dimanche matin – début du second – il a décidé de parler d'avenir, d'espérance, de victoire, de faire vibrer les cœurs, d'ignorer le langage corseté des motions, de faire fi de l'idéologie. Il ne s'adresse pas à tous mais à chacun. Il a du désir, de l'énergie, de la force de conviction. Il fait de la conquête du pouvoir une chose concrète, accessible, enviable et parle de reconquérir le terrain perdu sur les communistes, de reconquérir les gauchistes, de reconquérir les libéraux. Plus il s'exprime, plus il gauchit son propos. « Celui qui n'accepte pas la rupture, celui qui ne consent pas à la rupture avec l'ordre établi, politique, cela va de soi, avec la société capitaliste, celui-là, je le dis, il ne peut pas être adhérent du Parti socialiste. » Son discours se fait de plus en plus anticapitaliste ; il s'enflamme, dénonce le monopole de l'argent, prend des accents à la Zola : « L'argent qui tue, achète, ruine, corrompt, pourrit jusqu'à la conscience des hommes. » Et de conclure : « Notre base c'est le front de classe. » Tous les habitués des congrès vous le diront : dans une manifestation de ce genre il existe toujours un moment d'émotion où tout peut basculer. Les auditeurs sont transportés. Certains sortent leur mouchoir. Tout le monde se lève. François Mitterrand est ovationné.

Guy Mollet, à sa suite, s'époumone. On l'écoute par politesse, mais certains quittent déjà le congrès prétextant une grève des transports. Rien n'est pourtant joué. La commission des résolutions se réunira jusqu'à une heure avancée de la nuit. Jusqu'à la dernière minute, avant le vote final, les conjurés neutraliseront les éventuelles oppositions. Au petit matin, à Claude Estier et Pierre Mauroy qui voulaient fêter l'événement, lui répond : « Calmez-vous. Ce n'est qu'un début. Il nous faudra être patients. »

Le député qui siégeait au banc des non-inscrits le vendredi 11 juin deviendra, le mercredi suivant, le patron de la future plus grosse formation de l'opposition.

83

16 juin 1971

Il arrive cité Malesherbes en milieu de matinée et ouvre la grille de fer forgée. Il a pris quelques kilos ces derniers mois à force de dîners de meetings et de toutes ces pâtisseries qu'il déteste mais ne peut s'empêcher de manger. Tout de suite, il demande à voir la bibliothèque et aime l'atmosphère si calme du lieu – on y entend le bruit des oiseaux –, pourtant au cœur de la cité. Il a bien l'intention de faire de ce poste un instrument de pouvoir hexagonal, mais aussi d'assumer des fonctions internationales. Pour cela, il fait venir une équipe, son équipe : Marie-Claire Papegay, Georges Dayan, Claude Estier, Georges Fillioud, Pierre Joxe et quelques nouvelles recrues, dont Jean-Pierre Chevènement et, un peu plus tard, Nathalie Duhamel. Une équipe soudée qui connaît bien son patron. Qui sait qu'il est toujours en retard, a appris à faire patienter ses invités, parfois pendant des heures, connaît son habituelle mauvaise foi, n'ignore pas que pour un après-midi avec une jolie femme ou une discussion avec un écrivain il est capable de tout annuler sans avertir. Fantasque, rêveur, prévenant, mais aussi capable d'autoritarisme et de coups de colère froide.

Justement, il n'est pas décidé à accepter la manière dont une certaine presse narre ce qui vient d'arriver à Épinay. Passe encore que la presse communiste, sous la plume de René Andrieu, le qualifie de manœuvrier et que Raymond Barillon, dans *Le Monde*, juge sa victoire peu limpide, mais que son journal – *Le Nouvel Observateur* –, celui qui est censé représenter son électorat, titre, à propos de ces trois jours, « Main basse sur la ville » et publie un reportage, signé Marcelle Padovani, expliquant comment et pourquoi il a fait un hold-up sur le PS, c'en est trop. Pas question de se plaindre auprès des directeurs qui sont des amis. Blessé, il va écrire une longue lettre manuscrite à la journaliste, véritable plaidoyer *pro domo* de son parcours, où il se montre tour à tour ironique, sarcastique, offensif : « Peut-être n'ai-je pas assez montré de "rigueur" en luttant comme je l'ai fait depuis 1958, peut-être suis-je l'image de l'opportunisme en portant avec moi l'héritage de la IVe République que j'ai servie sous Mendès France et Guy Mollet, tandis que d'autres, sinon les mêmes, poussaient l'habitude jusqu'à servir aussi la Ve ou ne la combattaient qu'à l'abri de partis endormis. Peut-être ai-je oublié de rester à Londres ou à Alger tandis que je m'évadais d'Allemagne et que je rentrais de Londres dans la France occupée ? »

Se disant las de tous les clichés dont on l'affuble depuis deux décennies, lui qui s'était tu longtemps va revendiquer son passé et camper son personnage. Lui qui déteste les congrès, méprise la plupart de ses congénères, va, dans la lumière, admirablement remplir ses fonctions et ses obligations, tout en menant dans l'ombre une triple, quadruple vie.

Il est toujours en retard et, même quand il peut arriver à l'heure il affecte d'avoir quelque chose d'urgent à faire. Il disparaît sans crier gare et se montre d'une mauvaise foi phénoménale quand il revient au bureau avec trois, quatre heures de retard sans donner la moindre explication. Tout juste consent-il à dire à quelques proches qu'il apprécie de se sentir « en décalage ». Il aime surprendre et se surprendre lui-même. Il ne veut pas tout simplement « tenir le rôle », il veut « être à côté » tout en possédant la fonction. Il n'est jamais là où on croit. Et à ceux qui lui en font la remarque, il répond que tout ce qui permet de prendre de la distance sans perdre le contact avec soi-même est nécessaire à l'action. Mais, de temps en temps, il craque. Alors, à sa garde rapprochée, il lâche : « Mais qu'est-ce que je fous là ? »

84

10 novembre 1971

François Mitterrand s'envole pour le Chili en compagnie de Claude Estier – présent sur place au moment de l'élection de Salvador Allende en 1970 – et de Gaston Defferre. Il est le premier dirigeant occidental à venir dans le premier pays latino-américain où règne un gouvernement d'unité populaire. Au palais de la Moneda, les deux hommes se tombent dans les bras. Si Mitterrand se montre impressionné par l'esprit de liberté qui règne sur place, par l'autorité morale du président et la force de son rayonnement, il ne cache pas son inquiétude quant à la durée de vie du régime en raison de l'instabilité qui l'accompagne. Il prend le temps d'analyser la situation institutionnelle et, s'inspirant de Blum, distingue l'accès au pouvoir de son exercice même. Allende, s'il a conquis le pouvoir légalement, ne peut à ses yeux l'exercer réellement. Il existe toujours un espace vide que la seule légalité ne peut remplir. Pessimiste, il pense que les complots et les menaces d'attentat contre la personne même du président vont se multiplier, histoire d'éradiquer ce nouveau modèle de gouvernance politique.

En Mitterrand, cohabitent toujours le constitutionnaliste, le sociologue, le politique. S'il connaît par cœur les rapports de force entre les partis dans sa circonscription, il se passionne, depuis qu'il a vécu l'agonie de la IVe République, pour les distinctions à introduire entre les modes d'accès au pouvoir et l'exercice de celui-ci. Il rejette de son horizon l'idée de révolution et ne prône comme moyen de la démocratie que le suffrage universel.

Il comprend, au cours de ce voyage, que si l'union entre les forces de gauche demeure un préalable, elle ne donne pas pour autant les conditions concrètes de la prise en main de l'appareil d'État. Où que ce soit, la classe des dirigeants, qui possède les leviers de commande dans le secteur économique et social, n'a aucune intention de s'incliner, fût-ce devant la légalité des urnes, car elle seule se sent « légitime ». Pour lui, avec Allende, le problème n'est plus de savoir si la gauche est capable de gouverner – il le prouve – mais d'espérer que la droite puisse supporter la démocratie lorsque celle-ci cesse de lui appartenir.

Non, il refuse d'être l'Allende français. Oui, il est possible – et même probable – qu'un jour le suffrage universel donne les rênes de la France à la gauche. Pour autant, comme au Chili, elle ne pourra investir les véritables pôles de pouvoir. Commencera alors ce qu'il nomme la première phase de « démocratie sociale » donnant au gouvernement, par des réformes irréversibles, les moyens de sa politique, avant de passer à la seconde phase, celle de « la démocratie socialiste ». Ce mélange de théorie, d'intuition, de réflexion, à partir de ce qu'il observe partout sur le terrain, constitue la raison profonde de sa volonté de rester dans cet univers qu'il n'aime pas particulièrement. Intellectuel du politique ? Tout, sauf cela. Tacticien des idées ? Oui, il veut bien l'accepter.

85

4 décembre 1971

Il a disparu sans laisser d'adresse. Au PS tout le monde le cherche. Certains évoquent l'hypothèse d'un rapt. En vérité, il est parti incognito pour Calcutta à l'invitation de deux membres de l'association Frères des hommes. Pendant cinq jours, il a séjourné dans leur maison, partagé leur vie quotidienne, tenté de porter secours aux réfugiés bengalis qui, fuyant un ouragan, s'étaient massés dans la zone de l'aéroport de la ville, dormant dans des camps de fortune, improvisant des dortoirs dans d'énormes tuyaux en ciment. Personne n'est censé savoir qu'il est là. Réminiscence de son engagement dans le christianisme social au début de son âge adulte ? Besoin de se ressourcer loin de toutes les vanités, dans un monde où l'on agit au lieu de se bercer de mots ? Volonté de se mesurer à André Malraux qui, en dépit de son âge, s'est engagé depuis l'été dernier aux côtés du Mouvement de libération du Bangladesh ?

La guerre l'obligera à dévoiler son identité. Apprenant par Frères des hommes qu'un journaliste de *Sud Ouest* était sur place, il prendra contact avec lui pour trouver les moyens de repartir vers Paris. Avec Jean-Claude Guillebaud, il passera quelques heures, évoquant la réalité de la misère, la présence de la mort. Et refusera de parler politique. Il n'est pas là pour cela. À l'interprète qui l'interroge sur ce qu'il fait dans la vie, il donne des réponses évasives. Dans l'avion du retour, il relira pour la énième fois le *Sermon sur la montagne*. De cette échappée à Calcutta il ne souhaitera pas parler. Il a toujours eu besoin d'un jardin secret.

86

27 juin 1972

À 2 heures du matin, il enlève ses lunettes et pro-
pose, d'une voix cassante, une suspension de séance.
Au cinquième étage du PCF, place du Colonel-
Fabien, les négociations auraient dû aboutir depuis
des heures. Mais la liste des nationalisations coince.
Il a vu Marchais en tête à tête la veille, à 7 heures
du matin, et rien n'a bougé. D'un côté de la table,
Laurent, Kanapa, Marchais, Leroy ; de l'autre, près
de lui, Defferre, Mauroy, Estier, Chevènement,
Joxe. Les journalistes attendent derrière la porte.
Marchais l'accuse d'être de mauvaise foi et de lui
faire perdre son temps. À 22 h 15, juste après la
reprise faisant suite au dîner – des plateaux-repas
apportés dans la salle –, il a osé revenir sur la liste
des nationalisations ; Marchais est blême de rage.
Defferre part à l'attaque en critiquant le passéisme
du PC. Lui attend et boit du petit-lait. Amateur de
rugby, il sait qu'il peut compter sur son équipe
pour, le moment venu, aller à la mêlée. Marchais,
de toute façon, il le méprise. Celui-ci a bien essayé
de nouer des contacts personnels en venant à son
domicile à plusieurs reprises, mais il se rend à
l'évidence : il n'a rien à lui dire. Aucun sujet de
conversation. Marchais le sait et s'excite de se

savoir infériorisé. Marchais est totalement décon-
sidéré à ses yeux depuis qu'il a tenté, le 20 mars
dernier, de le piéger : sous prétexte de prendre avec
lui en grand secret une position commune sur le
référendum, il lui avait donné rendez-vous dans
une chambre de bonne de l'île Saint-Louis pour,
ensuite, le trahir en déformant sa parole. Alors,
il l'observe vociférer, l'insulter. Chez lui, la forme
importe autant que le fond. Du moment qu'on peut
négocier sur la table et pas en dessous... on continue. Il ne cherche pas à savoir si on le trompe
mais fait en sorte que tout se passe comme si on
ne le trompait pas. Cela fait deux mois que son
équipe travaille d'arrache-pied, nuit et jour, pour
que, pas à pas, des consensus apparaissent. Il en
a fixé le calendrier, suivi toutes les étapes, toutes
les péripéties. Il a toujours été à la manœuvre en
coulisses et ne s'est jamais découragé quand il fallait tout reprendre, y compris sur des points apparemment acquis. Plus Marchais s'excite, plus il est
calme, onctueux même. Mais cette fois, la réunion
tourne au combat de catch. Marchais va-t-il faire
tout échouer pour une liste de nationalisations ?
Au fond, Mitterrand s'en moque, lui qui accorde
plus d'importance à la signature du programme
qu'à son contenu. Mais ce n'est pas pour autant
qu'il faut céder.

Il a de l'endurance et se sent rarement fatigué. À
2 h 30 du matin, la séance reprend. L'accord sera
conclu à 5 heures. Il dira l'avoir signé sans l'avoir
lu.

Le lendemain, il se rend à Vienne au congrès
international du Parti socialiste et affirme vou-

277

loir refaire un grand Parti socialiste sur le terrain occupé par le Parti communiste : « Sur les 5 millions d'électeurs communistes, 3 millions peuvent voter socialiste. » C'est d'ailleurs, précise-t-il, « la raison de cet accord ». Le Programme commun constitue une étape pour reconstituer le bloc historique de la gauche en échappant au leadership communiste. *L'Humanité*, le lendemain, ironise sur ses propos en les qualifiant d' « utopistes ». À gauche, certains, comme Jean-François Revel et Gilles Martinet stigmatisent l'abandon du socialisme républicain au profit de l'archaïsme bureaucratique. Lui hausse les épaules.

Il part pour Gordes début juillet avec, dans ses valises, le programme de quatre-vingt-dix pages. Il essaiera de le lire tout en pestant et en répétant : « Quel *pensum* barbant ! » À Latché, où il passe le mois d'août, il reçoit longuement Roger Priouret de *L'Expansion*. Devant lequel il ne fait pas la moindre allusion au Programme commun, mais évoque Marx, qu'il a lu tard, pas avant l'âge de trente ans, et revendique de ne s'être jamais converti à la doctrine marxiste. Il manifeste son irritation vis-à-vis du dogmatisme de tous les communistes, et aussi de certains socialistes : « Dites-vous bien que je mourrai libéral et sur tous les plans », conclut-il en souriant.

87

28 février 1973

Il ne ménage ni son temps ni son énergie pour ces nouvelles législatives. Il a commencé fin janvier et les salles ne désemplissent pas. Plusieurs villes le même soir. À la fin, quatre à cinq. Ce jour-là, alors qu'il se trouve en meeting à Limoges, il apprend à 17 heures qu'en raison d'une grève, il ne pourra être à 19 heures à Caen. Il demande si, dans l'assistance, il n'y a pas un camarade militant capable de l'emmener en voiture. L'un d'eux lève la main. Celui-ci roule à tombeau ouvert et parle à sa femme en se retournant vers la banquette arrière. Mitterrand lui dit en riant : « Même s'il faut prendre la vie du bon côté, auriez-vous la gentillesse de regarder la route ? J'ai eu deux attaques cardiaques les six derniers mois, mais je suis encore en pleine forme. » Il demande alors au conducteur de l'arrêter à Tours, préférant patienter pendant une heure et demie dans une station-service en attendant qu'un autre militant vienne le chercher.

20 h 30, Caen. L'attendent 3 000 personnes. Arrivé par l'arrière dans l'immense hall, blême, les traits tirés, il s'adresse d'abord « à tous ceux qui donnent tout sans jamais rien demander », provo-

quant une salve d'applaudissements. Puis il parle des injustices sociales, des inégalités qui ne font qu'augmenter dans une France qui s'enrichit. Louis Mexandeau lui transmet un papier : à Lisieux, des militants patientent. Il y arrive à 1 heure du matin. La salle, chauffée par Régis Debray et Costa Gavras, ne s'est pas vidée : 700 personnes l'écoutent improviser un discours. Au grand étonnement du maire, il demande au public : « Avez-vous des questions ? » Il terminera le meeting à 2 heures du matin. À 3 h 30, un verre de cognac à la main, il discute de Marcel Proust avec les militants qui l'hébergent pour la nuit. Tout le monde cligne des yeux. Sa journée a commencé à 6 heures du matin. Il a parcouru 700 kilomètres. Lui seul est d'attaque.

Il sent que sa stratégie d'union de la gauche prend chez les militants communistes plus que chez leurs chefs, et constate que, dans les réunions publiques, l'assistance devient plus jeune, plus urbaine, plus ouvrière aussi. Ce qu'il veut, c'est qu'un nouveau Parti socialiste s'édifie loin des fantômes de la social-démocratie. Il constate que l'idée du « rassemblement » du grand parti unique prôné par de Gaulle comme socle de la Ve République est en train de disparaître du paysage politique et qu'il faudra, désormais, compter avec lui comme représentant du parti d'opposition le plus puissant.

Les résultats du second tour, même s'ils n'ont pas un goût de victoire, lui permettent de revendiquer le meilleur score de la gauche depuis 1946 et – cerise sur le gâteau – de constater un net recul du PSU, même si la PC demeure devant le PS. Son objectif n'était pas de gagner les élections – tâche impossible – mais d'approcher le rééquilibrage entre les deux grandes formations de gauche. Il se sent protégé et réconforté par la jeune garde qu'il a choisie : ses « sangliers » entrent à l'Assemblée. À Georges Dayan, il confie qu'il est moins pressé qu'avant et que le pouvoir l'intéresse de moins en moins. « Il vaut mieux être Jaurès que Blum. Jaurès a laissé un nom dans l'histoire du socialisme. Pas Blum. »

88

23 juin 1973

Depuis le matin, dans ce congrès de Grenoble, il a l'impression de perdre son temps. Son corps est ankylosé. Il aimerait tant aller marcher. Il entend les luttes intestines, les critiques acerbes, tente de déjouer les coups fourrés, les coups d'éclat, les coups d'État. Il encaisse. Mais quand un jeune homme tente de l'interrompre en lui faisant une leçon idéologique, c'en est trop, il tape du poing. Il aime bien cogner. Il n'a pris en traître ni Chevènement ni Rocard. Il avait prévenu le premier qu'il n'entendait pas accepter que le CERES, qu'il juge « intolérant », dise qui est un bon socialiste et qui ne l'est pas. Au second, il avait interdit la tribune mais invité Roland Leroy à s'exprimer. Le PSU devrait se contenter de la lecture d'un message. Il n'a pas l'intention de se laisser enterrer par les luttes de tendance qui n'ont jamais été si vives. Alors, il demande si certains veulent faire un faux PC avec de vrais petits-bourgeois et explique que, si c'est le cas, lui n'en sera pas. Il réaffirme pleinement son autorité et propose à ceux qui ne sont pas d'accord d'en tirer toutes les conséquences : « Si on veut les droits de la minorité on peut les avoir, mais en renonçant en même temps aux droits de la majorité. » Il revendique la liberté de constituer comme il l'entend son secrétariat sans avoir de comptes à rendre à quiconque. La rupture non seulement il ne la craint pas, mais encore il la revendique. Elle sera toujours meilleure que l'esprit de fractionnisme qui gangrène le parti. Il est bientôt 20 heures. La discussion sur les motions reprend de plus belle. À Dayan qui se tient toujours à côté de lui, il dit en chuchotant : « Ils sont vraiment trop cons, ces socialistes, je me tire. »

En novembre, il annonce sa démission à un bureau politique. Personne ne le croit. Le 14 décembre, il envoie une lettre de confirmation de sa décision à Pierre Mauroy. Le soir même, celui-ci convoque de toute urgence le bureau politique. Tout le monde est consterné, sauf Gilles Martinet, qui crie au chantage et à l'instrumentalisation. On le supplie de rester. Il reste.

89

2 avril 1974

Il dîne seul à la *Brasserie Lipp* tout en préparant son discours à l'Assemblée du lendemain, quand le patron lui apprend que Georges Pompidou vient de mourir, chez lui, quai de Béthune, d'une septicémie généralisée.

Cela fait plus d'un an que, dans le landernau politique, la rumeur sur la santé du chef de l'État grandissait. Lors d'une conférence de presse, le 22 janvier dernier, à une question sur une éventuelle candidature à la présidentielle, Mitterrand avait sèchement répondu : « Nous n'avons jamais spéculé sur la santé du président de la République. Ce type d'observations, ce type d'espérances, ça n'est pas notre genre. Je trouverais déplorable toute spéculation sur un tel sujet. J'exprime des vœux pour la santé de Georges Pompidou. »

À Franz-Olivier Giesbert, le 22 mars, il déclare : « Pompidou annule ses rendez-vous ? Et après ? Tout le monde peut avoir des grippes difficiles. Moi aussi. » Le 28 mars, à Latché, il reçoit Christian Fauvet. L'hypothèse d'un calendrier anticipé est évoquée. Il répond : « J'ai cinquante-huit ans. Président de la République, c'est recevoir des ambassadeurs et des corps constitués ; c'est se promener devant des gardes à casque surmonté d'une crinière ; c'est vivre derrière des tables Louis XV. À cinquante-huit ans, si près d'une fin de vie, c'est d'une futilité, mais d'une futilité... »

Le 3 avril, il prononce à l'Assemblée l'éloge funèbre de Georges Pompidou, refuse de répondre aux questions des journalistes et impose à son parti une période de silence.

90

12 avril 1974

Pendant plusieurs jours il est resté injoignable. Il ne répond ni à Edmond Maire, ni à Georges Marchais, ni à Jean Lecanuet. Il attend d'être sollicité sans se voir entravé. Et ça marche. Sauf avec le PC. Marchais, n'entendant pas être traité ainsi, s'époumone en trouvant son attitude intolérable. Mitterrand n'en a cure. Il se présente à la présidentielle le 8 avril, après Jacques Chaban-Delmas, le même jour que Valéry Giscard d'Estaing, et avant Jean Royer, le maire conservateur de Tours. S'il a, de manière troublante, déclaré à plusieurs reprises deux ans auparavant, donc avant que ne soit connue la maladie de Pompidou, que 1974 serait une année décisive pour lui – sans avouer qu'il allait régulièrement consulter l'astrologue Madame Soleil – pour autant, il ne se sent pas prêt. « Le temps n'est pas encore venu de changer d'échelle », dit-il à ses amis. Il y va parce qu'il ne peut se dérober. Cet homme n'aime pas être bousculé et se méfie de ceux qui commettent des gestes précipités. Face à ses amis, qui se réjouissent du trop-plein de candidatures à droite, lui parle d'animaux blessés qui, en forêt, deviennent dangereux. Il croit à ses intuitions et ne sent pas la situation. Superstitieux, il va de nouveau consulter Madame Soleil, qui lui annonce que, dans le prochain mois, la conjoncture des astres n'est pas favorable. Il envierait presque son copain Edgar Faure qui a dû renoncer à la candidature au profit de Giscard. Et confie à André Rousselet qu'il se sent comme un homme au sommet d'un précipice, acculé à sauter.

À la suite de sa désignation par le Parti socialiste à l'unanimité, il forme son équipe : Defferre, Hernu, Mermaz, Fillioud, Dayan, Rousselet évidemment, plus la garde rapprochée. Il choisit les siens et, dès les premiers jours, ne s'appuie pas sur les structures du parti pour s'entourer. À Claude Perdriel, il a demandé de se rendre aux États-Unis afin d'étudier le fonctionnement de la campagne démocrate en vue des élections ; à Rousselet, il confie le financement : un appel aux dons est publié dans *Le Monde*, financé par *Le Nouvel Observateur*. Qui permet d'avoir une première liste de 120 000 donateurs, sur le modèle de la méthode américaine. En tout, 4 millions de francs seront récoltés avec le concours des militants, des fédérations, mais aussi grâce à des apports d'André Bettencourt, René Bousquet, François de Grossouvre.

L'équipe s'installe – au grand étonnement de certains militants – dans la tour Montparnasse, où cohabitent joyeusement celles et ceux qui ont « fait » 65 et la nouvelle garde. Les plus anciens soulignent que s'opère alors un changement d'échelle et que la technicité des jeunes énarques ainsi que l'arrivée de « communicants » changent la donne : la politique devient un métier hautement spécialisé et un univers où de jeunes gens brillants et ambitieux veulent faire carrière. Il les utilisera sans pour autant changer de méthode sur le fond et en continuant à faire confiance à ses intuitions. Toujours accompagné de son frère Robert, qui l'encourage quand il cède à son ironie ou à son pessimisme, protégé par Marie-Claire Papegay, qui filtre les appels et tape jour et nuit toutes ses interventions, pris en charge par François de Grossouvre, qui s'occupe de l'intendance et lui colle aux basques, il va devoir entreprendre un marathon physique, psychique, intellectuel.

C'est que, d'homme célèbre à gauche, il devient, à ce moment-là, véritablement populaire. Un certain « managering » politique et l'appel à des experts dans de nombreux domaines sont utilisés pour cibler des électorats, trouver « des éléments de réponse » aux principales questions que se posent les Français. Une dose de scientificité s'instille dans la campagne. Lui-même accepte un certain « lissage » de son personnage. Il y a moins d'un an, il baguenaudait sur les théories de Marx et revendiquait une préférence pour Proudhon. Constatant qu'il n'est pas forcément jugé crédible sur le plan économique, mais plutôt approximatif, il accepte de mettre dans ses poches les fiches de Christian Goux, Michel Rocard et Jacques Attali, même s'il ne les lit pas toujours. Sur les conseils de deux jeunes femmes de son entourage, il se fait limer les dents de devant et va se commander trois costumes près du corps chez un couturier de la rive gauche.

Deux cents journalistes sont présents ce matin-là pour l'écouter décliner son programme en trois temps : six mois, dix-huit mois, cinq ans. Il termine son allocution par un solennel appel à la liberté : « Ma vie n'aurait pas de sens si elle ne s'identifiait à la défense de la liberté. J'interdis à quiconque de me lancer la liberté au visage. » Le souvenir des chars soviétiques à Prague et les récentes déclarations de Leonid Brejnev sont difficiles à dissiper. Il s'irrite que, dans les premiers jours, à la radio comme à la télévision, il ne soit interrogé que sur les conséquences de son alliance avec les communistes. Au début il répond et répète patiemment que le monde a changé, que les communistes n'ont pas de couteau entre les dents, que le temps du collectivisme est aboli et que le PC est un parti d'ouvriers ; puis, sans en référer à son équipe, le 18 avril, il change de braquet et annonce tout à trac qu'en cas de victoire, il choisira comme Premier ministre un socialiste. En soi, ce n'est pas une révélation, mais cela irrite au plus haut point le PC, qui continue à faire campagne non pour le candidat, mais pour le Programme commun. Lui répète à une partie de son équipe, qui juge ce genre d'assertions prématurées, qu'il préfère ne pas être élu que d'avoir des comptes à rendre à un allié de circonstance.

Arlette Laguiller fait ses débuts à la télévision et traite Giscard de bourgeois, Chaban de fils de banquier, et demande que les Français s'interrogent sur le passé du candidat censé représenter l'espoir du peuple de gauche. Jean-Jacques Servan-Schreiber a des états d'âme et se demande pour qui voter. Pendant ce temps-là, Giscard fait coller dans toute la France une affiche avec comme slogan : « Un vrai président ».

Et lui, serait-il un futur « faux » président ? Il pense depuis longtemps que le soupçon de l'il-légitimité pour diriger, quand on est un candidat de gauche, a été le cœur du discours de ses adversaires. Il va donc s'employer à le ruiner : faisant appel à la presse économique, il construit un discours de rigueur, appelle à une revalorisation du franc et à la lutte contre l'inflation, accompagné dans cette démarche par Pierre Uri, Pierre Mendès France et Michel Rocard. Mais il compte surtout sur la dynamique de la ferveur du peuple de gauche et sur son désir de tenter d'atteindre ses objectifs. En vieux maquignon de la politique, autant, au lendemain de la mort de Pompidou, il pensait ses chances réduites, autant, comme il le résume ce jour-là pour ses collaborateurs : « La victoire n'est pas certaine mais elle est possible. » S'il arrive à obtenir 45 % au premier tour, c'est gagnable ; à 44 %, c'est tangent ; à 43 % c'est foutu.

Alors il part chaque soir dans les meetings, n'utilisant que deux cent cinquante mots, scandant les mêmes phrases, insistant sur le travail, la dignité, les souffrances, la conquête des droits des travailleurs. Comprenant très vite que Chaban-Delmas est tombé dans un piège et ne sera pas qualifié pour le second tour, il décide, dans le premier duel qui les oppose, de jouer *fair-play*. Outre la sympathie qui les unit depuis longtemps, il pense qu'il peut décrocher des électeurs dans son camp. Une grande tente a été dressée dans là cour d'Europe 1 où des caméras de RMC Télé s'apprêtent à transmettre cette première confrontation présentée comme un match de boxe. Les supporters en seront pour leurs frais devant les assauts de civilité et d'exquises urbanités échangés par l'ancien Premier ministre de Pompidou et le challenger du général de Gaulle.

Chaque meeting est réglé comme du papier à musique. Il s'avance dans les salles sous les vivats grâce à des militants chauffés à bloc. La tribune est tapissée de roses. À chaque étape, un artiste est prévu : Dalida va beaucoup donner de sa personne, Serge Reggiani, Mouloudji, Barbara aussi. En face, c'est Johnny et Sylvie. Chaque ville a droit à son anecdote. Plus la campagne avance, plus la foule grossit. Il improvise, puis harangue. À la fin, il brandit une rose pendant que retentit *L'Internationale*. Il a du mal à partir, les gens veulent lui parler, les mères tendent la joue de leurs enfants, d'autres des cartes postales à faire signer. Il s'en amuse et ne déteste pas être traité comme une star du rock.

À la tour Montparnasse aussi les gens affluent, proposant leurs services en tous genres. On les envoie distribuer des exemplaires du *Courrier de la Nièvre* ; les plus jeunes sillonnent dans des caravanes les campings et les plages où ils distribuent des tracts. Lui se rend très rarement au siège, quand il en a besoin, convoque chez lui sa garde rapprochée. Il s'occupe de tout, des affiches, des sondages, suit la campagne de son adversaire et constate qu'elle s'appuie sur une forte personnalisation. Giscard aux commandes d'un yacht, Giscard conduisant une voiture de course, Giscard torse nu à la sortie d'un match de foot. Lui, qui n'a pas voulu jouer de sa personne ni de son image au profit d'un programme, apparaît comme un vieux sans en engranger les bénéfices. Il change donc de tactique et accepte de se faire photographier avec ses deux fils et de se montrer en meeting avec Danielle. Père de famille et féministe. Reprenant ses thèmes de 1964, il les accentue. Le 22 avril, il organise une conférence de presse intitulée « Femmes de l'an 2000 », où il prône la contraception libre, y compris pour les mineures, et s'engage à la représentativité des femmes en politique. Le vote féminin fera-t-il la différence ?

« Mitterrand président ! Tu le seras demain. » Certains journaux, comme *L'Express*, n'hésitent pas à évoquer l'hypothèse d'une victoire au premier tour. La ferveur populaire des meetings n'est que la démonstration d'un courant de fond de plus en plus fort qui le porte dans les sondages, face à un hypothétique changement promis par un candidat associé au pouvoir depuis plus de seize ans.

Le débat du 25 avril à Europe 1 s'annonce déterminant. Il respecte Giscard et reconnaît « une machine intellectuelle », mais il déteste « sa raideur » et son « côté cérémonieux ». Il comprend immédiatement que la salle lui est hostile. Il apprendra plus tard que les giscardiens avaient fait faire des photocopies de leurs invitations pour occuper les sièges. Il prépare depuis trois jours, avec Mendès France, Attali et Fillioud, le contenu de son intervention. Il sait que les Français lui font confiance pour réduire les inégalités sociales, maintenir l'emploi et même lutter contre la hausse des prix, mais jugent Giscard plus compétent pour diriger l'économie. C'est donc sur le terrain de sa crédibilité et de sa légitimité qu'il construit son argumentation.

Voulant acculer l'ancien ministre des Finances au bilan, il emploiera le ton du réquisitoire en faisant appel à un vocabulaire économique qu'il ne maîtrise pas totalement et qui le contraindra à utiliser des argumentations historiques. Face à l'impassibilité de son interlocuteur, il devient agressif et autorise son adversaire à lui donner des leçons en apparaissant légitime tant par sa maîtrise que par sa connaissance des dossiers. A-t-il été choqué par l'allusion perfide qu'a faite son adversaire à sa vie privée – « Clermont-Ferrand, une ville qui vous connaît bien », allusion directe à Anne Pingeot et à sa famille – ; a-t-il été dérouté par l'endurance de Giscard, qui a réussi à le faire parler du Programme commun ? Toujours est-il qu'il n'a pas emporté la mise, mais n'en a pas pipé mot à la sortie du studio. L'autocritique n'est pas son fort.

Sa DS blanche l'attend pour l'emmener au Parc des expositions, porte de Versailles. S'y tient le soir même le grand meeting de la gauche. Plus de 100 000 personnes l'attendent aux cris de « on va gagner ». Les traits tirés, la voix cassée, il prend le micro : « Après avoir débattu avec le candidat de la droite, je viens ici puiser aux sources de mon action. » Dans la salle, c'est le délire. « Tu le seras demain. Demain. Demain. »

91

10 mai 1974

Cet après-midi-là, il a décidé de faire une petite sieste. S'en est-il véritablement réveillé ? Pour certains de ses proches camarades, comme Maurice Faure, qui n'a pas sa langue dans sa poche, il a donné l'impression durant tout le débat d'être sous Théralène. Peut-être. La vraie raison est qu'il s'ennuie ferme face à cet échassier de haute volée qui lui susurre avec un air distingué des conseils comme s'il était le dernier des bouseux. La veille, il a passé l'après-midi avec Saint-John Perse et se demande pourquoi il perd son temps, ce soir, avec ce genre d'individu. Il ne supporte ni son ton ni son arrogance. Et, en bon lecteur de Nietzsche, pense que ce serait s'abaisser que d'entrer dans le jeu de son adversaire. Alors, il ne change pas de rythme, mais son interlocuteur parle vite et l'enferme dans des questions en rafales auxquelles il croit pouvoir répondre en utilisant la technique du surplomb. Le premier de la classe a beau être cassant, condescendant, il donne le *tempo*, impulse les directions, fait le prof. Mitterrand attend que ça passe, comme un paysan ennuyé attend que l'orage éclate, en observant le ciel s'obscurcir. Il s'en veut d'avoir consacré autant de temps et d'énergie à la préparation de ce débat d'entre-deux-tours. Deux jours avant, il avait répété et le jeu de rôles s'était mal terminé. Fabius, invité à « faire Giscard », avait-il été trop brillant ? Toujours est-il qu'il n'avait pas réussi à lui tenir tête et, au lieu de recommencer, avait préféré disparaître dans la nuit.

Il sait bien que, mathématiquement, la victoire est improbable et les résultats du premier tour l'ont déçu. Mais les circonstances sont historiques. La gauche, cette fois, veut y aller. Mais à 43 %, il avait prédit que c'était impossible. Avec ses 43,26 % quelque chose est-il encore possible ? « Difficile mais pas impossible », confie-t-il à Claude Estier. La veille du premier tour, il espérait dépasser les 45 % et se montrait confiant. Le lendemain soir, à la tour Montparnasse, vers 23 heures, de retour de Château-Chinon, le moral en berne, les traits tirés, il annonce à l'équipe : « Que ceux qui n'y croient plus se retirent. » Comment expliquer qu'il n'ait pas fait le plein des voix de gauche au premier tour, et qu'il ait fait moins bien que lors des dernières législatives ? Entre les appels aux gaullistes historiques et l'extrême gauche abstentionniste, l'écart est grand et il souhaite donc ne pas entamer la pêche aux voix. La double campagne de déstabilisation qu'il subit, celle de tracts l'accusant de détournement d'argent, celle d'une démission propagée par un faux journal, *France Matin*, a-t-elle porté ses fruits ? Comment réengager une dynamique en rassurant une majorité de Français qui craignent, avec son arrivée, la fuite des capitaux et la chute du franc ? Il faut se battre sur tous les fronts, répond-il, à condition qu'on reste à gauche. L'équipe de campagne réunit un comité de soutien prestigieux constitué des plus grands résistants et des intellectuels les plus qualifiés, tels Daniel Cordier, David Rousset, Jean-Marcel Jeanneney, Vladimir Jankélévitch.

Alors, dans ce studio de télévision, il n'a pas l'intention de se laisser enfermer dans l'argumentation de son adversaire. Il ne jouera pas au boxeur qui monte sur le ring et préfère ne pas esquiver les coups mais porter les siens en ciblant le monde qui les oppose : « Des gens comme vous, des gens comme nous. Il y a une politique qui défend la France qui travaille, et que j'entends représenter, et une politique qui lui nuit et sert les intérêts des classes privilégiées, c'est la vôtre. » Il a beau parler du général de Gaulle, rappeler que Maurice Thorez faisait partie de son gouvernement, ses arguments portent peu face à un adversaire qui incarne la compétence, la continuité, la légitimité, l'avenir. Le vieux, c'est lui. Il lui laisse, en apparence, l'avantage. Pour Giscard, la présidence de la République est le point d'arrivée ; pour lui, un point de départ.

Ce fameux « privilège du cœur », quand il l'a entendu proférer sur le plateau, ne lui a guère fait d'effet. Il a trouvé la formule « un peu ringarde » et est sorti du duel plutôt rasséréné. Le soir même, un dîner chez *Bofinger* réunissait son équipe rapprochée. Tout le monde était consterné mais personne n'osait le lui dire. Il était, lui, plutôt heureux d'avoir pu exprimer ce qu'il souhaitait. La presse du lendemain, qui souligne unanimement qu'« il a perdu », l'étonne. Perdu quoi ?

La vague populaire continue à confirmer sa montée dans les sondages et plus le temps se resserre, plus les candidats se trouvent à égalité. Le président de la République par intérim – Alain Poher –

le convoque le 17 mai pour lui dire que tous les indicateurs dont il dispose – dont les rapports des préfets – le donnent vainqueur. « Je commence à y croire », dit-il à Claude Estier.

Il rentre alors en lui-même, se prépare à investir ses nouvelles responsabilités en se coupant du monde et en allant marcher seul sur les quais. Le 18 mai, il convoque Defferre et Mermaz pour préparer l'éventualité de la composition d'un gouvernement. Il part pour Château-Chinon le matin du 19 mai et sera pendant toute la journée très entouré – contrairement à son adversaire qui passe son dimanche dans la solitude glacée de son ministère, admirablement filmée par Raymond Depardon – à la fois par le couple Chevrier, sa famille proche, mais aussi sa garde rapprochée.

Vers 18 heures, Poher confirme ses pronostics. Un peu plus tard il a longuement Defferre au téléphone, puis rend visite à l'un de ses amis, Fernand Dussert, marchand de cochons à Arleuf, et sénateur de la Nièvre, qui vient d'avoir un accident de voiture. C'est autour de la table de la ferme qu'il entend les résultats d'Autun, ville de droite, où il l'emporte de 101 voix.

Ce n'est que vers 23 heures que tomberont les résultats définitifs. À Georges Dayan qui les lui annonce par téléphone et souligne le score historique de la gauche comme le peu d'écart de voix – 420 000 –, il rétorque : « Cela ne sert à rien de regretter. Ça a un sens. Nous ne passons pas la barre. Peu importe de combien. Le pays n'était pas prêt à sauter le pas. Cela, c'est une réalité. »

Dans la voiture qui le ramène à Paris, il explique que le calendrier politique a été bousculé par la mort de Pompidou et qu'il était trop tôt. La victoire eût été prématurée ? Fini en tout cas le western politique qui préside au fonctionnement de la Vᵉ République : d'un côté le gaullisme fait main basse sur le pouvoir, de l'autre le Parti communiste fait main basse sur l'opposition. Une moitié de l'électorat a voté pour le candidat de gauche qui, en 1965, était celui de « tous les républicains ».

Est-ce pour autant un vote mitterrandiste ? Va-t-il jeter l'éponge ? Dans le discours qu'il fera le 20 mai au matin, devant des militants ivres de fatigue et de déception, qui pour la plupart pleuraient, il expliquera que cette défaite n'est pas grave car elle dessine une espérance. Ce n'est pas une question de nombre de voix mais de montée en puissance : « Mais la prochaine fois, ce ne sera pas moi qui conduirai la gauche au pouvoir, ce sera une nouvelle génération. Ce sera vous. » Puis il part déjeuner dans un restaurant italien de la rue de Buci avec Dayan, Estier, Fillioud, Mermaz, à qui il dit : « Vous ne serez peut-être jamais ministres. Et alors ? Regardez Jaurès. Il n'a même pas été sous-secrétaire d'État et son nom est resté dans l'histoire. »

Comment continuer à vouloir renverser l'ordre des choses sans pour autant repasser par la case départ ? Jamais deux sans trois ? Il se voit mal patienter encore de longues années pour faire figure de principal opposant. Et pourtant il reprend *illico* à Pierre Mauroy le poste de premier secrétaire que celui-ci occupait par intérim et rédige un communiqué à l'intention du nouveau président de la République : « Il n'y aura de notre part ni pause ni trêve. »

92

18 décembre 1974

Sa fille vient de naître dans une clinique privée d'Avignon. La sage-femme est Madeleine Séchan, une amie du couple dans le Lubéron, aussi poète à ses heures. Cela fait dix-huit mois maintenant qu'Anne lui a fixé un ultimatum : elle veut un enfant. S'il n'accepte pas, elle le quittera. Au début il n'a pas voulu y songer. Trop compliqué par rapport à Danielle, qu'il n'envisage pas de quitter, et puis vu son âge – il a cinquante-sept ans – ce serait une folie de ne pouvoir la voir grandir. Mais Anne ne cède pas. Elle lui annonce, à la fin de sa campagne, être enceinte. Sentiment de libération ? Encouragement pour changer de monde et revenir à ses anciennes amours en quittant la politique et en écrivant ?

Même s'il fait le fier devant ses compagnons, il encaisse durement l'échec électoral et se pose véritablement la question de son avenir, qu'il rêve loin des querelles partisanes. Alors, président ou rien ? Il préférerait devenir théoricien et ne pas s'enliser dans la boue de ce réel politicien dont il est devenu stratège, mais qui ne l'excite plus guère, et dont il a l'impression qu'il l'abaisse. Claude Perdriel le confirme. Il affecte de ne pas chanceler devant les autres mais doute de continuer à vivre dans cet univers dont il est dégoûté. Jouer l'incarnation de l'opposition ne l'amuse plus, même s'il se sent des devoirs vis-à-vis de son parti et de toutes les personnes qui ont voté pour lui. À Jean Daniel il a confié, le 23 mai : « J'ai plutôt envie de faire autre chose. Il y a des tas de choses qui me plairaient davantage que de discuter avec Giscard et ses hommes. C'est sûrement quelqu'un de valeur, mais il me paraît moins intéressant que trois chênes dans un champ, ou un bon roman. Je me demande parfois pourquoi je resterais enfermé jusqu'à la fin dans cet univers-là. Je ne dis pas cela par lassitude : simplement dix-sept ans à ramer comme ça, cela commence à faire long... »

Il a passé le mois de juillet avec Anne dans la maison de Gordes, qu'il a fait acheter il y a deux ans par François de Grossouvre *via* une société civile immobilière – la SCI du Lourdanaud – pour le prix de 180 000 francs et qu'il mettra ensuite à son nom. Puis il est reparti à Latché. Il n'a pas changé ses habitudes et n'en a pas l'intention. Un voyage est prévu de longue date pour Cuba. Danielle doit l'accompagner. Que s'est-il passé entre Fidel et elle ? Juste un flirt ? Une passade ? Ou une véritable histoire ? Aux dires des proches, une solide amitié amoureuse qui perdurera à travers les décennies. Il s'en trouve en tout cas fort agacé et le fait savoir à son épouse, qui se moque de sa jalousie mal placée. Entre eux le pacte est clair depuis longtemps, et la cohabitation plutôt sereine ; comme la présence constante de cette histoire qui perdure depuis plus de dix ans avec cette jeune conservatrice – Mitterrand dort souvent chez Anne dans l'appartement de la rue Jacob qu'elle a acheté grâce à un apport de ses parents. Danielle, habituée à le voir entouré d'une cour de jolies femmes, anciennes ou actuelles, papillonnant autour de lui en toutes circonstances, y compris dans les voyages officiels, pense aussi qu'avec l'âge il devrait s'assagir.

Anne, justement, le laisse, à cette période, sans nouvelles. Elle est partie, en secret, perfectionner son anglais à Londres où elle passera une journée dans les cimetières à chercher la tombe de Marx devant laquelle elle se recueillera. Peu passionnée par la politique, elle est en revanche fascinée par ses théoriciens. Quand, enfin, il la retrouve, il lui dit que lui aussi attend cet enfant et qu'elle peut compter sur lui. Être « fille mère » est un statut difficile, entaché encore à l'époque de la notion de péché et d'irresponsabilité, surtout quand on est une fille de la haute bourgeoisie provinciale. Mais Anne n'en a cure. Sauvagement indépendante et passionnée par son métier – elle est entrée au musée du Louvre comme conservatrice au département des sculptures du XIXe siècle – elle n'envisage pas de l'arrêter ni de changer d'appartement. Elle vivra comme avant, avec son enfant.

Lui ne dit rien. Ni à Danielle ni à ses meilleurs amis – ni Dayan ni Rousselet ne sont mis dans la confidence. De toute façon, il ne dit rien à personne généralement. Il n'est pas quelqu'un qui explique, qui commente et encore moins qui se justifie. Charles Salzmann et son épouse, Laurence Soudet et son époux, Madeleine Séchan, seuls, savent qu'Anne attend un enfant. Il espère une fille. Anne veut l'appeler Pascale. Sans lui donner d'explications il refuse et songe à Mazarine et à Marie comme second prénom – hommage à la foi catholique auxquels tous deux sont restés fidèles.

Le jour de sa naissance, il n'est pas là.

« Papa tarde à venir. Maman pense que je ne l'intéresse pas. Chaque fois qu'ils se sont promenés au Luxembourg, papa a fait mine de donner des coups de pied aux fesses des gamins. Il a pourtant accepté que la femme aimée, à trente ans, tombe enceinte. Il aurait pu la retenir sans ça. Justement il l'aimait.

La seule condition : que ce soit une fille.

En général il préférait les femmes. »

Dans son beau livre dédié à ses parents intitulé *Bouche cousue*, Mazarine Pingeot raconte qu'à la clinique, lors de l'accouchement, sa mère a oublié de respirer et qu'elle est arrivée au monde couleur violette.

Elle emploie aussi une étrange expression. Elle écrit : « Quand il m'a rencontrée. » La première fois que son père l'a vue, donc, « [sa] tête tenait dans sa main ». Elle ajoute : « Et quelque chose s'est passé. Il est devenu père. »

Une nouvelle vie, pour lui, vient, par surprise, de commencer.

93

2 février 1975

Dans cette grande salle des congrès de Pau, louée pour l'occasion, aux lourdes tentures bleu et beige et où les plantes vertes ont été astiquées, il écoute d'une oreille distraite les différentes motions quand il aperçoit, assise au deuxième rang, cette militante brillante qui s'était montrée fort empressée et serviable durant la campagne présidentielle. À l'interruption, il vient la voir et lui demande : « Voulez-vous m'attendre à l'issue de la séance ? » Il fera de même avec deux autres jeunes femmes dans l'après-midi. Sa tactique est connue dans le parti et chez les journalistes politiques. Tout le monde sait et personne n'y trouve rien à redire. Au contraire. Certains sont mêmes fiers d'avoir un patron Dom Juan à qui les femmes ne résistent guère. Érotisme du pouvoir ou charmes particuliers ? Elles ne font guère de confidences. Tout juste peut-on comprendre qu'il est un bon amant et un homme délicat, soucieux de gestes attentionnés, et qu'il se montre fidèle – malgré la succession de ses conquêtes – à celles qu'il a aimées et qu'il continue à respecter et à désirer. Comme le dit l'une de ses proches – ancienne amoureuse, reconvertie en rabatteuse de nouvelles recrues : « Avec lui, ce n'est jamais fini, il ne dit rien, il ne rompt jamais, c'est à vous de comprendre que vous avez changé de statut. »

Pour l'heure, le CERES – ce courant qui de plus en plus incarne la gauche du PS – le gêne. Il en a prévenu l'avant-veille son chef Jean-Pierre Chevènement en le convoquant rue de Bièvre : « Si vous faites plus de 20 %, je vous mets dans la minorité. » Généralement, Mitterrand fait ce qu'il dit, ne laisse rien passer et prépare ses attaques comme ses contre-attaques. À ses yeux il n'y a pas de grande victoire ni de petite défaite. Tout compte. Provoquant, mordant, ironique, il se moque de ce sous-parti qui a toujours raison et des autres qui ont toujours tort. À la fin, assis entre Dayan et Mermaz, il leur dit : « Réveillez-moi cette nuit s'il se passe quelque chose. » Le lendemain, la commission des résolutions entérinera son choix. Il reste le patron.

Certains l'appellent même maintenant le « parrain ».

Il ne s'en offusque pas. Bien au contraire ; pour lui le Parti socialiste n'est pas un parti, c'est une certaine forme de rayonnement politique lié à sa propre personne. Il a tout le temps devant lui.

94

24 avril 1975

Il arrive à Moscou avec une importante délégation socialiste – Gaston Defferre, Pierre Mauroy, Lionel Jospin, Michel Rocard, Claude Estier, Chevènement –, quelques journalistes, dont Jean Daniel et Claude Perdriel, mais aussi son ami Charles Salzmann, qui parle russe. Le voyage avait été annulé le 10 avril, à l'initiative du gouvernement soviétique, sans aucune explication. Ses récentes déclarations en faveur de Soljenitsyne et de Rostropovitch, ses prises de position vis-à-vis des juifs russes, ses articles contre les staliniens portugais en sont-ils la cause ? À Orly l'ambassadeur russe est venu le saluer. À son arrivée, après les toasts, il s'engouffre dans une Ziss, la Cadillac soviétique, en direction de l'hôtel *Sovietskaïa*, qu'il quittera pour se rendre au Palais des congrès où il doit assister à une représentation du *Lac des cygnes* par la troupe du Bolchoï. L'allocution sur la place Rouge et la gerbe sur le tombeau de Lénine, ce sera pour le lendemain. Il est, en effet, reçu comme un chef d'État.

Les discussions entre les deux délégations dureront deux jours et aboutiront à dégager un consensus sur la coopération franco-soviétique en cas d'arrivée de la gauche au pouvoir. Manière de clouer le bec à Jacques Chirac, Premier ministre venu deux mois auparavant chercher l'appui de l'URSS en faveur de la politique du gouvernement, et de faire oublier le geste de Giscard qui, entre les deux tours, avait reçu l'ambassadeur soviétique venu lui apporter son soutien ? Ou stratégie destinée à affaiblir le discours et la pratique des communistes français qui ne cessent de tirer à boulets rouges contre son propre parti ? Marchais n'a-t-il pas déclaré à propos de ce voyage : « J'espère qu'il va découvrir en URSS que le socialisme existe » ? Ce n'est pas tant de la définition du socialisme qu'il se soucie que de la légitimité de son propre pouvoir. L'URSS préfère-t-elle le pouvoir giscardien à celui d'un futur gouvernement de la gauche ?

Le tête-à-tête de plus de deux heures avec Leonid Brejnev, qui l'a encouragé à rester fidèle au Programme commun, l'a plutôt rassuré à cet égard, mais il l'a trouvé fatigué, à côté de la plaque. Accompagné de Salzmann, qui n'avait pas fait savoir qu'il comprenait le russe, il apprit, par un dialogue entre l'interprète et Brejnev, que celui-ci avait des problèmes de santé. Il fut ainsi le premier à connaître ce secret d'État qui fut bien gardé...

Il a pu aller à Leningrad et a eu les honneurs d'une visite privée au musée de l'Ermitage. De là, dans un avion de ligne de l'Aeroflot, au milieu des vieilles « babas » avec leurs poules et leurs lapins, il s'est envolé pour Tachkent où il devait atterrir à 5 heures du matin. Mais, à 1 heure du matin, sans qu'aucune explication soit donnée, l'avion se pose. Les hôtesses prient les Français de descendre et intiment l'ordre aux autres passagers de ne pas bouger. Dans la nuit, en bas de la passerelle, des hommes en veston patientent devant des limousines noires. Ivanov, le patron de la ville natale de Lénine, ayant appris que l'avion survolait sa ville, vient d'ordonner à l'équipage d'y faire escale pour permettre au camarade Mitterrand de visiter la petite baraque en bois où est né Lénine, ainsi que son école maternelle, toutes deux illuminées pour l'occasion.

Au retour de l'expédition, Mitterrand, ivre de fatigue, s'apprête à remonter dans l'avion quand Ivanov le convie, lui et sa délégation, à un banquet improvisé où, après de multiples toasts, et non sans l'avoir embrassé vigoureusement sur la bouche, il consentira à le laisser repartir. Il arrivera avec cinq heures de retard à Tachkent, où l'attendent de longues cérémonies officielles. Il demande un délai de grâce pour se reposer, mais, monté dans sa chambre d'hôtel, il recevra toutes les dix minutes un émissaire du parti l'enjoignant de venir assister aux cérémonies. Il tiendra bon et ne descendra pas. L'heure, c'est lui qui la fixe, même en représentation à l'étranger. Et il sent que c'est une façon de le tester.

Il a réussi, à Tachkent, à rencontrer des dissidents et a pris le temps de visiter des mosquées, vieilles de plus de deux mille ans. Puis il s'est rendu à Samarkand et a juré d'y revenir. Quand il peut joindre l'agréable à l'utile, il ne connaît pas la fatigue et n'a plus envie de dormir. Dans l'avion qui, de Samarkand, le ramène à Moscou, tout le monde dort. Sauf lui, qui lit et relit le texte de Marx sur la Commune. Pour réveiller ses compagnons de voyage, il en lit à haute voix certains passages. Lui, de toute façon, ne dormira pas dans un lit. Il reprend un avion dans la nuit. Demain son neveu se marie.

95

26 février 1976

Il quitte l'Algérie après avoir effectué une visite de chef d'État. Après l'URSS, il y a eu les États-Unis où il a pu s'entretenir longuement avec Henry Kissinger. Depuis plus de deux ans, il conforte à l'international son image de leader socialiste européen. Là, il s'agit de tenter de faire oublier une partie de son passé. Son voyage a été déminé par Joxe et par Estier. Oublié le ministre de l'Intérieur de 1954 ? Sur place, on semble, ou on affecte, ne même plus s'en souvenir. L'atmosphère est bon enfant et, partout où il va, on l'accueille aux cris de : « Le pouvoir de demain, c'est vous. » Ça lui plaît. Il incline la tête et sourit.

Dans la ville natale du président, au milieu des guerriers en djellabas blanches, sabre au clair, il franchit les marches en onyx du palais où l'attend Boumediene qui, au cours de l'entrevue, cherche à lui faire critiquer Giscard pour excès d'atlantisme. Non seulement il se montre prudent, mais le ménage. Volonté de ne pas attaquer le président de la République quand il se trouve à l'étranger ? Ou intuition qu'il n'en a même pas besoin, tant celui-ci est déjà assez discrédité ? La suppression du 8 Mai, le changement de rythme de *LaMarseillaise* ne sont pas suffisants pour expliquer son brusque dévisage dans les sondages. Manque d'autorité, dit-on. La victoire de Giscard ne serait-elle qu'une parenthèse dans la longue série des élections qui mèneront la gauche au pouvoir ? Mitterrand le croit. Après le succès des cantonales, il est si confiant en son propre avenir qu'il se permet de déclarer aux journalistes qu'il « gardera » Giscard en cas de succès de la gauche aux législatives. Précipitation, dira Chirac. Bonne prémonition : le 7 mars, le Parti socialiste obtient près de 27 % des voix et le Parti communiste 22,9 %. Un score historique.

96

20 mars 1977

Il a couru dans toute la France de meeting en
meeting. Et il est fatigué. Il vit comme un homme
jeune et n'a aucune intention de décélérer. La
presse parle de nouveau des attaques de son cancer. Il en rit et se moque de ceux qui décrivent avec
insistance ses métastases. C'est bien une véritable
vague socialiste qui déferle sur tout le pays lors des
municipales dont il apparaît comme le vainqueur,
lui le principal artisan de l'union de la gauche.
Une certaine droite prédit la guerre civile. Chirac,
quant à lui, a réussi son pari aventureux – créer
le RPR, s'opposer à Giscard et devenir maître de
Paris. Et lui de la France ? Que va faire la majorité,
sérieusement ébranlée ? Plus de 30 villes de plus
de 30 000 habitants passent à gauche, dont 25 au
Parti socialiste. Des rumeurs de plus en plus pressantes d'élections législatives anticipées circulent.
Lui décide, entre les deux tours, d'y mettre fin en
déclarant publiquement qu'il n'a ni le désir ni les
moyens de porter atteinte au bon fonctionnement
de la vie politique. Il n'est pas un homme pressé
et se méfie de ces gens-là. Il n'aime pas utiliser
l'événement, préférant envisager en paysan chaque

échéance en respectant les étapes et en construisant méthodiquement.

Après les cantonales, les municipales, après les municipales les législatives, qu'il va préparer à son rythme au lieu de se laisser piéger dans ce procès, maintes fois réitéré, d'irresponsabilité et d'illégitimité génétiques d'une gauche incapable de gouverner, comme l'écrit régulièrement Raymond Aron dans les colonnes du *Figaro*. Ses ennemis s'emploient à brosser de lui le portrait d'un homme qui fait peur, tant il serait ligoté par les communistes, et ne cherche que la discorde. À les en croire, il précipitera le pays dans l'intolérance et l'arbitraire. La droite appelle à la constitution de « comités de vigilance » contre la social-bureaucratie. Or, en privé, il n'a que détestation et mépris pour ses « camarades » de l'union, ne se prive pas de les juger médiocres intellectuellement et humainement. Mais en public, il la joue patelin, appelle à la sagesse et à l'unité de la nation. Ne jamais être là où on vous attend.

Le second tour confirme le raz de marée. Lui-même n'en revient pas.

De nature peu expansive, le soir de la victoire à Château-Chinon, il embrasse son adjoint, tant il est ému par « ce grand souffle de la gauche ». Hélas, les problèmes ne font que commencer.

Le 1er avril, Georges Marchais le somme d'actualiser le Programme commun au plus haut niveau et dans les plus brefs délais. Lui qui esquive les coups depuis deux ans – fidèle à sa doctrine « On ne sort de l'ambiguïté qu'à son détriment » – ne peut se dérober. Le 12 mai, à la télévision, face à Raymond Barre qui lui fait une leçon magistrale sur les conséquences de l'union, il s'emberlificote, se justifie, se désolidarise du Parti communiste, donne l'image d'un homme imprécis, sur la défensive, et ne témoignant pas d'une grande maîtrise économique. Le lendemain matin, un sondage est publié : il a perdu par KO technique et apparaît comme un homme du passé.

Il n'en a cure. Il considère les sondages comme « des bulles d'irréalité » et ne s'y est jamais fié. Une campagne ne se fait pas en deux heures d'émission. Il demeure le maître incontesté d'une gauche dans un pays où le pouvoir est à portée de main. Son parti est-il prêt à gouverner ? Il pense qu'il n'en a ni le désir ni la capacité. Ses ennemis ne sont pas ceux que l'on croit : ils se trouvent à l'intérieur. Comment se débarrasser de ces dialecticiens tatillons perclus de rhumatismes idéologiques, de ces notables peu compétents, professionnels de l'exercice d'une politique surannée ? Comment amadouer les chefs de file de ce qui reste du PSU et du CERES qui, dans leurs déclarations, en appellent plus à la victoire des forces populaires qu'à la prise de pouvoir ?

De tout cela, il est fatigué. Il va donc prendre du champ, ne plus participer à des congrès, ne plus rédiger de motions, peut-être même – annonce-t-il à sa garde rapprochée – ne plus être secrétaire du parti. Il cherche à sortir de la nasse où il est enfermé et croit à une rupture, grâce à un renouvellement intellectuel et générationnel dans son propre mouvement. Ce n'est pas à un changement de gouvernement qu'il s'attelle dorénavant, mais à un changement de société. Tout peut commencer par des chansons. C'est à cette intention qu'il a commandé le nouvel hymne du PS à Mikis Theodorakis, dont le refrain est « Changeons la vie ici et maintenant ».

97

23 septembre 1977

Il enlève ses lunettes, cligne des yeux, et, alors qu'il lui parle encore, ne le regarde plus. Minuit et quart. Cela fait déjà dix heures qu'il siège en face de lui place du Colonel-Fabien. Il le trouve familier, brutal, inutilement et à tout bout de champ agressif et, pour tout dire, un peu vulgaire. Il n'aime pas qu'on le touche, qu'on le prenne par l'épaule, qu'on lui serre la main trop longtemps, qu'on le tutoie – depuis qu'il a répondu : « Si vous voulez », il y a quatre ans, à un camarade dans un meeting qui lui en demandait l'autorisation, plus personne ne s'y risque. Il ne déteste pas moins qu'on l'appelle camarade. Certes, il est contraint de passer du temps avec lui, mais n'entend pas déroger aux règles les plus élémentaires de la courtoisie. Il regrette souvent – et ne se prive pas de le dire – de ne pas avoir, comme interlocuteur, une personnalité plus inventive, tels ces camarades du PCI, dont il admire les argumentations théoriques. Il le juge suiviste idéologiquement et limité intellectuellement. Lui, c'est Georges Marchais.

Depuis deux ans, il a décidé de ne pas répondre aux mises en cause assassines sur la nature de ses convictions, publiées régulièrement dans

L'Humanité, ni de réagir aux provocations du premier secrétaire lors de leurs congrès communs. Fidèle à la devise de Nietzsche, il aime rappeler que lorsque l'adversaire n'est pas à votre hauteur, c'est vous qui vous abaissez. Mais cette tactique, au lieu de calmer le jeu, fait monter les enchères. Georges Marchais a bien essayé de s'inviter chez lui, du temps de la rue Guynemer. Danielle a gentiment préparé le repas, mais Mitterrand s'est éclipsé dès l'apéritif et elle s'est retrouvée sur le canapé à regarder la télévision, en tête à tête avec Georges trop content de commenter l'actualité. Il en a ri lorsqu'elle lui a raconté la scène le lendemain. Il se trouve parfois un peu cruel avec son allié car il lui reconnaît tout de même certaines qualités : sa vitalité d'abord, son obstination, son côté rentre-dedans, brut de décoffrage. Mais quand Georges s'est permis de dire à sa femme, alors qu'ils étaient en vacances en Corse : « Liliane, fais les valises. On rentre immédiatement : le Programme commun est en danger », il l'a trouvé pathétique et ne s'est pas privé de le lui faire savoir.

Il sait que les jours du Programme commun sont en danger, mais ne va à aucune des réunions préparatoires destinées à tenter de l'actualiser et laissera Estier, Mauroy et Rocard en première ligne. Puis il joue les arbitres, enregistre les dissensions entre radicaux et communistes, n'intervient toujours pas. Il ignore ce que veulent les communistes et jusqu'où ils iront. Alors, au lieu de décrypter le discours de l'un, l'attitude de l'autre, il se résout, depuis le 14 septembre, à d'interminables réunions où il semble absent et ne relève que rarement les attaques dont le Parti socialiste est l'objet sur un ton de plus en plus véhément.

Il écoute ainsi chez lui, sur Antenne 2, Georges Marchais lancer, la mine grave, un appel pour que ne soient pas trahies les espérances de la classe ouvrière, en accusant les socialistes de ne pas savoir tenir leurs engagements. Ce soir-là, en regardant la télé à la rédaction de *L'Huma*, Wolinski représente Giscard qui, tel le Petit Caporal, tire l'oreille du MRG (Mouvement des radicaux de gauche) Fabre et de Mitterrand en leur disant : « Je suis content de vous mes petits gaillards. » Roland Leroy, à la manœuvre pour les accords et patron de *L'Huma*, décide de publier le dessin le lendemain matin, en première page. La cause était déjà manifestement entendue.

Mitterrand part de bonne humeur place du Colonel-Fabien, mais à l'issue d'un déjeuner copieux – melon au porto, gigot, tarte à la fraise – offert au siège du PC, et malgré la qualité du cru spécial et les plaisanteries de fin de repas qui contribuent à détendre l'atmosphère, il sent que les jeux sont faits : ses experts avaient avancé de nouvelles propositions pour apurer le contentieux du dossier des nationalisations pendant toute la matinée mais rien n'a bougé. L'après-midi se succèdent des suspensions de séance pour des causes injustifiées. La machine de négociation est grippée.

Il est 21 h 30. La séance doit reprendre à 23 h 30. Il se fixe alors un ultimatum. Et ne lit pas les dernières propositions de ses conseillers, persuadé que la partie ne se joue plus sur le contenu et que la guerre est décidée. Il écoute patiemment pendant quelques minutes les doléances sur l'absence d'engagement du PS et la trahison de la classe ouvrière. Puis apostrophe Georges Marchais : « Nous n'avons pas la même conception. Il ne s'agit pas de nous convaincre mais de nous rapprocher. » Depuis le début des négociations, il sait que s'il cède de concession en concession, il perdra la partie. Pas question pour autant de leur offrir la responsabilité de la rupture. Il siffle donc la fin de la récréation et, au lieu d'écouter les feintes justifications, se lève, jette les papiers. À 1 h 20 du matin, il emmène les siens rue de Bièvre. Tous sont épuisés, désemparés. Il les écoute sans dire un mot. Au petit matin, il les met à la porte en leur glissant : « Ne vous en faites pas. Ce n'est qu'un coup de froid. »

Mais sa stratégie, élaborée depuis douze ans, s'effondre. Cinq ans et quatre-vingt-huit jours après la signature du Programme commun, ses espoirs d'accéder au pouvoir volent en éclats. Son premier échec depuis dix ans ? Une promesse de défaite pour la prochaine échéance, celle des législatives, dans cent soixante-quatre jours ? Pas du tout. D'un apparent échec, il va tenter de faire un argument positif. La politique c'est aussi de la psychologie.

Les communistes ont tenté de poignarder dans le dos publiquement son parti ? Qu'à cela ne tienne. La gauche est toujours vivante et le Parti socialiste pas près d'exploser. Sur le terrain, dans les sections, les militants sont désemparés et rejettent plus la faute sur Marchais que sur lui. Il gagne donc sur tous les tableaux. Son parti demeure celui de l'union de la gauche et maintenant celui de la résistance au PC. C'est trop beau pour être vrai.

98

15 octobre 1977

22 h 30. Il est attablé avec ses copains dans la salle municipale de Montsauche. Après avoir partagé le dîner – pâté aux noisettes, gibelotte de lapin aux girolles, tarte Tatin – avec les huit maires de la circonscription, il se met à raconter des histoires à dormir debout : celle d'un enfant qui a caressé le museau du monstre du Gévaudan, d'une princesse qui a su avec sa baguette se faire un chemin à travers la forêt, de quatre loups qui ont attaqué deux troupeaux. On sort la bouteille de marc. Et chacun disserte à voix haute sur la force des superstitions. Il en rajoute. Et il rit. Et quand il rit, il met sa serviette devant la bouche comme pour se cacher. Geste d'enfant de pensionnat pour qui le rire est un péché véniel, mais un péché tout de même ? La conversation roule sur les tendances de son propre parti et sur le rajeunissement de ses troupes. « J'en ai besoin, dit-il, mais je les enterrerai tous. » Et les communistes ? « Tous des jean-foutre. Ils vont voir la vie que je vais leur faire mener. »

99

8 janvier 1978

Il disparaît pendant deux jours, se rendant seul en voiture dans la maison de Maurice Faure à Saint-Pierre-de-Chignac. Ce n'est pas la première ni la dernière fois qu'il entreprend ce genre d'escapade. Avec ce vieux complice de la IVe, il sait pouvoir parler de tout sans que ce soit répété ni même interprété. À lui, il peut avouer être inquiet. Comment aborder les prochaines échéances ? En cas de succès de la gauche aux législatives, faut-il qu'il accepte d'être Premier ministre ? Il craint que le PC l'encourage publiquement, sans vouloir faire partie du gouvernement, et prédit une crise économique nécessitant des mesures impopulaires qui déboucheront sur de nouvelles élections avec un retour triomphal de la droite au pouvoir.

Avec Faure, il fait des plans sur la comète puis va marcher dans les prés à la nuit tombée. En montant dans la chambre, il voit la brume au-dessus des champs, et au loin, la rivière bordée de peupliers. Ce paysage lui fait toujours penser à la mort, à ses morts mais aussi à la sienne qu'il voit non comme une rupture mais une continuité, un temps plus calme, sans vacarme. Il aspire au silence et vient ici aussi pour faire une cure de silence.

La vieille cuisinière lui a préparé un de ses plats préférés : le poulet aux morilles. Le lendemain matin, il s'est réveillé tôt pour effectuer une promenade en forêt. Avant de repartir, il évoque Blum, qui n'a régné qu'un an et qui restera dans l'Histoire, et Clemenceau, qui a dû attendre soixante-cinq ans pour devenir ministre. Alors Premier ministre, non, finalement, c'est tout réfléchi. Perdre son crédit à Matignon pour que Giscard empoche la donne ? Donnons du temps au temps. Tout compte fait il préfère se réserver pour l'Élysée et, en claquant la portière, lance à Maurice Faure : « Vous verrez, je surprendrai tout le monde. »

100

19 mars 1978

Il a convié quelques amis cité Malesherbes en ce soir d'élections législatives. Quand on lui tend les résultats définitifs – 104 députés pour le Parti socialiste – il demande à deux reprises : « C'est tout ? » Oui, c'est vraiment tout. En trente ans de vie politique, il n'a jamais connu une telle défaite. L'échec l'excite. Il sait que la meute va se déchaîner et allume la télévision. Déjà Marchais lui fait endosser la responsabilité du fiasco, mais c'est de l'intérieur du parti que les rancœurs, accumulées depuis deux ans, vont se dévoiler.

À 22 heures, Gilles Martinet lance les hostilités et annonce que Mitterrand n'est plus l'homme de la situation. Une heure plus tard, c'est au tour de Michel Rocard de fustiger la gauche dépassée qu'il incarne, tout en ajoutant qu'il ne croit pas à la fatalité de l'échec. Le « parrain » est blanc de rage. Il écourte la soirée et propose à Georges Dayan, André Rousselet et Roland Dumas de venir le rejoindre rue de Bièvre. Ce n'est pas tant le désastre des résultats qui, ce soir, l'obsède – il avait pris soin de ne pas trop croire aux sondages prévoyant une vaste victoire et, en dépit de ces très mauvais scores, il retient que le PS est passé encore devant le PC et croit dur comme fer à l'érosion inéluctable de ce dernier dans les deux prochaines années – que l'émergence d'un concurrent qu'il souhaite circonscrire le plus vite possible. À ses amis, ce soir-là il répète : « Rocard, ce type, ne veut que le pouvoir. Eh bien, il aura la guerre. Elle vient de commencer et je peux vous dire qu'elle sera sans pitié. »

Il le traite d'« amateur » de « phraseur prétentieux » et n'entend pas qu'on lui dispute sa légitimité. Voyant bien que sa jeunesse, sa popularité risquent de le marginaliser, il se montre plus féroce envers certains camarades, quand ils s'aventurent à vouloir penser qu'ils peuvent être ses concurrents, qu'avec la plupart de ses adversaires politiques. Si on n'est pas « avec lui » cela signifie qu'on est « contre lui ». « Je ne suis pas leur homme depuis longtemps », répète-t-il. Il abomine ceux qui font partie de ce qu'il nomme « la gauche intellectuelle », celle qui passe son temps à discuter au lieu de prendre à bras-le-corps la réalité. Il pense aussi à son avenir et le voit sombre, alors qu'il est certain d'avoir encore une destinée d'envergure. « Si l'histoire veut vous sourire, elle finit par vous sourire », répète-t-il à ses proches.

Ses admirateurs disent qu'il a toujours un coup d'avance, ses thuriféraires, qu'il joue au théoricien d'un renouveau du socialisme alors qu'en fait il n'est que le stratège de sa propre ambition. Rocard l'appelle « le monarque » et le PC se moque de sa cour ; au comité directeur du PS, la révolte gronde et s'organise et Pierre Mauroy lui reproche de vouloir tout reprendre en main, y compris les finances. Parrain ? Tyran ? Il sait qu'il a fait une mauvaise campagne, paresseuse, vague, assimilant le socialisme à la satisfaction immédiate des désirs, et que sa technique d'avoir accepté de faux engagements en vue des élections avec le PC n'a pas convaincu. Aurait-il perdu la main ? Il ne se remet jamais en question et personne autour de lui ne le fait. Jamais on ne l'a entendu prononcer la moindre autocritique.

Le lendemain soir, il invite à dîner, au *Dodin-Bouffant*, Mermaz, Estier, Hernu, Dayan. Tout en dévorant des huîtres grasses, il se montre irritable, susceptible, cassant, le CERES et les rocardiens en prennent pour leur grade ainsi que le parti jugé peu réactif, pas assez moderne, inefficace – il faut toujours une semaine pour envoyer une circulaire. Dayan le raccompagne à pied rue de Bièvre. En marchant, ils préparent le rendez-vous avec Giscard, fixé au 21 mars. Il l'a accepté à deux conditions : être le premier homme politique à être reçu et garder sa liberté de parole à la sortie. Dayan l'y attendra, du côté de la grille du Coq.

Au sortir, il est abattu, déprimé. Dayan lui enjoint de prendre du champ, de décrocher, de ne pas croupir dans les luttes intestines et d'observer l'éveil du printemps à Latché. Colombey-les-Deux-Églises, Latché ? Seront-ils nombreux à venir faire le pèlerinage ? Il en doute. Il est au creux de la vague. Boxeur sonné mais qui peut encore se relever. Ils prononcent tous son *De profundis* ? Quand viendra le temps des obsèques il s'en chargera lui-même. Après tout, il n'a que soixante et un ans. Beaucoup de problèmes viennent de son âge et nombreux sont ceux qui estiment qu'il doit prendre sa retraite. Lui, au contraire, pense que l'âge constitue un atout. Il confie souvent qu'à quarante ans il était trop pressé mais que maintenant il a tout son temps, ce temps mental que personne ne peut lui ravir.

Il part pour Latché, retrouve dans sa bibliothèque l'un de ses auteurs de chevet, Charles Maurras et, entre deux caresses à ses deux ânes et des promenades au bord de l'océan avec sa chienne Baltique, médite une de ses phrases favorites : « Tout désespoir en politique est une arme absolue. »

101

5 juin 1978

Michel Rocard veut lui parler en tête à tête. « Entre nous les choses s'aigrissent. Voyons-nous. » François Mitterrand a accepté l'invitation à déjeuner à Conflans-Sainte-Honorine et prend soin d'arriver avec un retard de quarante minutes. Rocard y est habitué. Lorsqu'il lui avait demandé rendez-vous en tant que chef de file du PSU pour s'allier au PS, il l'avait fait patienter cinq semaines et l'avait rabaissé au rang d'éventuel candidat en quête d'une circonscription, au lieu de le traiter comme un compagnon politique avec qui discuter d'autogestion. Lui est agacé par Rocard. Il le trouve impulsif, bavard, toujours désireux de reconnaissance, avec un côté petit garçon. Il a deviné depuis longtemps que, sous le militant brillant, perçait l'ambition, pas forcément personnelle d'ailleurs, de renouveler le discours d'une gauche fatiguée, manquant d'idées, tant dans le domaine de l'économie que dans celui du changement de société. Il sait que l'ex-scout « Hamster érudit » peut le gêner et incarner un renouveau à gauche. Il a d'ailleurs bien vu qu'il montait dans les sondages et, à quelques proches, n'a pas caché son irritation. Alors, en privé, il ne se gêne pas pour dire le mépris que lui inspire « ce technocrate tout juste capable s'être sous-secrétaire d'État » et, en public, quand un journaliste loue l'un de ses rapports, ne manque pas l'occasion de le faire remarquer singulièrement privé d'originalité. Du coup, il le tient à distance, ne le voit que lorsqu'il y est obligé, lui donne des responsabilités pour les lui retirer ensuite sans raison, le rabroue à chaque fois qu'il le peut. Trop démonstratif, trop « catho de gauche », trop donneur de leçons, trop bouillonnant, trop turbulent. Quand il n'aime pas quelqu'un – car il a conservé sa fibre paysanne et prétend qu'il « sent » les gens – mieux vaut l'affronter et lui résister. Ça passe ou ça casse. Mais si vous vous inclinez, commencent alors les étapes d'un mépris soigneusement tissé comme une vaste toile d'araignée.

Rocard aime qu'on l'aime et ne se sent pas à l'aise avec ceux qui ne se comportent pas comme lui. Il ne fait pas mystère d'avoir toujours eu de mauvaises relations avec son père et n'entend pas, dans la force de l'âge, se laisser de nouveau dominer. Il va donc tenter de s'approcher de Mitterrand, de prouver sa fidélité. Rien de tel pour agacer le grand sachem qui ironise sur ses manques : manque d'affection, manque d'amitié, manque de reconnaissance… Comment arrêter sa montée en puissance et son alliance avec Pierre Mauroy à l'intérieur d'un parti ou lui-même, après la lourde défaite des législatives de 1978, est contesté par certains, car il semble sans idées, et donne l'impression aux militants de faire du surplace sans occuper le terrain ? C'est donc le moment, comme il le dit, « de le sortir du bois ».

Les caméramans de télévision patientent sur la terrasse du moulin de la Ménardière, à Osny. Le festival de mauvaise foi peut commencer. « Cela ne peut pas bien aller entre nous. Vous êtes soutenu par tout ce qui me combat », déclare Mitterrand, qui ne laisse pas le temps à son interlocuteur de s'exprimer. Puis il enchaîne : « Tout ce qui sent la sacristie vous soutient. » Rocard, interloqué, tente de se justifier, d'argumenter, s'épuisant en vain. Mitterrand fait semblant de l'écouter, d'un air accablé. Il n'est pas venu pour être convaincu. Rocard tente de lui faire un petit cours de marxisme. Il n'en peut plus, se lève, prétexte un rendez-vous urgent. Non, non, il ne prend jamais de café. Et pourquoi continuerait-il à perdre son temps avec un homme qui lui parle d'égal à égal ?

102

8 avril 1979

Est-il un socialiste du troisième âge ? Faut-il qu'il rentre vite à l'hospice ? Les amabilités de ce genre se multiplient et arrivent jusqu'à ses oreilles dans ce congrès où, depuis deux jours, 1 200 délégués sont rassemblés au sinistre Parc des expositions de Metz. Candidat à sa propre succession, il arrive avec sa jeune garde, décidé à faire taire les dissensions internes et à reprendre la main sur le parti au nom de la clarté et de l'efficacité. Au sein de la direction, il se sent de plus en plus isolé. Aux yeux de certains, il se comporte comme un monarque et ses décisions ont de la peine à être appliquées dans les sections. Ainsi, quand il se trouve en minorité sur une décision qu'il souhaite faire adopter, est-il obligé de s'adresser directement aux militants. Il se sent épié, critiqué, court-circuité. On vient de lui interdire l'accès au fichier des 200 000 adhérents, enfermé dans un coffre sur décision du secrétaire administratif. Dans l'opinion publique, depuis des mois, les sondages confirment l'avancée de Michel Rocard comme candidat préféré des Français pour la future présidentielle. Lui a beau user de sa mauvaise foi légendaire pour expliquer que les sondages sont truqués, il est inquiet et sait que son avenir politique risque de s'y jouer. Il veut que la bataille soit idéologique et concerne la définition même du mot socialisme et non la réduire, comme on le fait aux jeux du cirque, à un affrontement avec celui censé incarner l'avenir.

Il a, comme à chaque fois qu'il a décidé d'une stratégie, pris soin de la mise en scène et peaufiné ses apparitions. La veille, il s'est montré patelin dans les travées, a discuté le bout de gras avec les exposants qui venaient vendre, pour le futur bonheur des administrés, des nouvelles bennes à ordures et des panneaux d'affichage de ronds-points, puis s'est assis au fond de la salle afin d'écouter d'un air distrait les délégués s'enliser à la tribune dans les questions technico-administratives. Après quoi, entouré de Claude Estier, Lionel Jospin et Laurent Fabius, il est parti vers une auberge où, en présence de nombreux journalistes, il a déjeuné copieusement et a pris, après sa tarte aux mirabelles, un soufflé au Grand Marnier, histoire de faire comprendre à tous que, pour son âge, il continue à assurer.

Contrairement à ses habitudes, il a ouvert le congrès. Sarcastique, il a ironisé sur ceux qui, telle Pénélope, reprisent sans cesse sans s'attaquer aux motifs. Frontalement, il a appelé à l'exposition des différences, même si elles ne résistent pas à l'épreuve du débat. Il préfère la rupture plutôt que le compromis et on ne soulignera jamais assez la grande violence qui l'habite quand il s'agit de débroussailler des problèmes, de tenter d'accéder à la vérité. Puis il prononce une charge contre le capitalisme, le libéralisme, ceux qui nous gouvernent au nom du grand capital, en citant Jaurès et Blum.

Quand il s'est avancé vers l'estrade avant de prononcer son discours, il a entendu des quolibets, des plaisanteries. Lorsqu'il en redescend, la salle est silencieuse, comme matée.

Il feint d'écouter sans le regarder Michel Rocard, qui lui succède à la tribune, et observe avec gourmandise que ce dernier s'emberlificote dans ses propres argumentations. Et puis, contre toute attente, et devant ses partisans ébahis, voilà que Rocard, après avoir appelé ses camarades à l'opposition, se justifie en précisant que ce ne sera pas une opposition de prétendant, faisant ainsi acte d'allégeance, avant de proclamer : « Si vous voulez être candidat, cher François Mitterrand, je ne le serai pas contre vous. »

La veille, il a écouté, charmé cette fois, le discours d'un jeune homme de trente-deux ans qui parle comme lui, mêmes intonations, même rythme, même gestuelle, disant tout haut ce qu'il confie à ses amis tout bas depuis des mois. Laurent Fabius, revendiquant sa fierté de travailler aux côtés d'un vieux lion, stigmatisera les théories économiques de Rocard en s'en moquant. Le fauve est satisfait. Quand Fabius redescend de la tribune, il confie à Dayan : « Il sera un bon candidat en 88. »

Au bout de trois jours houleux et d'une nuit des résolutions à laquelle il a assisté, François Mitterrand a finalement gagné. Non pas politiquement, car il devra se contenter d'une courte majorité, mais en obtenant ce qui lui importait le plus : la route vers le pouvoir est de nouveau dégagée. Il nommera quinze têtes nouvelles à la direction du secrétariat national, démentant ainsi les critiques l'accusant d'être entouré de vieux SFIO, et pourra déclarer, matois, et avec une parfaite mauvaise foi, aux journalistes qui l'interrogent sur la future présidentielle : « Beaucoup d'hommes politiques y pensent. Moi je n'y pense guère. J'ai beaucoup de choses à faire. C'est un sujet important et le Parti socialiste comprend dans ses rangs plusieurs hommes qui pourraient faire de bons élus à la présidence de la République. Michel Rocard, au premier chef, est de ceux-là. »

103

28 mai 1979

Il ne peut pas y croire. Irène vient de lui apprendre la mort de son plus proche compagnon, Georges Dayan, sur une table d'opération.

Georges et François, c'est comme Montaigne et La Boétie, assure le cercle le plus rapproché. À lui, il confie ses doutes – sauf hélas lors de l'affaire de l'Observatoire –, ses incertitudes, ses fragilités, son spleen – jamais on ne dira assez à quel point c'est un homme angoissé –, ses déchirures aussi et ce dégoût qui lui vient du monde de la politique qu'il juge étriqué, répétitif, corseté, annihilant ses désirs de voyages, de lectures, d'écriture. Bien sûr, il y a Robert, très proche de lui, mais Robert croit en lui. Il y a aussi Roger (Hanin), mais Roger, avec qui il aime s'abandonner, tient le rôle précis de l'amuseur et pas du confident. À Georges, il peut avouer ses fêlures. Georges s'autorise – et il est le seul – à se moquer ouvertement de lui, y compris devant lui. Depuis plusieurs mois, il n'arrête pas de dire à l'entourage : « C'est vraiment dommage de penser que François Mitterrand ne sera jamais président. Cela manquera à sa biographie. Encore que, dans quelques années, il sera

si vieux qu'on pourra le lui dire et il le croira. »
Au moment où il endure une énième traversée du
désert, la plaisanterie, au lieu de l'agacer, le fait
hurler de rire. Car Georges, c'est la bienveillance
incarnée, l'élégance de l'humour, la discrétion de
la présence, celui qui peut lui dire toute la vérité
sans qu'il en prenne ombrage.

Cela fait longtemps qu'il a laissé s'installer une
cour à laquelle il ne prête guère d'attention, ne
s'étonnant plus qu'on s'adresse à lui en l'appelant
« président » et non par son nom, n'entendant plus
qu'on s'exprime comme lui en utilisant le même
vocabulaire et les mêmes intonations. Certes certains, plus jeunes, résistent tels Joxe, Chevènement,
Motchane, Jospin, qui n'hésitent pas à le bousculer. Il affecte d'en prendre ombrage dans un premier temps, mais réclame plus tard leur avis dans
des tête-à-tête qu'il aménage en dehors de la cité
Malesherbes.

Face aux critiques de certains pseudo-camarades
du parti l'ayant déjà inscrit à l'hospice, il vient de
décider de se vieillir en se faisant pousser la barbe,
histoire de se moquer de son adversaire principal
qui, avec ses airs de boy-scout, fait plutôt penser
à un premier communiant. C'est Georges qui a
approuvé l'idée. C'est Georges qui lui répète qu'il
devrait faire une longue retraite à Latché, au lieu
de s'enliser dans les querelles intestines qui l'ont
conduit à mettre Pierre Mauroy, qu'il aime et affectionne, dans la minorité à Metz. À force de diviser, le patron risque de faire tout éclater. C'est lui
encore qui lui reproche de se délecter des articles
haineux qui le concernent et lui donnent envie de
prendre sa revanche. C'est Georges encore qui lui
dit – et il est bien le seul – que s'il n'arrive pas à

reprendre la main, une autre vie pourra enfin commencer, plus heureuse, plus sereine, plus inventive.

Il ne lui a même pas répondu. Pas besoin entre eux de longues confidences. Georges sait que son François est sorti du congrès de Metz déprimé, abattu, sans ressort. L'homme à la haute stature, aux yeux bleus pétillants, à l'élégance irréprochable, à la délicatesse naturelle, celui qui connaît le mieux ses secrets puisqu'il ne l'a jamais quitté depuis l'aube de son aventure politique, a été victime l'an dernier d'une rupture d'anévrisme, dont il a été sauvé par une opération *in extremis*. Il n'a pas souhaité ensuite, contre l'avis de son ami, ralentir le rythme et a voulu reprendre ses activités de nouveau sénateur. Car Georges, sur le tard, s'est piqué de passer de l'autre côté du miroir. Élu député à Nîmes en 1967 sous l'étiquette de la Fédération de la gauche, battu lors de la bérézina de 1968, ce maître des requêtes repartira dans l'arène en 1977, lors des municipales. Il fera une campagne difficile dont il sortira victorieux mais épuisé. Cela ne l'empêchera pas de continuer à jouer le rôle d'éminence grise, de protecteur, de jumeau. Il accompagne Mitterrand dans tous ses déplacements, se trouve toujours physiquement le plus proche de lui, que ce soit à la tribune d'un congrès ou dans une voiture, un hôtel. Une sorte de *body-guard* mental et physique. Au siège du PS, il en va de même. Quand on veut régler un problème, qu'il soit d'emploi du temps, de recommandations, de rendez-vous ou, plus prosaïquement, d'argent – le patron n'en parle jamais et se déplace sans liquide –, on passe par lui.

L'appartement de la rue de Rivoli est devenu également celui de François Mitterrand depuis longtemps, avec le total acquiescement d'Irène. C'est là qu'il donne ses rendez-vous les plus discrets. C'est là qu'il se réfugie quand il n'est plus là pour personne ; il sait que la bienveillance amicale d'Irène, son ancienne patronne du temps où il était avocat, lui est acquise ; à elle, il peut se confier sans que jamais rien ne soit répété.

C'est Irène qui l'appelle ce matin-là pour lui dire que Georges est mort la nuit précédente d'un accident cardiaque sur la table d'opération. Il éclate en sanglots. Lors de l'enterrement, le 30 mai, devant le cercueil, François Mitterrand ne pourra pas prononcer un mot. Au cimetière du Montparnasse, l'assistance est nombreuse : amis, ennemis du monde politique, journalistes. Aux côtés d'Irène et de Paule, sa fille, il ouvre les bras et embrasse en silence.

« Il y a, au-delà de tout mon discours, et de ce que j'en puis dire particulièrement, je ne sais quelle force inexplicable et fatale, médiatrice de cette union. » Ainsi s'exprimait Montaigne, à propos de La Boétie. Parce que c'était lui. Parce que c'était moi. Sans lui, va-t-il pouvoir continuer en politique ?

104

3 septembre 1979

Il s'envole pour la Martinique en compagnie d'une délégation du conseil général de la Nièvre. Avec deux livres : *Le Crime* de Victor Hugo et les *Lettres à Lacordaire* de Montalembert. À son voisin, feuilletant le Hugo tout en découvrant son plateau-repas, il confie qu'il rêverait d'un bon sandwich saucisson avec œuf dur plutôt que de ces salamalecs recouverts de sauce. Il enchaîne sur Giscard, qu'il traite de « petit bonhomme », « si minable qu'il a été capable, en 1974, de déclencher contre moi un contrôle fiscal. Et pourtant je n'ai jamais été l'amant d'une de ses maîtresses. La vengeance amoureuse, j'aurai compris... ». Certes, ce président présente bien, est habillé correctement, utilise un vocabulaire distingué, parle en chuintant, on ne comprend pas toujours tout ce qu'il dit, mais ce n'est pas de sa faute, dit Mitterrand avec condescendance. « Ce n'est rien. Il n'est rien. »

Il n'est pas plus tendre avec Rocard, qu'il qualifie de « bon premier de seconde catégorie », et l'imagine en futur Premier ministre de Giscard ; il ajoute : « Encore faudrait-il qu'il ait le cran de l'accepter. » Mauroy, lui, est qualifié de « premier de la première catégorie ». Assurément, il l'a maltraité au congrès de Metz, mais il lui pardonne sa naïveté d'avoir voulu faire alliance avec Rocard et le verrait bien candidat à la présidentielle de 1981. Et de continuer à faire des plans sur la comète. Pourquoi pas Fabius ? A-t-on le temps de fabriquer un candidat ? Du nouveau. Il faut du nouveau. Il disserte avec ironie sur ce mot qu'il entend en boucle à la télévision, à la radio, dans les éditos. « Je ne suis pas nouveau. Mais la jeunesse n'est-ce pas le temps qu'on a devant soi ? Un jeune qui meurt à vingt ans est plus vieux que n'importe lequel d'entre nous, non ? » Il n'a que soixante-trois ans, et même s'il répète qu'il pourra et saura vivre autrement, il se sent en forme physiquement et intellectuellement et n'a aucune envie de décrocher.

Cette histoire d'âge l'obsède. Le lendemain, en Guadeloupe, à l'issue du dîner, il se lève et fait une courte allocution : « Je ne suis pas un vrai vieillard. Je ne suis pas un jeune homme. Je vais donc attendre 1988 pour être un vrai vieillard et me présenter à l'élection présidentielle... » Personne ne rit, sauf lui.

Le 6 septembre, à peine a-t-il débarqué de ce voyage qu'il part pour Latché en voiture où il a invité sa garde rapprochée. Sont présents Cresson, Hernu, Fillioud, Mermaz, Estier. Les sondages sont au plus bas pour lui. La presse de gauche comme de droite n'en a que pour Rocard, candidat légitime, candidat naturel. Va-t-il accepter d'être ainsi relégué en seconde division ? Va-t-il être obligé de quitter la scène politique ? Après une promenade en forêt, il convie ses amis à déjeuner et leur demande d'un air négligent s'il est bien utile qu'il fasse acte de candidature. Tous l'encouragent. Il montre sa barbe naissante. Elle deviendra une belle barbe blanche, rassurante pour faire président, sourit-il. Et d'hésiter encore : « Il ne faut pas que je me ramasse. Je dois avoir le souci de ma réputation. » Il va couper les ponts. Partir en vacances. Il a aussi décidé de maigrir, de se faire un nouveau look, de prendre son temps. Ne sortir du bois que le plus tard possible. La saison de la chasse n'a pas encore commencé. Mais – il l'a décidé – c'est lui qui tirera le premier.

105

3 août 1980

Il part à vélo en fin d'après-midi, coiffé d'un béret rouge, pour aller marcher vers les dunes. Depuis trois jours, à Latché, il travaille d'arrache-pied avec Guy Claisse à un livre d'entretiens publié à l'automne prochain sous le titre *Ici et Maintenant*. N'est-ce pas le signe qu'il se présentera à la présidentielle ? Pas du tout, répond-il à ses interlocuteurs du PS comme aux journalistes politiques. Il a disposé de deux mois en 1965, de six semaines en 1974. Certes, c'était court. Il faut plus de temps mais pas trop, contrairement à ce que pensent certains dans son parti, qui considèrent l'élection présidentielle comme le fin des fins, le *nec plus ultra* – visant ainsi Rocard dont il ne comprend pas le silence. « Il y a ceux qui m'aiment trop et ceux qui ne m'aiment pas assez », a-t-il déclaré à la dernière convention, ajoutant : « Mon rôle de premier secrétaire passe avant tout. » Et d'ironiser : « Je ne suis pas candidat... je ne serai en aucune circonstance le rival dans un combat où les dagues sont déjà tirées tandis que les poignards cherchent le dos. »

Manœuvre de diversion pour ne pas annoncer trop tôt sa candidature dans un contexte défavorable ? On l'imagine si souvent machiavélique, maîtrisant le temps, sûr de son destin, connaisseur fin des rapports gauche-droite qu'on ne peut se le représenter en proie à l'incertitude. C'est pourtant ce que disent ses proches. Et, dans le même mouvement, fidèle à la méthode d'avoir deux fers au feu sans rien en dire à personne, il ne dissuade pas certains d'entre eux – des vieux compagnons de route comme des jeunes « sabras » – de se réunir pour commencer à constituer une liste de secrétaires fédéraux qui pourraient appeler à sa candidature, organiser la campagne et former une équipe la dirigeant.

Au Parti socialiste, on se moque de lui et on le surnomme Cunctator, du nom du consul Verrucosus, célèbre à Rome pour son esprit d'indécision. S'il n'est pas un maniaque de la présidence, il veut, au cas où il le déciderait, être le seul à gauche à pouvoir y aller. Au cas contraire, Mauroy sera son candidat. Avec Rocard, la gauche a-t-elle plus de chance de battre Giscard ? Là réside son incertitude. Mais si Rocard gagne, il aura besoin de lui, Mitterrand. Quel que soit le cas de figure il reste donc maître du jeu. Rocard battu, il garde le parti. Rocard président, il reste dépendant de lui et ne pourra faire élire que les députés choisis par lui-même.

Quand cessera le suspense ? Chaque chose en son temps. Pourquoi bousculer le calendrier ? Mieux vaut attendre la date officielle du dépôt de candidature au Parti socialiste. Le 7 septembre, au micro d'Alain Duhamel, au *Club de la presse* d'Europe 1, à la question lancinante de savoir qui sera le candidat socialiste aux prochaines échéances, il répond avec un sourire gourmand : « Moi je le sais. »

106

19 octobre 1980

La veille, alors qu'il déjeunait au *Vieux Morvan*, Rocard l'a appelé. Il lui a répondu de manière fort courtoise qu'il le remerciait de l'avoir prévenu et a insisté en répétant qu'il était libre. « Faites comme vous le sentez. » En fait, François Mitterrand est fou de rage. N'avait-il pas pris soin de lui envoyer, quelques jours auparavant, une lettre manuscrite l'informant qu'il prononcerait, le 19 octobre à Mulhouse, un discours où il ne parlerait pas de la présidentielle ? Pourquoi donc Rocard ne l'a-t-il pas cru ? Pourquoi s'est-il précipité ?

Le 19 au matin, branle-bas de combat dans toutes les rédactions ; Rocard se présente et fera son appel ce soir même de sa mairie de Conflans-Sainte-Honorine.

Curieux choix, dit-il à Mermaz, venu le chercher rue de Bièvre et qui l'accompagne cité Malesherbes. Son concurrent veut-il imiter Giscard et son appel de Chamalières ? Ce jour-là, lui refuse tout entretien, va chez son dentiste, rassure ses troupes – « On a tout le temps » –, déjeune avec une amie, ouvre son courrier avant de s'envoler pour Mulhouse où il doit célébrer la fête de la Rose. La prestation de

Rocard est annoncée pour 19 h 30. Lui, entouré de nombreux journalistes, prend la parole à 18 h 30 et refuse de répondre à la question de savoir s'il sera candidat ; ce n'est pas à lui de choisir mais aux fédérations, précise-t-il. Et d'ajouter, au cas où on ne l'aurait pas compris : « Vous pouvez proposer qui vous voulez. Tout candidat qui se dit candidat ne l'est pas s'il n'est pas proposé par une fédération. J'estime qu'il est incorrect vis-à-vis du parti d'aller plus vite que la musique. »

À 19 h 30, la dépêche relatant ses propos tombe. Un camarade l'apporte à Rocard dans la salle des mariages de Conflans transformée en studio de télévision. À 19 h 40 Michel Rocard, d'un ton à la fois précipité et solennel, fait sa déclaration de manière peu claire. Il se lance, certes, mais s'en excuserait presque et appelle la fédération des Yvelines « à en délibérer et à présenter sa candidature dans le respect de nos règles et de [mes] engagements ». Maladroit, il dénonce la responsabilité des socialistes dans les échecs précédents, faisant allusion au Programme commun et appelant « à la construction d'un Parti socialiste puissant ».

Veut-il réveiller le fauve ? Ce dernier voit la prestation de son adversaire à Nancy et la juge, en privé, « d'une banalité affligeante sur la forme et consternante sur le fond : pas une fois le mot de gauche n'a été prononcé ». Tard dans la nuit, à l'issue de la réunion de Nancy, Mitterrand refusera de commenter l'allocution de Rocard et de répondre à la question de savoir si lui-même sera candidat. Une partie de la presse, y compris de gauche, va juger sévèrement la méthode « à la hussarde » du maire de Conflans et l'absence de flamme de son appel. De toute façon, tout cela n'a guère d'impor-

tance puisque Giscard est crédité de plus de 58 %
des voix.

Mitterrand attendra le 8 novembre pour annoncer... qu'il est candidat à la candidature. Et ne
jugera pas utile de prévenir Rocard, qui l'apprend
au volant de sa voiture et retire, deux heures plus
tard, sa propre candidature. Ce renoncement élégant et rapide n'empêchera pas celui qui se présente alors comme « le vieillard infect qui a encore
une heure de lucidité par jour » d'avouer à sa garde
rapprochée : « Je vous assure que je ne voulais pas
être candidat. C'est Rocard qui m'y a forcé. »

107

16 mars 1981

Pour la première fois à la télévision, dans l'émission « Cartes sur table », il apparaît détendu, plus jeune, se tenant très droit dans son fauteuil, le visage moins marqué, les traits moins tirés. Serait-ce l'habillement plus soigné, chic, les couleurs sombres, les sourcils teints, les dents limées ? En bougonnant, il s'est rendu aux arguments de Jacques Séguéla : s'occuper de son *look*. Deux de ses amies l'y ont fortement encouragé, qui l'accompagnent chez deux tailleurs rive gauche. Lui fait semblant de se moquer des apparences, mais y accorde une grande importance et déteste les personnes habillées de manière excentrique ou relâchée. Certes, il aime, surtout à Latché, ses vieux pantalons en velours beige et ses pulls un peu mités, mais dès qu'il se trouve en public, il conserve les tics de son éducation de provincial bourgeois.

Il est arrivé au studio accompagné de Robert Badinter, avec lui à chacune de ses prestations. Il a relu un peu d'Épictète avant de venir et à la maquilleuse, de gauche, qui rougit de confusion d'avoir à le peinturlurer et demande s'il n'a pas peur, il répond, en le citant, « ne pas se préoccuper des choses sur lesquelles on ne peut rien ». Il est plutôt confiant. Depuis quinze jours les sondages le donnent au coude à coude avec un président affaibli par l'histoire des diamants et sa fin de mandat. Il semble que ses adversaires l'appellent Fantômas. Comme il n'est pas le seul à avoir le privilège de l'âge, questionné sur son ancienneté en politique, il rappelle à Jean-Pierre Elkabbach et Alain Duhamel que Giscard, il y a dix-neuf ans, était ministre des Finances du Général. On sent qu'il s'échauffe comme un boxeur sur le ring et qu'il aime lancer des piques.

S'il ne croit guère qu'une émission va changer le cours de la campagne et se montre toujours aussi méfiant vis-à-vis de la télévision, il a préparé depuis plus de quatre mois ce moment – le débat d'entre-deux-tours – et pris soin de s'imposer une cure de silence. Il a décidé de diviser son intervention en trois temps. L'économie d'abord – il sait que les Français ne lui font pas forcément confiance sur ce plan – avec annonce de la relance, de la réduction du temps de travail à trente-cinq heures, d'une allocation-chômage aux sans-emplois et d'un nouvel impôt. La politique extérieure ensuite, en se moquant de Giscard « petit télégraphiste » venu rencontrer Brejnev à Varsovie quatre mois et demi après l'invasion de l'Afghanistan. Il évoque aussi les communistes, qu'il n'envisage pas de faire entrer dans son gouvernement « tant que leur ligne reste la même ».

Il se montre, au fur et à mesure du débat, de plus en plus offensif avant de devenir de plus en plus agressif. Il joue de son ton d'indignation, sait changer de registre, use à merveille de l'incantation, pratique l'art de la polémique. Sept ans, c'est long. Mais Giscard ne souhaite-t-il pas devenir président à vie ? Le temps du changement est venu. À gauche toute, mais sans faire l'ouverture aux communistes. Le candidat de la force tranquille a le coup de griffe facile ; on le sent jubiler quand il lâche, prophétique, que le pouvoir est à portée de main. Il dit ce qu'il pense, fait appel aux convictions des électeurs et, au bout d'une heure vingt, répond, au nom de sa conscience, au douloureux sujet de la peine de mort. Assumant et revendiquant l'impopularité de sa démarche d'abolitionniste, il s'appuie sur les valeurs de l'humanisme en se défiant des calculs politicards. Il prend de l'altitude comme s'il n'avait plus rien à perdre. Pour la première fois dans ses apparitions médiatiques, on le sent léger, à l'aise, en redemandant presque. Est-ce parce qu'il est persuadé que la gauche, même si elle ne gagne pas la présidentielle, remportera les législatives de 1983, lui qui voit toujours la politique sur la longue durée ? Pas besoin, donc, de se mettre une forte pression.

À la sortie du studio, il est parti dîner et a pensé que l'émission « s'était bien passée ». Ce n'est pas l'avis de ses conseillers, qui l'ont trouvé trop hargneux, violent. Il n'en a cure, se moque d'eux et croit à son intuition. Une semaine plus tard, un sondage confirme que sa prestation a tant marqué les téléspectateurs que nombreux sont les indécis disposés à changer d'avis sur lui.

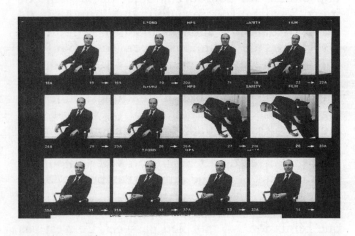

Portraits de François Mitterrand par Raymond Depardon.

108

29 mars 1981

Il peste contre l'organisation de ses déplacements. Il est fatigué et furieux. Pourquoi ce soir, à Amiens, a-t-il été obligé de perdre du temps avec des notables socialistes dont il n'a que faire, lors d'un dîner dégueulasse – vol-au-vent, viande en sauce, pâtisserie industrielle : tout ce qu'il déteste – et, cerise sur le gâteau, interminable ? Pourquoi ne fait-on pas plus attention à lui ? Est-il un logo ? Une marque à promouvoir ? Il s'irrite contre la multiplication des responsables, les contradictions entre les conseils prodigués, la croyance qu'ont certains qu'il va se soumettre à quelques diktats du marketing – il prononce le mot avec circonspection – politique, fussent-ils élaborés par les deux Jacques, Séguéla et Pilhan. Lui, c'est lui. Et, sur les estrades, moi, c'est vous.

Contrairement à ce que l'on dit, il n'est pas l'otage de ses conseillers et encore moins celui du parti. C'est à dessein qu'il a pris du champ en partant en Chine en février, à la fois pour renforcer sa stature internationale et créer un sentiment d'absence avant cette grande séquence de surprésence. Il « sent » l'opinion et se sert beaucoup de ses intuitions. « La force tranquille », c'est lui ; l'affiche aussi où il a demandé qu'on estompe la présence de l'église de peur de faire « monsieur le curé » ; la maîtrise de la communication, c'est lui ; les discours dans les meetings, c'est lui aussi. On lui prépare bien des projets, qu'il met dans ses poches mais ne sort pas tant il improvise en faisant confiance à son art oratoire.

Mais justement, ce soir, il s'est embarqué dans un long développement sur la Révolution française et ne trouve plus comment « raccrocher » avec l'actualité. Il met sa main sur son menton, s'approche du micro et part puiser dans la rhétorique marxiste en évoquant la force des prolétaires, la violence du grand capital qui dévore et va nous manger jusqu'à l'os car il a faim. La salle l'interrompt par des applaudissements nourris. Et le voilà qui oblique vers Giscard, oublié en route : « J'entends le président de la République parler de désordre. Mais le désordre, il est déjà là. » La salle trépigne. Il parle de plus en plus bas et les spectateurs sont envoûtés. Pas question de s'abaisser à commenter l'affaire des diamants, c'est la droite propriétaire du pouvoir qu'il pourfend d'un ton acide et avec un sentiment de jouissance balayant toute prudence. Tout d'un coup, il ne sent plus la fatigue. L'artiste de la politique efface l'idée même de l'efficacité du discours. Se prend-il pour un prêtre laïc venu parler aux âmes ? Il est comme un trapéziste qui aurait exigé de la direction du cirque qu'on lui ôte le filet de sécurité. Puis il prend sa rose, s'incline et disparaît.

Dans la voiture qui le ramène à Paris, conduite comme d'habitude à toute vitesse par Pierre, à qui il ne fait jamais aucune critique tant il a confiance en lui, il allume la lumière et prend connaissance d'un long entretien de Pierre Mendès France au *Nouvel Observateur* : « Oui, la gauche de François Mitterrand peut vaincre et ouvrir à la France une nouvelle page de son histoire. » Puis il termine le livre de son ami François-Régis Bastide, *L'Enchanteur*. Après quoi il ferme les yeux. Demain matin, il a accepté de faire une série de photographies au Jardin des Plantes. Il vient de décider qu'il poserait devant la grande cage aux fauves.

109

24 avril 1981

Il a choisi, comme en 1965 et 1974, de faire son dernier meeting à Toulouse. C'est devenu une tradition, presque un pèlerinage. Ils sont 25 000 à l'attendre au stadium de la ville. Sur l'estrade, Marcel Amont chante *Blanc, blanc le soleil de Provence, bleu, bleu, les goélands*. Roger Hanin l'interrompt et donne la parole à Maïté Jourdan, présidente du comité national de soutien. Il est 21 h 45. Toujours pas de candidat en vue. Mauroy chauffe la salle, parle de la Révolution française, des deux révolutions de 1848, de la Commune, du Front populaire. Toujours pas de candidat. 22 h 30. Jospin prend la parole, ironise sur la vieille garde de Giscard, l'essoufflement de sa campagne. « Si ça continue, il va mettre Bokassa dans son comité de soutien. » La salle s'esclaffe. À 22 h 45, au son de la musique – l'hymne spécialement composé par Mikis Theodorakis – qui se prolonge pendant qu'il fend la foule, il apparaît et, le buste en avant, impassible, s'avance lentement vers l'estrade, une rose à la main, dans la lumière des projecteurs qui le font apparaître plus grand, plus romanesque aussi. Toute la théâtralité du *Mitterrand Circus*, ce soir, est convoquée. Quatre spots éclairent deux mots tracés sur le gazon : « Mitterrand président ».

Dans la salle 3, quatre générations retiennent leur souffle. Des petits enfants juchés sur les épaules de leurs pères résistent au marchand de sable. Des vieux, assis en lisière sur des chaises de camping, attendent depuis quatre heures ce moment. Lui sait qu'il a le temps. Pendant une heure, il va d'abord séduire pour, ensuite, attaquer dans son propre camp : « Est-il normal que six candidats de gauche se disputent ainsi les avantages du pouvoir qu'un seul d'entre eux peut obtenir ? » Il ne prétend pas posséder un droit supérieur aux autres mais : « C'est l'histoire qui l'a voulu : je représente la force politique principale du pays. » Arlette Laguiller, Brice Lalonde en sont pour leurs frais, mais c'est surtout Georges Marchais qui est visé. L'incarnation de la légitimité, c'est lui.

La salle lui fait une *standing ovation*. Dès qu'il a terminé de parler, les élus l'entourent et, chacun, une rose à la main, entonne *L'Internationale*. En coulisses, sur des tables en tréteaux, un buffet attend son équipe. Il fait signe qu'il ne va pas rester. Dans l'avion qui le ramène à Paris à 2 heures du matin, il confie à ses proches : « J'ai été mauvais. J'étais désemparé. Difficile de trouver le ton quand on ne voit aucun visage. » Il peste contre lui-même. Personne ne lui répond. Chacun tente de trouver le sommeil. Il s'installe au-devant de l'appareil et allume la lumière. Il n'a pas terminé le dernier ouvrage de Julien Gracq, *En lisant, en écrivant*, paru pourtant l'an dernier.

110

5 mai 1981

Après le débat avec Giscard, il a réservé une table dans un de ses restaurants de fruits de mer préférés, *Le Pichet*. Il n'est pas mécontent de lui, contrairement à certains de ses amis qui ne l'ont pas trouvé « étincelant », selon le mot qu'ils emploient. Delors lui reproche d'avoir annoncé qu'il allait nationaliser toutes les banques. « J'ai un peu exagéré, c'est vrai », répond-il en souriant. Badinter évoque un match nul des deux côtés. Il l'écoute mais semble ailleurs. Loin même. Non pas qu'il pense être élu, mais il songe que s'il est battu ce ne sera pas de sa faute, mais de celle des communistes. Depuis des semaines, Marchais travaille en apparence pour la défaite de Giscard mais souhaite et œuvre pour l'échec de Mitterrand. « Être battu à la fois par la droite et par les communistes, avouez que ce serait original », dit-il à ses amis. Il accepte intérieurement d'être battu, contrairement à son adversaire qui n'a qu'une seule option en tête : gagner. Perdre sans en donner l'impression : à cet art, il est, depuis des décennies, fort expérimenté. Mais là, pas de rebond possible. C'est la dernière chance. Quoique... Quand Rocard, il y a quelques mois seulement, était haut dans les sondages et considéré à gauche comme l'unique pré-sidentiable, Mitterrand avait dit à Rousselet : « En 1988, Rocard aura cinquante-huit ans. Moi je n'en aurai que soixante et onze. Il sera usé. Pas moi. » Mais s'il gagne maintenant, il aura la satisfaction d'être venu à bout de tous ses ennemis : Marchais, Rocard, Chirac, Giscard.

Ayant longuement hésité à accepter ce débat – il craint le coupe-gorge, garde un souvenir désastreux de son face-à-face en 1974 –, il a mis pas moins de treize conditions avant de répondre à cette propo-sition émise par Giscard le soir même du premier tour. Giscard voulait deux face-à-face, l'un sur les problèmes intérieurs, l'autre sur la politique exté-rieure. Lui n'en a accepté qu'un, arbitré par deux journalistes indépendants : Michèle Cotta et Jean Boissonnat.

Robert Badinter a mené les négociations avec les directeurs de chaîne qui, comme il le dit en mee-ting à Montpellier, n'ont jamais aussi bien porté leur nom. Le dimanche précédent, il a accepté de « répéter » au domicile de Fabius, qui a joué le rôle de Giscard et lui a posé quelques questions embarrassantes auxquelles il n'a pas toujours su répondre avec précision. Vexé, il lui a fait observer que s'il « faisait » si bien Giscard, « c'est parce qu'il avait de nombreux points communs avec lui : ses tics de langage, sa formation, ses diplômes, ses ori-gines sociales ». Ensuite il a claqué la porte après avoir traité Serge Moati, qui filmait, de sous-Fellini. Un quart d'heure plus tard, il revenait, mais sans vouloir recommencer.

Le jour même du débat, il s'est préparé comme un sportif, n'a pas mangé, est allé marcher le long des quais et, dans l'après-midi, rue de Bièvre, avec Régis Debray, il a testé un certain nombre de formules assassines. Il n'en abusera pas. Il se vengera sept ans après du « monopole du cœur » avec son « vous êtes l'homme du passé, l'homme du passif » et utilisera au cours du débat moins d'un dixième des saillies envisagées. Il y a sept ans, il s'était fait piéger par le ton professoral de son adversaire. Cette fois, il réussira à l'enfermer dans le rôle du monsieur je-sais-tout pontifiant.

C'est Giscard qui, d'ailleurs, lors du débat, apparaît glacé et sur la défensive, et lui, matois, ironique, tranquille comme Baptiste, citant abondamment Chirac tenant des propos peu charitables sur VGE. Ce dernier s'adresse à lui comme s'il était déjà président de la République, accréditant l'idée qu'il pourrait donc légitimement s'installer à l'Élysée sans mettre le pays à feu et à sang. Il évite avec désinvolture les pièges tendus par un adversaire qui se ridiculise en tentant de le mettre en faute.

« À vous de juger », titrent les journaux du lendemain matin, qui précisent que plus de 30 millions de Français ont suivi jusqu'au bout le face-à-face. Le soir même, un sondage indique que sa cote descend. Son équipe est atterrée. Pas lui. Il leur conseille de lire l'article que *Le Monde* lui consacre sous la plume d'André Laurens : « C'est le tenant du titre qui se comportait en challenger, tandis que le représentant de l'opposition s'expliquait sur ce qu'il ferait à l'Élysée. »

Mitterrand enfin président ?

Le 8 mai sa cote remonte : il est à 52 %.

111

8 mai 1981

Il sait qu'il défie le temps. Il assume d'enfreindre les règles. Il est minuit passé – le temps de la campagne est terminé – et il continue à parler dans ce meeting à Nantes où il est arrivé en retard, faisant attendre debout, au Champ-de-Mars, une foule immense de plus de 100 000 personnes.

Le matin même, il a décidé en effet de bousculer son programme. Il souhaite réagir, sans faire de commentaires et sans entrer dans une polémique, à la déclaration du général Alain de Boissieu. Le gendre du Général vient d'annoncer à la télévision qu'en cas de victoire de Mitterrand, il démissionnerait de ses fonctions de grand chancelier de la Légion d'honneur, car il ne supporterait pas de remettre le grand cordon à l'adversaire acharné du fondateur de la Ve République, dont il conteste le passé de résistant. En guise de réponse, en ce jour du trente-sixième anniversaire de la capitulation du Reich, Mitterrand ira se recueillir au Mémorial de la déportation. Au même moment, l'amiral Sanguinetti déclare à la télévision : « Le général de Boissieu mérite les arrêts de rigueur en attendant d'être destitué. » Avant de s'envoler pour Mulhouse, il fait remarquer à quelques journalistes que le général de Gaulle avait décidé que ce jour serait une fête nationale, mais que Giscard d'Estaing avait rayé d'un trait de plume cette célébration.

À Épinal puis à Mulhouse, c'est le délire. Pour le dernier meeting à Nantes dans la nuit, ce n'est plus la présidentielle qu'il évoque, mais l'étape suivante : les législatives...

112

10 mai 1981

Depuis le début de la matinée, il pleut. Cela ne l'empêche pas de proposer à quelques amis de faire son habituel tour du propriétaire. Personne n'ose lui dire connaître par cœur son discours sur la spécificité de la construction des toits dans la région et la qualité de l'ardoise. Il a mis son chapeau, s'est muni d'un parapluie et, comme il connaît beaucoup de monde à Château-Chinon, ôte son chapeau tout en fermant son parapluie à chaque fois qu'il croise une connaissance. Il emmène sa petite troupe jusqu'au nouveau rond-point où il montre, d'un geste dédaigneux, les plantations récentes, de vulgaires résineux, dit-il, de ceux qu'on trouve dans tous les parkings de supermarchés et de sous-préfectures, alors que cette terre ne réclame que des hêtres. Pour un peu, il se mettrait vraiment en colère.

Heureusement, l'heure du déjeuner approche – tous ceux qui l'ont fréquenté de près le savent, il est souvent de mauvaise humeur en fin de matinée, car il a faim. Dans cette salle à manger sombre de l'*Hôtel du Vieux Morvan* – où il est comme chez lui depuis des décennies –, il y a foule. Des journalistes sont venus du monde entier – notamment des Japonais, des Brésiliens, des Américains qui doivent faire la queue devant l'unique téléphone accroché au mur de l'entrée pour envoyer, dans le brouhaha, leurs dépêches. Lui a commandé du foie gras et des champignons persillés, mais Ginette apporte d'abord les plats de charcuterie. On ne parlera pas politique a-t-il prévenu. Après avoir disserté longuement sur la saveur du pâté forestier, il aborde un de ses sujets préférés : la transformation géologique du plateau du Morvan. Roger Hanin, qui connaît la musique, l'interrompt avec une blague assez salace sur les seins de Brigitte Bardot. Pas très classe. Il rit tout de même et, comme il n'aime pas qu'on le voie rire, il s'abrite derrière sa serviette.

Après les pousse-café, on ne sait plus quoi se dire alors il en profite pour s'éclipser et monte dans sa chambre, une toute petite pièce au papier peint fleuri avec un bureau et une salle de bains sommaire. Il s'installe pour regarder à la télévision le match de rugby Béziers-Lourdes. Ensuite il redescend dans la salle à manger ; la pluie a cessé ; il s'attable dehors avec Danielle, Christine, Roger et quelques amis, quand il aperçoit Mermaz qui sort d'une voiture. Il grogne : « Que faites-vous ici ? – Je suis venu assister à votre victoire », répond le fidèle compagnon. Une journaliste du *Point*, Danièle Molho, à 18 heures, lui annonce la fourchette : de 52 à 53 %. Qui donc a dit : « Les ennuis commencent » ? Mais une intention n'est pas un résultat. Il n'y croit pas encore. Jean Glavany, qui vient d'avoir le QG de Paris, lui confirme. « Restons calmes. Ce ne sont que des estimations. Attendons les Renseignements généraux. » Un quart d'heure plus tard, on lui apporte une première estimation, puis une seconde, qui confirme la première : il ne dit rien et se tasse encore plus sur sa chaise.

À 19 heures, il reçoit la confirmation des Renseignements généraux. Il se lève et dit d'une voix un peu étranglée mais pas particulièrement émue : « Je suis élu. Il va falloir que je prépare quelque chose. » Il fait monter Louis Mermaz, Jean Glavany, Ivan Levaï dans sa chambre, à qui il répète : « Quelle histoire ! » Ils planchent quelques minutes devant une feuille blanche mais, trop émus et intimidés, n'écrivent rien. Lui leur dit en riant : « Il va falloir que je le fasse moi-même. » Il mettra plus de deux heures à rédiger, à réécrire, à raturer son premier discours de président de la République. En tout, pas moins de quatre versions entre lesquelles il hésitera. De temps en temps, il s'interrompt et pose à ses compagnons la même question : « Mais pourquoi Giscard s'est-il présenté ? »

Deux cents personnes chantent sous la pluie devant l'hôtel du *Vieux Morvan* où on sable le champagne. Les forces de police sont déjà là, elles bloquent les accès et surveillent les déplacements du nouveau président. Devant la mairie où la foule s'est amassée, il murmure à l'oreille de Danielle : « Que nous arrive-t-il mon Danou ? » Dans la salle comble, il remercie ses électeurs : « Cette victoire est celle des forces de la jeunesse, des forces du travail, des forces de création, des forces du renouveau qui se sont rassemblées dans un grand élan national pour l'emploi, la paix, la liberté. »

Vers 23 heures, il quitte Château-Chinon. Dans sa voiture, conduite par Tourlier qui, comme d'habitude, roule à tombeau ouvert, il s'est assis à l'avant et reste silencieux. À l'arrière, Danielle et sa sœur Christine chantonnent ; quand elles entonnent *L'Internationale*, il reprend avec elles le refrain. Au péage d'Avallon la barrière s'est levée : une voiture de la gendarmerie nationale lui ouvre la voie. Au dernier péage, une escorte de motards se déploie. Il arrive à 1 h 45 rue de Solferino où son équipe rapprochée l'attend dans son ancien bureau. Pas de grands discours, pas d'effets. Il se dit heureux d'être là avec sa famille politique. À Laurence Soudet, il demande de faire venir Anne Pingeot. Il va pouvoir, à un moment, fendre la foule et lui dire quelques mots. Il quitte la rue de Solferino à 3 heures du matin et arrive rue de Bièvre où l'attendent deux cents personnes qui veulent lui parler, l'embrasser, le féliciter. Il les salue, puis monte se coucher. Une heure plus tard, Christine appelle sa sœur et lui raconte qu'aux Champs-Élysées les voitures s'arrêtent, les conducteurs s'embrassent, ça klaxonne de partout. « Passe-moi François. » Danielle constate que la lumière est éteinte. Le nouveau président dort du sommeil du juste.

113

11 mai 1981

Son premier visiteur sera Philippe Dechartre, copain de Résistance, gaulliste invétéré.

Son premier geste sera d'aller s'incliner devant la tombe de Georges Dayan au cimetière Montparnasse.

Sa première lettre sera pour Michel Colucci, plus connu sous le nom de Coluche. Il le remercie d'être venu la veille au soir le féliciter et se dit désolé qu'il ait pu être agressé par des militants un peu trop idolâtres ayant osé lui reprocher d'avoir, lui aussi, prétendu être président de la République...

Les amis affluent rue de Bièvre et Danielle improvise un pique-nique à la bonne franquette. « Quelle histoire, mais quelle histoire », ne cesse à nouveau de répéter François Mitterrand.

L'après-midi, il réunit son conseil politique de campagne et enjoint tout le monde de se garder de tout triomphalisme ou attitude arrogante. Il confirme son intention de dissoudre l'Assemblée nationale, affirme qu'il ne veut pas perdre de temps, mais qu'il ne prendra aucune décision avant sa prise de pouvoir. Il n'annonce aucune nomination, à l'exception de celle de Pierre Bérégovoy à la tête d'une structure temporaire, l'antenne présidentielle.

Quand il quitte la rue de Bièvre, vers 19 h 30, il est étonné par le nombre de cadeaux entassés dans la cour et l'escalier. Il voit la masse des journalistes venus pour le questionner. Il se contente de déclarer : « Je sors dîner. »
Et, comme chaque soir, il rejoindra Anne et Mazarine, rue Jacob.

114

21 mai 1981

9 h 32. Il monte les marches du palais, se souvient de la dernière fois où il est venu, en compagnie de Georges Dayan. Il avait marché avec lui jusqu'à la grille du Coq. Ce jour-là, de 1974, il broyait du noir et pensait qu'il allait renoncer. Ce palais, il le connaît et le fréquente depuis des décennies. Il n'aime pas ses faux airs monarchiques, ses pièces immenses et peu chaleureuses, son mobilier pseudo-Empire, l'ordonnancement du bâtiment où tout est à vue.

En haut du perron, l'attend l'ancien président qui n'a toujours pas réalisé qu'il n'était plus tout à fait président.

Le rendez-vous, dans le salon bleu aux meubles Louis XV, dure quarante-cinq minutes. Chacun d'entre eux regrettera de ne pas avoir su écouter l'autre. Mitterrand demande à Giscard avec insistance pourquoi il a tant voulu se présenter une seconde fois, persuadé que s'il ne l'avait pas fait, au bout de peu de temps, la droite tout entière l'aurait réclamé et il aurait pu ainsi le battre. Humour ou coup de pied de l'âne ? Les deux en même temps. Giscard ne répond pas, tant il semble étonné, et aborde quelques questions diplomatiques – la déstabilisation de Kadhafi par les services secrets américains et égyptiens et Tchernenko qui succède à Brejnev –, l'informe qu'il n'a pas prononcé la grâce pour un condamné à mort qui a tué un enfant et s'appesantit sur l'isolement et le sentiment de solitude que crée l'Élysée. Il lui donne les codes permettant d'ordonner une attaque nucléaire. Mitterrand les met dans sa poche – le lendemain, ayant changé de costume il les retrouvera avant qu'il ne parte au pressing –... puis raccompagne son prédécesseur jusqu'au bout du tapis rouge et, en remontant les marches, entend, sans les comprendre, les huées de badauds excités venus conspuer, rue du Faubourg-Saint-Honoré, l'ancien président.

C'est la première fois dans l'histoire de la Vᵉ République qu'un président sortant cède la place à son successeur. Lui, accomplit les rites d'intronisation avec naturel. Président il l'est depuis longtemps et cela fait plus de vingt ans qu'on l'appelle ainsi toute la journée, mais président de la République et premier président de la République socialiste, de cette fonction il veut tirer fierté et grandeur et l'occuper tout entière. Il est, depuis sa première heure de président, tout le contraire d'un président normal et il entend, dès le premier jour, entrer dans l'Histoire. Il a, depuis l'enfance, porté une attention extrême aux symboles et souhaite, à la nouvelle place qu'il occupe, les faire résonner. Devenir président de la République n'est pas seulement, pour lui, le fruit d'un combat politique, c'est aussi la volonté de faire reconnaître la légitimité de la gauche au pouvoir suprême. Et, pour cela, il n'est pas question de créer de discontinuité mais, au contraire, de s'inscrire dans le sillage du fondateur de la Vᵉ République, son grand adversaire, qu'il a combattu pendant des décennies et dont il va revêtir les habits. Ce matin-là, en effet, il se vit plus comme le successeur du général de Gaulle que comme celui de Pompidou ou de Giscard.

Après la proclamation des résultats, saluée par vingt et un coups de canon, il chausse ses lunettes pour sa première allocution. Il est ému. La voix se brise légèrement quand il évoque le peuple de France qui, depuis deux siècles, a façonné l'Histoire. Aujourd'hui, « la majorité politique vient de s'identifier à sa majorité sociale ». La droite lui reprochera, le lendemain, d'avoir tenu un discours de militant. Président de tous les Français ? Le soupçon d'illégitimité continue à peser. Il le sait. C'est pour cette raison qu'il a décidé de ne pas limiter l'événement à l'intérieur de l'Élysée, mais de faire de cette journée celle du peuple sur le plan symbolique. Comme toujours chez lui, la mise en scène est importante. De la rive droite à la rive gauche, la journée doit rester gravée dans l'esprit des Français.

Dans la salle des fêtes se presse, en un joyeux brouhaha, la gauche institutionnelle, internationale, européenne, historique, intellectuelle. Le nouveau président remercie celles et ceux qui sont venus du monde entier fêter l'événement ; Mendès France est assis au fond, loin du premier cercle. C'est Jack Lang qui le voit et conduit son premier maître en politique vers celui qui fut son ancien ministre. Il ouvre les bras. Les deux hommes s'étreignent. Mitterrand n'a pas l'habitude des contacts physiques comme celui-ci, encore moins de céder à la moindre sentimentalité. Là, le geste a dépassé la pensée. Mendès pleure. Il lui dit : « Avec ma famille, c'est votre présence qui me touche le plus. Cette journée est la justification de tant d'années dont vous êtes l'initiateur. Sans vous, tout cela n'aurait pas été possible. »

Il est midi quand la nomination du Premier ministre est annoncée. À 12 h 25, il part avec Pierre Mauroy dans une voiture décapotable pour l'Arc de triomphe où l'attendent Willy Brandt, Olof Palme, Kreisky, Mario Soares, Andréas Papandréou, mais aussi Mme Allende. Présent, passé. Mazarine est là dans la foule, juchée sur les épaules de Charles Salzmann, à côté de sa mère. Public, privé.

Retour à l'Élysée où deux cents personnes ont été invitées à déjeuner ; le protocole est débordé, les services de sécurité aussi. Certains, qui n'ont pas été conviés mais veulent faire partie de la fête, n'ont guère de mal à entrer. Ainsi, cet ancien militant des Jeunesses socialistes du Mali se faisant passer pour l'ambassadeur de son pays, ou Jean Edern-Hallier comme futur ministre de la Culture. Les cartons s'échangent et, à la stupeur des serveurs habitués à plus de raideur cérémonieuse, les invités s'embrassent, changent de table selon leurs affinités. Gabriel García Marquez discute avec William Styron et Léopold Sédar Senghor avec Julio Cortázar pendant que Paul Guimard et André Rousselet, debouts dans un coin comme des gamins facétieux, observent la scène et disent à leurs camarades : « Profitez-en bien. La salle n'est louée que pour l'après-midi... » Au menu, du Château-Yquem 1966, de la blanquette bretonne aux perles de saumon, que le nouveau président trouvera immangeable, ce qui vaudra au chef cuisinier une convocation la semaine suivante.

À 17 h 15, le président part pour la mairie de Paris. Il s'entretient pendant une heure de la Révolution française et de la Commune. Puis il franchit la Seine et se dirige vers le Panthéon. C'est là qu'il veut à la fois rendre hommage aux grands hommes et apparaître au milieu de la foule. Il s'agit d'effacer l'individualisme du geste de Giscard qui, en 1974, avait remonté seul les Champs-Élysées, et de tenter de créer un nouveau rythme, une autre histoire mémorielle républicaine. Aux rites républicains, il a décidé d'ajouter cette cérémonie dont il a eu l'idée et à laquelle il a convié « le peuple de Paris ». Dans les rues du Quartier latin, l'ambiance est festive. Aucune force de police n'a été prévue pour canaliser l'enthousiasme populaire. Plusieurs proches du nouveau chef de l'État se souviennent encore avec effroi de la manière dont il fut littéralement aspiré par la foule à la sortie de la voiture, et comment il fut soulevé par la houle de celles et ceux qui l'attendaient pour marcher avec lui, tout en voulant être sur la photo, le plus près possible, au risque de l'asphyxier. Les hommes du président avaient bien prévu un ordre protocolaire et donné des consignes : aucune ne fut respectée. De même, ne furent pas écoutés les conseils des fonctionnaires de police qui voulurent créer une bulle de sécurité autour de Mitterrand afin de le protéger du geste d'un fou susceptible d'attenter à sa vie. Il fallait garder à tout prix l'idée d'une spontanéité et casser l'image de forces de l'ordre isolant ce nouveau président appartenant à tous les Français. Il a fait mine de ne rien voir, de ne rien sentir, de continuer à marcher jusqu'au seuil du Panthéon.

Seul, il est entré. Il s'est incliné devant les tombes de Jaurès, Moulin, Schoelcher. En coulisse, des figurants lui tendaient les roses. La veille, Roger Hanin avait fait sa doublure, mais rien n'avait été répété, ni le parcours ni le temps. La cérémonie était filmée en direct par Serge Moati qui, à sa grande stupeur, a constaté sa disparition des écrans pendant quelques minutes. Dehors les motards, bloqués par la foule, passent devant l'orchestre. Daniel Barenboïm, furieux, lève sa baguette. Quand Jack Lang le convainc enfin de reprendre il recommence le morceau depuis le début. Toute la cérémonie avait été millimétrée à la seconde près. Patatras. Le président devait sortir seul de la crypte une rose à la main à la fin de *L'hymne à la joie*. Il en sort trop tôt et trop vite. Ne comprenant rien à ce qui se passe, il s'immobilisera pendant de longues minutes, attendant la fin du morceau avant d'être aspiré par la foule.

À la fin de la cérémonie un orage violent s'est abattu sur Paris. À la Bastille, le soir du 10 mai, il pleuvait et nombreux étaient ceux qui, en bons soixante-huitards, scandaient en riant : « Mitterrand, du soleil ! » Ce 21 mai, certains, déjà courtisans d'un président qui revêt à dessein le masque d'un monarque hanté par l'Histoire, ont vu dans ces éclairs le signe d'un Dieu, des dieux...

115

27 mai 1981

Tout est vide. Pas une note. Pas un dossier. Au fond d'un coffre, un billet de 500 francs déchiré. Mitterrand prend possession des lieux. Décidément, il n'aime pas l'Élysée. Il ne l'aimait pas avant, mais après avoir déambulé dans les pièces, il se demande comment se résigner à y travailler. Il a bien essayé de s'installer aux Invalides, mais il a dû y renoncer sous les pressions du ministère de la Défense. Heureusement, il y a le parc et, dans le parc, les canards, dont il va s'occuper et même se soucier. Alors, dans quelle pièce travailler ? Auriol et Coty étaient en bas, donc il choisira le haut. Le bureau de Giscard ? Il le juge trop petit. Celui du Général ? Il n'aime ni l'exposition, ni les issues, ni les meubles, mais finalement, c'est là qu'il se résigne à occuper l'espace, en prenant soin de mettre son bureau au fond de la pièce, juste à côté de son secrétariat, composé de quatre anges gardiens – Marie-Claire, Christiane, Paulette et Joëlle – qui le suivent et l'accompagnent depuis des années, certaines depuis des décennies, et pour lesquelles il n'a aucun secret. Sur son bureau et sur la cheminée juste derrière, il dispose quelques photos : celle de ses parents et de ses grands-parents ainsi qu'un paysage des quais de Jarnac.

Autour de lui, c'est un va-et-vient permanent entre collaborateurs : les anciens, celles et ceux qui viennent de l'antenne présidentielle et qui l'accompagnent depuis qu'il est premier secrétaire, et puis les nouveaux, qui débarquent dans les bagages des anciens. Il n'a dit à personne qui pouvait venir travailler à ses côtés à l'Élysée. Fidèle à sa tactique de garder le silence, il a laissé approcher celles et ceux qui pensaient naturellement avoir été choisis... La majorité d'entre eux n'a pas de fonction définie ni d'attributions clairement établies, encore moins de bureaux attribués. Le président n'aime pas dire les choses, il les laisse se débrouiller entre eux. Il n'aime pas proposer, il préfère qu'on lui demande et, à ce moment-là, arbitrer s'il le faut.

Devant choisir le secrétaire général, il a opté pour Pierre Bérégovoy, qui s'en est trouvé fort marri, car il s'imaginait ministre et, pour ne pas froisser Jacques Attali, qui se voyait secrétaire général, il l'a nommé conseiller spécial, un titre pour le moins délibérément flou, mais manifestement important, puisqu'il lui a donné le bureau adjacent. Tout visiteur venu voir le nouveau président devra passer par le sien. André Rousselet est, quasi naturellement, nommé directeur de cabinet. Cet ancien préfet, très ancien collaborateur de l'ex-ministre devenu, au fil des années, un ami proche et un confident – il est l'un des rares, voire le seul, à être au courant de la double vie du président –, bénéficie de sa totale confiance. Mitterrand sait que, sous ses dehors accorts et avenants, Rousselet possède une autorité naturelle dont il aura bien besoin pour maîtriser la fougue et l'enthousiasme de ces nouveaux venus dans ce monde technique, politique, administratif, protocolaire des coulisses du pouvoir. Nathalie Duhamel, chargée de sa communication au Parti socialiste depuis les années de la cité Malesherbes, belle-fille de Mendès France, et dont il apprécie la franchise et la liberté, sera nommée directrice du service de presse.

François Mitterrand convoque ses collaborateurs pour une première et... dernière réunion. Au cours de celle-ci, il leur demande de ne pas parler en son nom, de ne pas agir en son nom. « Aucun d'entre vous n'a d'existence juridique. » Tout passera par lui. Les collaborateurs s'adresseront à lui par notes, qui seront d'abord examinées par le secrétariat général adjoint, avant de transiter par le secrétariat général, qui décide si la note doit parvenir au président. Celui-ci, très vite, adopte un système de notations sibyllines : un point d'exclamation ou des points de suspension en haut à droite ont valeur de « rien à signaler » ; un « m'en parler » indique que, le temps venu, le sujet est à revoir ; les annotations longues sont rares, le président préférant parler de vive voix, en tête à tête, avec chacun, plutôt que de déléguer ou d'organiser des réunions. Il marque tout de suite les limites : il n'y a plus d'ancien camarade, d'ancien premier secrétaire, il n'y a plus qu'un président soucieux, jusqu'au pointillisme, de l'étiquette. Il a demandé au chef du protocole, Jean-Bernard Mérimée, de le précéder partout où il va, pour lui indiquer au sens propre et au sens figuré, où est sa place. Pendant plusieurs mois, il va, comme il le dit, « l'aider à passer le gué ». On le sait, l'homme déteste qu'on s'approche trop de lui, qu'on viole son périmètre, qu'on joue avec lui les intimes en excipant des années de militantisme.

À l'Élysée, dès le premier Conseil des ministres, il fait savoir qu'il ne s'agit pas d'une chambre d'échos de la dernière convention du parti et dit en aparté au seul « transfuge » politique de l'équipe : « Il faut qu'ils comprennent vite qu'ils ne sont pas à une réunion du comité directeur. » Ce matin-là, après avoir fait attendre plus d'une demi-heure son nouveau gouvernement, il entre, de manière solennelle, dans le salon Murat, et, après quelques mots de bienvenue, sur un ton sévère, édicte quelques consignes : ne pas lire ses communications, savoir être bref, pas plus de dix minutes par communication – souvenir de l'ancien ministre de l'Outre-mer, l'un des derniers protocolairement, qui, de nombreuses fois, assista à ce Conseil sans pouvoir ouvrir la bouche ? –, interdiction de noter, interdiction aussi de dialoguer entre ministres.

Il n'espère rien a priori de ce huis clos dont il a tant soupé lors de la IVe République. Son caractère, de nature ombrageuse, ne l'incite pas à envisager quoi que ce soit d'une quelconque collégialité. De plus, il se méfie instinctivement de toute décision qui se prendrait oralement et a besoin de réfléchir, de lire, de consulter avant de s'engager lors de ces réunions du mercredi matin. Très vite d'ailleurs, il affectera de faire autre chose qu'écouter : il prendra des notes, dessinera, lira le journal (!), et communiquera beaucoup par petits papiers avec certains ministres, comme Yvette Roudy, douée d'une liberté d'esprit et d'un sens de la repartie qui le font sourire, et Gaston Defferre, à qui il peut tout dire.

À l'issue de ce premier Conseil des ministres, il pose pour la photo traditionnelle, en compagnie du nouveau gouvernement, sur les marches du palais, côté jardin. Il semble inquiet, tendu. À celles et ceux qui voudraient savourer la victoire, il lance : « L'état de grâce est déjà terminé. La droite va se ressaisir. Les Français attendent beaucoup de nous. Ne vous faites pas trop d'illusions. »

116

24 juin 1981

Il ne veut pas faire attendre le vice-président des États-Unis, alors il essaie de faire comprendre aux nouveaux ministres communistes, qui l'assurent de leur loyauté et de leur fidélité, qu'il doit s'éclipser mais ne tient pas à les froisser. La vie politique ressemble quelquefois à un vaudeville. Ce n'est pas l'amant qu'il faut cacher, mais le bras droit de Reagan, George Bush, qui voit d'un très mauvais œil ce président nommer des rouges dans son nouveau gouvernement.

Le Conseil s'éternise un peu trop à son goût. Il sait que Bush arrive par le parc et que la photo officielle doit se faire côté cour, quelques minutes auparavant.

À l'ouverture du premier Conseil de ce second gouvernement, issu de la victoire aux législatives, il a tenu à expliquer les raisons de cet élargissement aux communistes et a cité le général de Gaulle qui, en 1946, avait également voulu rassembler toutes les énergies. Il douche le Premier ministre qui évoque l'allégresse des temps nouveaux en évoquant l'état des finances de la France et ne peut faire taire son impatience lorsque Charles Hernu, en charge de la Défense, commence à épeler toute une liste de personnes à décorer qui, selon lui, devraient bénéficier de la promotion du 14 Juillet. « On ne les connaît pas tous. Alors on n'a rien à en dire », commente le président, croyant le faire accélérer. « Ah, mais j'ai les fiches ! », répond le ministre. « Pas la peine », rétorque le président. Puis il se lève et entraîne tout son monde vers la meute des journalistes qui attend le premier gouvernement d'union de la gauche.

Bush patiente en compagnie de Cheysson, ministre des Relations extérieures, dans un salon du rez-de-chaussée, côté canards. Le président n'abuse pas des préliminaires et explique d'entrée de jeu que son adhésion au socialisme n'est en rien une adhésion au marxisme et qu'il a nommé quatre ministres communistes en vue de mieux contenir et maîtriser les agissements de leur propre parti, d'ailleurs objectivement très affaibli. Devant un Bush abasourdi mais charmé, il confirme son analyse d'une lente mais inéluctable érosion du PC en France. Quant aux ministres, « ils resteront, ils vont se cramponner aux postes », perdant ainsi de leur crédibilité.

À l'issue du déjeuner, Bush déclare aux journalistes sur le perron que cette présence communiste est appelée à causer du souci aux alliés de la France. Mitterrand rétorque : « La politique de la France est celle de la France et restera celle de la France. »

Bush, le soir même, sera appelé par Washington et, à minuit, tombe un communiqué : « Le ton et le contenu de nos rapports en tant qu'alliés seront affectés par l'arrivée des communistes dans le gouvernement français. »

D'aucuns pensent que François Mitterrand a perdu la première manche. Mais la presse française s'indigne de l'interventionnisme américain et le félicite, du *Figaro* à *L'Humanité*. À ce concert de louanges viennent s'ajouter ceux des ministres de droite, dont l'ancien Premier ministre Pierre Messmer, qui lui accordent leur soutien. La France, pour Reagan, serait-elle le Salvador ou Saint-Domingue ?

Deux jours plus tard, comme tous les ans depuis la Libération, Mitterrand se rend à Dun-les-Places, où il vient commémorer le martyre des habitants massacrés en 1944 par l'armée allemande. Après s'être incliné sur les tombes, à la sortie du cimetière, aux journalistes qui l'attendent il déclare bonhomme : « On a écrit : "Reagan se fâche." Et après ? "Reagan éternue." Et après ? Je ne vais pas mettre aussitôt le doigt sur la couture du pantalon... La réaction des Américains, c'est leur affaire ; la décision, c'est la mienne. »

Gaullien ou gaulliste, le nouveau président ?

117

20 octobre 1981

Mexico. Monument de la place de la Révolution. Il arrive à pied en compagnie d'Octavio Paz, Carlos Fuentes, Gabriel García Marquez avec qui il vient de prendre le petit-déjeuner. Il monte à la tribune. L'assistance est clairsemée. Peu importe. « Salut à celles et à ceux qu'on bâillonne et qui veulent vivre libres. » Le ton est lyrique, le discours enflammé, le style incantatoire, l'inspiration puisée aux sources du *Canto général* de Pablo Neruda : « Salut aux séquestrés, aux disparus et aux assassinés qui voulaient seulement vivre libres. » À chaque fin de phrase, un comédien traduit son texte en espagnol et, dans l'assemblée, les volontaires du PRI agitent des crécelles en bois, qui, par leur son, augmentent la dramaturgie et l'émotion. « Salut aux prêtres brutalisés, aux syndicalistes emprisonnés, aux chômeurs qui vendent leur sang pour survivre, aux Indiens pourchassés dans leur forêt, aux travailleurs sans droit, aux paysans sans terre, aux résistants sans armes qui veulent vivre et vivre libres. »

Là, à Mexico, le général de Gaulle avait, en mars 1964, prononcé, en espagnol, ce fameux discours stigmatisant l'hégémonie américaine et soviétique, exhortant le peuple mexicain à se rapprocher du peuple français. Là – et ce n'est pas un hasard – Mitterrand prononcera pour la première fois le mot d'« assistance aux peuples en danger », proposé par Régis Debray, qui l'accompagne. Contrairement aux personnes du Quai d'Orsay, qui le considèrent comme le « guérillero de l'Élysée », « le Che de Mitterrand », et aux vieux compagnons du nouveau président, qui le traitent de doux rêveur, de mitterrandiste de la sixième heure, Debray bénéficie auprès de lui d'une grande confiance. Et ce concept annonce une nouvelle diplomatie politique : « Non-ingérence, libre détermination des peuples, solution pacifique des conflits, nouvel ordre international. » Relayée par Claude Cheysson, elle ne sera guère appréciée par les « grands de ce monde », dont lui-même va faire la connaissance deux jours plus tard à Cancun.

C'est son baptême du feu. Il observe, goguenard, dans ce bunker où on l'enferme avec les hommes les plus puissants de la planète – premier sommet Nord-Sud avec 22 délégations représentatives de toutes les régions du monde, à l'exception du bloc soviétique –, sommeiller les uns et les autres tant ils s'ennuient à écouter les discours de leurs délégations respectives. À côté de lui, ordre alphabétique oblige, il regarde sidéré les deux filles et la femme du dictateur Marcos changer de tenue toutes les heures, tandis que, un peu plus loin, Ronald Reagan ferme les yeux, Suzuki dodeline de la tête. Il n'y a que son vieux camarade Félix Houphouët-Boigny qui semble présent. Il attend la suspension de séance pour parler de l'avenir de l'Afrique avec lui. Ce soir, il séchera la séance sur la filiale énergie et préférera retrouver son cher et vieux Lamartine. Avant de s'endormir, il note sur un calepin : « Beaucoup de chefs d'État oublient cette nécessité : tout ce qui permet de prendre de la distance sans perdre le contact est nécessaire à l'action. Je parle de la distance entre soi et soi. »

118

15 décembre 1981

Il fait paraître son premier bulletin de santé, conformément à ce qu'il avait annoncé. L'ombre de la maladie de Pompidou et les non-dits médicaux l'ont conduit à vouloir le rendre public chaque année. Au lendemain de l'élection, il avait fait publier un premier bilan détaillé qui concluait à un état général satisfaisant. Cela n'avait pas empêché les rumeurs de cancer de circuler à nouveau. Depuis qu'en novembre 1972 Guy Mollet avait déclaré à son propos : « Il file un mauvais coton », à chaque échéance électorale la rumeur renaissait. En 1974, la presse diagnostiquait un cancer de la rate, en 1978, un cancer des os et en 1981, la même maladie que Pompidou. Lors de sa conférence de presse du 24 septembre dernier, il y avait fait une allusion ironique en affirmant : « Oui, il m'arrive d'éternuer et l'autre jour, après avoir fait des gestes inconsidérés dans une occupation tout à fait louable, de caractère sportif, je me suis tordu une vertèbre. » Il se plaint en effet, depuis le début de l'été, d'un méchant mal de dos qui s'apparente à une sciatique persistante, a consulté plusieurs kinésithérapeutes et un rhumatologue qui n'ont pas réussi à faire diminuer la douleur. Il a vécu l'enterrement de Sadate où, bousculé par la foule, il a dû rester debout des heures durant, comme une terrible épreuve et fait attention de ne pas s'asseoir dans des fauteuils et canapés trop profonds, d'où il ne peut s'extirper qu'au prix de violents élancements. En vérité il porte peu d'intérêt à sa santé. Est-ce parce qu'il est persuadé que, comme son père et son grand-père, il ne va pas mourir vieux ? Fataliste sur le sujet, il s'y est résigné depuis longtemps. Il en parle ouvertement avec son ami Pierre qui vient le voir à l'Élysée tous les vendredis matin et avec Louis Clayeux qui, dès qu'il monte à Paris, lui rend visite. C'est même un sujet de plaisanterie entre eux. Ils se sont promis, depuis le début de leur adolescence, qu'ils se porteraient secours jusqu'aux derniers instants. Affaire classée, en quelque sorte.

Il a longtemps eu comme médecin de famille le frère de Georges Dayan puis, à la mort de celui-ci, il a adopté celui de Danielle, le docteur Gubler, médecin habitant non loin de la rue Guynemer et qui avait d'abord soigné sa mère. En arrivant à l'Élysée, il n'a pas souhaité changer, même s'il sait qu'un médecin militaire exerce à demeure. Gubler, constatant que les douleurs persistent et augmentent, demande au professeur Steg, qu'il connaît et dont il apprécie les hautes qualités, de venir voir son patient discrètement. Il se trouve que Mitterrand a aussi entendu parler de lui et qu'il a confiance. Au cours de ce rendez-vous, le professeur lui fait faire quelques mouvements, suffisamment pour s'apercevoir que les douleurs ne sont pas d'ordre musculaire, et lui demande d'entamer une série d'examens.

Le 7 novembre, il entre au Val-de-Grâce dans le service du professeur Laverdant, sous le nom d'Albert Blot. Des témoins parlent. Des infirmiers confirment avoir vu Mitterrand faire une scintigraphie et une échographie. Le 18 novembre, *France-Soir* et *Paris Match* publient des encadrés le décrivant le teint jaune citron, marchant avec difficulté dans les couloirs de l'hôpital et refusant le brancard. Pierre Bérégovoy et André Rousselet préparent à sa demande un communiqué qui précise qu'un second bilan de santé sera publié, comme prévu, en décembre, et qu'à cette occasion le président procédera aux examens nécessaires au Val-de-Grâce. Monsieur Blot, c'était donc lui ? Pourquoi ces silences ? La santé du président devient une affaire politique. Tout le monde en parle et pas seulement dans les dîners en ville. Giscard et Chirac se sentent ragaillardis. À l'Élysée, les collaborateurs évoquent une campagne d'intoxication de la droite.

Le résultat des examens pratiqués par les médecins militaires conclut à un cancer de la prostate, la maladie dont est mort son père. Le 16 novembre, le professeur Steg, en présence du docteur Gubler, annonce à Mitterrand, à l'Élysée, le diagnostic. Un cancer de la prostate donc, déjà métastasé avec de nombreuses tumeurs osseuses. Les chances de survie ? Entre trois mois et trois ans. Le traitement commence dès le lendemain avec une perfusion quotidienne. Il décide de ne pas parler de sa maladie, sauf à de très rares personnes. Anne saura le soir même et Danielle huit ans plus tard. Gubler raconte qu'il arrivait tôt le matin rue de Bièvre avec sa sacoche et que, sous un prétexte quelconque, Mitterrand le faisait monter dans son pigeonnier. André Rousselet aussi sera mis tout de suite dans la confidence, ainsi que Laurence Soudet et Pierre Bérégovoy.

À ce coup du sort, François Mitterrand réagit avec colère – il considérera sa maladie comme un ennemi contre lequel il faut savoir se battre et déployer toutes sortes de stratégies sans jamais s'incliner – et une certaine superstition : ainsi dit-il à Rousselet qu'« on veut sa mort comme un meurtre sacrificiel ». « Ils plantent des aiguilles sur ma photo mais ils ne m'auront pas. » Qui désigne ce *ils* ? Ses ennemis politiques certes, mais aussi tous les esprits qui se sont ligués pour lui porter la poisse. La fibre paysanne remonte à la surface et il considère cette nouvelle comme une malédiction. Steg lui a prescrit un traitement que Gubler va lui administrer sans parler de guérison.

Le 20 novembre, il reçoit Michèle Cotta à l'Élysée. Une vieille amie qui, en tant que journaliste politique, le suit depuis sa campagne de 1965. Il éprouve pour elle de la considération, de l'affection, de l'amitié. Elle le trouve blême, le teint cireux. Très vite, il lui avoue qu'il est malade. Il ne précise pas. Elle n'ose pas poser de questions. Il dit qu'il souffre le martyre et ajoute, ironique : « Quand je pense que je n'ai pas été malade pendant soixante ans, c'est malin... » L'après-midi même, elle reçoit un coup de fil d'André Rousselet. À peine a-t-elle le temps de dire son inquiétude qu'il la coupe, les larmes dans la voix : « Les diagnostics sont pessimistes. »

Le 21 novembre se tient à l'Élysée un colloque de scientifiques qu'il doit conclure. À l'issue de cette journée, il profite de la présence de journalistes et explique, d'un ton badin, qu'il a bien été samedi dernier au Val-de-Grâce pour faire des examens, qu'il n'avait aucune intention que cela fût tenu secret et qu'il n'était pas au courant du mystère entretenu sur son identité. Oui, il a mal. Blocage d'une vertèbre lors d'une partie de tennis. « Je me suis trop dépensé et trop longtemps. » Pour le reste, circulez, il n'y a rien à voir : « Je suis à l'Élysée de 9 heures à 21 heures. Je vois quarante personnes par jour. J'ai un déjeuner de travail quotidien et un déplacement à l'étranger chaque semaine. Tout va bien. Et, ne vous inquiétez pas, si quelque chose se passe, je vous préviendrai à temps. »

Le 9 décembre, il répond à la télévision aux questions de Michèle Cotta et Pierre Desgraupes. L'avant-veille, dans le cadre de la préparation de l'émission, il avait demandé à la journaliste de lui poser une question sur sa santé. Celle-ci s'exécute donc. À sa grande surprise, il répond longuement. Oui, il s'est senti atteint cet été. Maintenant, il va mieux. Il restera à l'Élysée jusqu'en 1988 et partira, comme il s'y était engagé dans ses 110 propositions, au bout de son unique mandat.

À cette période il a une piqûre tous les deux jours et souffre le martyre. Gubler le suit partout comme une ombre. Il a reçu l'ordre de mentir. « Ma santé est un secret d'État », lui a-t-il dit. Lui qui voulait la transparence se retrouve pris à son propre piège. Un an plus tard, au grand étonnement de ses médecins, son cancer est en rémission.

119

4 mars 1982

François Mitterrand est le premier chef d'État européen et le premier chef d'État français, depuis Saint-Louis en 1251, à se rendre en visite en Terre sainte. À la Knesset, il prononce les mots Organisation de libération de la Palestine, État palestinien. Avant son départ, il avait affirmé qu'il ne venait ni avec des solutions en poche, ni en arbitre, ni en médiateur, mais en ami. Il a pris soin de donner un entretien à *L'Arche* où il affirme que la reconnaissance préalable du droit à l'existence d'Israël demeure la condition de la participation de l'OLP à des négociations de paix.

Dans l'avion, il ouvre *La Disparition* de Georges Perec, qui vient de mourir et qu'il apprécie beaucoup. Il se plonge dans l'ouvrage avant de relire son discours. C'est la septième fois qu'il se rend dans l'État hébreu. La dernière fois, c'était en décembre 1980, à l'invitation du congrès du Parti travailliste israélien, et il avait décidé de prolonger son séjour pour y passer les vacances de Noël avec Anne, Mazarine, Charles Salzmann et quelques amis. Il sait que la moindre de ses phrases sera jugée. Au dernier Conseil des ministres il a précisé : « Nous sommes dans un domaine où un serpent se cache sous chaque pierre. » Il a averti ses collaborateurs : « Moins j'en dirai, mieux ce sera. J'aimerais mieux avoir ce voyage en arrière de moi que devant moi. » C'est pourtant lui qui a insisté pour le remettre le plus vite possible au programme après l'ajournement du premier, en janvier dernier, dû aux tensions sur la frontière libanaise. De toute façon, ce ne sera jamais le bon moment.

Au dîner de la veille, dans ce grand hall de la Knesset, au milieu des tableaux de Chagall, face à un Menahem Begin sur sa chaise roulante à la suite d'une fracture du fémur, il s'est souvenu qu'en août 1947 il a été l'un des deux seuls ministres à tenter de persuader le gouvernement d'offrir le droit d'asile aux réfugiés de l'*Exodus*. Deux ans plus tard il était venu passer un mois à Jérusalem. Alors, soudainement il délaisse son discours et commence à improviser. Il parle de sa mère qui lui a enseigné la Bible, de ses copains juifs dans le camp de prisonniers, de son désir de dire la vérité : « Je ne suis pas venu pour regarder un arbre en fleurs. Si toutefois j'en aperçois, comme tout à l'heure, sur la route, j'essaierai de comprendre le symbole de ce printemps qui vient avec la pluie qui m'accueillait : cette promesse de la moisson. Me pardonneriez-vous si j'y voyais un symbole ? »

Le dîner s'éternise. À 1 heure du matin, il est enfin dans sa chambre au *King David*. Il appelle Paris au téléphone et s'enquiert de savoir si son opposition à la loi sur le remboursement de l'IVG a bien été notifiée. Il s'est violemment opposé à ce texte qui devait passer au Conseil des ministres sans qu'il en ait pris connaissance auparavant et cela l'a rendu fou de rage : « Je n'ai pas autorisé cette décision. Je suis contre toute banalisation de l'avortement », a-t-il déclaré avant son départ, avant de s'y résoudre à l'automne suivant. Pour l'heure, délaissant les projets qui lui sont soumis et pestant contre son entourage, il commence à rédiger un nouveau discours. À 5 heures du matin, il convoque Cheysson et Attali et le leur lit à haute voix, tout en apportant de nouvelles corrections. Plus le temps de retaper. C'est donc avec son brouillon qu'il se rend à la Knesset et déclare à 11 h 15 devant les 120 députés israéliens : « L'irréductible droit de vivre appartient au peuple israélien. Il est aussi celui des peuples qui vous entourent, je pense bien entendu aux Palestiniens de Gaza et de Cisjordanie... Pourquoi ai-je souhaité que les habitants de Gaza et de Cisjordanie disposent d'une patrie ? Parce qu'on ne peut demander à quiconque de renoncer à son identité... Comment l'OLP, par exemple, qui parle au nom des combattants, peut-elle espérer s'asseoir à la table des négociations tant qu'elle déniera le principal à Israël, qui est le droit d'existence et les moyens de sa sécurité ? Le dialogue suppose que chaque partie puisse aller jusqu'au bout de son droit, ce qui, pour les Palestiniens comme pour les autres, peut, le moment venu, signifier un État. »

Au moment précis où il termine son discours, des chasseurs bombardiers israéliens franchissaient le mur du son à Beyrouth.

Begin répond avec fureur. Il considère que le chef de l'État français a enfreint un tabou et se livre à une diatribe contre la charte palestinienne qu'il compare à la version arabe de *Mein Kampf*. Lui écoute en restant impassible. Avant de repartir pour la France, il déclare, prudent : « Il faudra beaucoup de temps pour savoir si ce discours aura une influence... Si j'attendais des résultats plus rapides, je serais bien ignorant ou bien naïf... »

Au retour, la presse le jugea, au mieux courageux, au pis équilibriste. L'OLP déclara qu'il était le mauvais avocat d'une juste cause et Begin suggéra que la France ferait mieux de s'occuper de la Corse que d'Israël : « Après tout la Corse n'est française que depuis 1768. C'est tout de même plus récent qu'Abraham. »

Il s'envolera pour Washington le 12 mars. Pourquoi cette fièvre de voyages ? Pour inscrire rapidement sa trace dans la politique internationale ou pour se prouver qu'il n'est pas si malade ? Désormais, il ne fera aucun déplacement sans le docteur Gubler, que ne quitte jamais sa petite mallette.

120

4 juin 1982

Au départ, ce devait être à Latché. Trop petit.
Puis à Rambouillet. Trop décati. Alors pourquoi
pas à Versailles, demande-t-il à ses conseillers ? En
pleins travaux, hélas. Ne peut-on accélérer ? Ainsi
fut fait.

Le sommet accumula les difficultés d'ordre technique et mobilisa un important dispositif de sécurité. Quelques jours avant l'ouverture du G7, le
président fut averti de menaces de missiles contre
son homologue américain. Il vint lui-même sur
les lieux et inspecta quelques bosquets. Un millier
de CRS, de gardes mobiles, de parachutistes en
tenue camouflée se déploieront dans les jardins et
les appartements pendant les deux jours que durera
la réunion.

Pourquoi tant de magnificence et d'ostentation, alors qu'il affronte sa première crise économique ? Il est président, pas seulement premier
président de gauche d'une puissance européenne.
Il aime les symboles, sait que certains l'appellent
le « monarque », sait mieux que quiconque à quel
point la Constitution de la Ve République n'a pas

coupé le cordon ombilical avec la monarchie, et entend, vis-à-vis de ceux qui sont désormais ses pairs du monde entier, leur faire vivre, comprendre et entendre la puissance de la France et l'avenir qu'elle incarne.

Le premier dîner a lieu au Trianon. Les Sept sont Neuf. Spectacle surréaliste, notera Attali dans son *Verbatim* : « Dans les sept pays réunis il y a 7 millions de chômeurs de plus qu'en juillet dernier... la croissance mondiale est nulle. Au Liban la guerre gronde ; en Europe la guerre froide risque de se durcir ; en France la dévaluation est pour dans huit jours. Et l'on s'apprête à se disputer sur les taux de crédit à l'URSS dans le château du Roi-Soleil somptueusement rénové. »

Le Premier ministre a été informé, mais pas consulté, les autres ministres sont invités, mais aucun d'entre eux n'a participé à la préparation du sommet, coordonnée au palais par Ségolène Royal, Jacques Attali, Pierre Morel, Jean-Yves Stourdzé, Erik Orsenna, Jean-Hervé Lorenzi. L'incompréhension règne dans l'équipe gouvernementale. Delors est l'un des plus furieux : « Quand je pense qu'on fait ce cinéma alors qu'on n'a plus de devises et que le franc va être dévalué. » Justement. Mitterrand pense que c'est le moment ou jamais de montrer qu'un président socialiste sait recevoir les grands de ce monde avec faste et solennité dans la plus pure des traditions et dans le décor de la royauté. Geste symbolique. Geste politique : il estime pouvoir influencer les Américains et les inciter à une relance internationale en espérant échapper ainsi à la menace de plus en plus forte de la dévaluation. Geste offensif également : ce sommet se veut un acte de foi dans le futur. Dans ce symbole du patrimoine mondial ont été installés les meilleurs matériels de télématique et d'informatique, destinés peut-être à changer la nature même du politique, et à accélérer la disparition de ces réunions au sommet, cérémonies usées qu'il entend revitaliser.

Il y a du comique – Erik Orsenna l'a très bien montré dans *Grand Amour* –, du cynisme, du réalisme, de l'utopisme et de la bouffonnerie dans cette mise en scène exacerbée de lui-même. Il faut dire que tout a mal commencé. Au déjeuner du vendredi, Reagan s'est embrouillé dans ses fiches et n'arrivait pas à trouver les bonnes pour parler de l'Afghanistan. Silence radio prolongé. Pas gêné, il a continué finalement à manger. Le soir, même scénario, banalités, conversations effleurées puis tout est bousculé : Thatcher, très excitée, quitte à plusieurs reprises la table pour s'entretenir avec son cabinet de la crise des Malouines qui met Londres face à Buenos Aires, Reagan s'isole avec son aide de camp et s'entretient des conséquences de l'entrée de l'armée israélienne au Sud Liban. Les sujets à l'ordre du jour ne seront pas abordés.

Mitterrand veut avoir la maîtrise, tout contrôler. Avant de se retirer dans ses appartements – il dort au Trianon –, il demande le plan de table du dîner du surlendemain prévu à la galerie des Glaces, où sont conviées 300 personnes ; il y passe une heure, modifie quelques tables, ajoute quelques noms, dont celui d'Anne.

Le début du sommet aura lieu dans l'une des salles du premier étage sous le regard de David qui, avec son *Couronnement de Napoléon*, veille sur les participants. Le président ouvre la première table ronde consacrée à l'emploi et à la technologie. « Il nous faut changer le monde et nous lancer dans de grandes aventures comme après la Seconde Guerre mondiale. C'est de notre responsabilité, nous qui sommes riches. » Il le répétera à plusieurs reprises, tentant de transmettre sa flamme, appelant à la solidarité, estimant que les progrès techniques, et notamment les biotechnologies, vont changer les termes du développement dans le tiers-monde. C'est la première fois qu'ils entendent un chef d'État parler ainsi : Schmidt, Suzuki, Trudeau, Spadolini écoutent, approuvent. Ronald Reagan, avec ou sans notes, affiche un scepticisme destructeur et douche ce début d'enthousiasme collectif.

Plusieurs couacs ponctuent ce marathon : Reagan – l'autre, Donald, le secrétaire au Trésor – annonce qu'il n'empêchera pas la montée du dollar face à une très probable dévaluation du franc ; Alexander Haig, en charge des Affaires étrangères américaines, se moque des Français : « Ils nous parlent toute la journée de nouvelles technologies ; ils feraient mieux d'apprendre à faire marcher la climatisation » ; impossibilité pour les grands de ce monde de profiter du parc en raison de menaces de tireurs au bazooka ; panne d'imprimante pour le communiqué final ; panne de rideau au théâtre avant le spectacle musical des arts florissants – William Christie lève sa baguette, puis la repose, puis attend… Reagan, assis au premier rang, s'endort, bouche ouverte. Ses gardes du corps le réveilleront pour le somptueux dîner dans la salle des Batailles.

Le sommet coûtera 26 796 210 francs, soit un dépassement de 8 millions sur les frais estimés. 50 % des Français, la moitié appartenant à la majorité, disent ne pas comprendre ces dépenses. Au Conseil des ministres suivant, deux ministres abordent le sujet. Mitterrand répond, méprisant : « Adressez-vous à Louis XIV. Il me semble que bien recevoir et ne pas céder était assez conforme au tempérament français. » À l'Élysée les dégâts de Versailles furent patents : certains conseillers solennisent leurs gestes, ralentissent leur diction, pontifient. « En d'autres termes, écrit Orsenna, les collègues, toujours enclins à vivre la vie des autres, s'identifiaient au Roi-Soleil et, chaises percées exceptées, copiaient son comportement de majesté. »

Trois jours plus tard, est annoncé le passage à la rigueur.

Versailles signe la fin de l'état de grâce.

121

18 octobre 1982

Il ne l'a pas sollicité une seule fois depuis qu'il est président. Certes, il l'a invité à déjeuner en mars dernier de manière informelle. La conversation a roulé sur les problèmes diplomatiques. Et il a été irrité par son pessimisme. Mendès a pronostiqué que les jours de la victoire seraient vite assombris par la gravité de la situation internationale. En le raccompagnant sur le perron, il se demande pourquoi cet homme inspire encore autant de dévotion et se souvient des mots de Dayan à son propos : un peu puritain, un peu austère, un peu emmerdant aussi...

Avant le voyage en Israël, à l'un des conseillers qui mettait son nom sur la liste, il a demandé : « N'est-il pas trop fatigué ? » Le conseiller a barré le nom de celui qui, pourtant, a joué un rôle déterminant depuis vingt ans dans le dossier du Proche-Orient et est toujours considéré comme un interlocuteur majeur du dialogue pour la paix. Le 2 juillet dernier, avec Nahum Goldmann, il avait lancé un dernier appel pour la reconnaissance réciproque d'Israël et du peuple palestinien tout en se refusant à commenter la politique intérieure : « Je ne veux pas m'installer dans le rôle du vieux professeur maintenant que la gauche est au pouvoir. »

Mitterrand apprend la nouvelle de sa mort par son secrétariat particulier. Il se montre très ému et demande à aller le voir à son domicile. Il s'incline devant sa dépouille pendant plus de vingt minutes et, aux journalistes qui le questionnent, déclare : « Je ne ferai pas état de mes sentiments personnels. C'était pour moi un compagnon, un ami, un exemple. » Pierre Mendès France a été terrassé par une crise cardiaque en pleine conversation téléphonique. Il avait pris soin, dans ses dernières volontés, de refuser des obsèques nationales. Mitterrand organisera, le 27 octobre, une cérémonie à l'Assemblée nationale, au cours de laquelle on entendra la voix de Mendès en 1955, la *Cinquième Suite* de Bach et une pièce sacrée de Verdi. Il prononcera son éloge funèbre. « Il fut une part de notre honneur. Il fut une part de notre histoire, le temps s'en souviendra. » Il demandera que certains de ses textes soient lus dans les écoles.

Au Conseil des ministres du surlendemain, Robert Badinter pose la question du Panthéon. Il ne dit pas non. Pas oui non plus. « Un jour peut-être. Mais deux personnes doivent y être avant lui : René Cassin et Léon Blum. » Les deux premiers attendent toujours. Au cinquième anniversaire de sa mort, il l'a proposé à sa veuve, Marie-Claire, qui s'y est opposée.

122

22 octobre 1982

Il prend le risque d'affronter son propre camp en engageant sa responsabilité dans le dossier d'amnistie des généraux de l'OAS et en se montrant, jusqu'au bout, inébranlable.

En apparence quoi de plus normal que de vouloir, comme l'avait fait le Général à la Libération, revendiquer le pardon, que de tenter d'effacer les sentiments de revanche et de guérir les cicatrices mémorielles ? Depuis 1966, il milite dans le cadre de son parti pour la réintégration de plein droit de tous les fonctionnaires impliqués dans l'OAS. C'était d'ailleurs dans ses promesses de candidat en 1981 et il avait, à deux reprises, lors d'un déplacement à Foix le 29 septembre, puis en Conseil des ministres, quinze jours plus tôt, exprimé son souhait pour l'adoption de ce texte, engagement de principe confirmé aux associations de rapatriés au cours de la présidentielle parce qu'il doit « effacer toutes les séquelles de la guerre d'Algérie ».

Il ne s'attendait pas à une réaction si vive du Parti socialiste et encore moins à la bronca de personnes proches de lui – Joxe, Jospin, Estier – qui considèrent que sa volonté de vouloir une amnistie totale serait une trahison des lois mêmes de la

République. Pourquoi donne-t-il ainsi le sentiment de vouloir absoudre, voire légitimer a posteriori, des agissements d'officiers généraux qui avaient pris les armes contre le gouvernement légal de la République ? Ses souvenirs d'ancien ministre de l'Intérieur le conduisent-ils à légiférer pour un oubli collectif ? Qu'a-t-il à gagner ? Questionné par deux amis ministres sur cette obstination, il refuse de s'expliquer et, en revanche, persiste et signe en souhaitant que le pardon de la nation s'étende non seulement sur vingt ans, mais un demi-siècle en arrière.

Débat de conscience chez les militants du Parti socialiste qui se réunissent et, en deuxième instance, refusent aux « généraux félons » la réintégration de leurs droits, provoquant ainsi le premier conflit entre le gouvernement et les députés, censés le soutenir. Pierre Joxe vient voir François Mitterrand à l'Élysée pour lui expliquer qu'il ne votera jamais cette loi et qu'il préfère démissionner ; Jospin vient plaider pour que les généraux soient exclus de ce grand pardon. Lui se montre intraitable. Il entend, dans son rôle de président, être le seul à pouvoir apprécier et décider de mettre un terme à des drames nationaux. Il est le grand maître du temps mémoriel et n'entend pas en discuter. Il veut être le président de la réconciliation nationale. Pas question, donc, de transiger sur les généraux. Avec, toujours, chez lui, l'obsession de la mort. Seuls deux généraux sont encore vivants : Salan et Jouhaud. À ses interlocuteurs qui tentent de le convaincre, il répond : « Ils ont bien le droit d'avoir le drapeau tricolore sur leurs cercueils. »

Mais en ce jour du 22 octobre, l'Assemblée vote l'amendement écartant les généraux de cette réhabilitation. C'est son premier camouflet. Trois semaines plus tard, le Sénat fera un vote contraire et réintégrera les généraux dans la loi. Lui n'entend pas s'en contenter et, malgré la résistance des députés, impose sa décision à la hussarde. Le gouvernement engagera sa responsabilité, sans demander aux députés de voter, en utilisant l'article 49 paragraphe 3 de la Constitution, imaginé par de Gaulle pour domestiquer, quand besoin était, un parlementarisme excessif, entravant les volontés de l'exécutif. Sacré tour de passe-passe. L'auteur du *Coup d'État permanent* utilisera avec maestria les ficelles de cette Constitution dont il a si cruellement stigmatisé les défauts. Peu importe qu'il en reste des traces au PS. Quand il a décidé, il déteste qu'on lui tienne tête.

« Si on continue comme ça, on va finir par réhabiliter Pétain ? » lui demande alors, goguenard, Jean Poperen, le numéro deux du PS. « Et alors ? » lui répond-il sèchement.

Justement il y songe. Il attend le bon moment.

123

20 janvier 1983

Il travaille dans son bureau jusqu'à 1 h 30 du matin sur le discours qu'il doit prononcer à Bonn à l'occasion du vingtième anniversaire du traité de l'Élysée. L'avant-veille, il est rentré d'une tournée en Afrique qui l'a épuisé et il a pris connaissance du projet de discours préparé par son équipe, qu'il a gracieusement qualifié de « tragiquement nul ». Il veut un texte clair, pédagogique. L'ouvrage est remis sur le métier. Mitterrand n'est toujours pas satisfait : « Vous appelez cela un discours. Mais c'est un torchon, un vrai torchon. Quand je parle il faut au moins que ce soit pour dire quelque chose. » La troisième mouture a été qualifiée de possible point de départ. Il a besoin d'une trame pour inscrire ses pensées et d'interlocuteurs pour les tester.

Ceux qui étaient, cette nuit-là, à l'Élysée se souviennent de ces moments où il a commencé, comme s'il était dans l'enceinte d'un tribunal, à improviser, lançant des pistes de réflexion, demandant à être contredit pour rebondir, puis repartir dans une autre direction, s'interrompant de temps à autre pour prendre des notes avec son stylo à encre bleue qui bave sur des pages qu'il ne numérote pas et où, de manière étoilée, il écrit des formules dans un agencement qui ressemble plus à un cryptogramme qu'à un brouillon. Conséquence : personne d'autre que lui ne peut relire ce qu'il a noté.

Il a convoqué son équipe réduite – Bianco, Cheysson, Védrine, Attali, Morel – à 6 h 30 ce matin pour terminer le discours, le peaufiner, le mettre en bouche. Dans l'avion, il retravaille chaque phrase. D'abord, il la surligne. Ensuite il la rature pour la recommencer. La rigueur sémantique doit correspondre à l'expression de sa pensée politique. Le texte est devenu un véritable chantier. Il faut être artiste pour décoder. À peine arrivé sur le tarmac de l'aéroport, il demande à s'isoler avec Christiane Dufour qui va prendre en sténo. Il coupe encore des passages, en reprend d'autres complètement. Helmut Kohl, de nouveau chancelier, intrigué, fait les cent pas dans le couloir. Le texte sera terminé de taper cinq minutes avant l'allocution. Plus le temps de l'imprimer ; d'ailleurs il n'y a pas de texte au propre puisqu'il reprendra encore cette dernière version. Il se servira donc de son brouillon.

Son intime conviction, il la livrera sans fard et sans détour. Cet homme qui a vu les ravages de la guerre de 1914 dans la vie de son père, et qui a vécu dans sa chair les désastres de celle de 1940, commence par une déclaration de foi : « Nos peuples haïssent la guerre, ils en ont trop souffert, et les autres peuples d'Europe avec eux. Une idée simple gouverne la pensée de la France : il faut que la guerre devienne impossible et que ceux qui y songeraient en soient dissuadés. » Il est inquiet pour la paix en Europe et pense que la menace que fait peser l'URSS avec ses fusées nucléaires depuis

1978 nécessite le déploiement des missiles américains dans les pays de l'OTAN. Indépendance de la force nucléaire française. Équilibre des forces. Éloge de la dissuasion. Tels seront ses principaux thèmes. Dans les rues de Bonn, les antinucléaires manifestent bruyamment. Entre le reaganisme et le brejnévisme, sa marge de manœuvre est étroite. Il choisit déjà l'Europe tout en veillant à ce que la tendance du pacifisme qui se développe en RFA, mais aussi en Angleterre, ne conduise pas à isoler la France et à la laisser en première ligne face aux Soviétiques. Il annoncera la nécessité du couple franco-allemand comme garante de la construction européenne et se pose en arbitre d'un Occident qui doit se dégager à la fois de la menace nucléaire et de l'hypothèse du surarmement.

Son discours, fondé sur des connaissances géostratégiques et nourri d'une vision gaullienne de l'importance de la France sur l'échiquier international, est traversé aussi par des intuitions qu'il revendique, assumant ainsi de personnaliser, là encore comme le Général, et de « romantiser » le registre diplomatique perclus de tics de langage et de chausse-trappes. De la même manière a-t-il institué, dès les débuts de son septennat, des conversations à Latché avec les principaux dirigeants du monde entier – il cherche à garder le contact par tous les moyens, y compris avec ses « adversaires » – en leur proposant, loin des dorures de l'Élysée et des dîners officiels interminables, des promenades en forêt et des dîners devant le feu de bois.

Cette allocution, qui fera date dans l'histoire des rapports Est-Ouest et est aujourd'hui enseignée dans toutes les écoles qui préparent au pouvoir, ne passionnera guère l'opinion publique – c'est un euphémisme – ni même les commentateurs politiques.

L'histoire retiendra, en revanche, sa déclaration, quelques mois plus tard, lors d'un déplacement à Bruxelles : « Je suis, moi aussi, contre les euromissiles, seulement je constate que les pacifistes sont à l'Ouest et que les euromissiles sont à l'Est. »

124

22 mars 1983

Il vient de trancher après une semaine rocambolesque de volte-face qui font ressembler certaines heures de sa politique à un vaudeville mal ficelé.

Nul en économie, moi ? Il bougonne et déteste qu'on ressasse à son propos certains clichés.

Un tournant, quel tournant ? Mais de quoi me parlez-vous ?

A-t-il hésité ou a-t-il fait semblant d'hésiter avant de décider que la France allait rester dans le serpent monétaire européen ?

A-t-il alors abandonné sa définition du socialisme, en préférant le pragmatisme de la social-démocratie intégrant une forme de capitalisme, mettant ainsi sous le boisseau ses ambitions de justice sociale, de solidarité, de redistribution de la richesse ?

Il fait en sorte, en tout cas, de scénariser la séquence qui peut apparaître comme un polar avec ses coups de théâtre et ses « visiteurs du soir ».

Il décide d'écouter toutes les thèses, de prendre son temps, d'opposer l'ombre à la lumière. Il n'a pas d'idées arrêtées. Ce n'est pas un idéologue. Ce n'est pas pour autant un homme influençable. Il faut qu'il puisse arriver à une intime conviction. À partir de cet instant, il s'y tient et ne change plus d'avis, quels que soient les événements.

Ides de mars ou saint-simonisme revisité, mouvement de l'utopisme socialiste révolutionnaire qu'il connaît bien et qu'il aime à citer ?

Sa tactique est de ne pas se dévoiler et de ne jamais réfléchir dans un système de collégialité. À plusieurs, on ne pense pas. D'ailleurs, il a interdit toutes les réunions et se méfie comme de la peste de l'esprit d'équipe. Mais lui ne s'interdit rien pour essayer de prévoir son avenir et conforter ses intuitions avant qu'elles ne deviennent des décisions : ainsi, de la même manière qu'il consultait auparavant Madame Soleil, il voit régulièrement l'astrologue Élizabeth Tessier, et, même s'il prétend n'accorder aucune importance à ce qu'elle lui prédit, il l'engrange et s'en servira le moment venu. Il fait feu de tout bois. C'est un joueur. Sa méthode : jouer ses hommes les uns contre les autres – développant ainsi, au mieux une émulation, au pis de la jalousie et des soupçons – tout en faisant comprendre à chacun que lui seul est maître du jeu. Suggérer, ne pas faire d'effets d'annonce, mais diviser en séquences cette décision d'une ampleur théorique et politique considérable pour mieux préparer ultérieurement l'opinion.

La première séquence passera quasi inaperçue. Le 9 juin 1982, trois jours après le sommet de Versailles, il saisit l'occasion d'une conférence de presse pour évoquer « une seconde phase ». Les mots de rigueur, dévaluation, blocage des salaires ne sont pas prononcés. Mais sa description du paysage économique est pessimiste, l'héritage du précédent septennat lourd, tout est « délabré ». Il utilise la comparaison avec les coureurs cyclistes lors du tour de France : « Lorsqu'ils font la première étape, c'est généralement avant la seconde, et, lorsqu'ils font la seconde, ils continuent à tendre vers le même but, celui de la victoire. Ils vont tous dans la même direction, ensemble, même si cette direction suppose, d'une étape à l'autre, un changement de profil des étapes. Là c'est la plaine, là c'est la montagne, mais cela n'empêche pas qu'ils soient tous tendus vers le même but. » Comprenne qui pourra... Les observateurs politiques n'ont pas tous assimilé les enjeux de ce message crypté, mais le Premier ministre, ses équipes et quelques ministres savent que sa politique est en train de changer, même si la consigne est de n'en rien dire et de ne rien expliquer.

Il entérine le plan de rigueur le 13 juin en un conseil restreint au cours duquel la dévaluation est actée, puis il le fait adopter en Conseil des ministres le 16 juin, en déclarant : « La situation est difficile. Nous ne pouvons compter sur personne. Puisque nous avons accepté de vivre dans une économie libre, il faut en tirer les conséquences : ne pas perdre l'objectif de vue mais ne pas être balayés. Si la situation s'aggrave, cela pourrait nous conduire à sortir du SME qui nous lie à ceux que nous combattons. » Le blocage des salaires sonne la fin des largesses sociales. Reniement des promesses ou adaptation au réel ? Il est partagé entre ses ambitions de justice sociale et la construction de l'Europe. Le système monétaire européen est nécessaire pour cette dernière et peut être contre-productif pour assouvir son rêve de redistributeur, qui cite souvent Robespierre et Lénine.

La seconde séquence se déroule à Latché le 15 août 1982, à l'heure du déjeuner. Il a invité Pierre Mauroy. Au menu, des écrevisses à la nage. Difficile à la fois de ne pas se tacher, de discuter tout en continuant à manger.

François Mitterrand expose ses doutes, redit son mépris pour les inspecteurs des finances et lui demande comment sortir de la spirale de l'austérité, sans pour autant perdre sa liberté, et tout en maintenant l'acquis des trente-neuf heures hebdomadaires, de la retraite à soixante ans, sur lequel il n'entend pas revenir, tant il constitue le « socle » de son septennat. Quelques jours aupa-ravant, il avait reçu longuement Jean Riboud, ami de longue date, mendésiste, patron de la multinationale Schlumberger, qui l'avait mis en garde contre les décisions qu'il avait prises et avait pesté contre les agissements de la technostructure de la Rue de Rivoli. C'est un discours qui le touche au cœur. Il s'en ouvre à Pierre Mauroy, alors qu'ils terminent leur repas avec des fraises des bois dans la chaleur de l'été. Celui-ci tempère ses inquiétudes et pense qu'il arrivera à faire baisser la hausse des prix en dessous de 10 %. Il lui répond : « En atten-dant, ça claque de partout. Si tout se passe bien, je serai content pour vous. Sinon je serai contraint de prendre les mesures qui s'imposent. » Quand Mauroy reprend son hélicoptère pour Paris, il a compris le message et dira à ses plus proches col-laborateurs de commencer à faire leurs bagages.

Le 15 septembre, au cours du Conseil des ministres, le chef de l'État réitère et déclare, en s'adressant à son Premier ministre : « C'est vous qui prenez les risques. Si cette politique échoue il faudra naturellement en tirer les conséquences. » Il est sidéré par la détermination de Pierre Mauroy et son intérêt pour les questions économiques et, avec lui, souffle le chaud puis le froid. Il tente – avec succès – de persuader Delors et Chevènement de ne pas quitter le gouvernement avant les résultats des municipales, qu'il prévoit mauvais. Il ne prendra pas de décision avant ces échéances, consulte tous azimuts à l'extérieur mais aussi au palais, transformé en véritable ruche – on dirait *think thank* aujourd'hui – où travaillent les meilleurs, les plus inventifs, les plus jeunes des économistes qui, comme Élisabeth Guigou, François-Xavier Stasse, apportent une contribution majeure au processus de décision du président, transformé en étudiant zélé voulant tout absorber pour se faire son opinion. Il n'y a pas de honte à apprendre. Jamais. Il n'a pas la science infuse. Plus de sept cents notes économiques et monétaires lui seront ainsi adressées entre mars 1982 et mars 1983, retournées dans les vingt-quatre heures, toutes annotées.

La troisième séquence s'ouvre le 14 mars 1983. En début de matinée, il convoque à l'Élysée son Premier ministre. Il l'a appelé la veille pour le féliciter d'avoir conservé sa ville de Lille. Les résultats du second tour des municipales sont moins catastrophiques qu'il ne le pensait. Aucun membre du gouvernement n'est battu et, au second tour, la gauche a apporté la preuve de sa capacité de sursaut. Il décide donc de ne pas remanier et propose à Pierre Mauroy une autre politique : la sortie du SME. Mauroy refuse. « Réfléchissez Pierre, et convenons de nous voir en fin de journée. »

Pour le déjeuner qui se tient dans la bibliothèque du bas, il a invité les deux Faure – Maurice et Edgar. Puis il se rend rue de Bièvre, où il a demandé à Joxe, Jospin et Mermaz de le rejoindre. Il évoque un changement de Premier ministre, tout en ajoutant : « Je prendrai quelqu'un de sérieux et de responsable. » Étrange remarque, qui souligne qu'il n'a pas pris cette décision de gaieté de cœur. À 17 heures, Mauroy revient à l'Élysée et confirme sa démission : « Conduite sur une route verglacée, je ne sais pas faire. » Mitterrand lui demande de ne pas rendre publique sa décision et rend hommage à son courage.

Au même moment, Jean-Louis Bianco, nouveau secrétaire général de l'Élysée, part incognito à Bonn avec mission de convaincre Kohl de réévaluer le deutsche mark. Si les Allemands refusent l'option, la sortie du SME sera encore envisageable. Il ouvre toujours l'éventail des possibles, déteste être enfermé dans des raisonnements binaires et cherche à imaginer la multiplicité maximale des alternatives. On ne le contraint pas et, tant pis, si cette manière de penser le fait passer pour un indécis. Toute la journée du 15 mars, il conserve donc en tête les deux hypothèses et attend que Bianco obtienne une réponse claire des Allemands.

Le 16 mars, il convoque de nouveau Mauroy et, pendant deux heures, là aussi, comme un avocat, s'entretient avec lui des avantages et des inconvénients des deux politiques, mais n'en dira pas un mot lors du Conseil des ministres où il ne sera question que des municipales. Le 17 mars, il est informé de l'état des réserves en France et commence à comprendre que la sortie du SME aboutirait aux effets inverses de ceux qu'il recherche et à la poursuite, *de facto*, d'une plus grande rigueur. Il ne communique pas ces informations aux Allemands, à qui il fait comprendre le contraire, en tentant un coup de bluff pour obtenir un meilleur réajustement entre les deux monnaies. Il appelle plusieurs fois son Premier ministre : « Ça va, Pierre, vous tenez le coup ? », tout en convoquant Bérégovoy à qui il demande de songer à former un nouveau gouvernement.

Le 18 mars, au matin, il fait entrer Mauroy par la grille du Coq et lui dit : « Ça ne serait pas bien de vous user. Car vous pouvez me resservir, et me resservir dans deux ans. Je ne peux exclure cette hypothèse, comme je ne peux exclure l'hypothèse Rocard. S'il le fallait, d'ailleurs, je le prendrais, mais ce serait en dernière extrémité. » Puis il reçoit Delors, juste avant son départ pour Bruxelles où les ministres des Finances doivent finaliser le réaménagement monétaire ; il l'encourage à faire preuve d'autorité et laisse planer le doute sur sa volonté de le nommer Premier ministre.

Quatre hypothétiques Premiers ministres vont passer une fin de semaine mouvementée.

Lui, il passe son week-end à travailler à l'Élysée. Mais ne déroge pas à ses menus plaisirs, dont celui de regarder dans son bureau à la télévision le tournoi des cinq nations. Il a convié Bianco et Mermaz. À l'issue du match – la France a gagné 16 à 9 contre le pays de Galles – il n'exclut pas non plus de la liste des premiers ministrables Laurent Fabius.

Ils sont donc cinq sur la ligne de départ. Le lundi suivant, il part pour Bruxelles où il apprend de Delors que le franc est dévalué de 2,5 et le mark de 5,5. Au lieu de le féliciter, il lui lance : « Tout ce temps pour en arriver là. » Et il passe deux heures avec lui pour le tester, en lui laissant l'impression de l'avoir choisi comme futur Premier ministre. Le lendemain, il convie à déjeuner, dans la bibliothèque, Fabius, Delors et Bérégovoy et leur annonce qu'il les recevra en tête à tête afin de parler de tout et de rien. Guerre des nerfs ? Jouissance du pouvoir ou réelle interrogation jusqu'au dernier moment ?

Il commence par Delors, à qui il offre de nouveau le poste de Premier ministre. Celui-ci pose ses conditions, refuse Fabius aux Finances et veut aussi avoir la haute main sur ce ministère. Mitterrand n'accepte pas ; c'est à prendre ou à laisser et ce n'est pas à Delors de poser ses conditions. Une vive algarade s'ensuit. Il convoque alors Bérégovoy et lui annonce que Delors ne sera pas Premier ministre, sans rien ajouter. À Matignon, où on fait les derniers cartons, Mauroy est averti que le président l'attend dans les plus brefs délais. Il arrive avec une lettre de démission dans sa poche. Le chef de l'État fait comme si rien ne s'était passé, et lui dit : « Il faut continuer. Vous pouvez compter sur mon soutien. »

Un président qui renomme un Premier ministre ne fait-il pas un non-choix, ironise-t-on à gauche ? Un président incompétent au milieu de conseillers incompétents, voilà le spectacle que nous a donné l'Élysée, souligne-t-on à droite. Lui se moque des critiques, préférant affirmer qu'il ne renie aucunement ses promesses de 1981 et ne renonce pas à ses réformes structurelles. Tournant, mais quel tournant ? Les mots mêmes ont leur importance. D'ailleurs, à l'Élysée, les conseillers reçoivent l'ordre de ne pas parler de « rigueur » mais de « pause » ou de « parenthèse ». C'est selon. Il assumera désormais ses nouvelles orientations économiques et pleinement la responsabilité. Il y a trois ans, il faisait du capitalisme l'ennemi principal du socialisme. Le socialisme à la française s'orientera désormais plus vers la construction d'une Europe forte, qui inclut une tentative de recul des nationalismes et l'abolition des frontières. Au socialisme de rupture, il préfère désormais la solidarité européenne. Abandon d'une politique ? Renonciation à un idéal ? Trahison de ses propres convictions ? Il niera tout en bloc.

La potion est amère : impôt supplémentaire pour les plus riches, prélèvement sur les revenus et création d'un carnet de change pour limiter la fuite des capitaux. Le socialisme est-il soluble dans le réel ? Il pense lui, déjà, aux législatives de 1986 qui vont être rudes pour la majorité. Que deviendrait un président de gauche sous un gouvernement de droite ? Quel serait son champ d'activité ? Il faut donc d'ores et déjà protéger au maximum la fonction et la sacraliser. Il tirera les leçons de ces huit jours où, en direct, le peuple français l'a vu consulter, tergiverser, donner l'impression de perdre la légitimité de son autorité. Le 1er mai 1983, en voyage pour la Chine, il confiera à Laurent Fabius : « J'ai compris qu'en France un président de la République ne peut pas délibérer. Il peut décider. Sous la monarchie, il y avait un Conseil du roi. Moi, je ne peux demander l'avis de personne sans que le fait de prendre conseil soit aussitôt pris comme décision. C'est ainsi que les questions que je posais, les hypothèses que je formulais, devenaient des projets en bonne et due forme dès que mes interlocuteurs avaient franchi le portail de l'Élysée. Plus jamais je ne ferai ce genre de consultation. »

Celui que l'on appelait le Florentin sera désormais surnommé le monarque.

125

23 octobre 1983

Il est 22 heures quand il quitte l'Élysée dans le plus grand secret. Hubert Védrine, le général Saulnier et François de Grossouvre l'accompagnent à Villacoublay. Personne à Matignon n'est au courant ; ce n'est que lorsqu'il entre dans l'avion du GLAM que le pilote connaîtra la destination.

Il arrive à Beyrouth à 6 heures du matin. La veille, à 6 h 17, un camion suicide avait foncé sur le QG américain faisant 239 morts. À 6 h 20 un autre explosait sur le QG français, faisant 58 victimes. Dès qu'il a été prévenu du drame, il a décidé qu'il se rendrait le plus vite possible au Liban et n'a pas écouté les militaires français et américains lui prodiguant des avis contraires. Hernu et Lacaze, le ministre de la Défense et le chef d'état-major des armées, sont déjà sur place.

Il arrive sur le tarmac de l'aéroport à 6 heures du matin. Un cordon de sécurité l'entoure avant que le président Amine Gemayel ne vienne l'embrasser. Le commandement français n'est pas maître des rues et tous ses déplacements ont été communiqués à l'avance. Saulnier et Védrine passeront donc la journée à donner de fausses informations sur son itinéraire pour tenter de le protéger. À 7 heures du matin, il marche dans les décombres, risquant d'être abattu par des miliciens postés aux alentours. Pourquoi s'exposer ainsi ? Pense-t-il au geste du général de Gaulle qui, en février 1968, voulut passer quelques heures en plongée à bord d'un sous-marin identique à celui qui venait de disparaître en mer ? Il a suivi son instinct et est venu sans donner d'explication. Sa place est là.

Toute la journée, il manifeste sa sollicitude avant de réembarquer pour la France. On lui a dit que le moment du décollage serait le plus dangereux, car, dans les dix premières minutes, l'avion doit survoler des quartiers de Beyrouth où des missiles sol-air peuvent atteindre le Mystère 50. Des Super Étendard, venus du porte-avions *Foch*, l'escortent : sources de chaleur, ils sont censés affoler le système de guidage des missiles. Aux commandes, le général Saulnier. L'avion s'élance. Le président demande au général : « Quand saurons-nous si nos femmes sont veuves ? » Le général : « Nous pouvons encore être touchés pendant trois minutes. » Il chausse ses lunettes, sort son livre, est obligé d'attendre que la lumière revienne. Se plonge jusqu'à la fin du voyage dans la relecture d'*Amers* de Saint-John Perse.

126

10 décembre 1983

Il a passé le week-end dernier à Souzy-la-Briche avec Anne et Mazarine. Ayant trouvé que l'état du potager laissait à désirer, il l'a fait savoir à André Rousselet, directeur de cabinet, qui l'a fait savoir à Gilles Ménage, directeur de cabinet adjoint, qui l'a fait savoir à Christian Prouteau qui, lui-même, a transmis l'information aux hommes de sa cellule qui assure, depuis l'Élysée, la sécurité du président et de « sa seconde famille ». Engagé par Rousselet en août 1982 afin de coordonner les renseignements des différents services, les hommes de Prouteau accompagnent désormais le président dans tous ses déplacements et veillent aussi à la sécurité de son épouse.

Le président n'a rien dit à Prouteau de sa double vie. Simplement, ce dernier a vite compris. Et lorsqu'il a débarqué rue Jacob au domicile d'Anne pour expliquer comment ses hommes allaient se positionner afin d'assurer les règles de sécurité, elle ne l'a pas autorisé à rentrer et lui a claqué la porte au nez. Pas question, pour elle, de changer de mode de vie. Elle n'entend en rien déroger à ses habitudes, veut continuer anonymement, aller travailler au musée d'Orsay à bicyclette, s'occuper de sa fille, voir ses amis et sa famille en toute liberté. En aucun cas, être la maîtresse officielle du président. Ce qu'elle n'est pas.

Elle sera toutefois contrainte d'accepter qu'un « ange gardien », comme les appelle Mazarine qui va nouer avec eux des relations fortes et constructives, accompagne tous les jours sa fille à l'école. Progressivement le filet de sécurité s'agrandira et 36 officiers de sécurité se relayeront pour protéger le président, lui et ses proches à la fois rue de Bièvre, rue Jacob puis au quai Branly, logement de faveur appartenant à l'État où il emménage avec Anne et Mazarine et rentre dormir chaque soir sauf le dimanche.

François de Grossouvre habite au-dessus et veille à la vie quotidienne de la mère et de la fille, quand il ne les invite pas en week-end chez lui, dans son manoir du Bourbonnais. Laurence Soudet, de l'Élysée, s'occupe dans le plus grand secret de l'intendance de l'appartement. Chaque soir le chef de l'État quitte les dorures de l'Élysée pour s'y rendre généralement à pied, et souvent en compagnie de François de Grossouvre. Là, en compagnie d'Anne et de Mazarine, il mène une vie monacale, dîne tôt, joue avec sa fille, bouquine, ne reçoit jamais.

Cette seconde vie un peu popote commence-t-elle à lui peser ?

Le pouvoir est-il un aphrodisiaque si puissant que l'amour fou ne suffise à éteindre la soif du séducteur ?

Mitterrand est un homme qui séduit : un vieux, un jeune, un enfant. Il n'y a pas que les femmes qui comptent dans son champ d'action. Il ne peut s'empêcher de faire fonctionner le moteur de sa machine à désirer et aime le faire s'emballer.

Alors *Minute* titre sur sa nouvelle aventure avec une journaliste suédoise ? Il s'en moque et confie à André Rousselet qu'il ne craint pas de voir des photographies de lui en compagnie de jolies femmes. Mieux, il mettra désormais le nom de Christina Forsne sur la liste des invités officiels à tous les dîners de l'Élysée.

Il apprend aussi par l'intéressé, qui le crie sur les toits, que Jean-Edern Hallier s'apprête à publier un livre, défini par lui-même comme du « porno politique hard », intitulé *Tonton et Mazarine*. Lui-même avait beaucoup apprécié *Lettre au colin froid*, publié en 1979, pamphlet anti-giscardien et déclaration d'amour à la gauche, que Mitterrand est censé représenter. Deux rendez-vous avaient suivi à *La Closerie des Lilas*. Cela a suffi pour qu'Hallier conçoive l'idée – vite fixe – que lui seul pouvait détenir le portefeuille du ministère de la Culture. Malgré ses efforts, restés vains, d'approcher physiquement le président – même si le jour de l'intronisation il est parvenu à franchir le portail de l'Élysée – le trublion des lettres a imaginé de monter un faux enlèvement en se prévalant d'imiter l'attitude de Mitterrand durant l'affaire de l'Observatoire. À vrai dire, il est obsédé par Mitterrand !

Il n'y a pas que lui puisque, plusieurs fois par semaine, des personnes se présentent aux grilles du palais pour demander à rencontrer le chef de l'État en espérant ainsi voir leurs malheurs diminuer et même s'arrêter. Y aurait-il quelque chose de Saint Louis dans son attitude ? L'autre jour un homme s'est pendu aux grilles du faubourg Saint-Honoré en hurlant toute la journée : « Dites au président qu'il fasse revenir ma femme à la maison. » L'Élysée c'est le saint des saints, et son hôte le sait. En tout cas les fantômes de la royauté ne sont pas dissipés et François Mitterrand ne déteste pas jouer les monarques dans l'attitude de son corps, les rituels qu'il impose, la cour qui s'est constituée.

Hallier se pendra aux grilles du palais habillé en moine une première fois pour exiger un rendez-vous, une seconde en robe blanche et menottes au poignet pour implorer son pardon après avoir tenté de plastiquer l'appartement de Régis Debray, alors conseiller diplomatique. Lui n'éprouve plus que mépris pour ce grand escogriffe qu'il trouvait autrefois romantique et le juge désormais fêlé. Les services de sécurité sont plus sévères, qui décident de le harceler. Mitterrand, après avoir lu le manuscrit que Laurence Soudet a réussi à récupérer, leur demande d'en faire une « priorité ». Le directeur de cabinet adjoint et une conseillère n'ont guère de mal à faire comprendre aux éditeurs contactés qu'il n'est pas opportun d'envisager la publication de l'ouvrage tant ce texte se révèle un catalogue de fantasmes obscènes mâtinés d'antisémitisme. Ce qui devait être une affaire sensible à contrôler se transforme dès lors en système illégal de surveillance : non seulement Hallier sera suivi jour et nuit, ses moindres faits et gestes relevés, mais son entourage aussi sera encerclé. Une mise sur écoute est ordonnée par le président lui-même, qui veut savoir où il est, ce qu'il fait, ce qu'il pense. La dialectique est inversée : c'est maintenant Mitterrand qui pense trop souvent à Hallier. Disant aimer tout savoir de lui, il a peut-être l'impression qu'il maîtrise sa vie. La cellule de l'Élysée, ainsi que d'autres branches

420

du service de sécurité, feront bien de Hallier « une priorité », en usant de tactiques qui exacerberont encore plus le délire de persécution de leur victime. Lui-même se met à lire les écoutes de sa cible puis de ceux qui sont cités, à leur tour écoutés et ainsi de suite... Lui qui, au début de son septennat, affichait une grande indifférence vis-à-vis de telles pratiques, au demeurant peu usuelles, dépendant de Matignon et qui arrivaient au compte-gouttes à l'Élysée, laisse le cancer de la violation de la vie privée proliférer et semble même ignorer la question de la transgression de la loi. Autour, personne ne la pose et l'entourage paraît justifier ce genre d'agissements sous prétexte de sécurité.

Il sait aussi donner du temps au temps. Même à l'Élysée il lui arrive de disparaître sans que personne ne sache où il est. Il peut venir chez Christina non pour un cinq à sept mais afin de discuter avec elle, appréciant qu'elle lui tienne tête et s'amusant de son indignation à la voir défendre le sort des plus démunis. Il la compare, en riant, à Danielle qu'il a toujours trouvée beaucoup plus à gauche que lui. Il profitera même d'un dîner officiel pour la lui présenter. Son intuition était juste : les deux femmes s'entendront à merveille et pas seulement politiquement... Leur complicité est fondée sur le même espoir : la rupture, si désirée par elles deux, avec Anne.

Christina n'a pas pour autant franchi la porte de la rue de Bièvre. À chacune son territoire. Le dimanche soir, c'est Danielle qui est aux fourneaux. Comme d'habitude il a dit à l'assemblée des amis qui débarquaient : « Pas de plan de table ; installez-vous où vous voulez », mais il a demandé à Monique Lang de s'asseoir, comme chaque semaine, à sa gauche, appréciant son humour, sa gaieté, son franc-parler. Elle n'a pas honte de ne pas paraître avertie en politique même si, militante convaincue, elle se permet de lui dire ce qu'elle pense. Il aime lui parler, raconter des fragments de son passé. Ce soir-là il lui racontera pour la sixième fois comment a commencé son calvaire de l'Observatoire. Elle l'écoute et voit qu'il semble toujours aussi ému à cette évocation, comme si le temps n'avait pas réussi à cicatriser les blessures.

Le dîner est rapide, décontracté, la cuisine simple. Il dit souvent : « Ici c'est sans chichi. C'est mieux qu'à l'Élysée non ? » alors que ce sont souvent des militaires du palais qui préparent le repas sans sauce ni ornementation. Danielle, ce soir-là, prend fait et cause pour les déshérités de l'Amérique latine. Il l'écoute fasciné et se tourne vers les autres invités : « Elle est plus convaincante que moi. Je continue à apprendre grâce à elle. » Celle qui refuse d'être appelée première dame de France et préfère « épouse du président » ne joue pas les potiches et possède son bureau à l'Élysée avec trois collaboratrices, lieu où elle s'occupe des plus défavorisés et répond à son courrier fort abondant. Son compagnon, Jean Balenci, a décidé de rompre avec elle et de fonder sa propre famille. Fort affectée au début, Danielle mettra son immense énergie et sa vitalité à s'engager pour le tiers-monde et pense à créer une fondation. Son président de mari tente de calmer ses ardeurs. Quand l'orangeade est servie, le signal est compris. Tout le monde se lève. Tous savent qu'il déteste se coucher tard.

127

21 juin 1984

Il s'assoit en face de Tchernenko pour un banquet installé dans la grande salle Saint-Georges, au milieu des fresques retraçant l'épopée des grands tsars. À ses côtés Oustinov, Romanov, Vorontsov, Kouznetsov, bref la *nomenklatura* brejnévienne au complet. Les nuits blanches sont proches et une étrange lumière grise enveloppe le Kremlin. Tchernenko, la voix cassée, le débit précipité, est si fatigué qu'il prononce son discours assis. Pas de suspense puisque ces propos ronéotés ont été distribués à l'ensemble de la délégation française. Le secrétaire général du PC de l'Union soviétique omet – hasard ou signe de courtoisie – de lire le passage qui, justement, avait pour but de fâcher : « Ceux qui essaient de nous donner des conseils en matière des droits de l'homme ne font que provoquer chez nous des sourires ironiques. »

Faut-il l'interpréter ?

Lui aussi, par égard pour ce vieillard pâle qui s'exprime lentement et ne peut tenir debout, va prononcer son discours assis. Il commence, *mezzo voce*, par évoquer l'ancienneté de l'amitié franco-russe. Jusqu'où va-t-il aller ? Juste avant le dîner, il a convoqué sa garde rapprochée – Védrine, Cheysson,

423

Bianco, Attali – dans ses appartements du Kremlin et – après avoir regardé en riant s'il n'y avait pas des micros cachés – il a évoqué l'affaire Sakharov et les a informés de la mise en garde que lui a adressée le chef du département de l'information du comité central : comme le chômage en France, la situation d'André Sakharov est une « affaire intérieure soviétique ». Il a pourtant prévu d'en parler à la fin de son discours et prévient ses collaborateurs : « La visite risque de tourner court. Nous serons sans doute à Paris dès demain. » Avant son départ, il a confié qu'il voulait être utile à Sakharov. Le physicien assigné à résidence et sa femme, Elena Bonner, ont entamé une grève de la faim dans l'espoir que celle-ci puisse se rendre en Italie pour se faire soigner les yeux. On ignore tout de la santé du couple comme de l'endroit où ils résident. Le 4 juin l'agence Tass a publié un communiqué annonçant qu'ils ne jeûnaient plus et étaient en bonne santé. Mais comment le vérifier ?

Le président français vient d'évoquer la stratégie de la dissuasion et l'Afghanistan, quand il chausse ses lunettes pour lire le dernier paragraphe du discours, retouché en fin d'après-midi. Et, dans un silence de mort, il prononce ces mots : « Toute entrave à la liberté pourrait remettre en cause les principes librement acceptés. C'est pourquoi nous vous parlons parfois du cas de personnes dont certaines atteignent une dimension symbolique : c'est le cas du professeur Sakharov et de bien des inconnus qui, dans tous les pays du monde, peuvent se réclamer des accords d'Helsinki. » Tchernenko se gratte l'oreille, Oustinov et les autres restent impassibles. Seul le numéro trois du parti murmure à l'oreille de Charles Fiterman, le ministre français des Transports : « Il aurait mieux valu que Giscard soit réélu ; lui, au moins, il aime Maupassant. »

Dans la *Pravda* du lendemain, ses propos sont censurés. Ceux de Tchernenko, en revanche, publiés *in extenso*. Attaqué au cours d'une conférence de presse par des journalistes soviétiques qui lui demandent comment il réagirait si un dirigeant russe critiquait sa politique économique, il répond : « Je ne le prendrais pas mal. Le travail fait partie des droits de l'homme. Le chômage est une atteinte aux droits de l'homme, même s'il y en a d'autres... »

Au retour, dans l'avion, fidèle à son habitude, très monarchique, de choisir, et de le faire savoir par son aide de camp, avec qui il va dîner, il demande à l'heureux élu, en l'occurrence Edgar Faure, s'il comprend les raisons de l'impopularité record qu'il subit depuis des mois. Celui-ci répond : « La France est une jeune garce que vous avez séduite mais qui ne veut plus coucher avec vous. Il faut vous résigner. Pensez à un divorce à l'amiable. » Mitterrand feint d'en rire, mais lui lance sèchement : « La gauche au pouvoir n'est ni un mal à prendre en patience, ni une anomalie éphémère, ni accident de parcours. L'important est de se montrer digne non seulement de conserver le pouvoir mais d'être légitime pour le reconquérir. »

128

12 mai 1984

Depuis le début il n'a pas cru à cette réforme de l'école et l'a fait savoir à plusieurs reprises lors des Conseils des ministres. Pourtant, elle était inscrite dans ses promesses électorales. Mais lui sent que ce n'est pas le moment et la trouve compliquée. Ni son éducation – il a été élevé par des prêtres et a toujours reçu, dit-il, une « éducation normale » – ni son tempérament – pourquoi créer des dissensions inutiles ? – ni son pragmatisme – tout parent rêve de donner une seconde chance à son enfant et l'école privée ce n'est pas forcément l'Église – ni son jugement politique – pourquoi n'avoir pas tout simplement aboli la loi Debré au lieu d'imaginer une architecture aussi complexe ? – ne le portent à soutenir ce dossier conduit par Alain Savary. Il l'a nommé ministre de l'Éducation nationale sans grande conviction, peut-être avec le désir de récompenser l'un de ses anciens ennemis, l'un des rares qui aient réussi dans sa carrière à l'humilier mais dont il reconnaît les talents de négociateur et un esprit subtil dénué de sectarisme.

Reste que depuis l'hiver dernier, il suit les propositions de très près et s'est opposé à certaines mesures – l'annulation des mentions au bac par exemple. Il s'est également montré fort sceptique sur la proposition de titulariser les maîtres du privé, pensant qu'elle ne sera pas reconnue valide sur le plan constitutionnel. Le 1er février, il s'est refusé, de manière cinglante, à faire voter la loi, car il ne voyait pas d'issue technique et considérait le texte non abouti. Le Premier ministre a insisté pour que la copie soit révisée et a fait valoir que, dans 110 propositions, il y avait celle d'un grand service public de l'Éducation nationale unifié et laïque, et qu'il entendait, ainsi, mettre fin à la guerre privé-public qui empoisonne la vie politique depuis plus d'un siècle. Alors, il a laissé filer.

Le projet initial, adopté le 15 décembre 1982, est en retrait sur celui du candidat de 1981, mais comporte des possibilités d'interprétation dont s'emparent une partie de la hiérarchie catholique, ainsi que les partis d'opposition, pour les transformer en grenade contre une gauche présumée liberticide. François Mitterrand en a vu tout de suite les difficultés : au-delà du champ d'application des réformes, il pense, contre son propre ministre, qu'avoir deux types d'écoles permet l'émulation et encourage l'exigence. Aussi, pour la première fois depuis le début de son septennat, fait-il entrer son cercle familial dans la sphère publique, même si ce n'est pas de manière officielle : il demande en effet à sa sœur Geneviève, catholique convaincue et œcuménique, de recevoir chez elle les porte-parole des catholiques les plus convaincus, ainsi que les représentants du ministère. Désir d'être directement tenu au courant ? Jugement sur le manque de dialogue du gouvernement ? Sa sœur, à qui il a expressément signifié qu'elle ne possédait pas de statut lui permettant d'intervenir dans la discussion, n'est-elle pas son porte-parole ? Son existence, même officieuse, trouble le jeu institutionnel.

Mais l'affaire se politise et la droite se saisit du dossier, heureuse de déstabiliser un président en chute dans les sondages et exposé à des difficultés économiques. Le président du RPR Jacques Chirac dénonce « la mainmise du gouvernement socialiste et communiste sur le cerveau de nos enfants ». La gauche, laïcarde et revendicatrice, réclame de son côté, lors du grand meeting du 9 mai, l'abrogation des lois antilaïques et la nationalisation de tous les établissements d'enseignement.

Face aux deux camps, lui n'entend pas être piégé. Il parle à son équipe du « bourbier scolaire » et, contre l'optimisme de Savary, évoque « des compromis illusoires ». Donc, il prend son temps, laisse passer l'été en demandant au ministre d'établir un meilleur dialogue et décide, sans en prévenir Pierre Mauroy ni Alain Savary, d'écouter ses adversaires. C'est dans le plus grand secret qu'il reçoit, en présence de sa sœur, le 17 novembre 1983, Mgr Vilnet, président de la conférence épiscopale, à qui il déclare : « Nous allons laisser se dérouler le jeu logique des interventions au Parlement, mais il n'est pas question que je laisse étouffer l'enseignement privé et l'enseignement catholique. Comptez sur moi, je veille. » Le 21 décembre 1983, Savary, après de longues, rigoureuses, minutieuses négociations, inscrit son projet de loi. Mitterrand n'y croit toujours pas. Le projet ne tarde pas à faire l'unanimité contre lui. Il ironise en Conseil des ministres : « Comment avez-vous pu croire qu'une conciliation serait possible ? La tenter, c'était déjà perdre du crédit. Désormais l'action à mener dépend d'une décision à prendre. » Laquelle ? Il ne le précise pas.

François Mitterrand profite des vacances de Noël pour s'atteler à la réécriture du projet deux samedis de suite – il trouve que c'est écrit « en patagon » – et confie à Bianco et Charasse le soin de recevoir les parties en présence et de négocier. Il double le ministre sans le prévenir.

En janvier, il reçoit chez lui, rue de Bièvre, toujours dans le plus grand secret, le cardinal Lustiger et se montre on ne peut plus rassurant. Les manifestations pour l'école libre ne cessent de s'amplifier : 80 000 personnes à Bordeaux, le 22 janvier, 160 000 à Lyon, la semaine suivante, 300 000 à Lille, le 25 février. Celle de Versailles, le 4 mars, réunit plus de 800 000 personnes ; ce n'est plus une contestation mais un fait de société. La France est, de nouveau, coupée en deux. Des affichettes montrant des enfants derrière des barreaux sont placardées partout. Lui s'en montre ulcéré : « Ils veulent me faire passer pour un liberticide. Or je n'ai jamais eu l'intention de restreindre la liberté de quiconque. » Au Conseil des ministres suivant, il écume de rage et lance : « Pourquoi parle-t-on d'école libre ? L'école privée n'est pas plus libre qu'une autre. »

Il prend de nouveau langue avec Vilnet le 15 avril et avec Lustiger le 16, à l'Élysée, seul à seul. Le 18 avril, il accepte que soit présenté le nouveau texte de Savary, qu'il juge, non sans ironie, devant le Conseil des ministres « bien écrit » puisqu'il en a rédigé lui-même les principaux amendements.

Il formule cependant de nouveau ses inquiétudes, parlant d'une résistance de fond de la nation. Et il ouvre, ce qui est très rare, un tour de table sur ce sujet : Badinter et Fabius expriment de profondes réserves. Ils ne seront pas les seuls : ce texte porte atteinte, selon Lustiger, à l'identité même de l'Église catholique. Il est aussi contesté par les barons du Parti socialiste, qui l'estiment « globalement négatif » et exigent un amendement limitant le financement des écoles privées par les communes. Il les convoque alors immédiatement à l'Élysée et tente de les amadouer. En vain.

La querelle empoisonne la vie politique et dégrade son image déjà fort endommagée. Un soir, alors qu'il se rend au théâtre de l'Odéon en compagnie d'Anne, d'Élisabeth et de Robert Badinter, il est violemment agressé par une femme qui l'insulte et le prend à partie physiquement. Il n'en revient pas. « Madame, vous mériteriez une gifle. » Lors d'un déplacement à Angers, le 22 mai, il est agressé violemment par des manifestants de l'école libre qui le prennent à partie personnellement et scandent : « Mitterrand, fous le camp. » C'est la première fois depuis qu'il est président qu'on s'en prend publiquement à sa propre personne. Contrairement aux consignes de son service d'ordre, qui tente de l'éloigner, il va vers eux pour discuter, mais n'arrive pas à nouer le dialogue.

Le lendemain, lors du débat parlementaire, Chirac enfonce le clou et dénonce le projet Savary « comme un péril mortel pour la liberté des familles ». Mitterrand abandonne sa prudence et va désormais tout faire pour que le texte soit voté. Le Premier ministre demande son feu vert pour l'amendement. Blessé par la violence et la personnalisation des attaques dont il est l'objet, il approuve. L'équilibre est brisé, la guerre rallumée.

Savary – qui refuse l'amendement – veut démissionner ; Mauroy l'en empêche. Lustiger, le 5 juin, dénonce dans la presse le manquement à la parole donnée, visant ainsi le président en attaquant son intégrité morale. Le 22 juin, François Mitterrand confie à Maurice Faure : « On cherche à me coincer. Je vais me décoincer. La droite doit savoir que j'ai décidé de continuer à gouverner quoi qu'il arrive et que les forces de l'ordre sont de mon côté. » Le 24 juin, à Latché, il regarde à la télévision ce long cortège de plus de 1 300 000 personnes qui s'ébranle à partir de la place de la Bastille au nom de tous les Français. S'il part en voyage officiel en Jordanie le 9 juillet, même dans les vestiges de Pétra, il se montre préoccupé par l'issue de ce dossier empoisonné.

Le 11 juillet au matin, il demande dans le plus grand secret à Charasse de venir le rejoindre au Caire pour mettre au point la manière juridique d'en finir avec l'imbroglio scolaire. Dans l'avion du retour, les deux hommes s'isolent. À Roissy, Mauroy attend le président au pavillon d'honneur et est surpris de la présence pour le moins inattendue de Charasse. Dans la voiture qui les emmène à l'Élysée, le président informe Pierre Mauroy, abasourdi, qu'il va dévoiler son plan le lendemain à la télévision. Dans une allocution solennelle de six minutes aux accents gaulliens, il annonce l'enterrement de la guerre scolaire. Le projet de loi n'est même pas mentionné et l'échec est transformé en surprise : le recours au peuple réclamé par l'opposition est satisfait, puisque, dit-il, c'est le peuple qui tranchera en dernière instance.

Après, au cours d'un petit pot informel dans son bureau, il lance à ses collaborateurs en souriant : « L'affaire scolaire est terminée depuis six minutes, peut-être pas éternellement, mais, au moins, pour dix ans. La page est tournée. »

On n'entendra en effet plus parler ni de référendum ni de projet de loi.

En politique, quand la persévérance et l'intransigeance mènent à l'impasse, mieux vaut recourir à la procrastination.

129

17 juillet 1984

Pierre Mauroy est invité à prendre un petit-déjeuner à l'Élysée. François Mitterrand avait refusé sa démission le 14 juillet. Le 15 : « Restez Pierre », a-t-il encore insisté. Le 16, le Premier ministre a rédigé une lettre qu'il lui a fait porter. Le président veut lui en parler. Il vient de se résoudre, non sans mal, à se séparer de lui. Il évoque les législatives de 1986, explique qu'un changement est nécessaire et réaffirme sa fidélité dans l'amitié. En haut de l'escalier, les deux hommes ressemblent à des collégiens pensionnaires qui auraient du mal à se séparer avant le début des grandes vacances. Le décret de changement de Premier ministre est déjà prêt.

En début de matinée, il a demandé à Michel Charasse de se rendre à Bruxelles où se trouve Lionel Jospin. Charasse est porteur d'une lettre du président. Avec une liste de noms. Le chef de l'État souhaite qu'en face de chacun, le premier secrétaire du Parti socialiste puisse mettre ses appréciations.

Il a demandé à son secrétariat particulier de convier à déjeuner Laurent Fabius. Le repas se déroule dans les appartements privés en tête à tête. Il parle de tout et de rien et, à la fin, évoque l'hypothèse de la formation d'un nouveau gouvernement. Il lui confie qu'il pense à lui comme éventuel Premier ministre. Il pense à lui, mais a besoin encore de réfléchir. « Je vous appellerai en fin d'après-midi. »

L'après-midi, il convoque les ministres communistes et tente de les convaincre de rester au gouvernement. Il garde Charles Fiterman dans son bureau deux bonnes heures, mais ne trouve pas le temps de recevoir Alain Savary venu lui apporter en main propre sa lettre de démission.

À 19 heures, il appelle Fabius et lui confirme son choix. Mauroy arrive à l'Élysée un peu avant 20 heures. Mitterrand et lui s'étreignent. L'ex-Premier ministre a les larmes aux yeux. Lui le remercie chaleureusement d'avoir mené tant de réformes avec ce courage moral et intellectuel qui le caractérise. Le président passe un des moments les plus difficiles, les plus déchirants de sa vie politique. Mauroy quitte l'Élysée à 20 h 20. À 20 h 30, Jean-Louis Bianco annonce la nomination du nouveau Premier ministre.

Le lendemain matin, avant de recevoir Laurent Fabius, il prend connaissance de la presse, qui se montre pour le moins sceptique. Fabius y est traité au mieux de double, au pis d'homme à tout faire. La tonalité générale est que Mitterrand s'est auto-nommé à Matignon.

Il discute de la formation du futur gouvernement, encourage Fabius à rompre avec les communistes, ne veut pas de Michel Rocard à l'Éducation nationale où il impose Jean-Pierre Chevènement. Il lui demande aussi de nommer Pierre Bérégovoy à l'Économie et Michel Delebarre à l'Emploi. Celui-ci refusera mais, l'information n'étant pas passée, son nom sera annoncé par erreur sur le perron de l'Élysée. Lui qui voulait être préfet fera contre mauvaise fortune bon cœur et... se révélera d'ailleurs excellent ministre.

Gouverner, c'est nommer. Et nommer, pour Mitterrand, c'est surprendre. Sur ses choix, il ne s'explique jamais. Tout juste laisse-t-il filtrer que « Béré » était trop « vieux », Delors pas assez de gauche, Rocard trop tendre. Le soir, il dîne avec Élisabeth et Robert Badinter en compagnie d'Anne, et se montre fort content d'avoir choisi la jeunesse, la modernité, la compétence.

Au premier Conseil des ministres du troisième gouvernement du septennat, Laurent Fabius, après avoir rendu hommage à son prédécesseur, évoque l'avenir. Le président l'interrompt : « Vous avez raison. Mais, pour ma part, quand je pense à l'avenir, je pense à Pierre Mauroy. »

130

17 janvier 1985

Il a décidé la veille, juste avant son allocution télévisée, de se rendre en Nouvelle-Calédonie le lendemain. Peu importe la durée du voyage, la fatigue, Gubler sera à ses côtés pour administrer des piqûres. D'ailleurs, il n'y pense pas à cette foutue maladie. Il n'éprouve plus de douleurs et les résultats semblent marquer une absence de progression des métastases. Il se croit même guéri ou dans une longue rémission, qui a éloigné le spectre d'une fin de vie accélérée. À chaque fois qu'il le peut, il va sur le terrain, a besoin d'écouter les parties en présence, de voir les paysages, de sentir l'atmosphère, de se fier à son instinct, de ne pas se contenter des émissaires, des notes, des plans. Il y a cinq jours, l'indépendantiste kanak Éloi Machoro a été tué dans une embuscade et, la veille, un jeune Caldoche assassiné. Il craint le syndrome algérien.

Il a pris ses provisions pour ses vingt-deux heures de vol : du Chardonne – plusieurs titres –, Lamartine et Chateaubriand.

Indépendance ou association ? Il fait confiance à Edgar Pisani, qu'il a nommé délégué du gouvernement sur place depuis le 30 novembre dernier, mais craint que la spirale de la violence mette en cause les espoirs de négociation. L'état d'urgence est décrété depuis le 12 janvier et le couvre-feu instauré.

Sur le tarmac de l'aéroport de Nouméa, des femmes lui mettent autour du cou plusieurs colliers de coquillages et de fleurs de tiaré. Il voit, depuis l'hélicoptère qui l'emmène à la résidence, la foule des Caldoches rassemblée place des Cocotiers, vêtue de bleu, blanc, rouge. Toute la journée il reçoit des représentants des camps opposés dans cette ambassade transformée en camp retranché. À Jean-Marie Tjibaou, figure du nationalisme kanak, il pose la question : « Si vous devenez président de Kanakie, avec quelles armes rentrez-vous dans Nouméa ? » Il tente, par tous les moyens, de lui faire admettre que l'indépendance est irréalisable et pense la fédération comme la seule solution. Tout au long de la journée, il comprendra que le plan Pisani est inapplicable et annonce sa révision avant de repartir.

Quarante-quatre heures d'avion pour quatorze heures sur le terrain, qui lui ont permis de saisir les rapports de force et les enjeux, d'admirer la culture politique kanake et de souscrire à leur définition du chef coutumier : l'homme qui sait concilier l'inconciliable.

131

20 septembre 1985

Il est furieux, blessé, fou de rage – non contre lui-même, cela lui arrive très rarement – mais contre les autres. Contre son Premier ministre, qui l'a mis dans les cordes et a exigé la vérité ; contre l'amiral Lacoste, le directeur de la DGSE, qui, indirectement, par son silence, a tenté de l'impliquer ; contre les deux journalistes du *Monde* – Bertrand Legendre et Edwy Plenel – qui, dans l'édition du 17 septembre, ont mis à mal les différentes versions que le gouvernement tentait de faire accréditer à l'opinion, faisant exploser la vérité.

Le seul à qui il garde, envers et contre tout, sa confiance est le ministre de la Défense, en première ligne et très malmené sur ce dossier, qui prend des proportions gigantesques et met en cause la crédibilité du gouvernement. Charles Hernu, son vieil ami depuis les temps sombres de la Fédération, celui qui l'a épaulé pendant ses campagnes présidentielles, celui qui a un lien direct avec lui, celui qu'il voit en dehors de la vie politique et qui partage une partie du mois de juillet à Gordes avec Anne et Mazarine. Bref, ce fondateur du Club des Jacobins est un grognard de la République de la première heure. Un homme qui a su le défendre quand il était garde des Sceaux sous Guy Mollet, un proche de longue date et d'une fidélité inconditionnelle, un homme qu'il emmène souvent dans ses déplacements car, avec lui, il se sent à l'aise, peut parler de tout, rire de tout. À l'Élysée d'ailleurs, on l'appelle « l'ami du président ». Il a bien des défauts, le ministre : hâbleur, usant de son charme un peu trop souvent, direct jusqu'à la brutalité, mais il n'est pas courtisan, n'a pas changé parce que son copain était devenu président. Pour certains techniciens de l'appareil d'État, il a peut-être été nommé à ce poste parce que, justement, il est le copain du chef de l'État. En tout cas, il n'affiche pas la froideur requise par le poste ; il est, au contraire, jugé bruyant – un peu trop –, excessif, quelquefois théâtral, mais sa jovialité, son bon cœur et sa proximité avec le président emportent l'adhésion et inspirent confiance aux membres du gouvernement.

C'est la mort dans l'âme qu'il a accepté, la veille, que son Premier ministre ose demander sa tête. Et, ce matin-là, en lisant la lettre de démission que Charles Hernu lui a fait remettre, il ne peut se résoudre à voir son ami quitter le gouvernement en laissant penser qu'il est coupable. Il lui rédige donc un courrier qu'il s'empresse de rendre public : « Au moment où vous demandez à quitter vos fonctions, je tiens à vous exprimer ma peine, mes regrets et ma gratitude pour avoir dirigé avec compétence le ministère de la Défense. Vous gardez toute mon estime, vous gardez celle des Français qui savent reconnaître les bons serviteurs de la France. À l'heure de l'épreuve, je suis, comme toujours, votre ami. » La veille, il l'encourageait encore à se battre. L'avant-veille, au Conseil des ministres, il prononçait un violent réquisitoire contre les services du ministère de la Défense qui continuaient à nier toute responsabilité. Il s'était emporté et avait exigé, comme son Premier ministre, des preuves par écrit : « On nous a assez menti... Cela suffit... Je veux savoir. »

Il le convoque une dernière fois à l'Élysée. En le raccompagnant sur le perron, il se montre très ému.

Le soir, lors du dîner officiel offert en l'honneur du président argentin, il confiera que les révélations du *Monde* sont exactes et dira à plusieurs membres de son gouvernement sa peine et sa tristesse de s'être séparé de Charles Hernu. Il vit cette éviction comme un camouflet personnel et une mise en cause, au plus haut niveau, de son autorité et de sa méthode de travail. À force de cloisonner et de ne pas communiquer, de refuser toute collégialité, de se garder d'écouter ensemble les personnes ayant plusieurs versions, il s'est laissé entraîner dans une série de contradictions qui ont transformé une affaire tragique – il y a eu mort d'homme – en feuilleton sinistre qui occupe la presse depuis le début de l'été, portant atteinte à l'exigence morale du parti au pouvoir.

François Mitterrand a-t-il donné l'ordre, ou son accord, pour faire sauter le *Rainbow Warrior*, bateau de Greenpeace ancré en Nouvelle-Zélande ?
Edwy Plenel, qui revient sur cette affaire dans un livre intitulé *La Troisième Équipe* publié en juin 2015, en demeure aujourd'hui encore persuadé. Pierre Favier et Michel Martin-Roland,

dans leur monumentale et remarquable étude *La Décennie Mitterrand*, y consacrent une centaine de pages d'une rigueur implacable d'où il ressort qu'il n'est pas responsable. Moi-même j'ai pu rencontrer plusieurs témoins aux thèses contradictoires. Je ne me hasarderai pas à conclure. Je peux simplement dire que, lorsqu'on parlait à Mitterrand du *Rainbow Warrior* entre 1989 et 1995, il se mettait dans des colères noires contre les services en donnant l'impression d'être sincère. De là à conclure à la certitude de sa non-implication... Avec lui, et malgré les années qui passent, l'ambiguïté subsiste et le doute persiste.

Lui-même a revendiqué la poursuite des essais nucléaires dans le Pacifique et, en tant que chef des armées, accepté que la DGSE « empêche » Greenpeace d'aller à Mururoa. Le ministre de la Défense n'a jamais caché qu'il avait demandé la faisabilité de couler le *Rainbow Warrior* à la DGSE. Sans imaginer, hélas, un seul instant que cette opération pourrait provoquer mort d'homme. L'attentat d'Auckland eut lieu le 10 juillet. L'affaire dura deux mois et mit directement en cause le chef de l'État.

Son attitude – ne rien dire –, son comportement – laisser pourrir –, son déchirement entre amitié et mensonge d'État sont, à plusieurs titres, symptomatiques de son caractère le plus intime et de sa façon d'être en politique.

Utiliser l'opacité du sens de mots comme « neutraliser », « empêcher », « anticiper » est significatif. Se réfugier dans le silence et le déni des faits pendant plus de deux mois aussi. S'agit-il du désir, compréhensible, de protéger les militaires, les services secrets, et/ou de la volonté de ne pas exposer le ministre de la Défense, en première ligne ? Entre ces deux hommes-là existe un passé tout à fait lisse, sans entourloupe ni chausse-trappe, soupçon ni défiance. Alors pourquoi Charles Hernu lui aurait-il menti ? Ce dernier préférait-il couvrir ses services, au risque de provoquer une rupture d'amitié avec un homme qui se trouve être président de la République ? Peu vraisemblable. Hernu a-t-il été emporté dans une spirale de mensonges – qu'il apparente à des non-dits – dont il ne pouvait plus se défaire après avoir donné son accord à l'opération sans penser qu'il empiétait sur les fonctions du chef de l'État et, ainsi, trahissait sa confiance ? Pas impossible.

François Mitterrand est-il à l'initiative de la décision d'empêcher par tous les moyens Greenpeace d'agir mais sans connaître les détails des opérations ? A-t-il demandé jusqu'au bout à Hernu de garder le secret pour se protéger ? Pas à exclure. La DGSE a-t-elle pu commettre un crime sans ordre ? Impossible. Jamais, en tout cas, Hernu n'avouera – malgré l'insistance du Premier ministre, ni pendant qu'il était au gouvernement ni après sa destitution – avoir donné l'ordre de « neutraliser » le *Rainbow Warrior*. De fait, après son limogeage, l'opinion publique le verra toujours en homme ayant défendu jusqu'au bout l'honneur de l'armée française et ayant vraisemblablement payé pour les autres. Mais quels autres ? Sa ville de Lyon l'accueillera en héros. Durant la précampagne des législatives, le mois suivant, au congrès socialiste de Toulouse, il fut considéré et traité là encore en héros. Et, jusqu'à son dernier souffle, il a conservé la vive amitié du président.

C'est la première fois, depuis le début de son septennat, que François Mitterrand est contraint d'abandonner un ami, d'en faire, comme il dit, « le sacrifice ». Et, ce, pour maintenir la stabilité du gouvernement. Il n'est pas quelqu'un que l'on conseille ni à qui l'on pose des questions, mais certains, depuis quelques mois, ont manifesté une exigence de transparence. L'intransigeance de Joxe, la détermination de Badinter « à se sortir par le haut » de cette affaire ont été décisives. Lui qui se veut maître du jeu est piégé par le calendrier politique – il est trop tard, vu les échéances législatives, pour changer de Premier ministre –, par son goût du non-dit, par sa tactique du tête-à-tête, son sens aigu du cloisonnement des informations dont il veut toujours être l'ultime destinataire, précipitant la transformation d'une faute grave en scandale d'État. Il ne changera pas pour autant de méthodes.

Charles Hernu est mort le 17 janvier 1990, emportant ses secrets dans la tombe. François Mitterrand n'a jamais voulu s'exprimer sur le fond, sauf pour s'indigner de la mort du photographe Fernando Pereira. Il stigmatisera, des années plus tard, l'incompétence des services, qualifiés de « bande de crasseux », et reconnaîtra (tardivement) avoir accepté d'empêcher Greenpeace d'agir à Mururoa. Bien que connaissant la vérité sur l'attentat dès le 15 juillet par Pierre Joxe, il tenta – ou feignit de tenter – de découvrir les responsables. Parce que Hernu lui a dit : « C'est nous mais on ne sait pas comment », il s'est contenté de cette explication. Et de citer pour se justifier, le général de Gaulle qui, après l'affaire Ben Barka, avait plaidé l'ignorance et l'innocence. Comparaison n'est pas raison. Les responsabilités du Général étaient plus incertaines et indirectes que les siennes en cette circonstance.

Pourquoi, comme certains collaborateurs le lui ont suggéré, n'a-t-il pas décidé, en tant que chef des armées et garant de l'indépendance nationale, dès la révélation du désastre, d'en assumer publiquement les responsabilités ? L'affaire aurait été « purgée » avec moins de dégâts. Il a préféré penser qu'avec le temps, la vérité, quand elle éclaterait, ne provoquerait pas, ou plus, de scandale et choisi l'opacité, quitte à ce que celle-ci devienne duplicité ; cela en espérant que l'été ferait oublier aux Français ce qui n'était, à ses yeux, qu'une banale affaire de secret défense ayant mal tourné que l'opinion publique, plutôt cocardière, ne trouvait pas si offensante... Il se dira en tout cas fort blessé de la manière dont il fut traité.

« Pourquoi m'en veulent-ils tant ? », « Pourquoi sont-ils si durs avec moi dans cette histoire », ne cesse-t-il alors de répéter à son équipe de l'Élysée, affirmant que cette histoire intéressait seulement une certaine presse – « une affaire criminelle, imbécile et de presse » –, et que la séquence serait vite close. Il n'avait pas compris la force et la puissance d'un nouveau type de journalisme qu'il ne contrôlait plus, qu'il ne contrôlerait plus et qui n'allait, désormais, plus le lâcher.

L'histoire du *Rainbow Warrior* est une erreur stratégique, une faute politique et une tache morale. Elle porte atteinte au système du pouvoir mitterrandien tant à l'extérieur – où la réputation des services secrets est déjà peu flatteuse – qu'à l'intérieur : pourquoi accepter de jouer le rôle de l'abusé au risque de passer pour un benêt ou un menteur ? Pourquoi affecter, pendant plus de deux mois, d'exiger une vérité qu'il connaissait ? Il n'a jamais voulu s'en expliquer. Il a, en revanche, marqué sa défiance vis-à-vis de son Premier ministre qui a voulu – et a réussi – à tuer symboliquement celui qui était d'abord son ami, a manifesté une « curieuse envie cannibale de vérité », et « en a fait trop, est allé trop loin ». Il barrera d'ailleurs son nom de la liste des invités quand il décorera Charles Hernu de la Légion d'honneur, deux mois plus tard, dans la bibliothèque de l'Élysée, pour services militaires rendus à la France.

132

5 décembre 1985

La manière dont le Premier ministre s'est dit « personnellement troublé » par l'entrevue qu'il a accordée au général Jaruzelski à l'Élysée, déplaît fortement à François Mitterrand. Il l'apprend par télégramme, alors que son avion vole vers les Antilles. D'abord étonné, il devient furieux en comprenant que ses mots ont été prononcés au sein de l'hémicycle. Il avait pourtant demandé à Laurent Fabius de ne pas s'exprimer et de laisser monter au créneau Roland Dumas, en charge des Affaires étrangères. Mais le Premier ministre, dont il trouve qu'il a un peu trop hâte d'exister vite et par lui-même – le « moi c'est moi, lui, c'est lui » de 1984, il ne l'a toujours pas avalé – a voulu encore une fois exprimer sa vérité et tenté de lui donner une leçon en ajoutant : « Je tiens à préciser que la décision de recevoir un chef d'État étranger relève de la décision du président de la République et de lui seul. » Lui déteste cela.

À son arrivée aux Antilles, une escouade de journalistes l'attend pour obtenir une réaction. Il ne répond jamais du tac au tac. D'ailleurs, il se plaint de ne pas avoir l'esprit de repartie. Il lui faut du temps pour trouver la formule. Ce n'est pas aux vieux singes qu'on apprend à faire la grimace. Il a besoin de ruminer et de choisir le lieu, le temps, les circonstances. L'ironie est plus forte que la vengeance, le mépris plus blessant que la colère. C'est donc avec une certaine délectation qu'il profite ce soir-là de la brise tropicale, de la douceur de l'air sous les palmiers de la préfecture de Pointe-à-Pitre, pour, à l'écart du buffet, parler de manière prétendument improvisée, avant de reprendre son avion, sur les agissements du chef de son gouvernement. Une conférence de presse ? Sûrement pas : « J'en ai vu d'autres. Je vais vous raconter une histoire. Une parabole si l'on veut. Il y a deux singes – un vieux et un jeune –, tous les deux sont dans un laboratoire où l'on fait des expériences sur leur système nerveux. Le premier reçoit une décharge électrique régulière. Le second la reçoit de façon irrégulière. Il est donc surpris à chaque fois. Le premier vit très longtemps et le second meurt très vite. »

La veille, il a constaté, en lisant la presse, que sa décision de rencontrer Jaruzelski provoquait des remous au sein du Parti socialiste puis, comme chaque semaine avant le Conseil, a reçu en tête à tête son Premier ministre. L'entretien est tendu. François Mitterrand décide alors, ce qui est inaccoutumé, d'expliquer au cours du Conseil des ministres, pendant une heure, les raisons diplomatiques, politiques et personnelles qui le conduisent à s'entretenir avec cet homme, considéré comme un dictateur, qui fait vivre son pays en état de guerre et a fait emprisonner les principaux leaders de Solidarnosc depuis décembre 1981. Il annonce « une rencontre sans compromission ni sur les libertés ni sur les droits de l'homme » et dit ne pas confondre sa personne avec sa fonction : « Si j'étais une personne privée je n'irais pas voir Jaruzelski. » Il revendique aussi la liberté de son choix en récusant d'avance tout jugement moral : « C'est moi qui ai pris la décision. Elle est incommunicable. Elle relève de l'intuition. Vous verrez, il y aura une suite à ce choix. »

Le 4, il fait donc entrer le général par la grille du Coq, le reçoit pendant une heure vingt et ne publie aucun communiqué. Dans la matinée, il avait reçu le soutien inattendu de Lech Walesa, selon qui « en politique, c'est l'efficacité qui compte. Si le président français obtient beaucoup pour les Polonais je me féliciterai de cette rencontre ». À son tour le chancelier Kohl renchérit.

Alors pourquoi ces phrases de désaccord, voire de contestation de sa politique étrangère, énoncées par un chef de gouvernement fraîchement nommé ? C'est la première fois, dans l'histoire de la Vᵉ République, qu'un Premier ministre se désolidarise officiellement d'un président. Erreur de stratégie ? Orgueil mal placé ? Aveu émotif d'un homme qu'on dit froid et calculateur et qui a besoin, au contraire, d'être en accord avec lui-même pour exercer ses fonctions ?

Toujours est-il que François Mitterrand refusera sa démission et, deux jours après son retour des Antilles, invitera le couple Fabius – Françoise Fabius a été sa collaboratrice au Parti socialiste – à déjeuner à l'Élysée. « Pourquoi voulez-vous qu'on se réconcilie puisque nous n'avons pas été fâchés », ironise-t-il devant les quelques journalistes présents sur le perron. Il est construit ainsi mentalement : si l'on s'oppose à lui pour défendre des convictions, il montre d'abord sa colère, puis respecte celui qu'il a, temporairement, considéré comme un adversaire. Laurent Fabius avait été distingué par lui. Il devient dorénavant son préféré. Mais pas encore son héritier.

Cinq ans plus tard, Lech Walesa sera élu président et ce n'est pas par la grille du Coq que lui sera ouvert l'Élysée.

133

22 mars 1986

Il a le visage blême, les traits tirés. Il s'avance dans le salon Murat, ne fait pas le tour de la table comme à l'accoutumée. Contrairement à la tradition, il ne serre aucune main et s'assoit en face de son nouveau Premier ministre.

C'est lui qu'il a finalement choisi ou, plutôt, qu'il s'est résolu à nommer, après avoir fait semblant d'hésiter entre plusieurs ténors de l'opposition. Non, son cœur n'a pas balancé, même s'il avait chargé ses émissaires de dire le contraire. Il n'a pas voulu jouer au plus malin vis-à-vis des institutions et a donc désigné le chef du principal parti de la nouvelle majorité. Pourtant, il trouve que c'est « le plus dur ». S'il admire son énergie, sa jeunesse – il a coutume de dire à son propos : « Quel coffre ! », sans que l'on sache vraiment si c'est ironique ou sérieux –, il n'hésite pas, en privé, à évoquer ses défauts. D'abord, il parle mal. Il l'appelle « le rhéteur du complément direct qui n'a jamais poussé ses études jusqu'au conditionnel ». De plus, il le juge hâbleur, désordonné, blagueur sans finesse, et, pour tout dire, un peu bas de gamme.

Depuis 1984, François Mitterrand se prépare à ce qui vient de lui arriver et qu'il ne veut pas nommer cohabitation mais coexistence. Il en a imaginé toutes les hypothèses et même celle où les chefs de parti de droite auraient refusé sa proposition de codiriger la France avec lui – ce qui l'aurait enchanté, car il aurait alors nommé une personnalité de droite qui aurait tôt fait de tous les trahir pour se présenter à la présidentielle de 1988 et la gagner... Mais ce n'est pas, hélas, le scénario devenu réalité...

Depuis 1985, les propositions de devenir son Premier ministre se sont multipliées. Il n'a que l'embarras du choix. « Premier ministre wanted », a-t-il déclaré à la cérémonie des vœux, le 6 janvier. Jacques Chaban-Delmas, qui entretient des liens avec Robert Mitterrand, s'est fait connaître le premier. Le président a répondu que ce n'était pas une mauvaise idée. Simone Veil a fait passer le message par André Rousselet, son voisin de vacances à Beauvallon, et se dit elle aussi disponible. Par un de ses amis d'enfance, il a fait contacter Alain Peyrefitte, à qui il songe sérieusement dans la perspective de renforcer la Ve République selon un esprit gaullien. Mais il est parallèlement en relations depuis quelques mois avec Valéry Giscard d'Estaing par l'intermédiaire de Michel Charasse. L'ancien président a montré de l'intérêt. Son successeur s'en amuse parfois auprès de son entourage : « Giscard Premier ministre et moi président, ça ne ferait pas un peu trop opérette, non ? » Le seul qui ne serait pas partant, en apparence, c'est Chirac. Mitterrand le sait par son ami Pierre Guillain de Bénouville, qui le connaît depuis l'enfance. Le maire de Paris ne se dit pas ouvertement intéressé et fait savoir

« qu'il a déjà donné », peut-être dans l'hypothèse de se préparer pour la présidentielle ?

Comme à son habitude, Mitterrand ne prendra sa décision qu'au dernier moment et après avoir beaucoup écouté sans jamais donner l'impression de consulter.

Il va voter le 16 mars au soir à Château-Chinon et affecte une grande sérénité. « Je n'ai pas l'intention de me laisser bousculer. Je rentre à Paris pour connaître les résultats et je compte bien me coucher tôt. Les choses sérieuses commencent demain. » La défaite de la gauche est patente. Elle n'a pas fait d'aussi mauvais scores depuis longtemps. Lui note que le Parti communiste – comme il l'avait prédit – continue de s'effondrer. Et que le Parti socialiste dépasse la barre des 30 % et demeure le premier groupe à l'Assemblée. Il sait cependant que si les Français avaient été appelés à élire un président de la République, il aurait été battu par Jacques Chirac. Pour la première fois dans l'histoire de la Ve République, le président se voit amené à désigner un adversaire politique pour diriger le gouvernement. Qui choisir ?

Le 17 mars au matin, il demande d'un côté à Jean-Louis Bianco de faire venir Chaban de Bordeaux et, de l'autre, à Michel Charasse de s'entretenir avec Giscard. Pourquoi entreprend-il ces démarches comme s'il avait plusieurs solutions ? Pour tester ses adversaires et accentuer leurs divisions ? Pour jouir de son pouvoir de nommer – qui d'ailleurs laissera des cicatrices, Giscard lui en voudra longtemps d'avoir été manipulé – ou se donner encore l'illusion d'être toujours le maître du jeu ? Il déteste qu'on fasse pression et aime, comme un joueur, envisager jusqu'au bout les différentes solutions. « Il n'est pas interdit d'être habile et pas obligatoire d'être idiot, mais dans certaines situations comme celle-ci, il ne faut pas se tromper, car le fusil n'a qu'un coup », dit-il à ses conseillers. Billard à quatre bandes ou conseil de prudence ? Pour chacun des trois candidats putatifs contactés, il fait vérifier qu'aucun ne peut rassembler une majorité et constate que Chirac a tout verrouillé. Le soir, il fait, à la télévision, une allocution solennelle dans laquelle il indique qu'il choisira une personnalité dans la nouvelle majorité, sans préciser laquelle.

Le 18 mars, à son initiative, et en avance sur le calendrier, a lieu le traditionnel déjeuner annuel qu'organise Louis Mexandeau – encore ministre pendant quelques heures – pour fêter le 10 mai. Avec moins de monde que d'habitude. C'est lui qui a composé la liste des invités. Ils sont treize autour de lui. Il n'a qu'une question à leur poser : avec qui ? La grosse majorité opte pour Chaban, à l'exception de Jospin, Mauroy et Bérégovoy, qui choisissent Chirac pour plus de clarté avec l'esprit de la Constitution. Coexistence « dure » ou « cool » ? Il écoute chacun attentivement et ne dit mot alors qu'il a déjà fait son choix. Dans la voiture qui le ramène à l'Élysée, il demande à Bianco de convoquer Chirac pour la fin de l'après-midi.

Il reçoit le maire de Paris et patron du RPR à l'heure prévue et ne barguigne pas. L'entretien dure deux heures et quart sans témoin. On sait qu'il a porté sur la composition du gouvernement et que Mitterrand veut exercer un droit de regard et de veto sur les Affaires étrangères, la Défense, l'Intérieur. Il refuse Léotard à la Défense, récuse Giscard et Lecanuet aux Affaires étrangères, fait part de ses réticences sur Pasqua à l'Intérieur : « Vous vous rendez compte si vous nommez Pasqua à l'Intérieur, les ministres n'oseront plus se téléphoner. » L'accord n'est pas trouvé. Il lève la séance et, paternel ou faussement patelin, lance à son nouveau Premier ministre : « Si vous avez des difficultés pour refuser des portefeuilles à certains de vos amis, vous n'avez qu'à le mettre sur mon dos. »

Le lendemain matin, il fait savoir à Chirac par l'intermédiaire de Bianco qu'il ne signera qu'un nombre limité d'ordonnances sur des sujets ne touchant ni aux acquis sociaux ni aux libertés, et qu'il entend aussi maintenir les circuits d'information de l'Élysée, ainsi que conserver la haute main sur la nomination des hauts fonctionnaires. Pour le reste, il attend des nouvelles de la composition du gouvernement, qui tarde à venir.

Le 20 mars en fin de matinée, constatant que la meute des journalistes augmente devant le perron de l'Élysée, sous une pluie tenace, il descend les voir et leur dit : « Vous faites un fichu métier. Moi aussi. » Puis il demande, en remontant dans son bureau, qu'on leur fasse porter du café et des sandwichs.

À 15 heures, il reçoit Laurent Fabius et parle avec lui de l'avenir. À 15 h 20, Jacques Chirac arrive avec, dans son porte-documents, la liste du gouvernement que le président avalise, ainsi qu'un texte – pacte de cohabitation – qu'il refuse de signer. À 17 heures, il confie à ses collaborateurs : « Quand je pense qu'après-demain je serai assis au milieu de quarante ministres, dont vingt, au moins, me haïssent… »

Il fait froid, ce 22 mars. L'atmosphère aussi est glaciale. François Mitterrand rappelle que c'est à lui de choisir l'ordre du jour et donne la parole à son Premier ministre. Il ne fait pas durer la cérémonie. Au moment de se lever, quelques photographes, dont deux de ses amis, veulent l'entraîner pour une photo de famille. Il leur répond : « Quelle famille ? » avant de s'éclipser dans ses appartements.

À gauche, on s'agite. Michel Rocard est déjà en lice. Laurent Fabius et Lionel Jospin auraient aussi, selon lui, toute légitimité, à se préparer pour la présidentielle de 1988. Pour calmer les ardeurs naissantes, il décide de faire courir une nouvelle rumeur : il n'exclurait pas de démissionner pour pouvoir se représenter...

134

3 mai 1986

Il prépare ses bagages pour Tokyo. Rue Jacob, il écoute Europe 1 à l'heure du petit-déjeuner. Coluche est l'invité.

« — Alors, vous aimez Mitterrand ?
— Oui, bien sûr
— Vous le voyez souvent ?
— Je lui téléphone.
— Que lui dites-vous ?
— Alors, président, ils ne vous ont pas encore coupé l'eau et l'électricité ? »

François Mitterrand éclate de rire. C'est bien la première fois, depuis que la coexistence institutionnelle – il continue à l'appeler ainsi et il est bien le seul – a commencé qu'il a l'humeur badine et le cœur à se moquer des mesquineries qu'il endure. L'Élysée est transformé en forteresse. C'est par l'absence brutale des télégrammes diplomatiques que la guerre a commencé. Après quoi, ce furent des refus de Légion d'honneur, puis des demandes de signatures d'ordonnance, et enfin des tractations ubuesques et pénibles pour chacun de ses voyages à l'étranger. Est-il assigné à résidence ? Il est abattu, déprimé. Il pense que ce que les autres nomment la cohabitation, c'est comme la mort : on a beau s'y préparer, quand ça arrive ça surprend toujours. À voir le nombre de pages rédigées par ses proches collaborateurs – dont celles de Charasse soigneusement conservées dans les archives du Sénat –, il dicte son attitude dans le moindre de ses gestes et de ses mouvements en se référant à l'esprit et à la lettre de la Constitution. Ni plus ni moins. Et, puisque ses adversaires tentent sans cesse de déborder de ce cadre, il les mettra en face de leurs responsabilités et se montrera attentif à chaque signe, symbolique ou réel, du pouvoir qui lui est conféré, prenant ainsi en charge, avec une intensité maximale, la définition gaullienne de l'autorité qu'il avait, en d'autres temps, si violemment contestée.

Il a accepté, dès le premier tête-à-tête, que le Premier ministre, qui le lui a demandé, l'accompagne partout à l'étranger.

Dans le Concorde qui l'emmène à la première réunion internationale du nouveau gouvernement, il demande à ses collaborateurs de se montrer courtois mais fermes avec la nouvelle équipe. Dans les journées qui ont précédé le voyage, chaque détail a été étudié. Le chef du gouvernement peut-il prendre la place du chef de l'État à la tête de la délégation française ? La Constitution ne répond pas sur ce point. Chirac veut se rendre seul à Tokyo ? Il va l'en empêcher. Chirac veut arriver avant lui à Tokyo ? Il va le lui refuser. Chirac veut l'accompagner à Tokyo ? La délégation française étant composée de trois personnalités, il faudra que son ministre des Affaires étrangères ou celui des Finances, lui cède la place. Chirac accepte et demande à Balladur de s'exécuter. Chirac veut assister au premier dîner offert par le Japon ? Il refuse. Chirac veut assister à la première séance d'ouverture ? Il refuse. Toujours au nom du protocole, de l'étiquette.

À lui, le Concorde, le tapis rouge, les flashs des photographes. Au Premier ministre l'avion de ligne, l'anonymat, le fauteuil qu'on ajoute quand les choses sérieuses ont commencé.

Il pense que la France ne doit parler que d'une seule voix à l'extérieur. Son Premier ministre que cette voix peut s'exprimer par deux bouches différentes. Sur le fond, ils sont d'accord, mais, pour lui, la forme importe plus que le fond.

Est-ce vraiment un hasard si, lors de la première séance plénière à Tokyo, le siège du Premier ministre était particulièrement bas et placé si en arrière de la table où siègent les grands de ce monde ?

Seul le président parle et, si le Premier ministre le souhaite, il peut le faire à sa suite seulement. Avant de repartir se tient la traditionnelle conférence de presse. Chirac fait savoir la veille à l'équipe de l'Élysée qu'il désire y participer. Qu'à cela ne tienne, répond le président. On lui installera un siège non sur la tribune, mais en bas de celle-ci. Le ministre des Affaires étrangères – Jean-Bernard Raimond – fait savoir que, dans ces conditions, Chirac ne viendra pas. Le Premier ministre est cependant venu écouter le président qui a réaffirmé devant le monde entier que la France parle d'une seule voix.

À Tokyo ce fut le cas : on n'a pas entendu la voix de Jacques Chirac.

135

14 juillet 1986

Il a choisi la traditionnelle allocution de la fête nationale pour, en direct de l'Élysée, s'opposer publiquement à son gouvernement. C'est une première, dans l'histoire de France, que de voir un président contester frontalement les agissements du Premier ministre qu'il a désigné. Il veut le coup d'éclat, mais pas la rupture, à un moment où la tension est maximale entre eux. Il entend trouver une nouvelle place dans le cœur des Français. Être le garant des institutions, incarner des valeurs, sans apparaître pour autant mêlé aux basses querelles politiciennes. Songe-t-il déjà à tenter un second mandat ? L'hypothèse a été évoquée le mois précédent au cours d'un déjeuner improvisé par Charasse à Puy-Guillaume avec ses vieux copains, militants paysans. Autour d'un cochon grillé, l'ensemble de la tablée l'a encouragé à se projeter dans l'avenir. « Vous me parlez comme si je me préparais. Mais je n'ai encore rien décidé. » Peut-être. Il n'empêche qu'il n'a pas nié.

Il va redevenir l'homme de gauche que cinq ans de présidence ont émoussé, voire abîmé, le porte-parole des pauvres, des humiliés, de la jeunesse déboussolée, et, au moment où thatchérisme et reaganisme règnent sans partage, il retrouve les fondamentaux de son socialisme anticapitaliste, tout en le mâtinant d'inflexions centristes.

Cette posture d'opposant, il la prend dès le second Conseil des ministres. Chirac veut légiférer par ordonnances. Lui fait remarquer qu'il peut s'y opposer, contrairement à la loi qu'il est tenu de promulguer. Il ne s'opposera pas systématiquement à toutes les ordonnances, mais pose ses conditions : qu'elles soient peu nombreuses et qu'elles ne portent pas atteinte au domaine des libertés. Il indique sa méthode : « Il ne me plairait pas d'avoir à refuser de signer des ordonnances après que le gouvernement se sera engagé. Il convient de ne pas multiplier les sources de conflit qui seront suffisamment nombreuses. » Il précise aussi qu'il refusera de signer celles qui reviendraient sur les nationalisations d'avant 1982. Ses avertissements sont interprétés comme des rodomontades. Chirac refuse de prendre en compte comme critère la date des nationalisations et rend donc public le premier désaccord de la cohabitation. Pense-t-il que Mitterrand va caler et qu'il n'osera pas empêcher le gouvernement de gouverner ? Provocation ou naïveté ? Mitterrand lui répète qu'il ne signera pas. Chirac n'en croit rien et se contente de rire. À plusieurs reprises pendant le mois de juin, Édouard Balladur et Jacques Chirac insistent pour qu'il signe. « Quoi que vous pensiez, si je ne veux pas, je ne signe pas. » Mitterrand n'aime pas qu'on ne le croie pas. Mais Chirac maintient ses positions et demande à nouveau l'inscription de cette ordonnance au prochain Conseil des ministres qui doit se tenir le 16 juillet.

Il lui reste deux jours pour savoir comment affronter cette situation. Faire exploser le couple cohabitationniste ? Dramatiser pour mieux apaiser ? Il a confirmé sa position à Badinter, Bianco et Charasse le 13 juillet au soir et leur demande de préparer des arguments. Il a informé Chirac qui lui suggère de signer tout de même, en assortissant sa lettre d'une déclaration des présidents de l'Assemblée nationale et du Sénat déchargeant la responsabilité du chef de l'État. C'est mal le connaître que de lui faire de telles propositions. Il n'en discute même pas. Le 14 Juillet, au milieu de cette foule bon enfant qui a envahi les jardins et les bureaux de l'Élysée, il s'isole pour être interrogé, comme chaque année, par Yves Mourousi, et décide de court-circuiter les réseaux institutionnels de la politique. Geste prémédité pour retrouver une position d'arbitre et mettre ainsi la responsabilité de la crise sur le dos de la droite ? Il s'adresse directement aux Français en les prenant à témoin, et annonce donc qu'il ne signera pas : « C'est pour moi un cas de conscience. Mon devoir est d'assurer l'indépendance et l'intérêt national. » Il prend le problème par le biais des valeurs, refusant tout marchandage mais jouant gros. Pourtant il assure qu'il n'est pas joueur – certes dans sa jeunesse il a joué aux échecs et, dans l'armée, à la manille coinchée – mais là, ce serait plutôt du poker. Il le dit autrement : « Je suis sur le fil du couteau. » Le Premier ministre peut décider de démissionner et, dans ce cas, lui serait obligé de dissoudre : Chirac peut gagner et lui-même être contraint de démissionner. Mais il a l'intuition – il croit beaucoup à l'intuition, y compris en politique – que Chirac ne tentera pas l'aventure et qu'il ne recommencera pas ce qu'il a fait avec Giscard en 1976. De toute façon, il dispose toujours de la carte Chaban en alternative.

Jacques Chirac attend 20 h 45 pour l'appeler et lui dire qu'il n'a pas le droit de ne pas signer les ordonnances. François Mitterrand réitère son refus. Son Premier ministre évoque alors sa démission dans le but de provoquer une présidentielle anticipée. Lui s'en moque. C'est lui et lui seul qui peut dissoudre le Parlement. Et personne ne peut le contraindre à s'en aller. Il a conscience d'outrepasser ses fonctions, mais il aime être, comme il le dit, « sur le fil du couteau ». Il préfère la crise maintenant – dût-elle provoquer une rupture – à la guerre d'usure. Il prend Chirac de vitesse, impose son *tempo*. Et affirme : « Je ne demande rien. Je n'attends pas de récompense. Je n'attends rien. Je n'ai plus qu'à finir mon septennat. L'opinion ne m'intéresse pas. »

Pourtant sa cote de popularité ne cesse de monter. Le président que la droite voulait mettre au placard est désormais désigné par les jeunes d'un affectueux Tonton et prend un sérieux coup de lifting. Chirac, du coup, semble engoncé dans les habits raides d'un Premier ministre autoritaire qui critique d'un ton rogue un président artiste de la politique.

Le 16 juillet, le chef du gouvernement annonce au cours du Conseil des ministres qu'il abandonne l'ordonnance et décide de recourir à la voie parlementaire. En souriant, le président lui répond en concluant la séance : « Cette histoire finira au Parlement. Ainsi aurait-elle dû commencer. » Le Premier ministre a beau s'époumoner à la télévision le soir même pour critiquer son absence de respect du verdict des urnes, le président a gagné la première manche. Et, pour bien le montrer, il signe, le 17 juillet, l'ordonnance sur l'emploi des jeunes, sans se faire prier ni donner de leçons.

136

1er décembre 1986

Il inaugure le réaménagement de la gare d'Orsay en musée des Arts du xixe siècle, où travaille Anne depuis de nombreuses années, et dont il connaît bien les collections. Michel Laclotte, le conservateur en chef, et Jacques Rigaud, président de l'établissement public ayant réussi cette transformation, lui font la visite. Lui fait semblant de découvrir, s'amuse à observer tout le petit monde de droite se gausser devant tant de beauté dans cet espace rendu à la lumière. Chacun s'ébaudit ; même Valéry Giscard d'Estaing paraît impressionné. Seul Jacques Chirac semble s'ennuyer et donne des signes d'impatience. Alors, François Mitterrand va interrompre son conciliabule avec François Léotard pour l'amener devant *La Gare Saint-Lazare* de Monet, qu'il admire tant. Giscard s'approche. Il lui propose de revenir à l'Élysée quand il le souhaite pour revoir les Odilon Redon qui y sont restés. Puis il s'arrête devant la *Chambre à coucher d'Arles* de Van Gogh. Il cherche Anne des yeux dans la foule.

Chirac tente de prendre le large, lui se dirige vers les Corot. Les journalistes l'entourent et lui demandent s'il songe à se représenter. Il sourit et ne répond pas. Depuis deux mois, il distille des informations qui font penser à certains – comme Michel Rocard – qu'il n'exclut pas l'hypothèse, tout en reconnaissant qu'il connaît d'excellents candidats. Rocard se rassure en faisant observer que jamais les Français n'ont confié deux mandats de sept ans au même président dans l'histoire de la Ve République. L'élu de Conflans-Sainte-Honorine semble donc souhaiter qu'il se retire. Et Chirac ? De « dure », la cohabitation n'est pas devenue « douce » – d'ailleurs il ironise souvent à ce propos : « Vous pensez vraiment qu'entre nous, c'est l'amour fou ? » – mais il donne l'impression à l'opinion publique que c'est lui qui maîtrise le jeu. Sa proximité avec les étudiants lors des récentes grandes grèves, et sa demande d'annulation du projet de loi Devaquet sur les universités après la mort de Malik Oussekine – « Il n'y a pas honte à cela. Je l'ai bien fait moi-même », a-t-il dit à Chirac – lui ont redonné une légitimité à gauche et dans la jeunesse. Après l'avoir subie comme une nausée permanente, il semble désormais jouir de cette situation institutionnelle délicieusement compliquée qu'est la cohabitation. Et se permet d'entretenir dorénavant d'excellents rapports avec son Premier ministre dont il dira publiquement, après neuf mois de ce régime : « Il a beaucoup de qualités et je souhaiterais que ces qualités fussent appliquées au bon endroit et au bon moment. »

À bon entendeur salut.

137

10 mai 1987

Sur le campo San Trovaso un vieux monsieur joue du violon. Il le reconnaît. Il était déjà là l'an dernier. Il glisse un billet dans son étui avant de s'engouffrer derrière le gros platane dans le *palazzo* où Zoran Music et sa femme l'attendent pour un séjour de trois jours.

François Mitterrand est venu à Venise incognito avec Anne et, depuis l'aéroport, personne n'a semblé le reconnaître. Seuls cinq hommes savent où il est, dont deux membres de la sécurité que le permanent de l'Élysée peut joindre nuit et jour. Justement, en début d'après-midi, le conseiller de permanence a fait savoir à l'homme de sécurité, qui en a informé le président, que le président Bush voulait lui parler. Y a-t-il quelque chose d'urgent, a-t-il fait demander ? Pas vraiment, a répondu le conseiller de Bush au conseiller du président français. Alors j'appellerai demain, a-t-il dit à l'homme de la sécurité avant de monter dans l'atelier de Zoran, qui lui a montré ses dernières toiles. Puis il est parti pour l'Académie, trois minutes de marche, a parcouru rapidement les salles du Tintoret et du Carpaccio pour aller se recueillir, comme il le fait à chacune de ses venues à Venise, devant *La Tempête,* cette toile de Giorgione où la Vierge veille l'Enfant dans une nature sauvage avec, à l'arrière, un étrange paysage de château aveugle montant vers le ciel.

Il y a des nuages roses qui s'effilochent quand on regarde du côté de Mestre. Il marche sur les *Zattere* en direction du kiosque des étudiants situé en face de l'université. Une jeune fille gratte des airs de Joan Baez à la guitare. Il s'assoit sur un des bancs de la jetée.

Ce soir, ils iront dîner à l'*Osteria dei Gondolieri* où il a ses habitudes. Demain matin, il verra. Il s'arrêtera peut-être au cimetière pour se promener avant d'aller déjeuner à Torcello. La nuit tombe. Il repart vers l'atelier. Des enfants crient ; un chien le bouscule ; il est heureux.

138

23 décembre 1987

Il revient d'un voyage officiel épuisant à Djibouti et s'est arrêté, au retour, en Égypte. Il s'installe à l'hôtel *Old Cataract* avec Anne et Mazarine. Toujours la même chambre, avec son balcon de bois d'où il peut admirer le parc descendant jusqu'au Nil, qui forme là une sorte de boucle.

Élisabeth et Robert Badinter l'ont rejoint pour passer les fêtes de Noël. Avec eux, il a ses habitudes : le matin on visite, l'après-midi on bouquine. Le soir, on dîne tôt. Au grand étonnement de tous, il annonce au cours du repas qu'il a réservé un guide pour faire l'ascension jusqu'au monastère, le lendemain matin. « Il va falloir se lever très tôt. En chameau il faut au moins cinq heures. Qui vient ? » Brouhaha autour de la table. Il fait très froid le matin. Se lever aux aurores ? Les arguments pleuvent pour décliner. Voyant que tout le monde se défile, il apostrophe Robert : « Vous venez ? – Ce n'est plus de mon âge. – Je vous rappelle que je suis votre aîné de huit ans. »

À 4 heures du matin, ils se tiennent dans le hall et, à 5 heures, sur leurs chameaux. Le sien est du genre cracheur qui renâcle aux forts dénivelés et stoppe brutalement quand il en a envie. Le guide est gêné. Pas lui, qui descend à chaque fois et en profite pour admirer le paysage. À la fin de la montée, il faut gravir une impressionnante volée de marches. Il s'exécute sans sembler s'essouffler et croise alors un groupe de touristes andalous qui le reconnaissant, se mettent à crier : « *Arriba Mitterrand, Viva Mitterrand !* » Il va les saluer puis s'éloigne vers le monastère. La lumière est rouge, le paysage sublime, la qualité du silence impressionnante. « Ça vous ennuierait, Robert, de me laisser seul ? »

Vingt minutes passent. Il réapparaît. Durant toute la descente, il gardera le silence et semblera perdu dans ses pensées.

Le lendemain, alors qu'il se promène sur la plage au bord de la mer Rouge, il interroge Robert : « On me demande de me représenter. Vous en pensez quoi ? Vous ne croyez pas que je suis trop vieux ? »

Le 11 juillet, il avait convoqué à Latché Roland Dumas, Louis Mermaz, Pierre Joxe et Lionel Jospin et, à l'issue du déjeuner, leur avait confié : « Je n'ai rien décidé mais vous pouvez déjà travailler à l'hypothèse de ma candidature. De toute façon, il y aura bien un candidat du Parti socialiste au second tour... »

Sa décision politique et intellectuelle est déjà prise mais, ce matin-là, dans le désert égyptien, il en a une confirmation quasi spirituelle.

139

22 mars 1988

Il prend une petite voix pour répondre à la question de Paul Amar sur Antenne 2 : « Êtes-vous candidat ? » – comme s'il tournait sept fois sa langue dans sa bouche, comme s'il était empêché ou hésitait encore. Il le lâche finalement ce *oui* un peu emprunté, après des semaines d'atermoiements. « Vous avez longtemps réfléchi ? » Là, il change de ton et, coupant : « J'ai le droit, non ? » Vrai ou faux suspense que cette candidature ? Il a effectivement forgé l'hypothèse depuis deux ans, attendant le dernier moment pour se décider vraiment, et a manifestement hésité et changé d'avis à plusieurs reprises.

Ce ne sont pas des raisons médicales qui peuvent l'empêcher de briguer un second mandat : ses résultats sont plutôt bons, il a intégré dans sa vie quotidienne le traitement, qui a porté ses fruits au-delà de toute espérance, ne pense pas à la maladie qui ne le fait plus souffrir et se sent plein d'énergie. Alors il y a l'âge. Quand on formule cette objection il a ce geste, qu'il fait souvent, d'écarter de sa main gauche la question comme s'il chassait des mouches. Il cite les propos de son amie Marguerite Duras : « La jeunesse est une question d'état d'esprit », et rappelle que Clemenceau a été nommé Premier ministre à soixante-seize ans et de Gaulle élu de nouveau président à l'âge de soixante-quinze. Veut-il pour autant continuer à être président ? On n'est pas obligé de le croire quand il affirme que son idéal serait de s'asseoir dans un square sur un banc, de mettre sa canne entre les deux jambes et de regarder les gens. Danielle, elle, le croit dur comme fer et tente de le convaincre de ne pas se représenter. Il a, pendant une grande partie de son existence, voulu être président de la République et, au moment d'être élu, s'était engagé à ne faire qu'un seul mandat. Oublié ce temps des promesses. Oubliée aussi la réforme du septennat en quinquennat. Être président ne le contente pas forcément, surtout en période de cohabitation, mais il est obsédé par la légitimation de la gauche au pouvoir. Sept ans, c'est du jamais vu. Quatorze ans, ce serait l'inscription dans l'histoire pas seulement de la V\ :sup:e République, mais du XX\ :sup:e siècle.

Pas de salut de la gauche sans sa présence ? Lui qui a tant ironisé sur le « de Gaulle homme recours » ferait-il bégayer l'histoire ? Président à vie ? Y a-t-il une existence en dehors de l'Élysée ? Il a tant ironisé sur ce palais décati, faussement historique, où les dorures ne servent que d'apparat et où le jardin est trop étriqué, fabriqué avec ce faux étang... Heureusement, il y a les canards, ces chers petits canards qu'il couve du regard, nourrit régulièrement. « Eux, voyez-vous, ils sont libres de s'en aller », dit-il à ses visiteurs, comme s'il voulait se faire plaindre durant les déjeuners organisés dans sa bibliothèque.

Lui, il ne pense pas que ce soit une fin en soi que de continuer à être président. Quand il se confie, il envisage plusieurs vies : celles d'un savant, d'un écrivain, d'un peintre, d'un théologien lui paraissent beaucoup plus remplies et enviables que la sienne. Et puis il y a la possibilité d'un autre cycle, d'un autre rythme avec Anne : la promesse des voyages, la vie dans les livres, les matins pour écrire – il a signé pour Gallimard un ouvrage dans la collection « Les journées qui ont fait la France » sur la prise de pouvoir par Napoléon III –, les promenades en France pour visiter des églises, des cimetières, celles dans Paris, plus de temps avec Mazarine. Pourquoi ne pas aller plus souvent dans la petite maison de Gordes où ils s'installent chaque mois de juillet ? Pourquoi ne pas profiter des invitations de certains chefs d'État ? Il aimerait retourner en Afrique, séjourner au Sénégal et découvrir la Mésopotamie. Bref, il est plein d'envies, même s'il se plaint de son âge auprès de ses amis.

Il garde cependant, aussi, sa hargne politique. La droite, il la hait. Il la trouve d'une insigne médiocrité. Des gangsters qui s'approprient l'État, des gens sans foi ni loi qui se conduisent comme des sous-chefs de basse police. Il veut briser ce qu'il nomme l'État RPR, cette clique anti-républicaine, et dit de plus en plus ouvertement de son Premier ministre qu'il lui ment, qu'il est agité, qu'il n'est jamais en accord avec lui-même, qu'il court tout le temps, mais qu'il ne sait pas vers où... À ses adversaires, il ne cache ni sa pugnacité ni son envie d'en découdre après deux ans passés à défendre l'esprit de la Constitution.

« Si je me présente, ce ne sera pas à cause de mes amis, mais à cause de vous. »

Il dit encore qu'il n'a pas terminé son œuvre et que, pour contrer ses adversaires, avec l'âge et le métier, il est plus expérimenté que d'autres. Ce n'est pas pour autant qu'il décourage Rocard ; bien au contraire, il lui donne un feu vert. À l'automne, il l'a rencontré discrètement et lui a confié : « Je n'ai pas pris ma décision. Avancez-vous. » Il a aussi engueulé Mermaz, qu'il trouve un peu trop bavard : « Cessez de dire que je vais me présenter. Vous me gênez. Je dois m'entourer d'un profond mystère. »

Alors pourquoi ce double jeu ? Ce double discours ? Ce sens exacerbé du secret ? Tous les mercredis, en fin de matinée, après le Conseil des ministres, il part des Invalides en hélicoptère rejoindre, après un trajet de vingt minutes, sa garde rapprochée dans une maison non loin de Marly, au cœur d'une clairière où, autour d'un buffet et devant un feu de cheminée, il commente l'évolution de l'actualité. À la question qui lui sera maintes fois posée de savoir s'il compte se représenter, il répond qu'il n'a pas encore décidé mais qu'il faut faire comme si... Esprit d'indécision ou stratégie mûrement réfléchie ? En fait il a décidé de sortir du bois le plus tard possible, comme de Gaulle l'avait fait en 1965.

Sept jours après la déclaration de candidature de Jacques Chirac, il convoque Rocard à l'Élysée et lui annonce qu'il sera candidat, tout en lui demandant de respecter la consigne de silence. Il observe l'oscillation des sondages, se réjouit que, pendant un temps, Raymond Barre devance son Premier ministre – il trouve Barre plus crédible mais préférerait s'opposer à Chirac. Il s'amuse de l'impatience de la droite devant son silence et taquine Pasqua, qui fanfaronne en lui laissant entendre qu'il va l'obliger à annoncer sa décision. Lui, il veut rester président le plus longtemps possible, être candidat le moins longtemps possible. Ne pas s'appuyer sur le parti mais l'utiliser. Ne faire confiance qu'à la vieille garde et au cercle des fidèles. Ne pas faire une véritable campagne. Ne pas brouiller les pistes.

C'est donc, non de l'Élysée, mais en direct à la télévision, qu'il annonce « vouloir faire front ». La France s'ennuyait. Il va la réveiller à coups d'anathèmes jetés contre une droite « d'esprits intolérants », « de partis qui veulent tout », « de clans, de bandes qui exercent leur domination sur le pays au risque de déchirer le tissu social et d'empêcher la cohésion sociale ». Il se pose en garant de la paix civile au risque de s'aliéner les électeurs en quête d'un père de la nation plus pondéré. Plus Chirac lui demande des comptes – cela donne à la sortie du Conseil des ministres du 23 mars, Chirac à Mitterrand : « Vos propos d'hier soir ont été injurieux à mon égard » ; Mitterrand, du tac au tac : « Depuis deux ans, vos actes ont parfois été injurieux à mon égard » –, plus Mitterrand augmente la mise. Comme si la rancœur accumulée depuis deux ans pouvait enfin se déverser.

Ce devait être une partie de campagne. Ce sera un combat de boxe mais aussi un lifting. Le président oublie qu'il est président. Il ne cesse de rajeunir. Sa *Lettre à tous les Français* – c'est le *tous* qui est important – le montre plus modeste, moins lyrique qu'en 1981 : « Je ne rêve pas d'une société idéale. Je cherche à éliminer les inégalités qui sont à portée de la main. » Dur désir de durer ou volonté de réformer en profondeur la société ?

140

28 avril 1988

Avant le premier tour de la présidentielle, il s'est montré, à plusieurs reprises, inquiet. Certes, les sondages lui donnent entre 34 et 38 % des intentions de vote, mais il n'a pas la sensation que sa *Lettre à tous lesFrançais* les passionne et juge que les médias le boudent. Il fulmine contre son équipe de campagne. Chaque jour, on l'insulte dans la presse et personne ne réagit. Sa stratégie de communication, qui consiste à faire une mini-campagne, paraît bien lisse au regard de celle de Jacques Chirac – qu'il juge intempestive mais efficace. Elle est interprétée comme de la hauteur, voire de l'indifférence. Lui trouve les meetings socialistes ringards dans leur forme et les orateurs fatigués.

À Rennes, c'est vrai, il s'est passé quelque chose, grâce à la présence poétique de Barbara et de Charles Trenet ; il a alors retrouvé sa ferveur d'antan, apostrophé les militants comme au bon vieux temps, senti qu'ils avaient répondu : la communication quasi animale qu'il entretient depuis des décennies avec la foule est revenue comme par enchantement et son attitude s'est transformée. Il s'est approché du micro et, comme un orateur de la IVe République, a retrouvé son lyrisme révolutionnaire.

Mais au meeting du Bourget, il a été atone et sans éclat. Comme un vieux magicien fatigué qui constate qu'il ne sait plus capter l'attention des enfants, il a continué tout de même, tout en pestant de ne pas – de ne plus ? – savoir déclencher l'enthousiasme. Sa mauvaise foi légendaire lui permet de rejeter la responsabilité sur ses équipes, sur la presse. Alors, il décide de n'en faire qu'à sa tête, de ne plus écouter les conseils. Ainsi, il accepte de se faire filmer jouant au Frisbee à Créteil avec des jeunes de « sports et études » et d'inviter Rocard sur les pentes du pic Saint-Loup sans en expliquer les raisons.

La campagne ne prend toujours pas. On préfère le voir en grenouille dans *Le Bébête Show* de TF1.

Ce soir, à l'annonce des résultats du premier tour, ce n'est pas la joie à l'Élysée. Chacun est un peu dépité. Lui aussi : il n'obtient que 34 % des voix alors qu'il espérait frôler la barre des 35 %. Mais il se veut rassurant auprès de son équipe : « Je suis un peu déçu mais normalement je devrais gagner. » Le score de Jean-Marie Le Pen constitue une révolution dans le paysage politique. Diviser la droite a toujours été sa stratégie. N'importe quelle droite ? Cette montée du Front national ne constitue-t-elle pas une menace pour la démocratie ? Il fulmine quand on lui pose ce genre de questions : « Ça apprendra à Chirac à jouer avec les valeurs lepénistes sans avoir le talent de Le Pen... » Valeurs, talent, il ne prend pas Le Pen au sérieux comme adversaire – contrairement à l'avis de certains de ses conseillers, tel, notamment, Jean-Michel Gaillard, qui estiment que c'est un des combats prioritaires du nouveau septennat –, mais le considère et le subit depuis longtemps comme un animal politique doué d'une verve féroce propre à subjuguer un certain électorat qui, à ses yeux, n'est pas susceptible de s'élargir.

Il se prépare très peu au débat du 28 avril avec Jacques Chirac. Durant son voyage aux Antilles, il a bien demandé à Henri Emmanuelli de « faire Chirac », mais il l'a trouvé trop brillant et, très vite, ce petit jeu l'a agacé – de la même façon qu'il n'avait pas supporté en 1981 que Fabius soit si bon quand il « faisait Giscard ». Alors, il a laissé tomber.

Il arrive au studio 101 de la Maison de la Radio avec juste quelques fiches en poche. Pour lui, c'est presque une obligation, un mauvais moment à passer. Il appelle cela « les jeux du cirque » et pense que ce genre d'émission ne déplace pas une voix. Sa réélection est quasi assurée. La presse parle plus de la nomination de son Premier ministre que de l'issue du second tour. Mais alors, pourquoi déploie-t-il tant de férocité si les jeux sont faits ?

Son visage est tendu et sa rage de vaincre son adversaire palpable dès les premières secondes. La stratégie est d'attaquer et le but de dominer Chirac le plus vite possible. Il disqualifie par avance leur prétendue égalité en lui donnant du « monsieur le Premier ministre » le plus souvent possible, stratégie payante car celui-ci a dès lors bien du mal à faire croire qu'il peut devenir président. Quand Chirac l'accuse d'avoir « libéré des terroristes », il sort de ses gonds et quitte ce manteau d'apparat d'apparente courtoisie, porté pendant deux ans, pour retrouver les accents du grand fauve parlementaire. Il se place sur le terrain de la morale. « C'est indigne de vous de dire ces choses », grince-t-il. Il avait d'ailleurs prévenu ses collaborateurs que si Chirac le mettait sur le terrain du terrorisme, il dirait aux Français comment, en juillet, le Premier ministre avait fait relâcher Wahid Gordji alors qu'il possédait des preuves de sa responsabilité dans les attentats ayant ensanglanté Paris en 1985-1986, dont celui de la rue de Rennes. Chirac semble stupéfait de sa réponse et lui répond sur le même ton : « Vous dérapez dans la fureur concentrée. » À deux reprises le Premier ministre l'adjure : « Pouvez-vous dire, en me regardant dans les yeux, que je vous ai dit que j'avais les preuves ? Pouvez-vous vraiment contester ma vision des choses, en me regardant dans les yeux ? » Excédé par le ton, Mitterrand répond : « Dans les yeux, je le conteste. »

Le débat change de style. La violence est manifeste, la surenchère a lieu des deux côtés et les adversaires sont dépassés. Mitterrand parle de 1946 au lieu de 1986, Chirac se croit le professeur de Mitterrand et pense pouvoir l'humilier.

Dans ce face-à-face théâtralisé à souhait, où chacun a estimé devoir acculer son adversaire à dire la vérité, chacun a eu tort. Mitterrand n'est pas responsable de la mort de Georges Besse, le patron de Renault assassiné par Action directe en novembre 1986 ; les insinuations de Chirac à cet égard sont déplacées, fausses et blessantes. Chirac n'a jamais dit à Mitterrand que la responsabilité de Gordji dans les attentats était écrasante – c'était une thèse de Pasqua – mais, devant l'assurance du président, il a baissé la garde tout en racontant le soir même à tous ses collaborateurs que le chef de l'État n'avait pas pu le regarder dans les yeux.

Le Premier ministre a donc joué gros en ne disant pas la vérité et en pensant que l'autre allait plier. Sa colère froide l'a emporté et l'a entraîné, lui, si soucieux de ses fonctions, à dévoiler devant 28 millions de Français ce qui se passe dans le secret d'un échange entre un Premier ministre et un président de la République. Giscard dira plus tard à Mitterrand qu'à chaque fois que Chirac voulait lui faire passer une histoire qu'il jugeait peu crédible il utilisait toujours cette même expression, « les yeux dans les yeux… ». Ce jeu de poker menteur déplaît aux Français qui voient les deux candidats se déchirer sans aborder leur principale préoccupation : le chômage.

L'émission laissera donc un sentiment de malaise. 42 % des Français considèrent, toutefois, que Mitterrand en est sorti « vainqueur ».

Le 4 mai, Chirac annonce la libération de Marcel Fontaine, Marcel Carton et Jean-Paul Kaufmann, retenus en otage au Liban pendant trois ans. Le soir même, François Mitterrand s'adresse aux Français afin de remercier tous ceux qui ont œuvré pour ce retour. Aux journalistes qui l'interrogent sur les éventuelles retombées électorales, il répond : « Quel que soit le moment, c'était le bon moment. Il ne faut pas tout mélanger. »

Le 5 mai a lieu la tragédie de la grotte d'Ouvéa en Nouvelle-Calédonie. Le report de vingt-quatre heures du déclenchement de l'assaut par les forces de l'ordre n'a pas été communiqué par Matignon à l'Élysée. Chirac a suivi l'opération pendant toute la nuit de son bureau. Le président en a appris le dénouement par l'AFP. Il confie à son équipe : « Cela fait deux ans que je serre les dents. Je les serrerai encore quelques jours. » Contrairement au Premier ministre qui se félicite, il déclare : « Je n'ai pas de joie. C'est une affaire très douloureuse. »

Le 6 mai, Matignon annonce le rapatriement du capitaine Dominique Prieur, agent de la DGSE, l'un des deux « époux Turenge », pour raison de grossesse alors qu'elle est assignée à résidence dans un atoll à cause de son implication dans l'affaire du *Rainbow Warrior*. L'ensemble de ces événements – à chaque jour son scoop – conforte le sentiment diffus de panique brouillonne du gouvernement, qui ne sait plus quoi faire pour attirer de nouvelles voix avant le second tour. Mitterrand ironise avec ses conseillers et se demande jusqu'où Chirac « va charger la barque ». Il parle de « festival » de « fantasia », peu propices, selon lui, à faire changer l'opinion.

Le 7 mai, il se rend à La Haye célébrer le quarantième anniversaire du sommet européen, auquel il assistait en présence de Churchill et Adenauer. Dans l'avion du retour, il lâche à Maurice Faure : « Rocard, ce n'est pas le meilleur, mais c'est son tour. » Il n'a aucun doute sur l'issue de l'élection.

Le dimanche 8 mai, il préside, pour la troisième fois, les cérémonies de l'Arc de triomphe avec son Premier ministre. À la fin, sans que le protocole soit prévenu, il s'avance vers les ministres présents pour leur serrer la main, comme s'il voulait leur donner congé. Puis il s'envole vers Château-Chinon où il va voter. Vers 19 heures, alors qu'il prend le thé en compagnie de Danielle et des Hanin dans la maison de son amie Ginette Chevrier, les premières estimations le donnent à 54 %. Il s'isole dans une pièce pour rédiger son texte puis réapparaît afin de découvrir les résultats à la télévision. On parle déjà de Rocard comme Premier ministre. Il sourit : « C'est un complot ou quoi ? »

Ginette a préparé un gâteau en forme de pyramide où est inscrit en nougatine « Génération Mitterrand ». Elle sort le champagne. Atmosphère bon enfant dans un cercle familial et amical. Dans la salle des fêtes de la mairie de Château-Chinon, il s'adresse à la foule mais n'a pas un mot pour son rival battu. La droite enregistre sa défaite la plus importante depuis 1965.

Dans l'hélicoptère qui le ramène à Paris, il confie : « L'important n'est pas que je sois président de la République, cela, je le suis depuis sept ans. C'est que j'aie été réélu. Désormais le paysage politique n'est plus le même. »

Réaliserait-il enfin son rêve de pouvoir, dans l'histoire politique, inscrire la gauche dans la durée ?

141

10 mai 1988

La veille, comme chaque lundi, il est allé faire sa partie de golf avec le docteur Raillard. Pendant toute la journée, Pierre Bérégovoy a attendu un signe de lui et a déclaré à ses amis : « Il ne faut pas croire à Rocard Premier ministre. C'est de l'intox. » Rocard, lui, a fait en sorte d'être joignable toute la journée. Rien. Pas un appel. Comme il n'y croit plus, il dit à son cercle le plus proche : « C'est fini. Il m'aurait téléphoné. »

Le 10 mai au matin, François Mitterrand fait appeler Michel Rocard par son secrétariat particulier pour l'inviter à déjeuner. À 13 heures, l'huissier emmène ce dernier vers la bibliothèque où il aperçoit une table dressée pour quatre personnes. Jean-Louis Bianco et Pierre Bérégovoy le rejoignent. Mitterrand, comme d'habitude, se fait attendre.

Quand il arrive, il s'extasie sur la beauté de cette lumière de printemps, parle de ses canards chéris et, lorsqu'il propose de se mettre à table, demande qu'on ouvre la porte-fenêtre, discourt sur la révolution de 1848, évoque avec passion l'expérience des ateliers nationaux. Il parle, il parle...

et ne mange guère. Ses convives pas davantage, qui boudent les asperges mousseline, le turbot à la nage et les sorbets à l'ananas. Il invite les trois hommes à boire le café dans le parc et, comme si cela lui revenait subitement à l'esprit, leur confie : « Je dois nommer un Premier ministre. Une des forces du socialisme, c'est qu'il compte dans ses rangs beaucoup d'hommes de qualité. À mes yeux ces talents sont équivalents. Je dois dire pourtant qu'à l'heure actuelle Michel Rocard a une petite longueur d'avance, ni psychologique, ni politique, ni affective, c'est la situation qui le veut. » Il en est là de ses réflexions et fait savoir qu'il prendra sa décision avant la fin de l'après-midi.

Entre eux, pourtant, même si ce ne fut jamais l'amour fou, depuis le début de l'année, une sorte d'idylle a commencé à se nouer. Le 23 janvier il a invité Rocard à prendre un petit-déjeuner à l'Élysée et a sondé ses intentions. Rocard, étrangement, comme il le fait souvent avec lui, se comporte en garçon gêné d'exister et, sans que Mitterrand lui demande rien, précise qu'il ne fera pas acte de candidature avant qu'il ait pris sa décision. Ayant apprécié sa loyauté pendant la campagne, il l'a récompensé en le conviant à son dernier meeting, à Toulouse, durant lequel il l'a qualifié, dans cette ambiance extraordinaire où la gauche retrouvait la grâce de la ferveur des belles années, « d'homme du renouveau ». Il avait juste été frappé, et légèrement agacé, de voir qu'à l'évocation du nom du député des Yvelines la foule commençait à taper du pied et à trépigner.

Pendant toute la campagne, Rocard a réussi un sans-faute. Ce n'est pourtant pas suffisant. Celui dont il disait, voici encore quelques mois, qu'il pourrait en faire son aide de camp ou son chef de cabinet, aura-t-il la stature d'un Premier ministre ? Mitterrand pense que oui, même s'il assurera à ses collaborateurs qu'il ne l'a pas choisi mais que les circonstances l'exigeaient. S'il le trouve « fragile » de tempérament, il ne doute pas de ses compétences pour faire appliquer le programme de sa *Lettre aux Français*.

Ce n'est qu'à 17 h 30 qu'il l'appelle pour lui confirmer ses intentions et le convoquer à 19 heures dans son bureau. Là, il lui tend une liste de 33 personnes qu'il « souhaite » voir entrer dans l'équipe gouvernementale. Comme avec Mauroy et Fabius, il a décidé de la composition du gouvernement. Nommer est une attribution qu'il n'acceptera jamais de « partager » et sur laquelle il n'est pas question de discuter. Jusqu'à ses derniers jours de président, il en usera et, quelquefois, en abusera. En l'occurrence, il s'agit de confirmer les compétences de ceux qui avaient dû quitter leurs responsabilités avant l'échec des législatives de 1986.

Manque d'inventivité ? Absence de renouvellement de la classe politique ? Tout ça pour ça... Les réactions dans l'opinion publique seront plutôt ironiques : assisterait-on à une « Restauration » ? Lui-même, en privé, peste contre ce gouvernement fait de bric et de broc, qu'il entend recomposer en cas de victoire aux législatives. Il éprouve l'impression de ne plus être au centre du jeu.

Cinq jours plus tard, il enregistre sa première retentissante défaite dans son propre camp : en dépit de ses consignes, Laurent Fabius n'a pas été élu premier secrétaire du Parti socialiste. Mauroy lui a résisté et, au perchoir, préfère la direction du parti. Mitterrand a bien essayé de convaincre le maire de Lille mais n'y est pas parvenu. Il faut dire que le président a longtemps hésité à formuler ce qu'il souhaitait et, à force de ne dire ni oui ni non, a laissé la situation se gangrener, les luttes intestines augmenter et se dévoiler au grand jour. Lui, s'il continue à vouer amitié et confiance à son Premier ministre, entend changer de génération. Il choisira finalement de ne pas... choisir entre les deux hommes et, désormais, ne personnalisera plus le problème de sa succession. Il se dit en fait fatigué de ce parti qui le déçoit intellectuellement, ne se renouvelle guère théoriquement, et se sent trahi par les siens.

La vie avec Rocard ne l'enchante guère, il n'aime pas ses manières de parler, de gérer, de raisonner et fait remarquer en riant à plusieurs conseillers que cette seconde cohabitation se révèle encore plus compliquée que la précédente. En apparence, tout fonctionne pourtant bien entre Matignon et l'Élysée, même si certains collaborateurs de la présidence, qui s'entendent bien avec leurs confrères de Matignon, sont jugés trop zélés par le chef de l'État... Le 9 juin, il intervient à la télévision après les mauvais résultats du premier tour des législatives et met tout son poids dans la bataille : « Croyez-vous qu'avec une majorité conservatrice, on luttera contre les exclusions ? »

Les Français n'ont point été sensibles aux arguments. L'abstention a été la grande gagnante du premier tour des élections. Au second tour, le 12 juin, le Parti socialiste obtient seulement une majorité relative. Mitterrand observe que le Premier ministre sort épargné de cette défaite retentissante, mais comment pourra-t-il gouverner avec une si étroite marge de manœuvre ? Il juge donc utile de ne pas s'en mêler, en prend acte et ironise sur l'autoflagellation de son camp : « Au PS, quand on perd, on est triste ; et quand on ne perd pas, on est encore plus triste. » Il décide donc de lâcher du lest et de laisser le gouvernement gouverner en interdisant à ses collaborateurs de faire pression sur Matignon.

Avec Rocard, les rapports sont courtois, sans plus. Il n'éprouve ni n'affecte de signe de sympathie. Il faudra attendre le 15 juin pour qu'il manifeste un soupçon d'empathie – et non de sympathie – envers son Premier ministre. Celui-ci est atteint, en plein conseil, d'une colique néphrétique et se tord de douleur. Il l'emmène alors dans ses appartements privés, le fait s'allonger sur son propre lit et lui confie : « Vous êtes trop tendu. La réussite d'un homme, vous savez, ce n'est jamais son accomplissement politique. Il y a tant d'autres choses importantes dans la vie. »

142

7 mars 1989

On lui annonce la mort de son ami Roger-Patrice Pelat.

Le 4 janvier précédent, il a appris, de la bouche de Jean-Louis Bianco, que le nom de ce dernier apparaît dans l'affaire Pechiney. Il trouve cela « surprenant ». Le 8 janvier il rabroue Pierre Bérégovoy, son ministre de l'Économie, qui parle de « complot politique » et « d'affaire criminelle ». Le 12 janvier, il a confirmation, par une note de son directeur de cabinet Gilles Ménage, que Pelat a acheté 10 000 actions Triangle depuis Paris. Et s'est ainsi rendu complice d'un délit d'initié.

Le jour même, il le convoque dans son bureau. Celui qu'on appelle à l'Élysée le « vice-président », tant il est proche de Mitterrand et présent dans ces lieux familiers où il vient quasi quotidiennement pour, l'après-midi, marcher avec lui dans le quartier, nie tout détournement et affirme avoir procédé à l'acquisition de 10 000 actions. Le président ne demande qu'à le croire. En dehors du courage qu'il lui connaît depuis la guerre, et de l'indéfectible amitié qui les unit, il n'arrive pas à comprendre comment cet homme – ancien apprenti boucher devenu ouvrier chez Renault puis communiste engagé durant la guerre d'Espagne dans les Brigades internationales, aime-t-il à rappeler – devenu si riche pourrait se comporter maintenant en vulgaire affairiste, en gangster violant les lois. Pourquoi courir de tels risques ?

Le 20 janvier au matin, Mitterrand apprend en fait par Pierre Joxe que Pelat aurait acquis 40 000 actions supplémentaires depuis la Suisse. Une colère homérique le gagne. Il fait savoir à son secrétariat particulier qu'il ne veut ni voir Pelat ni lui parler. Dans l'après-midi, son directeur de cabinet lui annonce la sortie d'un article du *Monde* sur Roger-Patrice Pelat pour le lendemain. Il en prend connaissance. Pelat nie farouchement sur l'honneur. Il confie à Jacques Attali : « Pelat dit que ce n'est pas vrai mais mon intuition est que ça l'est, au moins partiellement. »

Le samedi 21 janvier à 15 h 45, je me retrouve pour la première fois dans son bureau. J'y suis convoquée pour savoir si, éventuellement, je pourrais quitter mon métier et entrer dans le tout nouveau Conseil supérieur de l'audiovisuel. N'ayant jamais vu le président, je suis très intimidée. Il me fait attendre plus d'une heure dans le bureau de Jean-Louis Bianco, qui ne sait comment meubler la conversation, puis vient me chercher en s'excusant de son retard.

D'humeur enjouée, il me parle du match de rugby qu'il vient de voir à la télé, se montre curieux et attentif, réussit à enlever sa solennité au rendez-vous. Au bout d'un quart d'heure un huissier frappe à la porte. Il apporte de manière cérémonieuse un exemplaire du *Monde* qu'il tend au président. Mitterrand s'arrête alors de converser, lit la une, me prie de l'excuser et parcourt l'éditorial. Son visage prend la couleur de la craie. Il pose le quotidien et reste silencieux. Je ne sais plus où me mettre et ne comprends rien à la situation. Il reprendra l'entretien, mais le cœur n'y sera plus. En sortant de l'Élysée, je me précipite vers le kiosque le plus proche.

Le scandale ne fait que commencer. Le soir même, il convoque Joxe et Fabius pour évoquer la future composition du Conseil supérieur de l'audiovisuel et aborde l'affaire Pelat. Il hésite, contrairement à ce que les deux hommes lui proposent, à exprimer publiquement sa position mais décide – fait unique dans ses deux mandats à l'Élysée – de faire paraître un démenti contre les allégations du *Monde* et annonce avoir reçu la veille un rapport confidentiel sur les acquisitions de Pelat. Sa procrastination va provoquer la contagion. Toute la presse, puis l'opposition, s'empare du scandale. Les injures pleuvent chaque jour : « La gauche la plus pourrie du monde », dit Alain Juppé ; Raymond Barre dénonce « un climat d'affairisme » ; Philippe Seguin stigmatise « un parfum louis-philippard » ; les journaux titrent chaque jour sur le président et l'argent, ou les amis corrompus du président. Lui écume de rage à la lecture quotidienne de la presse et pique des colères terribles tout en interrogeant son entourage sur la véracité de ce qui est publié.

Il s'accroche encore à l'hypothèse que Pelat, peut-être, n'est pas si coupable qu'on le prétend, continue à croire et à ne pas croire. Sa méfiance instinctive se réveille dès qu'une personne se trouve en situation de bouc émissaire. Interrogé le 12 février par Anne Sinclair sur Roger-Patrice Pelat, il déclare : « Rares sont ceux qui, pendant la guerre, ont montré autant d'énergie, de force. Il est devenu riche. S'il se révèle avoir commis une faute, j'estimerai que je ne peux pas préserver la même qualité d'amitié. » La veille, il a relu – cela lui arrive souvent d'ouvrir à n'importe quel endroit la Bible de Jérusalem – ce fragment de l'Ecclésiaste sur l'amitié :

« Si tu as tiré l'épée contre ton ami,
Ne te désespère pas : il peut revenir ;
Si tu as ouvert la bouche contre ton ami,
Ne crains pas : une réconciliation est possible,
Sauf le cas d'outrage, mépris, trahison d'un secret, coup perfide,
Car alors tout ami s'en ira. »

Anne Sinclair ne lâche pas et lui demande si son ami a bénéficié d'informations lui permettant de commettre ce délit. Il répond : « C'est bien possible. Je n'en sais rien. » Pourquoi prend-il tant de risques ? Un président de la République qui vient dire en direct à la télé qu'il ne sait pas, ce n'est pas banal et ne lui ressemble guère.

Le 16 février, Roger-Patrice Pelat est inculpé de recel de délit d'initié.

Mitterrand ne le reverra jamais. Mais dès qu'il est hospitalisé, début mars, pour insuffisance cardiaque, il demande à Charasse d'aller lui rendre visite et prend régulièrement de ses nouvelles. Il apprend, le 7 mars, sa disparition par le même Michel Charasse, qui l'avait vu ce jour-là à l'Hôpital Américain et déclare avec émotion : « Je continue à penser qu'il n'a rien fait de mal. » Il se rendra à ses obsèques et prendra à part Pierre de Bénouville et

Michel Charasse à la sortie de l'église ; là derrière un bosquet il se sent mal, fond en larmes, puis, reprenant ses esprits, leur dit à voix basse : « Il nous faudra le venger. »

C'est à partir de cette affaire que l'image d'un président laissant s'enrichir ses copains et affectant de ne pas s'intéresser à l'argent s'ancrera dans les mentalités. Sa farouche obstination à vouloir démontrer le contraire se révélera contre-productive.

Le temps des scandales politico-financiers ne fait que commencer.

143

14 juillet 1989

Il se félicite, en direct à la télévision, de l'accueil du peuple français à cette matinée riche en innovations pour laquelle il a osé réinventer les rituels les plus sacro-saints de l'histoire de la République. « Je suis certain que chaque Français, dans son village, dans son quartier, éprouve en cette occasion, un sentiment de fierté. » Cette journée est l'aboutissement d'une volonté qui le hante depuis plus de trois ans. Le désir de commémorer la Révolution, qui plus est de manière originale, a joué dans son éventuelle candidature à un second mandat. Il ne pouvait pas laisser à la droite une si belle occasion.

Depuis 1988, François Mitterrand marque le terrain par une série de discours : le plus important à ses yeux est celui prononcé à la Sorbonne dès janvier, veille de sa campagne présidentielle : « Un peuple sans mémoire n'est plus un peuple libre... Une République qui oublie ses origines ne tarde pas à les renier... » Il a évoqué les dictatures qui commencent par effacer de l'Histoire les faits qui les encombrent, interdire l'accès au passé, et répété, devant un parterre clairsemé d'universitaires, qu'oublier était civiquement irresponsable.

Le procès de la Révolution est bien souvent celui de la démocratie et « le dédain de la première contribue, tôt ou tard, soyons-en sûrs, au mépris de la seconde ».

La presse était absente lors de ce coup d'envoi, dont il n'a été rendu compte nulle part. Il s'en est amusé et a ironisé avec Régis Debray, en charge pour lui de ce dossier, sur ceux qui, depuis des mois, dénoncent d'avance un bicentenaire étatisé, « flicardisé », « marchandisé », dont le peuple serait dépossédé. Mais il n'y a pas que Gilles Perrault et le chanteur Renaud qui admettent avoir mal à leur gauche et se sentent trahis par un président atteint de mégalomanie. Il se voit tout aussi furieusement attaqué par la droite qui, comme l'extrême gauche, le traite de vieux monarque se réfugiant dans le passé au lieu d'agir sur le réel. Lui n'en a cure et déclare au cours du Conseil des ministres du 14 juin que ces critiques émanent de « tous ceux qui sont contre la Révolution, ceux qui auraient été pour en son temps, mais qui sont plus réservés maintenant, parce que privilégiés ».

Depuis l'adolescence, il connaît et aime encore réciter par cœur les discours des grands conventionnels. Pas question donc de barguigner sur les « séquences » de cette époque durant les commémorations. En admirateur de Clemenceau, il juge que la Révolution est un bloc et qu'il n'y a pas lieu d'opposer les droits de l'homme à la Terreur, la bonne Constituante et la mauvaise Convention. Ayant beaucoup lu et relu sur ce sujet, il s'intéresse de très près au suivi de la commission scientifique de la mission, confiée d'abord à Edgar Faure, et n'a pas hésité à s'en mêler. Ainsi n'a-t-il pas hésité à critiquer la manière bien hexagonale de tout disséquer : « Il ne faudrait pas, finalement, que toute une série de débats fassent oublier l'essentiel : il y a eu une Révolution française, à partir de 1789. Elle a eu des conséquences suffisamment importantes pour que nous ne la célébrions pas comme un petit événement local, mais comme une part décisive de la France dans l'évolution du monde et de la société humaine. » Il a prévenu : « S'il ne s'agit pas de cela ou de faire le contraire, il vaut mieux changer tout de suite votre façon de faire... » À bon entendeur salut.

Après la disparition d'Edgar Faure, le 30 mars 1988, c'est Jean-Noël Jeanneney – petit-fils de Jules Jeanneney, ancien collaborateur du « Tigre » –, professeur d'histoire contemporaine, qu'il désigne pour mettre en scène durant trois jours cette vision unitaire : « Cette grande aventure collective dont nous n'avons pas à gommer les aspérités, ni à retrancher ce qui pourrait nous déplaire », a-t-il précisé dès le 20 juin, au Jeu de paume, s'opposant ainsi aux thèses de François Furet sur la dénaturation de la Révolution et ses « dérapages ». La République est fille de la Révolution, voilà le message qu'il entend faire passer aux grands de ce monde, tous accueillis avec un faste spectaculaire, plus imposant encore qu'au sommet de Versailles de 1982. Il y a chez Mitterrand une volonté délibérée d'allier, dans la scénarisation de la restitution de la Révolution, les différents fils du politique, du symbolique, du diplomatique et le désir revendiqué de faire coïncider le sommet du G7 avec l'inauguration de certains de ses grands travaux. Il profite en fait de l'événement pour – geste purement gaullien – redonner à la France un rôle éminent dans les relations Nord-Sud, Est-Ouest.

Sommet des riches ? Faste des cérémonies ? Il ne veut pas d'un bicentenaire « au rabais » et entend montrer aux grands du monde la marque de sa puissance. Monarque constitutionnel ? Le plus monarchique de nos présidents ? Et pourquoi pas ? De la politique, il ne reste pas de traces, a-t-il coutume d'affirmer. « De mes septennats, il subsistera des bâtiments qui marqueront Paris à tout jamais », dit-il ainsi à ses conseillers. Combien de fois m'est-il arrivé de traverser Paris en voiture avec lui en parcourant toujours le même trajet : les quais de Seine jusqu'à l'Institut du monde arabe, puis Bercy, pour ensuite passer devant la Pyramide, longer les Tuileries, dont il connaissait les tracés des bosquets par cœur – il avait lui-même choisi les noms des paysagistes consultés au moment du concours du Grand Louvre – avant de remonter les Champs-Élysées en admirant, dans la perspective, l'Arc de triomphe, puis l'Arche de la Défense ?

Paris vaut bien une messe, surtout si elle est entonnée au nom des droits de l'homme. N'écoutant pas certains de ses amis qui craignent les accusations de dérive monarchique, il offrira au peuple – qui ne boudera pas son plaisir – une série de séquences où l'inventivité, la créativité d'une *Marseillaise* inédite, puis un défilé aux Champs-Élysées imaginé par Jean-Paul Goude provoqueront une liesse populaire, un spectacle magnifique attirant 500 000 personnes retransmis dans 102 pays.

Durant ces journées, le sublime – le *Te Deum* pour l'inauguration de l'Opéra-Bastille – cohabite avec le comique de certaines rencontres plus ou moins improvisées, assorties de dialogues cocasses – Bush courtisant Margaret Thatcher : du jamais vu dans les annales diplomatiques internationales. Cet accès de sentimentalisme ne calmera pas l'agressivité de cette femme que Mitterrand aime bien pour son mauvais caractère et son opiniâtreté. Il se montrera furieux et désolé des sifflets qui saluent l'arrivée de la Dame de fer à la cérémonie organisée sur le parvis des Droits-de-l'Homme au Trocadéro. Qualifiée par la presse française de Cruella, Thatcher sera la seule à regretter publiquement d'être venue se prêter à « cette tentative utopique, menée par des intellectuels prétentieux, de célébrer cette Révolution qui s'est dévoyée dans les purges et massacres collectifs ».

Au final, François Mitterrand ramasse la mise. Au milieu de la cohue indescriptible de la garden-party, il tente d'expliquer en anglais aux gardes du corps de Bush qu'il faut laisser ce monsieur, qui tente, avec lui, de monter l'escalier vers son bureau, que oui, il est bien comme il s'époumone à le dire depuis plus de dix minutes, « *the Prime Minister of the France* ». Le soir, au dîner d'État, il demandera à changer le plan de table : Thatcher devait être assise à côté de Michel Rocard, qui vient de l'accuser publiquement « de cruauté sociale ».

Le surlendemain, dès l'ouverture de la séance à l'Arche de la Défense, Thatcher fait savoir qu'elle doit partir à 12 h 30. Tout est donc bouclé à 11 h 30. Elle ne cache pas qu'elle a hâte de s'en aller. Mitterrand souhaite conclure. Alors que ce genre d'exercice ne dure généralement qu'un petit quart d'heure, il fait durer le plaisir et prononce un plaidoyer de plus de cinquante minutes. Elle maugrée : « Ce n'est pas correct et c'est interminable », mais ne s'en va pas.

Il repasse ensuite à l'Élysée, où il a souhaité organiser une petite fête destinée à remercier toutes les personnes qui se sont dévouées à ce qui est, d'ores et déjà, un succès. Et laisse à Michel Rocard le soin de raccompagner ses augustes visiteurs au pavillon d'honneur. Il prend, lui, un hélicoptère à Issy-les-Moulineaux, direction Gordes, pour des vacances bien méritées. Dans sa valise, offerte par Louis Clayeux, son ami de jeunesse, longtemps directeur de la galerie Maeght, une édition bibliophilique de l'*Histoire de la Révolution* de Jules Michelet.

144

9 novembre 1989

Il se trouve en voyage officiel au Danemark quand le mur de Berlin s'écroule. À l'encontre d'Helmut Kohl qui, de Varsovie, s'est rendu à Berlin quelques heures plus tard, il a, contrairement à ce que certains conseillers lui ont suggéré, refusé d'y aller. À Berlin, Rostropovitch et Antoine Riboud ont espéré sa venue jusqu'au dernier moment. C'est donc de Copenhague qu'il déclare le lendemain : « Cet événement heureux marque un progrès de la liberté en Europe. Il est vraisemblable que ce grand mouvement populaire sera contagieux, c'est-à-dire qu'il ira ailleurs et plus loin... Cela ne peut que réjouir ceux qui, comme moi, appelaient cette sortie de leurs vœux... Ce qui veut dire que cela ira sans doute bien mieux, mais que ce sera aussi difficile. »

Des propos balancés et peu lyriques qui contrastent avec l'ampleur de l'événement et l'émotion suscitée à travers le monde, comme s'en fait l'écho légitimement et avec enthousiasme le Premier ministre Michel Rocard, qui évoque une nouvelle ère de paix. De Copenhague, le président réagit avec agacement à cette dernière déclaration. Pour lui, bien au contraire, c'est la paix qui se trouve de nouveau menacée. Il est sur la même longueur d'onde que Thatcher, à laquelle il téléphone. Elle aussi se montre inquiète de la rapidité avec laquelle se produisent les événements et des menaces d'instabilité. Tous deux craignent les réactions de Gorbatchev.

En quelques heures les médias européens ne parlent plus, en boucle, que de la chute du Mur et font déjà du moment un événement majeur de l'histoire du XXe siècle. Ce n'est pas l'impression que donne Mitterrand ni par ses paroles ni par ses gestes. Tout au contraire, il fait preuve de distance, de prudence, prend acte de l'événement, mais ne s'y associe pas. Pour autant n'a-t-il rien vu venir ? A-t-il fait preuve de cécité ? A-t-il compris l'ampleur de ce qui venait de se produire ?

Il n'a pas de mots assez durs pour critiquer son Premier ministre – qui, de toute façon, dit-il, n'a jamais rien compris à la politique étrangère – et craint que ceux ayant abattu le Mur jouent avec la guerre mondiale sans s'en rendre compte. Il partage avec Gorbatchev l'angoisse d'une absence de maîtrise des événements. Se remémorant Munich, il craint un réveil des nationalismes et redoute un déséquilibre dans la composition de cette Europe à laquelle il est si passionnément attaché, avec la naissance d'une Allemagne qui pourra se prévaloir de plus de 80 millions d'habitants. Ce n'est pas la réunification elle-même qui le surprend, puisqu'il l'a, à plusieurs reprises, déjà anticipée. Ainsi, le 3 novembre dernier, à Bonn, avait-il déclaré : « Je n'ai pas peur de la réunification. Je ne me pose pas de questions à mesure que l'Histoire avance. L'Histoire est là. Je la prends comme elle est. Je pense que le souci de réunification est légitime chez les Allemands, s'ils la veulent et s'ils peuvent la réaliser… Mais à l'allure où ça va, je serais étonné que les dix années qui viennent se passent sans que nous ayons à affronter une nouvelle structure de l'Europe. » Pas plus que le chancelier Kohl, il n'a anticipé l'événement et éprouve des difficultés à en saisir la complexité. Il ne voit pas comment, dans ce projet de grande Allemagne, les Prussiens pourraient accepter d'être sous domination des Bavarois.

Le 13 novembre, il refuse d'avancer le sommet européen de Strasbourg, comme le lui proposent plusieurs de ses conseillers, ainsi que Giscard, « qui saute comme d'habitude sur toutes les idées qui passent », pour évoquer la chute du Mur. Il n'y a pas urgence, répond-il. Le 14, il reçoit un appel de Gorbatchev qui relate sa conversation avec Kohl et lui avoue, en secret, qu'il lutte ferme contre ceux qui, en RFA, poussent à la réunification. Qui ment à qui ? Le 15 novembre, en Conseil des ministres, il revendique son refus de ce qu'il nomme « les parlotes » et insiste sur sa méthode : donner du temps au temps. « Il y a une propension des responsables politiques et de la presse à vouloir tout, tout de suite, sans tenir compte du temps. »

Difficile donc de voir, dans ses attitudes et ses déclarations, l'approbation de ce changement de vision du monde. Est-il prisonnier de son propre passé et de la hantise de la remise en cause des frontières ? Force est de constater qu'il se montre agacé par l'euphorie persistante du moment qui, par la globalisation de la communication, retentit symboliquement plus fort qu'il ne l'avait pensé. Peut-on, pour autant, lui reprocher sa prudence, excessive certes, dictée sans doute par son principal objectif : la relance de l'Europe, qui requiert la paix des frontières ? Pour lui, l'unité européenne doit précéder l'unité allemande.

Est-ce une erreur d'appréciation ou un désir de provocation ? Les deux sans doute. Comment en effet expliquer le maintien de son voyage officiel en RDA le 20 décembre ? S'agit-il d'une réponse du berger à la bergère ?

Furieux qu'Helmut Kohl ne l'ait pas prévenu avant de présenter son plan au Bundestag, il assure sur le coup qu'il n'oubliera jamais une telle offense. D'autre part, il trouve le chancelier très flou sur les termes qu'il emploie : Kohl évoque l'unité du peuple allemand mais pas la réunification entre la RDA et la RFA. À ses yeux, ces ambiguïtés peuvent menacer l'avenir de l'Europe. De son côté, Kohl juge évidemment inopportun ce voyage officiel prévu de longue date, compte tenu des circonstances. Bonne raison pour l'accepter. « Ceux qui m'accusent de vouloir jouer contre la réunification en RDA sont des imbéciles... Et il suffit qu'on veuille m'interdire quelque chose pour que j'aie envie d'y aller. »

À qui s'adresse-t-il quand il évoque « le peuple allemand de la RDA » ? Pourquoi signe-t-il des accords avec le chef d'un État qui doit disparaître avant la fin de l'année ? De quoi parle-t-il lorsqu'il se réfère, à l'université Karl-Marx de Leipzig, aux idéologies : « Les idéologies sont saines, il faut bien avoir des idées. Il est même bon d'avoir un corps de doctrines pour s'expliquer le monde, expliquer le rôle des individus dans une société, la relation entre l'État et le citoyen. Chacun selon sa préférence. Mais, quand on veut imposer son idéologie aux autres, on commet un crime contre

l'esprit, et c'était cela, le fascisme et le nazisme. »
Le nazisme serait-il donc une idéologie « saine » ?
Son tort principal serait d'avoir imposé par force
sa doctrine ? Dans un tel comparatisme vénéneux,
et cette dilution du nazisme dans le fascisme, se
dessine une absence de reconnaissance du caractère unique de ce régime et un refus de dire clairement son abomination. Une dérive qui ne fera
que s'amplifier...

Erreur, dira Kohl, sobrement, pour parler du
déplacement de François Mitterrand. Un voyage
de trop ? Son obstination accentuera l'impression
d'un isolement de la France sur la scène diplomatique. Après la rupture de confiance avec le chancelier, ce sera au tour de Gorbatchev de ne pas
le prévenir de son *imprimatur* à la réunification.
Plus qu'une surprise, ce fut cette fois une déception. Mais c'est mal le connaître que de penser
qu'il s'estime marginalisé. Il refuse la proposition
de Kohl de franchir, à son côté, un passage dans
le Mur à la porte de Brandebourg, estimant que
voilà une affaire entre Allemands dont il n'a pas à
se mêler. Pour autant, il reconnaît le trouble qu'il
suscite dans l'opinion publique depuis la chute du
Mur – furieux, il ne cesse de dire à certains de ses
conseillers : « Alors je serais gaga ? Tout le monde
dit que je n'y comprends rien » – et s'enferme à
Latché pendant trois jours pour préparer son allocution de fin d'année.
Conscient qu'il n'a pas assez pris à témoin ses
concitoyens des conséquences de cet événement,
il le qualifie alors « de plus grande révolution
depuis le XVIIIe siècle » et lance, à la grande surprise
de ses conseillers, sa nouvelle idée : la confédéra-

tion européenne. Le 1ᵉʳ janvier, la France cède la présidence du Conseil européen à l'Irlande. Il s'agit pour Mitterrand de modifier la donne européenne en associant les Douze aux pays de l'Est venus ou revenus à la démocratie. Il s'agit donc pour lui d'avoir une longueur d'avance et de conserver sa prééminence sur ce qui lui tient le plus à cœur : l'Europe, « notre maison commune ».

145

18 mars 1990

Il est ivre de rage. Son nom a été sifflé. Ce qu'il a construit depuis plus de trente ans s'écroule sous ses yeux et ceux de l'opinion publique. Le congrès de Rennes se transforme en foire d'empoigne entre ego surdimensionnés, en lutte au couteau pour obtenir des postes à n'importe quel prix. Qui va diriger le PS ? Lui feint de ne pas s'en préoccuper, mais se trouve en première ligne en pratiquant, avec délectation, son art consommé du cloisonnement, qui permet toutes les interprétations. Il a ainsi reçu Pierre Mauroy le mardi 6 mars, et le jeudi 8, Laurent Fabius. L'entourage du premier a fait savoir que le président entendait souhaiter son maintien à la tête du parti, ce que les proches de Fabius contestent vivement !

Avant même de commencer, ce congrès entérine donc les déchirures, les fausses alliances, le mensonge et l'état de décomposition de ce parti, plus soucieux d'occuper des postes que de se renouveler théoriquement et politiquement. Mitterrand ne peut s'en prendre qu'à lui-même, tant il a voulu en maîtriser seul l'appareil. Ainsi, quand il s'est résolu à nommer Rocard Premier ministre, avait-il lourdement insisté pour qu'il ne se mêle pas de Solferino.

Mais, aujourd'hui, les enjeux lui paraissent trop graves. Aussi a-t-il convoqué le chef du gouvernement à l'Élysée juste avant qu'il ne parte pour Rennes et lui a-t-il dit : « Le Premier ministre doit jouer son rôle, rien que son rôle. » L'éternel étudiant bouillant d'enthousiasme, qui redevient le fils de son père devant le président comme s'il lui faisait peur, ne demande pas d'explications et en conclut qu'il ne doit rien faire. Il restera calfeutré dans son hôtel où des collaborateurs viendront lui rendre compte de l'évolution des motions.

Le Parti socialiste vire à la guerre des Atrides. « Tous des nains, ne cesse de maugréer le président, des enfants gâtés qui se battent entre eux au lieu de se battre contre la droite, et qui oublient l'échéance des prochaines élections. » Dans ce climat de haine, de suspicion et de mépris, il tente, sans jamais apparaître, de continuer à tirer les ficelles, d'avoir à Rennes des émissaires qui parlent pour lui – Bérégovoy, Cresson, Dumas – et essayent d'imposer son candidat Fabius, même si ce dernier commence à lui inspirer une certaine méfiance.

Il sait sa succession dans tous les esprits. Et trouve que c'est un peu tôt. Il n'a pas l'intention de préparer ses obsèques prématurément. Sa mort, il s'en occupe. Elle s'est éloignée pour le moment quoiqu'il répète souvent : « Vivre est absurde. Nous sommes comme les passagers d'un avion – avec plusieurs classes – qui boivent du champagne alors qu'ils savent que l'avion va s'écraser sur une montagne. »

Il n'est pas parvenu à imposer Fabius à la tête du PS en 1988 et il veut, à l'occasion de ce congrès, ne pas subir une seconde défaite. Voilà maintenant six mois qu'il rassemble sa vieille garde pour tenter de la convaincre. Comme souvent chez lui, c'est du billard à trois bandes. L'idée principielle n'est pas tant de soutenir Fabius, que certains de ses amis appellent ironiquement le fils de Dieu et qui est jugé arrogant, prétentieux, peu partageur, mais... d'empêcher Rocard de s'emparer du parti. Devant les réticences de certains de ses plus vieux camarades, Mitterrand sort l'argument massue : « Si vous êtes pour Jospin, cela veut dire que vous êtes pour donner le PS à Rocard. »

Derrière l'affrontement Jospin-Fabius se joue donc le sort du Premier ministre, qui l'indispose de plus en plus. Quand celui-ci éternue, il s'en montre agacé. Tous les journalistes ont pu le constater durant la dernière cérémonie des vœux à l'Élysée.

Au congrès, le président n'a pas gagné, mais il n'a pas perdu.

Rocard, loyal envers lui, n'a pas rallié Jospin, s'interdisant, *de facto*, de prendre le parti. S'il n'a pas franchi le Rubicon, il a cependant osé défier le président en lui faisant savoir qu'il pouvait menacer son autorité. Jospin n'a pas osé rompre non plus. La tragédie de Rennes s'achève donc en comédie : Pierre Mauroy est réélu premier secrétaire du Parti socialiste. Le lendemain, Mitterrand invite Ségolène Royal et François Hollande à déjeuner. Songe-t-il à préparer l'après ?

Le 25 mars, à Anne Sinclair, tirant les enseignements de Rennes, il affirme, faussement patelin : « Je suis président de la République. Michel Rocard est Premier ministre, c'est déjà fort bien, c'est conforme à ses qualités. Le reste lui appartient, si toutefois l'Histoire est bienveillante... Le

Premier ministre, c'est moi qui l'ai nommé, c'est moi qui le garde. Non, non je n'ai pas de poulains mais le Parti socialiste est très riche en hommes capables, éventuellement, d'occuper le poste de Premier ministre. »

Tout est dans le « éventuellement ». Pas de doute, il a décidé de se séparer de Rocard, qu'il tient – à tort – pour responsable de la haine contre Fabius. Reste à trouver le prétexte.

146

19 juin 1990

Au milieu de l'orage il commence son discours dans une salle du palais des congrès Atlantia de La Baule, destiné à 33 délégations africaines. Il a beaucoup tergiversé sur la nature de cette intervention, avalé des centaines de notes, convoqué plusieurs de ses ministres, consulté ses amis politiques, et a même eu, fait rarissime, une violente altercation sur ce sujet avec Jean-Louis Bianco, son secrétaire général.

Lui, l'ancien ministre des Colonies, l'ancien responsable de la FGDS, qui fut l'un des premiers hommes politiques de la IVe République à croire à l'indépendance et à la légitimer politiquement en accueillant au sein de son parti des députés comme Houphouët-Boigny, devenu depuis président à vie de Côte d'Ivoire, n'a pas souhaité, depuis son accession au pouvoir, changer la politique française en raison de la crise économique subie par le pays et de l'instabilité politique. En continuité avec ses prédécesseurs, alors que l'alternance avait donné à certains l'idée que cela pouvait changer, il a cultivé le même goût du secret et du lien direct avec l'Élysée, le même paternalisme, il a observé chaque année les rituels des sommets, maintenu les relations économiques et diplomatiques avec certains dictateurs en expulsant des opposants, fait preuve de clientélisme et d'immobilisme.

La présence de son fils Jean-Christophe, introduit à l'Élysée sur l'insistance de Danielle depuis 1983 comme adjoint de Guy Penne à la cellule africaine, puis confirmé en 1986 en le nommant conseiller de cette même cellule au départ de Penne, l'a objectivement fragilisé. À l'Élysée tout le monde l'aime bien, ce gentil garçon, même si on se moque de lui en l'appelant Papamadi. On ne lui prête guère d'importance et on sait que le président s'en méfie lui-même et ne lui confie pas de dossiers importants, puisqu'il tente de faire surveiller ses notes et contrôler ses actions par ses conseillers.

L'occasion est donc belle, selon son entourage proche, de profiter du sommet de La Baule pour, huit mois après la chute du Mur, et alors que Frederik De Klerk annonce la libération de Mandela, amorcer un tournant dans sa politique africaine et apparaître sur la scène internationale en Gorbatchev africain. Dès le 19 avril, une note signée Erik Arnoult lui est soumise par Jean-Louis Bianco en ce sens. Mitterrand réagit mal, se montre même fort irrité par ce qu'il considère comme une mise en cause de sa politique africaine depuis neuf ans. Comme souvent quand il se sent pris en défaut, il préfère attaquer violemment en usant d'une mauvaise foi stupéfiante puis, dans un second temps, revenir sur le sujet en convenant qu'il faut y travailler de nouveau. Il demande ainsi à Bianco, en bougonnant, que certains points de cette note soient approfondis.

Le 30 mai, en Conseil des ministres, alors que l'armée française vient d'intervenir au Gabon, fournissant à Chevènement l'occasion d'appeler à un changement de politique en Afrique, il répond sèchement que les pays de ce continent sont indépendants et que lui n'a aucune intention d'intervenir. Joxe vient au secours de Chevènement et réclame une réunion à ce sujet. Mitterrand se montre exaspéré mais la convoque à l'Élysée le 5 juin, en présence de Chevènement, Dumas, Bérégovoy, Jospin, Bianco.

Ce jour-là, Chevènement attaque frontalement et appelle à plus de clarté. Le président explose. Depuis plus de deux mois, il explose souvent, la plupart du temps contre son Premier ministre, coupable de tous les péchés. Il multiplie les attaques, les bons mots. Mais là, c'est à Bérégovoy qu'il s'en prend, le traitant de « Raymond Barre ». Joxe vient à la rescousse de Béré et, comme Chevènement, réclame de nouvelles pratiques. C'en est trop. Le chef de l'État se fait de plus en plus sarcastique, accuse les siens de trahison et lance avec véhémence : « Je suis surpris et peiné de ce que j'entends. La campagne de presse a des adeptes jusque dans les rangs du gouvernement. »

À la sortie de la réunion, plusieurs ministres pensent qu'ils vont se faire virer *illico presto*. Bianco, se sentant solidaire des prises de position émises, frappe à la porte de son bureau et, pour l'unique fois de sa vie de secrétaire général, lui explique solennellement qu'il n'est pas d'accord avec lui. La stupéfaction passée, Mitterrand décide d'écouter ses arguments et réclame une nouvelle note que Bianco lui remettra tard dans la soirée.

Il travaillera seul son discours de La Baule et y apportera, jusqu'au dernier moment, d'ultimes modifications. Lorsqu'il doit prendre la parole, il s'aperçoit que son aide de camp ne lui a pas donné l'ultime version corrigée. C'est donc en improvisant qu'il se lance, avec cette manière progressive de s'approcher concentriquement de sa cible, en enveloppant d'abord ses « amis africains » auxquels il n'est pas venu – de quel droit d'ailleurs ? – faire la leçon, mais tirer les enseignements de la Révolution à l'Est afin d'aborder le thème de la démocratie. Se déclarant ni interventionniste ni néocolonialiste, il annonce qu'il aidera seulement les pays qui feront preuve de démocratie. « Il est évident que l'aide de la France sera plus tiède envers les régimes qui se montreront autoritaires sans accepter d'évolution vers la démocratie, et enthousiaste vers ceux qui franchiront le pas avec courage. »

En marge des séances, il encourage aussi la plupart des chefs d'État à organiser des élections.

Mais son discours passe mal auprès de la plupart, qui le reçoivent comme une leçon de vertu néocolonialiste émise par un « grand chef blanc » ; ils s'en disent interloqués, éberlués, médusés. Juvénal Habyarimana se distingue par la violence de ses réactions : « De telles leçons ne sont pas démocratiques. » Ce qui n'empêchera pas le président français de recevoir le maître du Rwanda en septembre suivant et de prendre la décision de l'aider lors de « l'invasion » de son pays, en déclarant au Conseil des ministres, le 17 octobre 1990, « qu'il faut sauver nos compatriotes mais non pas se mêler des combats interethniques ». C'est la première implication militaire de la France dans la tragédie du Rwanda. Quatre ans plus tard, le 6 avril, Habyarimana sera assassiné dans l'avion offert par la France, attentat qui fut l'étincelle du génocide perpétré d'avril à octobre, génocide qui fit 800 000 à 1 million de victimes. La responsabilité de la France, de son président, de son gouvernement reste encore un des sujets les plus controversés du double septennat. Le temps n'a pas calmé la gravité des attaques proférées par certains accusateurs. La mission parlementaire de 1998, qui a conclu à une absence de responsabilité de François Mitterrand, n'a jamais éteint les polémiques sur, sinon sa compromission, en tout cas son absence d'anticipation, son impuissance et sa résignation dans une tragédie qui jette une immense tache de sang sur la politique africaine du président socialiste, héritée plus qu'inventée, et qui, comme le souligne Jean Lacouture dans sa biographie remarquable de François Mitterrand, provoque « un sentiment qui va bien au-delà du malaise, jusqu'à la douleur ».

Dans l'avion qui le ramène à Paris, il est irrité, irritable. « Mon discours ne va rien changer », ne cesse-t-il de maugréer. Les mots prononcés ont-ils été arrachés à sa prudence ? Il ne regrette pas d'avoir parlé de démocratie, de liberté, de primauté du citoyen et d'avoir rendu un vibrant hommage aux ONG. Les termes de l'aide vont-ils, pour autant, en être changés ? Hélas non. Ne se montrant pas fidèle à ses convictions, il décevra bien des espérances. Et la coopération économique accordée aux pays les plus corrompus perdurera.

Il ouvre les journaux. Partout le nom du Général s'affiche en une, centenaire du général de Gaulle, cinquantenaire de l'Appel. Difficile d'y échapper. Il a emporté avec lui le livre de Régis Debray, *Demain de Gaulle*, qui le heurte énormément, l'interprète comme un acte de trahison et s'interroge à voix haute : son ancien collaborateur aurait-il changé de camp ? Pourquoi hurler avec les loups ? D'où lui vient cette admiration inconditionnelle pour le général de Gaulle ? Pourquoi faut-il sans cesse nous opposer ? : « Si la question est : c'est quoi un grand homme ? Je réponds : de Gaulle est dans l'Histoire et il le restera, c'est indéniable. Moi je suis encore dans l'action. Attendez un peu pour pouvoir me juger. »

147

28 juillet 1990

Il a rédigé sa lettre de démission – la seule qu'il écrira en deux septennats –, convoque dans son bureau Michel Charasse et la lui confie afin qu'elle soit communiquée à l'AFP dans les plus brefs délais.

Deux jours auparavant, à Gordes, il a été victime de malaises répétés. Un hélicoptère est venu dans le plus grand secret le rapatrier sur Paris. Il entreprend une série d'examens, qui le rassurent sur son état de santé, mais recommande néanmoins au docteur Gubler d'écrire un bulletin laissant planer des doutes. Celui-ci lui fait remarquer que, malade, il lui demande d'établir des comptes rendus d'un optimisme mensonger, mais lorsqu'il n'a pas de problèmes, de suggérer le contraire. François Mitterrand lui répond sèchement de s'exécuter.

Lui qui considère que sa mission est de rester jusqu'à son dernier jour en poste à l'Élysée, que peut-il redouter ? Lui qui, depuis des mois, prédit un échec de la gauche aux prochaines échéances et se prépare à l'idée d'une seconde cohabitation, comment envisager de s'en aller au risque de penser qu'il fuirait ses responsabilités ?

Mazarine traverse une crise d'adolescence et n'a pas forcément envie de parler à son père, fût-il président de la République. Il comprend qu'elle lui échappe, en souffre et se trouve impuissant.

Danielle a disparu quelque part en France. Il est sans nouvelles depuis plusieurs jours et s'en montre fort inquiet. Ce sont finalement les forces de sécurité qui vont la localiser dans les Pyrénées. Se sent-il psychologiquement si déstabilisé ?

La Côte d'Ivoire vient de toucher 400 millions destinés à compenser la chute des cours mondiaux du cacao. L'échange s'est fait par l'intermédiaire d'une société française, Sucres et Denrées, au terme d'un montage financier douteux. Le nom de Jean-Christophe commence à apparaître dans cette histoire. Craint-il un scandale qui entacherait son nom ?

Traverse-t-il une crise dépressive dont il ne peut parler à personne et qui entrave sa faculté de croire en l'avenir ?

Michel Charasse s'oppose à la communication de cette lettre de démission et adjure le chef de l'État de réfléchir.

L'annonce de l'invasion du Koweït par Saddam Hussein, cinq jours plus tard, modifie sa décision. Il n'évoquera jamais cette lettre dont les motifs restent, à ce jour, mystérieux.

148

24 septembre 1990

Réveillé le 2 août en pleine nuit à Latché par le conseiller de permanence à l'Élysée, qui annonce l'invasion du Koweït par l'Irak, il se montre d'emblée très alarmiste. Immédiatement, le président pense que la guerre menace et confie à son équipe : « Laissons s'avancer les Américains. » Dès le début du conflit, il souhaite prendre une position d'arbitre. Retrouvant souffle et énergie – tous ses collaborateurs le jugent ragaillardi –, il définit au cours de la matinée du 2 août ce qui sera sa stratégie durant les six mois à venir : réassurer sa prééminence à l'intérieur comme sur la scène internationale. Et, pour ce faire, demeurer seul à la manœuvre. Il ne consulte donc pas son Premier ministre, qui se trouve en croisière dans l'Adriatique ; quand celui-ci propose de revenir, il lui fait répondre que sa présence n'est pas indispensable, ni celle de son ministre de la Défense d'ailleurs, qui peut poursuivre ses vacances en Toscane.

Le 3 août, il joint un George Bush très pessimiste. Le 4 août, il rentre à Paris et appelle successivement Thatcher, Bush de nouveau, Gorbatchev, l'Égyptien Moubarak, et organise un premier Conseil de crise en présence de l'amiral Lanxade, de

Roland Dumas et de Pierre Bérégovoy. Le 9 août, il convoque un Conseil restreint. Ceux qui y assisteront s'en souviendront toute leur vie. Rarement comme ce jour-là, il ne s'est montré si définitif, au risque de blesser l'amour-propre de certains de ses compagnons – Joxe, Chevènement – en critiquant leur attentisme ainsi que la lourdeur et la naïveté de leur anti-américanisme : « Il faut choisir son camp. On ne peut, en de telles occurrences, regarder passer les trains. Nous sommes les alliés des Américains. Il faut résister, à leurs côtés, à l'agression de Saddam Hussein. Je sais qu'il se présente aux yeux des Arabes comme l'ennemi d'Israël et des féodaux. Mais je sais aussi que l'Irak est une dictature sanglante qui massacre les opposants et emploie les gaz asphyxiants contre les Kurdes. Il faut lutter contre Hussein, quelles que soient les conséquences. Si nous ne le faisons pas, nous serons les faux frères de l'Occident. »

François Mitterrand s'enferme dans son bureau pendant une heure avant sa première conférence de presse, qui se tiendra dans le jardin d'hiver. Il annonce le renforcement de la présence militaire française dans la région et envoie douze émissaires sonder l'opinion des pays du Sud et expliquer sa position. À l'Élysée, le rythme change. Une certaine solennité s'installe. Il est demandé aux collaborateurs de ne plus envoyer de notes au chef de l'État en dehors du champ diplomatique.

Le 21 août, il convoque un nouveau Conseil restreint et confirme ce qu'il avait ressenti dès le 9 : la situation s'aggrave et ne peut que déboucher sur une logique de guerre. Jean-Pierre Chevènement fait remarquer que l'attitude des

Américains ne laisse aucune marge aux Irakiens pour négocier. Lui répond sans aménité : « La réalité, c'est quand même que Saddam Hussein s'est emparé du Koweït. » À la seconde remarque du ministre de la Défense, il objecte d'un ton glacial : « Monsieur le ministre, si nous sommes en désaccord il faut en tirer les conséquences. » Puis, à l'issue du Conseil, il reçoit ce dernier en tête à tête. Chevènement campe sur ses positions mais n'est pas démissionnaire.

Pourquoi Mitterrand accepte-t-il de le garder ?
Le ministre répond que, tout au long de la crise, et jusqu'à sa démission, le chef de l'État a écouté ses thèses, s'est montré courtois et attentif et lui a demandé à plusieurs reprises de différer le moment où il quitterait le gouvernement. De fait, le 22 août, il le convoque à nouveau et, au lieu de tirer les conséquences de leur désaccord en s'en séparant, il tient à entendre ses arguments. Mitterrand a besoin auprès de lui de quelqu'un qui ne partage pas ses vues tout en étant certain de pouvoir compter sur sa loyauté. Il respecte ceux qui s'opposent quand c'est par idéal. Est-ce la part secrète de ce qu'il pense mais ne peut exprimer ? Qui les a vus à maintes reprises discuter de longs moments durant ce conflit peut attester de la considération que le président portait à son ministre dissident.

Le 15 septembre, au lendemain de l'annonce du saccage de l'ambassade de France à Koweït City par les occupants irakiens, il annonce le déclenchement de l'opération Daguet, la plus lourde depuis la fin de la guerre d'Algérie. Le 16, il reçoit Chevènement, de retour d'Arabie Saoudite. Celui-ci continue d'évoquer une guerre des riches contre les pauvres et fait planer la menace, si la France s'engageait aux côtés des Américains, d'un démantèlement de la politique arabe mitterrandienne si savamment élaborée. Et de réaffirmer que, depuis le début du conflit, aucune chance n'a été offerte par les Américains pour que Saddam Hussein puisse – encore – tendre la main. Le 18 septembre, le président décide d'aller à New York tenter une ultime négociation avec Saddam Hussein. Pourquoi ce geste qui, selon certains observateurs, ressemble à une volte-face ? Questionné, il refuse de répondre et se prévaut de la souveraineté de ses décisions. Non en raison de ses attributions de président de la Ve République, qui jouit constitutionnellement du « domaine réservé » – d'ailleurs, il déteste cette expression bannie de son vocabulaire – mais au nom de son intuition.

Dans le Concorde qui l'emmène le 24 septembre à New York, nul dans son entourage ne sait ce qu'il va déclarer à la tribune des Nations unies. Il modifiera son texte jusqu'au dernier moment. À 17 h 30, après avoir rappelé l'attachement de la France au respect des principes internationaux et souligné son indignation après les prises d'otages, il ouvre le jeu et, devant les délégations américaine, britannique, saoudienne, égyptienne – ses alliés les plus forts –, déclare : « Une solution arabe, je le répète, a ma préférence. » Excluant tout règlement en dehors du Conseil de sécurité, il plaide encore – alors que les jeux sont faits et sa décision intime arrêtée – pour une solution diplomatique à ce qu'il ne nomme pas guerre mais embrasement : « Que l'Irak affirme son intention de retirer ses troupes, qu'il libère les otages et tout devient possible. »

A-t-il voulu incarner l'Europe des droits de l'homme en vue d'une ultime chance ?

A-t-il souhaité se démarquer de la position américaine au risque de se singulariser, dans un geste gaullien, afin de marquer la différence d'appréciation de la France ?

A-t-il cherché à adresser un signal aux opinions de la majorité des pays arabes où Saddam Hussein est considéré comme un héros ?

Modifiant le jeu diplomatique qui exigeait l'évacuation immédiate et sans conditions du Koweït, il demande en fait « l'annonce d'une intention ». S'inscrivant dans un futur plus lointain, dépassant les enjeux de la guerre qui se profile, il pose la question des conditions futures de la paix au Proche Orient, évoquant le Liban et le sort des Palestiniens « en proie à la violence et tentés par toutes les aventures pour satisfaire leur légitime aspiration à une patrie sans attenter à la sécurité d'Israël ». Ce faisant, il complexifie les problématiques, refuse toute approche monolithique et ne souhaite pas donner une dimension « morale » au conflit, contrairement aux Américains, dont il récuse la thèse de devoir faire « expier » Hussein au nom de cette morale des gendarmes du monde qu'ils incarneraient, offrant ainsi la possibilité au monde arabe de trouver une porte de sortie loin de toute humiliation.

A-t-il, pour autant, tendu la main à Saddam Hussein en le considérant comme un interlocuteur et non un adversaire ?

A-t-il utilisé le double langage ?

Il fut le seul chef d'État à dessiner une autre hypothèse susceptible, éventuellement, de déboucher sur une voie politique.

Son discours, considéré comme historique par nombre de pays non alignés, fut, dans la soirée, qualifié de « secondaire » par la diplomatie américaine qui ironisa lourdement sur cette « prétention bien française ».

Pourquoi n'a-t-il pas plus exploité ce que l'on peut considérer comme une véritable percée conceptuelle et diplomatique ?

Le 25 septembre, la France vote la résolution 670 du Conseil de sécurité des Nations unies étendant l'embargo. D'un côté le discours, de l'autre les faits. Le 26, au Conseil des ministres, François Mitterrand explique que les conséquences de son discours à New York « sont très faibles » mais que ce n'était pas une raison pour ne pas tenter l'opération. La paix a peut-être encore une chance de « se faufiler ». L'Irak parlera du ton « non agressif » de son allocution mais ne changera pas d'attitude. Les États-Unis s'étonneront de son ambiguïté, qu'il s'appliquera vite à dissiper. Les divergences deviendront rapidement simples nuances. Sa logique de paix sera cependant défendue jusqu'au bout par ses trois émissaires, Michel Vauzelle, Claude Cheysson, Edgar Pisani. Quand la logique de guerre s'imposera, il convoquera le Parlement et précisera : « La France n'est pas l'ennemie de l'Irak. » Et, après avoir rappelé que la communauté internationale n'avait pas toujours su faire respecter ses propres principes dans cette région du monde, il justifiera le recours à la force en la disant « désormais légitime ».

Un an plus tard, remettant aux Invalides la plus haute des distinctions à l'un des chefs militaires de l'opération Daguet, il lui glissera : « Finalement cette guerre valait-elle bien la peine ? »

Il aura tenté jusqu'au bout, face à une opinion publique hostile aux deux tiers à l'intervention, de l'éviter. Les Français lui en savent gré. Tombée bien bas avant le conflit, sa cote de popularité s'envole à 77 %, record jamais atteint depuis 1981.

149

14 mai 1991

Depuis le printemps 1990, François Mitterrand reproche à Michel Rocard son manque d'audace politique, ses discours rassurants à destination du centre, sa lenteur à appliquer ses réformes – éducation, logement social, fiscalité, Sécurité sociale –, sujets de mécontentement qui nourrissent son aigreur, voire sa condescendance envers son Premier ministre qui, à ses yeux, « évidemment ne fait rien » tout en continuant à jouir d'une solide popularité.

Certains collaborateurs ne cessent de souffler sur les braises, assurés qu'ils auront en retour des ronronnements de plaisir ; d'autres, avant chaque réunion interministérielle, parlent plus cyniquement de pratique de gestion de la seconde cohabitation. Et quelques-uns qui s'étonnent de constater que Matignon et l'Élysée travaillent plutôt bien et efficacement ensemble, dans une ambiance courtoise, sont traités, comme moi, de fieffés naïfs, voire de joyeux imbéciles ne comprenant rien au billard à trois bandes du président... Tout est bon, en interne, pour alimenter l'image d'un Premier ministre boy-scout timoré, brave en apparence, loyal en superficie, cherchant exagérément le consensus au lieu d'incarner le virage à gauche du second septennat, tant le président a les yeux fixés sur la prochaine échéance présidentielle. La chasse au Snark rocardien est devenue, au fil des mois, un sport prisé dans les conciliabules à l'Élysée.

Mitterrand laisse faire, laisse dire, n'encourage pas, mais affecte de prétendre le contraire quand on lui pose la question. Ainsi, lors de la montée à Solutré qui, au fil des ans, est devenue un test de santé pour lui mais aussi une véritable cérémonie avec affidés, codes, haltes, paroles distillées dans une mise en scène de plus en plus perfectionnée où le bon monarque partage la tranche de saucisson avec le gentil peuple, où la parole présidentielle se transmue en pseudo-rencontre improvisée, il déclare : « Je n'ai aucun désaccord avec le Premier ministre » – ce qui est la stricte vérité. Pas de désaccords de fond en effet. Le chef de l'État s'est plutôt enfermé dans une obsession de reproches tenant plus à la nature de la définition du pouvoir qu'a le Premier ministre qu'à de véritables actions ou propositions de ce dernier, à l'exception notable du recul de Rocard sur le droit de vote des étrangers. « Tous des lâches. » Mitterrand n'a jamais empêché le leader de la deuxième gauche d'avancer sans pour autant toujours lui faciliter la tâche, notamment en compliquant ou affinant par des propositions certains dossiers, tel celui de la Nouvelle-Calédonie où il reconnaît ses qualités. Le problème est à la fois celui du calendrier – comment se redonner de l'oxygène avant les prochaines législatives – et celui de son futur politique. À l'époque il raconte souvent qu'il se représentera peut-être une troisième fois et se pronostique élu sans même faire campagne. Le tout en plaisantant à moitié... Comment se résoudre à partir ? Veut-il avoir un successeur ? Après moi le chaos ? Pour gagner du temps sur un présent assombri par l'absence de combat, il préfère ne pas songer à l'avenir de la gauche, dont il prétend se désintéresser de plus en plus. Rocard l'a servi, pense-t-il ; à présent, il lui nuit. Trop encombrant, trop massif, trop voyant. En le maintenant il lui ouvrirait un boulevard de légitimation politique et de reconnaissance de sa gestion des affaires.

Dès les débuts de l'été 1990 sa décision est prise. Mais comme il ne veut pas se laisser imposer son rythme par les médias, il prendra son temps. Si la guerre du Golfe retarde le calendrier, cela ne l'empêche pas d'ourdir sa décision en tentant de la justifier politiquement et en reprenant la main sur plusieurs dossiers : guerre du Golfe, où il agit sans son Premier ministre, intervention en première ligne dans les manifestations de lycéens, avec rendez-vous donné aux représentants de la Coordination à l'Élysée, remise en cause des actions de Rocard sur le dossier de la Corse, du plan d'économies de ce dernier, œil jeté sur le dossier des déficits sociaux, recherche du soutien de l'opinion dans un mode de gouvernance directe.

Tout indique qu'il va acter sa séparation, mais la courtoisie dont il fait preuve dans les tête-à-tête avec le Premier ministre autorise celui-ci à penser, et à transmettre à son équipe, qu'il restera à Matignon jusqu'aux prochaines législatives. Pourquoi, d'ailleurs, s'en irait-il ? Comment se débarrasser d'un Premier ministre qui donne satisfaction ? Bérégovoy, Lang, Dumas suggèrent donc au président, pour « régler le problème Rocard », de faire une dissolution. Lui s'y oppose totalement mais leur confie avoir bien l'intention de former un nouveau gouvernement et de trouver, comme il dit, « un remplaçant ».

Il demande à la cellule communication de l'Élysée un test d'opinion sur plusieurs noms : Pierre Bérégovoy, Claude Cheysson, Robert Badinter, Jacques Delors, Roland Dumas, Michel Charasse, Édith Cresson. Dans tous les cas de figure, celle-ci arrive en dernière position.

Le 24 avril, au cours du tête-à-tête qui précède le Conseil des ministres, Rocard redemande au chef de l'État l'autorisation de remanier. Et lui de répondre du tac au tac : « Si je dois changer quelque chose, je changerai tout. »

Le 10 mai, il l'invite pour la première fois au dîner annuel de sa vieille garde afin de commémorer son accession au pouvoir. Et fait assaut d'amabilités.

Le 15 mai, avant le Conseil des ministres, il le licencie sans préavis et lui demande de remettre sa démission à l'issue de la réunion. Aux dires des participants, personne ne s'est aperçu de rien. Tout au plus les ministres ont réalisé après coup que Rocard n'avait pas ouvert ses dossiers ni pris la parole. Lui, conformément à ses habitudes, a signé ses parapheurs, avant de conclure la séance comme si de rien n'était. Les collaborateurs de l'Élysée ne sauront la nouvelle qu'une heure plus tard, par leurs interlocuteurs de Matignon. Commentaire peu amène du président : « Tout s'est bien passé. Il est parti enveloppé dans le tapis. »

Deux conseillers de l'Élysée iront faire leurs adieux à l'équipe de Matignon qui fait ses cartons à l'heure du déjeuner. Ils seront reçus dans le bureau du Premier ministre, en train d'organiser, avec Jean-Paul Huchon, son directeur de cabinet, un pique-nique improvisé au milieu des cartons. L'ambiance est presque festive. Rocard répète : « C'était une belle aventure et je n'ai rien à me reprocher. » Le président l'a su. Comment ? En tout cas, il a dit à ses deux conseillers d'un ton narquois : « Alors vous avez été le consoler ? » Personne n'ose demander qui va remplacer le député des Yvelines. Le sait-il d'ailleurs lui-même ?

Manifestement, il hésite entre plusieurs personnes, même si déjà, le 21 août et le 9 décembre, il avait envisagé à mots voilés l'hypothèse de sa nomination avec Édith Cresson, qui lui avait expliqué combien ce n'était pas une bonne idée. La veille de la rupture avec Rocard, il l'a invitée à déjeuner en tout petit comité – quatre personnes, dont le fils de Daladier – dans le salon bibliothèque. Du futur Premier ministre, il ne fut aucunement question, de politique non plus d'ailleurs, mais la IVᵉ République occupa l'essentiel de la conversation.

Seul Michel Charasse est dans la confidence. C'est lui qui, le lendemain, sur sa vieille machine à écrire, dans son minuscule bureau situé dans les greniers de l'Élysée, tapera le décret. Le président veut la surprise. Il l'aura mais pas de la manière dont il le souhaitait.

Personne n'attendait Édith Cresson. Personne ne l'imaginait à ce poste, à commencer par elle-même. C'est précisément, pour Mitterrand, une bonne raison de s'obstiner.

150

11 décembre 1991

Il quitte, épuisé, la salle de conférences. 1 h 30 du matin à Maastricht. Ses yeux le brûlent et la conférence de presse est annoncée dans une demi-heure. Malgré la fatigue, il n'a aucune envie d'aller se coucher. Son ambition la plus grande, celle à laquelle il travaille sans relâche depuis 1982, est en train, concrètement, de se réaliser.

Il est arrivé deux jours plus tôt avec la ferme intention d'imposer à ses interlocuteurs une date butoir pour franchir le passage à l'Union économique et européenne, étape nécessaire vers l'Europe politique. Il a compris que certains adversaires de l'Union veulent sans cesse différer et est décidé à brusquer le jeu en jouant de l'effet de surprise. Il n'a pas prévenu le chancelier Kohl, reçu le 2 décembre à l'Élysée, qu'il allait modifier le *tempo*. Les deux hommes se connaissent depuis maintenant sept ans et ont appris à s'apprécier sur le plan politique mais aussi personnel. Kohl est reçu à Latché et Mitterrand lui envoie souvent des livres. Qui a eu la chance de les voir dans les sommets, sait qu'ils parlent beaucoup d'histoire, d'art et de littérature, sans oublier la gastronomie, une des passions du chancelier. « Quel ogre », dit le président avec envie. On se souvient, bien sûr, du geste improvisé de Mitterrand, le 22 septembre 1984 à Verdun quand, à la grande surprise puis à la grande émotion du chancelier, il lui a saisi la main, signant ainsi une des pages symboliquement les plus fortes de la réconciliation franco-allemande. Avec lui, il se sent en confiance. Des liens particuliers se sont tissés aussi grâce à la traductrice de tous les rendez-vous, la remarquable Brigitte Sauzay. Le chancelier sait que son homologue a l'intention d'écrire un ouvrage sur son pays et répond souvent à ses questions. Il connaît l'histoire de sa jeunesse et lui a permis de refaire le parcours de ses évasions lorsqu'il était prisonnier. Ils ont vécu tous deux, sous toutes les latitudes, des dizaines de sommets où des compromis ont été trouvés, des centaines de communiqués rédigés, des reports de décision effectués. Les conseils se sont succédé, en apparence tous semblables, le plus souvent lents, laborieux, ennuyeux. Depuis 1984, Mitterrand chemine avec Kohl, lui prodigue son amitié sans réserve, l'appelle au téléphone sans raison, lui a fait connaître plusieurs de ses restaurants préférés à Paris, dont *Le Pichet*. Des éloignements, des frôlements de rupture, des incompréhensions, ils en ont connu par leurs chancelleries interposées, leurs sherpas, leurs conseillers. Mais leur relation est fondée sur une certaine réciprocité, et ce terme, utilisé pour les définir, de couple franco-allemand ne leur déplaît pas.

Alors, ce matin-là, avant que ne s'ouvrent les discussions qu'il espère décisives, il l'invite à prendre le petit-déjeuner et, comme à son habitude, use d'une métaphore historique pour le prévenir des embûches à venir. Citant le mot de Damiens, qui tenta d'assassiner Louis XV juste avant de subir

530

l'écartèlement précédé d'une série de supplices, il l'informe que « la journée sera rude ».

Rude, en effet, mais fructueuse.

En deux jours, le rouleau compresseur du couple franco-allemand permettra d'accoucher du traité. Folie, s'exclamera la Dame de fer. Bricolage institutionnel, jugera Delors. Slogan, tonne Chirac, qui considère que le président n'a décidément plus rien à proposer aux Français.

Lui laisse dire. Au Conseil des ministres suivant, il déclare : « C'est l'une des plus grandes aventures. C'est l'un des événements les plus importants des dernières cinquante années. » L'Europe devient la première puissance du monde. Le traité est à ses yeux d'une telle importance qu'il doit être l'affaire de tous les Français. Il décide, dès cette date, que, même si la procédure se révèle politiquement dangereuse, il soumettra le traité au référendum.

Dès le lendemain de la signature du traité de Maastricht, le drame des Balkans s'impose à eux. Kohl va reconnaître unilatéralement et immédiatement l'indépendance de la Slovénie et de la Croatie. Pour Mitterrand, ce geste est une erreur tragique qui contribuera à embraser toute la région et exacerbera les nationalismes.

Certes, la monnaie va devenir unique. Mais quand peut-on espérer mettre fin à l'impuissance de l'Europe politique ?

151

2 avril 1992

Il ne le nomme ni avec gourmandise ni avec enthousiasme.

Il s'y résout.

Il a pourtant, pour ce poste, déjà pensé à lui deux fois avant, finalement, de l'écarter. Alors pourquoi maintenant ?

Parce qu'il est fou de colère contre ce qu'il considère comme les mauvaises manières d'Édith Cresson ? Elle a rédigé une lettre de démission si peu conforme aux règles en usage qu'il a interdit la publication de certains paragraphes.

En tout cas il le prend comme Premier ministre en pensant qu'il parviendra sans doute à éteindre l'incendie causé par la nomination de son prédécesseur.

François Mitterrand avait été prévenu par quelques proches que, certes, il allait étonner en choisissant l'ancienne ministre de l'Agriculture pour Matignon, mais surtout qu'elle n'était pas la personne requise pour ce genre de poste. Mais plus on lui adresse d'objections, plus il se cabre et s'entête. Et il a suivi son intuition.

Dès les premiers jours, il a su que les caciques socialistes voulaient la tête de Cresson. Il n'a pas jugé formidable son discours d'investiture, mais a trouvé honteuse la manière dont les personnalités de gauche, avant même qu'elle n'ait commencé à diriger, la méprisèrent ouvertement, l'insultant en privé, la traitant de « madame de Maintenon ». Ensuite, il a essayé de modérer certains de ses propos, lui a conseillé de ne pas céder autant de territoire à son conseiller Abel Farnoux, qu'il n'a pas en haute considération, l'a incitée à user d'une méthode et d'un calendrier. Sans vraiment de succès.

Tous deux sont des têtes de mules qui connaissent leurs défauts respectifs. Elle lui doit sa carrière politique, mais rêve et sait, contrairement à lui, qu'il y a une autre vie hors de la politique. Elle admire en lui le stratège, l'intellectuel, le visionnaire. Il admire son courage physique et moral, son opiniâtreté, son énergie, sa brutalité aussi. Il la défendra tout au long de ses trois cent vingt-trois jours de gouvernement, prenant systématiquement son parti en Conseil des ministres comme en privé. Ses dérapages successifs n'ont pas réussi à le faire changer d'avis ; il dit à ses ministres : « Vous ne cessez de l'assassiner. » Mais l'isolement politique et la sévère défaite du Parti socialiste aux régionales du 22 mars lui imposent une réponse politique.

Le soir du 22 mars, il invite plusieurs ministres à dîner à l'Élysée après avoir reçu Édith Cresson en tête à tête. Il ne lui a rien dit de sa décision, arrêtée depuis décembre. Elle se montre confiante, fait des projets d'avenir, estime avoir la capacité de rebondir. Le 25, il la voit de nouveau en tête à tête avant le Conseil. Elle veut remanier le gouvernement, faire partir les éléphants et les remplacer par des écologistes et de jeunes socialistes. Il l'écoute mais n'émet aucun commentaire.

Le 26 mars, il invite Jacques Delors à déjeuner rue de Bièvre. Sans rien lui dire de précis, juste qu'il ne sait pas s'il va garder Édith Cresson ou provoquer « un effet de souffle ». Le soir, il prend connaissance des études et sondages qu'il a commandés sur le profil de quelques personnalités où figurent, outre Delors et Pierre Bérégovoy, Louis Mermaz et Jack Lang. Delors arrive en tête, suivi de Bérégovoy. Le 27, nouveau rendez-vous avec Édith Cresson. Ils évoquent certains dossiers. Il ne parle toujours pas de l'hypothèse d'un éventuel départ de Matignon. Le 29, il invite son gouvernement à dîner et la traite avec d'ostensibles assauts de reconnaissance et d'amabilité. Le 30, il la reçoit encore. Elle a en poche une lettre de démission. Elle repartira avec.

Pourquoi n'arrive-t-il pas à lâcher le morceau ? Par crainte de se déjuger ? Parce qu'il n'est pas encore convaincu du choix Bérégovoy ?

Le mercredi 1er avril, il la convoque de nouveau et lui fait observer à quel point la situation politique est intenable ; s'il la reconduisait, une partie des socialistes quitterait le groupe. Elle n'en croit pas un mot, l'affronte et défend son poste avec acharnement. Ce n'est qu'à 20 h 30 qu'il se décide à l'appeler pour demander sa lettre de démission.

Le 2 avril, l'Élysée annonce successivement la démission d'Édith Cresson et la nomination de Pierre Bérégovoy. À certains de ses collaborateurs, il confiera ce matin-là : « Depuis le temps qu'il rêve d'être Premier ministre... J'espère qu'il n'est pas trop tard. » Et d'ajouter à ses convives du déjeuner : « L'erreur que j'ai commise, ce n'est pas d'avoir nommé Édith. C'est d'avoir nommé Rocard, qui n'a rien fait. »

152

28 juin 1992

10 h 30 du matin. L'hélicoptère se pose sur le tarmac de l'aéroport de Sarajevo. Parti la veille au soir, dans le plus grand secret, de l'aéroport de Lisbonne où il assistait à un sommet européen, il n'a pas pu atterrir dans la nuit comme prévu, car le pilote, constatant que la piste n'était pas éclairée, avait refusé de se poser. Il a insisté, prêt à forcer le blocus de l'aéroport dont la réouverture avait été décidée en Conseil de sécurité, mais sans succès. Il a donc dormi à Split, où le ministre des Affaires étrangères croate a tenté de le dissuader de poursuivre le voyage, tant le jour semblait mal choisi : le 28 juin est en effet la date anniversaire de l'assassinat de l'archiduc d'Autriche et les Serbes ont déjà déclaré qu'ils tireraient sur tout ce qui bouge. Bernard Kouchner, secrétaire d'État à l'Action humanitaire qui l'accompagne, est du même avis. Il essaie lui aussi de le convaincre. François Mitterrand lui répond : « Vous, vous y allez tout le temps, alors moi aussi je dois pouvoir y aller. » Sa décision est irrévocable. Il veut se rendre sur place et tout faire pour que Sarajevo ne devienne pas un second Guernica. Le 23 juin il a reçu, *via* Bernard-Henri Lévy, une lettre du président Izetbegovic

ainsi rédigée : « Nous n'avons plus rien, ni vivres, ni armes, ni espoir. Nous sommes le ghetto de Varsovie. Va-t-on, encore une fois, laisser mourir le ghetto de Varsovie ? » Le 24 juin, il avait prévenu ses collaborateurs qu'il allait « frapper un grand coup » et que le but de son voyage était humanitaire.

Quand il sort de l'hélicoptère, il apprend que le Super Puma le précédant a été atteint par un tir de mitrailleuse avant l'atterrissage. Il ne change pas pour autant le programme et, après avoir rendu visite au président bosniaque, se rend à l'hôpital de Sarajevo, puis va déposer un bouquet de fleurs devant la boulangerie où, le 27 mai, l'explosion d'un obus de mortier sur des personnes qui faisaient la queue a fait plus de 20 victimes. Il espère, par son geste, « saisir la conscience universelle pour venir au secours d'une population en danger. Ce qui se passe ici est inacceptable ».

Lui qui est accusé par une grande majorité d'intellectuels, et une grosse partie de l'opinion, d'être proserbe et de ne pas vouloir engager les forces françaises dans une guerre contre la Serbie, se montre visiblement ému et touché par ce qu'il voit sur place. « Depuis le début du conflit dans l'ex-Yougoslavie, les torts se sont trouvés des deux côtés mais on ne peut pas renvoyer dos à dos ceux qui tirent sur une ville désarmée et ceux qui en sont les victimes », dit-il.

De retour à l'aéroport, il accepte de rencontrer une délégation de dirigeants serbes. L'un d'eux le prend à partie et se moque de son émotion devant des morts bosniaques. Il le regarde droit dans les yeux, lui dit qu'il ne le connaît pas et tourne les talons.

En tout, il aura passé six heures à Sarajevo. Le lendemain, il réussit à convaincre Milosevic de rouvrir l'aéroport où vont pouvoir se déployer les Casques bleus. La presse salue son courage. *Olé torero !* Pas mal pour un vieux. La note discordante vient du *Monde* : « Nourrir et soigner la population c'est bien, mais les empêcher de se faire massacrer c'est mieux. »

Le voyage à Sarajevo n'était-il qu'un coup médiatique destiné à calmer l'opinion ? « Faire ce qu'on peut, là où on est, je ne connais pas d'autre morale », argumente-t-il. L'intervention humanitaire peut-elle se substituer à l'engagement politique ? Cinq jours plus tard, le pont aérien commençait. Cela suffisait-il ? De compromission à complicité de génocide, le spectre des critiques qu'il a dû encourir est large. On l'accusera d'avoir, sans réagir, assisté au suicide d'une nation et de ne pas avoir porté assistance à un peuple en danger.

153

16 juillet 1992

Il a d'abord dit non, prétextant qu'il ne serait pas à Paris, puis a finalement accepté l'invitation de Robert Badinter, président du Conseil constitutionnel, de venir clore la cérémonie commémorative de la rafle du Vel' d'hiv', lors de laquelle, cinquante ans auparavant, 13 150 juifs furent arrêtés par la police de Vichy sous les ordres de Bousquet. C'est la première fois qu'un président de la République se rend à cette cérémonie.

Lors de son allocution du 14 Juillet, il avait déclaré, en réponse au Comité du Vel' d'hiv' qui avait réclamé la reconnaissance des crimes de Vichy contre les juifs : « Ne demandez pas des comptes à la République. Elle a fait ce qu'elle devait. » Ses propos ont créé la polémique. Le grand rabbin de Lyon les a condamnés et a jeté le doute sur la sincérité de son devoir de mémoire en ajoutant : « Les fleurs ne suffisent pas à honorer la mémoire des victimes de la Shoah, d'autant qu'elles ornent la tombe de Pétain, ancien chef de l'État français. » Car il a fait fleurir, le 11 Novembre, la tombe du maréchal Pétain, ainsi que celles de Foch et de Joffre. Son passé d'ex-vichyste, rappelé par Serge

Klarsfeld, la lenteur avec laquelle les responsables de Vichy tardent à être jugés devant les tribunaux, tout converge pour faire de lui un homme voulant cacher une partie de son passé et un président qui ne tient pas à inclure Vichy dans la continuité de la République.

Il est 19 heures quand il arrive à la cérémonie. Celle-ci a commencé depuis plus d'une heure dans une atmosphère de recueillement. Rosette Bryski vient de livrer son témoignage, bouleversant : « J'avais chaud, j'avais soif, j'avais faim, j'avais honte... » Elle conclut : « Si nous ne demandons pas justice de notre vivant, qui, après nous, parlera de ce qui s'est passé ici au Vel' d'hiv' ? »

Louis Mexandeau, secrétaire d'État aux Victimes de guerre, est à la tribune quand des sifflets et des interpellations accueillent le chef de l'État. Celui-ci fait semblant de ne rien entendre. Une femme lui demande des comptes. Il s'arrête et lui promet qu'il la recevra. La foule, composée de membres d'associations juives et de jeunes du Bétar, très excités, continue à le conspuer. Au milieu des vociférations, il entend, pêle-mêle, le nom de Pétain et celui d'Arafat. Impassible, il s'avance vers la tribune et voit Badinter, ivre de rage, les apostropher : « Vous m'avez fait honte. Je ne demande que le silence que les morts appellent. Vous déshonorez la cause que vous croyez servir. »

Robert Badinter, encore habité par le témoignage de Rosette Bryski, prendra la parole et saura, en effet, rétablir le silence. Le président pourra, dans une ambiance glaciale, prononcer son discours.

Le lendemain, dans la presse, les historiens et acteurs politiques se déchirent sur la responsabilité de Vichy. Simone Veil, qui se dit en désaccord avec le Comité, plaide pour un apaisement des esprits et demande à François Mitterrand non un geste politique, mais un « geste du cœur, un geste spontané ».

La tombe du maréchal Pétain a été fleurie une première fois par le président le 22 septembre 1984, à l'occasion de sa première rencontre avec Kohl, puis chaque année à partir de 1987, date du soixante-dixième anniversaire de la bataille de Verdun. Le général de Gaulle, comme ses successeurs, n'a déposé une gerbe qu'une seule fois, en 1968. Aux questions posées sur son geste, Mitterrand fera répondre par l'entourage : rite républicain. Devant les précisions des historiens expliquant l'absence de rite, il y renoncera en novembre 1993.

En février 1993, il prendra un décret instaurant une journée nationale commémorative des persécutions racistes et antisémites commises par le gouvernement de Vichy. Le 17 juillet 1994, il reviendra quai de Grenelle inaugurer un monument à la mémoire des victimes de la rafle du Vel' d'hiv'.

Il croit mettre ainsi un terme à une polémique. Celle-ci, au contraire, ne fait que commencer.

154

11 septembre 1992

Il entre le matin à l'hôpital Cochin pour se faire opérer. La veille, rue de Bièvre, au petit-déjeuner, à Danielle qui allait s'envoler pour la Colombie il n'a parlé de rien. Avant de quitter l'Élysée, il a confié à Michel Charasse une lettre manuscrite à n'ouvrir « qu'en cas de pépin ».

Il a beaucoup tergiversé avant d'accepter de se faire opérer. Et fait comme s'il avait le choix. Il pensait qu'il n'était plus malade. Les résultats de son traitement ont été si bons pendant si longtemps qu'il s'est autopersuadé d'être guéri.

Un communiqué, signé du professeur Steg et du docteur Claude Gubler, évoque une pathologie de la prostate, maladie classique dont souffrent des milliers de Français du même âge. Il est lu par Pierre Bérégovoy au Conseil des ministres qui se tient, en son absence, à Matignon. Bernard Kouchner rassure les uns et les autres : à son âge, il en a pour des années.

Le président sort quarante-huit heures plus tard. L'anesthésie générale s'est bien déroulée, l'opération aussi. Devant l'hôpital, il déclare en souriant à la meute des journalistes : « C'est un combat honorable à mener contre moi-même. Non, je n'ai pas encore songé à démissionner. Non, je ne pense pas que l'on m'ait enlevé un lobe du cerveau. Je ne pense pas que ce soit de ce côté-là que ça se passe. »

Deux jours plus tard, il regagne l'Élysée et reprend son rythme de travail.

Le 16 septembre, à 10 h 26, un communiqué émanant de l'Élysée et signé du docteur Gubler et du professeur Steg part pour l'AFP : c'est un cancer avec des lésions adénocarcinomateuses. Une heure plus tard, les rédactions ne parlent que de la future présidentielle. Sera-t-elle anticipée ? Le professeur Debré a beau évoquer une espérance de vie de vingt ans, le calendrier politique est bouleversé et les principaux acteurs – de droite comme de gauche – évoquent un départ précipité.

François Mitterrand, qui garde le secret depuis douze ans, voit sa maladie exposée sur des pages entières, la fluidité de son sperme commentée, sa vieillesse soulignée. Les fantômes du Général et de Pompidou ressurgissent. Le corps du président appartient, comme celui du roi, à tous. Il sait que, désormais, chacun de ses gestes va être épié, ses faiblesses scrutées, son état en permanence décrypté.

La semaine suivante, étonné de sa bonne forme, il confie à ses collaborateurs : « J'ai très peu perdu de ma touche de balle. » Le cancer, il vit avec depuis longtemps et croit savoir comment continuer à le domestiquer.

On le croyait mort et presque enterré. Il va montrer, en bon tennisman, qu'il sait toujours monter au filet.

155

20 septembre 1992

Il a voté à Château-Chinon et déjeuné chez Ginette
Chevrier en compagnie de Danielle, Christine,
Roger. Sur la toile cirée trône son pâté de tête préféré, son saucisson bien sec et sa bouteille de vin
blanc. Charasse aussi est là. Et observe que, malgré
les mets qu'il adore – poêlée de champignons et ris
de veau –, il ne mange rien et fait semblant d'être
détendu afin de donner le change.

Lui-même est très inquiet. Il a donné rendez-vous
en début de soirée à ses collaborateurs pour suivre en
direct les résultats du référendum européen qu'il a
voulu imposer aux Français. Le président marche
en rond dans son bureau – mauvais signe –, les
mains nouées derrière le dos, et parle peu. Il faudra
attendre 22 h 30 pour avoir des résultats définitifs.
Les partiels étaient tous négatifs. Au final, le oui
est si faible – 51,04 % – qu'il ne peut en tirer parti.
Il déclare donc qu'il n'y a ni vainqueurs ni vaincus
mais refuse de parler « d'un petit oui ». Il rappelle
qu'il a été battu en 1974 par Giscard de 40 000 voix
et que ce n'est pas pour autant qu'on a traité son
prédécesseur de « petit président ». Il salue donc ce
oui, acte de civisme le plus important accompli par
les Français depuis la Seconde Guerre mondiale.

Contrairement à son gouvernement, à ses amis politiques, à ses conseillers – à l'exception notable d'Élisabeth Guigou qui l'a toujours encouragé dans cette voie –, il a décidé de soumettre le traité au référendum en en assumant tous les risques. Est-ce son côté quitte ou double ? L'enjeu lui semble trop important pour ne pas être proposé à l'approbation du peuple. La progression de sa maladie l'encourage-t-elle à faire preuve de clarification ? L'Europe est son dernier combat et il ne cache pas de vouloir s'inscrire dans son histoire. Annoncer le référendum n'est-il pas l'unique moyen de sauvegarder le traité qui vient d'être rejeté le 3 juin par le peuple danois ? Le 5 juin, il s'explique devant les étudiants de Sciences Po : « J'ai choisi le référendum parce que c'est risqué. C'est risqué pour l'Europe et c'est risqué pour le président. Mais il n'y a pas de grande chance sans de grands risques. » Quitterait-il l'Élysée si le non l'emportait ? Ferait-il comme le Général en 1969 ? Ce n'est pas la question, répond-il. Veut-on ou non casser l'Europe ? En privé, il s'interroge et confie à certains de ses collaborateurs « qu'après tout ce ne serait pas déshonorant pour lui de tomber là-dessus ». Toujours, la comparaison avec de Gaulle le taraude.

Il accepte, le 3 septembre, un débat télévisé avec Philippe Seguin, le principal adversaire de Maastricht, en direct à la Sorbonne, animé par Guillaume Durand. Il y arrive épuisé, les traits tirés. Sans doute pense-t-il à la future opération qui apaisera ces souffrances, douleurs qui l'ont empêché de dormir tout l'été. Une pause sera demandée par son médecin au milieu du débat, qui alimentera bien des rumeurs. Certains parlent de piqûres nécessaires pour maintenir en état un président quasi mourant. En fait, il s'agit d'un changement de sonde qui prit juste quelques minutes, mais le spectre de la maladie hante désormais l'imaginaire de chacun. Dans la seconde partie du débat, il se montre particulièrement offensif et si transformé que tout le monde croit qu'il a pris des dopants. « Je me sentais de plus en plus ragaillardi face à un adversaire que j'estime », commente-t-il le lendemain.

Deux jours après le référendum, il reçoit Kohl à l'Élysée. Les bases du traité sont fragilisées et la tempête monétaire risque de tout emporter. Il va, comme le fit de Gaulle en novembre 1968, s'opposer à la dévaluation du franc et convaincre le chancelier d'afficher sa solidarité : un communiqué commun sera signé, réaffirmant la défense de la parité entre les deux monnaies. Il y parviendra non sans difficultés.

Fragile victoire et court répit.
Mais remontée dans les sondages : sa cote de confiance, après Maastricht, grimpe à 43 %. Cela suffira-t-il à l'approche des échéances législatives, dont il pense qu'elles seront perdues par une gauche irresponsable et déchirée ? Après onze ans d'Élysée, l'annonce de sa maladie, il sait ne plus être un homme de recours.

C'est dans l'adversité qu'il recharge ses batteries. On le croit assoupi, affaibli. Il va, non sans délectation, reprendre les cartes en main et montrer que, jusqu'au bout, il entend rester maître du jeu.

156

28 mars 1993

Depuis quatre mois il a repris ses rendez-vous secrets, à Marly, avec ses plus anciens amis. Ne croyant plus à la victoire de son camp, il a déjà choisi son futur Premier ministre et se prépare, sans angoisse mais avec beaucoup de désenchantement, à sa seconde cohabitation. Alors, dans ces déjeuners informels, ses vieux compagnons tentent de lui redonner le moral. Pierre Mauroy lui lance : « Dans quelques années on parlera des années Mitterrand et on vous rendra hommage. » Il répond : « Oui, mais peu m'importe, puisque je serai mort. »

Il évoque fréquemment la mort, ne cache pas qu'il souffre énormément et dit souvent que ses médicaments le fatiguent. Il voudrait avoir l'énergie pour tenir jusqu'à la fin de son mandat et rédiger un ouvrage sur la France et l'Allemagne. Des mémoires ? Pas question. Il est en outre lassé du drame du sang contaminé, outré des accusations ignominieuses contre Laurent Fabius, même s'il ne se manifeste guère auprès de lui au cours de ces journées difficiles. Il peste contre les atermoiements de son propre camp à prendre des décisions qui s'imposent et ne comprend décidément plus les raisonnements de son ancien Premier ministre, qui n'aurait pas dû, selon lui, se soustraire à la procédure de la Haute Cour. De toute façon, maintenant, il lui apparaît disqualifié pour essayer de lui succéder. À quoi bon s'accrocher au pouvoir quand on n'éprouve plus l'espoir d'aménager l'avenir pour les siens ? Il fulmine contre le manque de combativité de son parti, contre son absence de désir de gagner, répète qu'il ne se mêle plus de rien, mais n'en garde pas moins le désir, non de redresser la situation, mais de se battre contre ses adversaires. L'enjeu est, pour lui, d'éviter l'écrasement afin de préserver une défaite honorable qui lui permettrait de conserver l'autorité liée à sa fonction jusqu'au terme du septennat.

L'affaire du prêt immobilier sans intérêt accordé à son Premier ministre va l'atteindre de plein fouet. Il en prend connaissance dans *Le Canard enchaîné*. En 1986, 1 million de francs ont été prêtés par Roger-Patrice Pelat à Pierre Bérégovoy pour l'achat d'un appartement. Rien de répréhensible juridiquement. C'est un service entre amis qui ne concerne qu'eux... mais qui vise son Premier ministre et un de ses très proches. Convoqué à l'Élysée, Bérégovoy lui remet immédiatement sa démission. Il la refuse, l'enjoint de rester « impavide » dans l'épreuve, lui explique qu'il n'a commis aucun délit, mais qu'il aurait dû se montrer plus prudent, lui recommande de conduire ses troupes tout en lui redonnant confiance.

L'échec électoral était programmé. Il est encore plus grave que les pires de leurs prévisions. Si le Parti socialiste tombe au premier tour à moins de 18 %, c'est le signe de sa mort, ne cesse de pronostiquer le président. Eh bien : 17,5 %. Au premier tour, on assiste au plus mauvais résultat depuis la refondation du PS en 1971. La gauche unie atteint péniblement 30 %, record d'impopularité pas connu depuis 1958. Commentaire de Mitterrand qui, ce soir-là, à l'Élysée, se montre étonné par l'ampleur de la défaite : « Je savais que nous étions minoritaires, mais à ce point-là... nous sommes embourbés. »

Le Premier ministre souhaite porter seul la responsabilité de l'échec. Le président a bien du mal à le convaincre que l'usure du pouvoir, les affaires, le mode de scrutin, l'écroulement du Parti communiste ont été des facteurs bien plus déterminants. La montée du chômage, les conflits sociaux, l'absence de reprise économique ont rendu, pendant toute la campagne électorale, la marge de manœuvre de Pierre Bérégovoy très courte. Refusant un plan de rigueur électoralement coûteux, il a su limiter les dépenses publiques. Un jour viendra où la reconnaissance du mandat de Pierre Bérégovoy pour sa cohérence, sa qualité de gestion et de réformes se fera, sa mort tragique ayant par la suite occulté son bilan politique.

Ce soir-là, le Premier ministre personnalise la défaite, veut l'endosser auprès du président et s'estime coupable et responsable : « J'aurais dû tout briser mais vous ne l'avez pas voulu », ne cesse-t-il de répéter au soir du premier tour. À Matignon, les dernières semaines, plus personne n'ose lui porter secours, tant l'homme paraît hors de lui-même, inconsolable.

Le 23 mars, Jacques Chirac pose publiquement la question de la démission du président en cas de défaite. Le lendemain, ce dernier tient ce qui sera son dernier Conseil des ministres de la gauche et le conclut solennellement : « Je resterai. Jusqu'au dernier souffle, je serai avec vous. Je ne me laisserai pas isoler, enfermer, égorger dans l'ombre. Tout sera porté sur la place publique. Ma seule limite est mon état de santé. Certains disent que je serai seul face à la droite, mais on n'est jamais seul dans la vie, sauf quand vient la mort. » On s'étreint, on a les larmes aux yeux. Chacun pleure le décès politique de la gauche, sa mort imminente, tout se mélange dans une atmosphère de funérailles laïques. Il les a prévenus : « Lundi un énorme poids va tomber sur vous tous, un grand deuil, un de ceux dont on croit qu'on ne se relèvera pas. Mais les forces de la vie sont beaucoup plus fortes. » Puis il les a laissés sur le perron de l'Élysée où la plupart des ministres se sont attardés. Ils n'avaient pas très envie de se quitter, sauf Bérégovoy, qui n'a pas traîné, n'a pas embrassé ses amis et est parti seul, à pied, par la porte de la rue de L'Élysée.

Le 28 mars, comme à l'accoutumée, Mitterrand va voter à Château-Chinon. La journée se passe plutôt agréablement : il fait ses pronostics avec ses habitudes de vieux routier de la politique, sans états d'âme, comme s'il jouait au loto. Il connaît les résultats d'avance et ne les écoutera à la télé que pour les vérifier.

La droite triomphe avec 480 députés, le PS est réduit à 67 élus contre 275 dans la législature précédente, Rocard, Jospin perdent leurs sièges, ainsi que 12 ministres sortants. Dans l'hélico qui le ramène à Paris, il ne fait aucun commentaire et se plonge dans *Les Origines duchristianisme* d'Ernest Renan.

550

Au premier étage de l'Élysée, un petit buffet est préparé pour les collaborateurs et les proches : les rangs sont clairsemés, les visages défaits, les conversations quasi inexistantes, les télés qui passent en boucle les résultats jouent heureusement le bruit de fond. Le silence s'impose quand il arrive. Il se moque de cette atmosphère de gravité, de nos mines compassées, semble affecter une grande indifférence aux chiffres désastreux et nous dit, avant de s'enfermer dans son bureau : « Vous savez, dans la vie politique, on gagne, on perd, puis on gagne de nouveau. Le combat continue. Remettez-vous au travail. Mes fonctions, mes devoirs et mes droits restent inchangés. »

157

1er mai 1993

Lors du dernier Conseil des ministres de la gauche, le 24 mars, il s'est d'abord adressé à lui : « Je vous remercie de tout ce que vous avez fait, de votre action. Vous travaillez à mes côtés, pour certains d'entre vous depuis très longtemps – en particulier monsieur le Premier ministre qu'on a voulu injustement atteindre. Les résultats n'ont pas correspondu à vos souhaits, aux miens. Privé de vous, je me sentirai seul. » À l'issue du Conseil, il tente encore une fois de convaincre Pierre Bérégovoy qu'il n'est pas personnellement responsable de la défaite de la gauche. À quelques collaborateurs, il dit son inquiétude du pessimisme, du ressassement de son Premier ministre. Il le trouve, comme il dit, « en boucle ».

Le 28 mars au soir, il le félicite par téléphone d'avoir été réélu dans la première circonscription de la Nièvre. Et, étonné de son impassibilité, le trouve très déprimé.

Le 2 avril, il ouvre le premier Conseil des ministres de la seconde cohabitation en rendant un vibrant hommage à Bérégovoy, et souligne ses mérites personnels.

Le 3 avril, ses conseillers l'informent de ce qui vient de se passer à la Maison de la chimie lors de la réunion du comité directeur du Parti socialiste. Le festin des cannibales continue, l'ambiance est délétère, les couteaux sont tirés, chacun se demande qui va égorger qui. Il reçoit Claude Estier, qui lui confirme les déchirements du parti, l'odeur de sang, les propos de Fabius : « Je ne veux pas qu'on m'étrangle dans la nuit », la démission de Jospin, mais aussi la solitude de Pierre Bérégovoy, présent physiquement mais sans réactions, comme s'il était absent. Mexandeau appelle Mitterrand, pour lui confirmer l'état préoccupant dans lequel se trouve l'ancien Premier ministre, et lui dit : « Il est sorti de l'existence. »

Il lui parlera au téléphone à quatre reprises au cours du mois d'avril et tentera de calmer son flux de paroles autoaccusatrices : « Ce que j'ai fait est inacceptable et impardonnable », répète-t-il. Mitterrand tente de trouver les mots et de le réassurer de son amitié. Par la suite, il ne répond pas à tous ses coups de fil, tant il se sent impuissant face à un enfermement qu'il juge destructeur et à des propos obsessionnels de l'ordre du ressassement. Le 29 avril, il a une longue conversation avec Bérégovoy d'où la notion d'échange est exclue : il se heurte à un mur. Michel Charasse, qui a rencontré l'ancien Premier ministre à une réunion le même jour, vient trouver le président dans son bureau : « Voyez-le vite. Il va si mal que j'ai peur qu'il ne se flingue. » François Mitterrand demande le 30 avril au matin à son secrétariat particulier de prendre un rendez-vous avec lui le 3 mai en fin de matinée. Ce qui est fait.

Quand il apprend la nouvelle du suicide par son directeur de cabinet, Pierre Chassigneux, il veut rejoindre Nevers au plus vite. Mais Pierre Bérégovoy a été transporté par hélicoptère, dans le coma, au Val-de-Grâce. Il s'y rend. « Ils l'ont assassiné », dit-il à Gilberte Bérégovoy, quand il la prend dans ses bras ; il redira la même phrase à l'arrivée d'Édouard Balladur et de Laurent Fabius. À 1 heure du matin, le président demande à être seul pour se recueillir devant la dépouille, y reste un long moment, en sort prostré.

Le lendemain matin, une atmosphère étrange règne à l'Élysée : on se prend dans les bras, on manifeste entre nous une vive émotion, mais aucun n'ose aller voir le chef de l'État. L'Élysée vivra ce jour-là dans le silence. Il en sera ainsi jusqu'aux obsèques.

Personne n'a proposé de préparer son discours. On sait que ce n'est pas la peine. C'est dans le train qu'il rédige l'éloge funèbre de son ancien Premier ministre. Il commence par un vif hommage aux résultats de sa politique. La fin, il l'a rédigée pendant la cérémonie de la cathédrale, à la mairie, dans le bureau du défunt lui-même. Il la médite depuis l'annonce de sa disparition. Le jour des funérailles, il a du mal à maîtriser son émotion. Et c'est d'une voix blanche, au bord de se briser, que devant le palais ducal il apostrophe l'opinion : « Toutes les explications du monde ne justifieront pas qu'on ait pu livrer aux chiens l'honneur d'un homme, finalement, sa vie, au prix d'un double manquement de ses accusateurs aux lois fondamentales de notre République, celles qui protègent la dignité et la liberté de chacun d'entre nous. »

Qui sont les chiens ?

Dans le train pour Paris, aux questions des journalistes il répond : « Chacun de nous reconnaîtra les siens. »

À son retour à l'Élysée, il nous confie : « Les chiens ? C'est nous. C'est moi. C'est vous. Chacun a sa part de chien en soi. »

158

7 février 1994

Il est 5 heures du matin quand les invités du président arrivent au pavillon d'honneur d'Orly gardé par des policiers en tenue. Pas besoin de faire les présentations. Tout le monde se connaît. La délégation française qui se rend aux obsèques de Félix Houphouët-Boigny – aller-retour dans la journée – est constituée d'anciens Premiers ministres, ministres, ambassadeurs ayant été mêlés de près ou de loin aux Affaires africaines. Pierre Mauroy, jovial à son habitude, tape sur l'épaule de chacun. Valéry Giscard d'Estaing, venu cette fois sans son fusil, n'a donc pas mis sa tenue de chasse et semble mal luné. Laurent Fabius évite Michel Rocard, Édith Cresson évite tout le monde. Un encombrement aérien au-dessus de Yamoussoukro empêche le décollage. Manifestement, seul le président a été prévenu de ce retard. Son chef d'état-major, Christian Quesnot, tout chamarré de blanc dans son habit de général, et son médecin personnel, Claude Gubler, avec ses rouflaquettes et la grosse sacoche noire qui ne le quitte jamais, l'accompagnent. À 8 heures du matin, chacun s'engouffre dans le Concorde, mais ne s'assoit pas n'importe où. Le protocole a dû refaire le plan cinq fois. Giscard voulait être au premier rang,

Cresson ne pas avoir de socialistes à côté d'elle... Le président, qui accorde une grande importance à ce genre de détails, qu'il prend soin de toujours vérifier, a-t-il, selon sa perversité légendaire mâtinée d'humour, fait exprès de placer Rocard et Fabius, à l'aller comme au retour, côte à côte ? Toujours est-il qu'ils ne se parlent pas, mais se réfugient dans la lecture du *Canard enchaîné*, apparemment très apprécié par cet aréopage distingué.

Dans l'avion, chacun s'épie discrètement. Tout le monde se demande qui aura l'insigne honneur d'être invité pendant quatre heures par le chef de l'État. Un officier viendra chercher Édith Cresson, puis Giscard. Devant leur air ébahi, Mitterrand leur confie : « Je vous ai invités tous deux car dans cet avion vous seuls êtes des originaux. » Devant le silence poli des intéressés, il explique : « Giscard, vous êtes le seul de votre espèce à être ancien président de la République, Édith vous êtes la seule femme à avoir été Premier ministre. J'ai donc jugé que vous aviez droit à des égards particuliers. »

Le protocole ivoirien précise que seuls les chefs d'État peuvent être au premier rang dans la basilique. Le protocole français prévoit que lorsque le président et le Premier ministre sont en voyage, ils doivent toujours être au même rang. Ce sera sur le même rang, un peu plus loin, que s'installera Édouard Balladur.

Il s'est avancé sur le tapis rouge posé sur le sol au milieu de cette savane laiteuse, devant cette basilique construite par Bouygues, monument de ciment dédié aux Baoulés et au Dieu catholique. Il suit le chemin dessiné par les couronnes mortuaires et voit toutes ces personnes venues du monde entier rendre hommage à son ami de cinquante ans. Il semble à l'unisson des chants, des danses, des prières de cette population qui ne peut se séparer de son père bienfaiteur. « Maintenant que j'ai vu son corps, je sais que la mort existe », s'exclame une mère de famille ivoirienne à l'arrivée du cercueil dans la basilique. L'émotion est à son comble. Mitterrand est placé juste à côté du défunt. Il aura le loisir – la cérémonie durera plus de trois heures – d'admirer les mosaïques vert tendre qui célèbrent l'union des religions islamique et catholique. Dans cette chaleur d'enfer et à cette place d'où il ne peut bouger, il restera impassible, immobile.

Après le déjeuner, il convoque un minisommet avec les chefs d'État africains pour expliquer la dévaluation du franc, auquel il convie le Premier ministre. Ses yeux se plissent de plaisir lors de la discussion où, tour à tour, il prend un ton de fermeté puis de douceur, donne la parole aux uns et aux autres, les met en valeur devant un Balladur surpris de le voir rajeunir à vue d'œil. Il lui dit : « Il faut aimer l'Afrique, il faut la comprendre dans sa réalité, pas avec des lunettes idéologiques. »

Retour à l'aéroport. Il est 8 heures du soir, heure locale. Au milieu des bruits du Concorde, Édouard Balladur fait une conférence de presse dans une petite salle, à la fureur du service de presse du président qui stigmatise sa rage de communication. Lui n'en a cure. Il est déjà installé dans l'avion avec Cresson, encore, Giscard, encore, mais aussi Jacques Delors. Chirac s'est mis à l'arrière et raconte des histoires drôles à l'équipage. Rocard et Fabius n'ont pas osé changer de place et ne se parlent toujours pas.

Le Concorde arrive au milieu de la nuit. Au même moment, à Yamoussoukro, la famille enterre enfin Houphouët, mort depuis deux mois, en sacrifiant des dizaines de bœufs.

Ballet des voitures officielles dans la brume glacée. Dans le trajet de retour, Mitterrand commente en souriant : « Je viens de voir des tas de gens qui n'ont cessé de combattre Houphouët par tous les moyens, venus tous en chœur l'enterrer... C'est l'un des meilleurs spectacles de comédie humaine auquel il m'ait été donné d'assister. »

159

7 avril 1994

Dans son bureau, il s'apprête à rejoindre Françoise Héritier et Didier Sicard, qu'il a invités à dîner dans ses appartements particuliers. Il a passé une bonne partie de l'après-midi à l'hôpital Cochin, où il s'est rendu, à l'occasion de la journée de mobilisation contre le sida, dans le service du professeur Sicard. Après avoir discuté avec les équipes soignantes, il a demandé à rencontrer deux patients en phase terminale avec qui il s'est entretenu longuement.

À 19 heures, un proche de François de Grossouvre – qu'il connaît – demande à le voir de toute urgence. Il le reçoit. Celui-ci sort du bureau de leur ami commun et dit au président : « Je viens de le quitter. Il est suicidaire. Il m'a parlé d'armes et a évoqué Pierre Bérégovoy. » Mitterrand appelle immédiatement son médecin militaire, le docteur Kalfon, qui se trouve à Versailles. Il lui demande de venir sur-le-champ en forçant l'allure. Kalfon n'a pas eu le temps d'arriver.

François Mitterrand n'a pas pu entendre la détonation du magnum.357 tenu à bout portant par celui qui, après avoir été un ami proche dès l'aube des années 1960, se contente d'être à la tête des chasses présidentielles, ce qui lui permet de conserver un bureau au premier étage de l'aile droite de l'Élysée, une secrétaire et de nombreuses lignes téléphoniques.

Il sait, par plusieurs collaborateurs lui demandant avec insistance depuis 1988 de lui signifier son congé, qu'il devrait le recevoir et lui intimer d'arrêter ses doubles jeux, ses manigances, ses simagrées de stratégies d'espion. Quand on évoque avec le président « le sujet Grossouvre », il hausse les épaules, se contentant de le plaindre. Il sait que son collaborateur a transformé son bureau en véritable musée militaire, sorte de caverne d'Ali Baba d'où il passe des coups de fil en son nom à qui veut bien l'écouter. Il est averti aussi, depuis plusieurs mois, que l'ex-conseiller reçoit ses ennemis politiques en leur laissant croire qu'il possède des informations secrètes sur le président. Mais il l'évite, ne veut pas l'affronter. Depuis l'été dernier, il ne supporte plus de le voir, même pas de lui dire trois mots comme l'autre le lui demande, sans pour autant trancher dans le vif. Alors chaque soir, tel un mendiant, François de Grossouvre attend au secrétariat particulier d'obtenir le privilège d'échanger avec le président quelques informations sur le Proche-Orient ou le nom de nouveaux espions avec qui il est entré en contact. Sans succès.

L'ancien industriel du sucre rencontré lors d'un voyage en Chine, depuis qu'il est tombé en disgrâce, vit dans un monde halluciné. Or, pour entretenir ses illusions, quelquefois fondées sur des faits anciens ou des bribes de réel réinterprétées, il a besoin de parler, de s'épancher, de trouver une justification à son existence, tout en offrant à ses visiteurs du ginseng qu'il avale en abondance, expliquant qu'il s'agit du meilleur des adjuvants sexuels.

Tout le monde sait au palais que sa présence non seulement n'est pas justifiée, mais peut être dangereuse. Hubert Védrine, Michel Charasse, Anne Lauvergeon ont insisté, chacun à leur tour, séparément et sans se consulter, à l'occasion de l'arrivée de Balladur à Matignon, pour que le président accepte de refaire l'organigramme du palais et révoque celui qui, depuis quelque temps, s'obstine – par provocation ou désir extrême d'attirer l'attention du président – à recevoir des journalistes politiques – dont certains que Mitterrand a qualifiés de « chiens » –, pour leur déverser les pires ignominies sur son ancien ami. Tout cela, il le sait. Ce n'est pas pour autant qu'il a donné suite à leurs demandes. Comme il sait que, chaque soir, ses secrétaires trouvent des ruses pour éviter le face-à-face. Fini le temps où les deux François partaient à pied jusqu'à leur domicile commun, Grossouvre demeurant au-dessus de chez lui, quai Branly, Anne ayant accepté, non sans rechigner, de quitter la rue Jacob pour des raisons de sécurité.

François Mitterrand a fait la connaissance de François de Grossouvre par l'intermédiaire de Pierre Mendès France en 1961. À l'époque président des Amitiés franco-chinoises de Lyon, il lui a permis de faire un voyage en Chine où il s'est montré compagnon agréable. Puis il a été présent pendant la campagne de 1965, pilotant sa voiture quand il était fatigué, se montrant efficace et omniprésent. Peu à peu les liens d'amitié se sont consolidés. Il l'a suivi pendant toute la campagne de 1974 et a fait partie de son équipe rapprochée. À l'époque, Grossouvre se baladait avec un calepin : il notait tout et dressait une liste des meetings où Mitterrand était le plus applaudi. La naissance de Mazarine les a encore plus rapprochés. Mitterrand lui a demandé de devenir son parrain et lui a confié le soin d'administrer son autre vie. Avec Anne et Mazarine, ils vont souvent passer les week-ends dans le château de l'Allier de Grossouvre : là-bas, le président a ses habitudes et sa fille la possibilité de faire du cheval avec son parrain, excellent cavalier. Celui-ci est devenu insensiblement un confident, un intendant, un groupie.

En mai 1981, Grossouvre lui demande de venir à l'Élysée s'occuper du contrôle des services spéciaux. Mitterrand n'y a pas vu d'inconvénient. Simplement, le chargé de mission est vite déçu : se voyant bien chef de la DGSE, il s'en est ouvert à Mitterrand, qui lui a opposé un refus. Le président s'est aperçu des dégâts qu'il occasionnait, des embrouilles qu'il créait. Aucun des ministres de l'Intérieur successifs n'a d'ailleurs voulu l'employer : Joxe lui a même interdit d'aller dans les services. Mitterrand admire en lui sa culture, son passé – il fut un grand résistant –, son humour mais, dès la fin 1982, s'il demeure un compagnon, il ne lui confie plus aucune responsabilité à l'Élysée et le marginalise. Sans le lui signifier.

En 1985, Grossouvre quitte la présidence et travaille chez Dassault. L'Élysée manifestement lui manque, car rapidement il demande à y revenir. C'est à cette époque que le chef de l'État le nomme président du Comité des chasses présidentielles. L'autre s'y montre très vite autoritaire et ne se cantonne pas dans ses fonctions, écoutant, parlant. De fait, il y a beaucoup de chasseurs dans le monde politique. Mitterrand lui-même, qui feint de se moquer des chasses, y porte en fait un vif intérêt. La liste de celles et ceux ayant l'insigne honneur d'être conviés à cette étrange cérémonie d'un autre âge au château de Chambord – où lui-même ne s'est jamais rendu – lui est soumise durant les deux septennats. Il barre souvent des noms pour en ajouter d'autres. Un jour, un différend surgit entre Pelat et Grossouvre. Le premier accuse le second d'abuser de sa situation et de n'y inviter que ses propres relations. La révolte se transforme en conflit. Mitterrand doit arbitrer et choisit de donner raison à Grossouvre : « J'ai dit à Pelat : il s'y connaît mieux que toi. Fiche-lui la paix. »

Mais Grossouvre profite de l'onction du président pour faire de plus en plus l'important auprès des ambassadeurs, des princes arabes, des diplomates, officiels ou pas. Il brasse des affaires. Mitterrand le sait, laisse faire, lui conseille simplement de faire attention. Grossouvre et Pelat vont se retrouver sur la même piste en Corée du Nord. Une sombre histoire dont le président ne veut pas entendre parler. Si bien que Grossouvre demande toujours plus à Mitterrand, qui le lui refuse. Comme cette fois où il cherche à le voir au nom du président Kadhafi. Nouveau refus. Le conseiller évincé commence alors à concevoir une sorte de haine vis-à-vis de cet homme à qui il a donné sa vie. Le président, lui, se montre de plus en plus agacé par l'insistance avec laquelle Grossouvre veut jouer le porteur de messages. Les rendez-vous qu'il a osé fixer, dans son bureau de l'Élysée, au juge Jean-Pierre afin de dévoiler différents secrets sur la vie privée du chef de l'État ont créé une brouille. Et puis Mitterrand a pardonné. Et si les liens sont distendus, ils ne sont pas rompus.

L'avant-veille, le président a même accepté de lui parler. Grossouvre a avoué qu'il redoutait de mourir. Mitterrand a plaisanté : « Je vous ai toujours connu avec trois cancers et vous vous portez toujours à merveille. » Puis l'ex-ami a confié qu'il commençait à perdre la mémoire, s'est plaint de ne plus ressentir les mêmes désirs sexuels et d'avoir la sensation qu'on le pourchassait. Le président lui a conseillé de se soigner.

Dans le petit salon qui jouxte la bibliothèque, Jack Lang a rejoint Françoise Héritier et Didier Sicard. Le président apparaît avec une bonne heure de retard et semble bouleversé. Il leur apprend la nouvelle et leur dit que la police est sur place, qui devra enquêter. Le soir même, l'information fait de nouveau pâlir son aura. Après le juge Jean-Pierre, l'affaire Pelat, le suicide de Bérégovoy, ce n'est plus l'image d'un président bon gestionnaire de la cohabitation qui s'impose, mais celle d'un homme vénéneux qui émerge. Dégénérescence du système qu'il a mis en place ? Maléfices d'un vieux souverain qui jette ses collaborateurs une fois qu'il n'en a plus besoin ? Lui écarte ces arguments d'un revers de la main et, une semaine après le suicide, m'explique : « Il a choisi l'Élysée pour se tuer parce que c'était un endroit qu'il aimait. Quand on a soixante-seize ans, on laisse beaucoup de gens en route. Pelat, Bérégovoy, la fixation s'opère sur ces noms. Certains évoquent un climat shakespearien autour de moi, c'est facile. Mais ceux qui me veulent du mal se briseront ; je suis plus solide qu'eux. »

160

4 juillet 1994

Il part pour son dernier long voyage officiel en Afrique du Sud. C'est la première visite d'un chef d'État occidental depuis l'investiture de Nelson Mandela. Et, comme d'habitude, il est en retard. Simone Veil, ministre des Affaires sociales, trépigne en regardant sa montre – elle connaît des moyens de passer plus agréablement ses dimanches soirs qu'en piétinant dans un hall glacé du pavillon d'honneur. Édouard Balladur, comme d'habitude, reste impassible et dodeline de la tête. Charles Pasqua – en charge de l'Intérieur – fait du gringue à Barbara Hendricks. Le président arrive enfin. Garde-à-vous, tous !

Le voyage sera long, les invités nombreux. Qui aura l'insigne honneur de partager son temps ? Le champagne délie les langues, la nuit aussi. Le chef de l'État est loin devant. Il dispose d'une salle à manger et d'une petite chambre au-dessus. C'est un jeune homme non répertorié par l'Élysée, non prévu par le protocole, non inscrit sur la liste officielle, à qui l'aide de camp vient demander d'aller rejoindre François Mitterrand dans sa salle à manger. Après le dîner, ce dernier se plonge dans Alexandre Dumas.

Il me faudra des ruses de Sioux pour, au petit matin, apprendre que l'heureux élu vient d'être recalé au concours de Normale Sup et qu'il hésite à se représenter. J'avais compris. Sa discrétion, sa gentillesse m'encouragent à tenter de le protéger de ce que Mitterrand ne veut pas qu'on sache. Mazarine a été reçue, elle n'est donc pas du voyage et le président, sachant qu'Ali Badou admire Mandela, lui a proposé de l'accompagner.

Pendant quarante-huit heures, les deux présidents vont remiser les règles protocolaires au profit du contact direct et de l'émotion. Mandela, par sa stature intellectuelle, la grande humanité et la grande humilité qui émanent de lui, permettra une véritable rencontre.

Nelson Mandela a révisé son histoire et, dans son discours prononcé à l'Assemblée nationale, après avoir évoqué 1789, donne systématiquement du *François Maurice* au président. Ce François Maurice un peu gouailleur décontracte la cérémonie et autorise notre propre président à abandonner son discours écrit pour entonner ses litanies préférées : « Les plus belles victoires sont celles que l'on gagne sur soi-même. Ce sont les victoires où l'on s'arrache à son destin. »

Être au plus proche de soi-même. Garder le cap. Trouver son équilibre intérieur. Autant de thèmes qui reviennent alors souvent, aussi, dans les conversations privées. « Quand vous aurez terminé votre tâche, lance-t-il à Mandela, vous vous direz qu'il reste tant à faire. » Pense-t-il à lui ?

Aller, puis retour. La nuit sera longue. Mon beau voisin a à peine le temps de me dire qu'il a été fort impressionné par le charisme de Mandela qu'il se fait enlever de nouveau par l'état-major particulier pour savourer un ultime dîner dans la salle à manger de l'avion du président. Du coup, ceux qui espéraient la divine récompense mitterrandienne baissent les bras, ferment les yeux et ronflent de rage.

À l'aube, le recalé de Normale Sup se replongea dans Alexandre Dumas. À 8 heures du matin, le président, tout guilleret, serre la main de ses invités, s'excuse, il doit filer. Il a juste le temps d'aller se raser avant de recevoir Bill Clinton qui vient d'arriver sur le territoire français.

161

14 juillet 1994

C'est son dernier 14 Juillet. Il a décidé de le placer sous le signe de l'Europe et de n'en faire ni une cérémonie d'adieux ni un chant du cygne. Bien que préoccupé par l'état de santé de Danielle – qui doit se faire opérer le lendemain – et pensant vraisemblablement à l'intervention qu'il doit subir le surlendemain, il n'en dit rien à personne. Après la cérémonie, dans la salle des fêtes de l'Élysée, il demande à Kohl, qui a encore les yeux embués d'avoir vu défiler l'Eurocorps sur les Champs-Élysées, si le défilé militaire n'était pas trop long, puis engage la conversation avec l'empereur des Mossis, personnage remarquable dans l'assemblée des costumes-cravates par son boubou chamarré, avant de remercier de sa venue le président colombien, débiteur de neuf balles dans le ventre au cartel de Medellin : il lui en reste cinq, mais il prétend s'y faire.

À 12 h 30, François Mitterrand entre dans un salon où l'attendent, confondus, les anciens et actuels membres des derniers gouvernements. Il donne une poignée de main chaleureuse à Charles Pasqua, qu'il assassinera une demi-heure plus tard en direct à la télé, fait un aparté avec Pierre Mauroy, puis s'éclipse vers le studio de télévision pour la sempiternelle prestation précédant la garden-party ; oui, mais cette fois, c'est sa dernière après quatorze années de règne. Il est amusant de voir alors le président, côté cuisine, serrer la main des employés en tenue de travail tandis que les invités, côté buffet, bien pomponnés, le cherchent dans la foule afin, eux, de serrer la sienne. Sur les 8 600 invités, plus de la moitié est déjà arrivée, attendant la fin de sa prestation. Celle-ci achevée, il apparaît. L'heure accordée se déroule dans un climat de vraie convivialité : il parle de tout d'un air détaché, s'inquiète de son émission – « N'ai-je pas été trop léger ? » –, ne fait pas allusion à son lapsus – l'a-t-il réalisé ? il a utilisé le mot *cancer* à la place de *casseur* –, trouve trois ou quatre courtisans pour lui dire combien il a été formidable, puis regagne le jardin, son cher jardin, transformé à 2 heures de l'après-midi en vaste champ de pépiements politiques, de batifolages mondains, d'exhibitions de séduction. Il prend à part les deux hommes du GSPR responsables de sa sécurité, un de chaque côté, et leur dit : « Allez, on y va », comme s'il s'élançait dans une gigue un soir de fête au village.

Pendant une demi-heure, protégé par deux cercles concentriques de gardes républicains et d'officiers de sécurité, il oscille, emporté par la foule, au gré de la cohue. On veut le toucher, lui parler. Survivance de la tradition des rois thaumaturges ou simple expression, un peu mâtinée de superstition, de liesse et d'affection pour un président présent depuis treize ans ? François Mitterrand fait partie du paysage, non seulement politique, mais mental, de la majorité des Français. Alors, en cet après-midi du 14 Juillet, tout le monde est content : ceux qui lui ont serré la pince, et lui, qui sourit, accepte de se faire photographier, pose pour la photo de famille et répond à ceux – nombreux – qui lui demandent de se représenter qu'il est décidément trop vieux.

Lorsqu'il rentre enfin dans ses appartements privés, il croise Alain Delon. Qui l'apostrophe d'un : « Il faut vous représenter. » Et lui répond : « Il y a la dure loi de l'âge. » La star rétorque : « Que faites-vous de la loi du peuple ? » Mitterrand sourit et ferme la porte.

162

18 juillet 1994

Il a retardé l'échéance jusqu'au début de l'été.
Depuis mars, il sait devoir être opéré.

« J'ai besoin de vous quinze jours », avait
annoncé le professeur. « Quinze jours mais vous
n'y pensez pas ? » avait-il répondu. Alors, fidèle à
sa mise en examen constante de la vérité, il avait
consulté. Pas moins de six médecins – dont un
pratiquant la médecine « alternative » condamné
pour exercice illégal quelques mois auparavant –
étaient venus à son chevet. Résultat, il avait
obtenu ce qu'il voulait : la division. Certains
jugèrent l'opération facultative. Son frère Robert,
atteint du même cancer de la prostate, ayant
été sauvé sans opération, pourquoi prendre des
risques inutiles ? Il avoue à quelques collaborateurs avoir peur, après l'anesthésie, de ne pas se
réveiller ou de se réveiller différent. Comme il lui
importe de donner du temps au temps, il multiplie
les contacts. Et, dans ce dédale de points de vue,
se perd rarement.

Finalement, il décide de faire à nouveau
confiance au professeur Steg et d'être opéré à
l'hôpital Cochin, où il restera huit jours. Danielle,
pendant ce temps, séjourne à l'hôpital Broussais

où elle a subi, le 15 juillet, une grosse opération cardiovasculaire.

Dès le lendemain de l'intervention, la presse titre sur la santé du président, l'absence de transparence, la véritable évolution de la maladie et les conséquences qui en découleraient. Doit-il rester à l'Élysée ? Un article du *Monde* sonne l'hallali : « Il ne s'agit pas tant de connaître la nature des maux vécus au quotidien, ou le diagnostic exact d'une maladie, que d'apprécier la capacité à gouverner. En d'autres termes, de concilier le concept de secret médical et l'exercice de la démocratie. » Sortira ? Sortira pas ? Est-il diminué ? Comment ? Pour combien de temps ? Le professeur Debré, qui a fait partie de l'équipe chirurgicale, est excédé d'un tel tournoiement médiatique et stigmatise celles et ceux qui « devraient mieux se taire ou ne rien écrire plutôt que de faire des supputations pour se mettre en valeur ».

Son espérance de vie, d'après ses médecins, se compte en mois. Lui ne pose aucune question, n'ayant qu'une préoccupation : faire en sorte que sa maladie n'affecte pas la vie politique. Alors, certes, il accepte la gerbe de glaïeuls qu'apporte de Château-Chinon Mme Perdrix, une de ses plus anciennes électrices, répond aux télégrammes venus du monde entier lui souhaitant un prompt rétablissement, mais, quarante-huit heures plus tard, convoque Anne Lauvergeon, sa sherpa et sa secrétaire générale adjointe, pour dicter le contenu du prochain Conseil des ministres. Il a pris soin de bien faire préciser qu'il n'y aurait, selon l'article 21 de la Constitution, ni vacance du pouvoir ni empêchement. Il est resté président durant ces huit jours d'hospitalisation et a mis en scène sa sortie en donnant de lui l'image d'un homme fatigué mais souriant.

Ensuite ? Eh bien, ensuite, il étire le temps légitime des vacances pour essayer de récupérer physiquement avant de rentrer au palais. Un retour où lui-même accrédite les rumeurs sur la dégradation de sa santé puisqu'il ne cache pas qu'il souffre. « C'est comme si j'avais un champignon atomique à l'intérieur de moi » dit-il, s'étonnant de ne pas récupérer aussi vite que lors de sa première opération. Il parle volontiers de « cette nuit qui vient. À mon âge, quand même, je ne vais pas faire l'étonné », sans pour autant céder évidemment une once de terrain à ses adversaires politiques. Qui tentent d'en profiter.

Il y a d'abord eu des déclarations d'Édouard Balladur sur Radio Monte-Carlo relatives à la politique étrangère, qu'il a jugées inopportunes, voire déplacées. Puis un entretien du même au *Figaro* qu'il a qualifié de tonitruant et d'arrogant. C'en est trop. Cela devient même, dit-il, « malséant ». Du rôle du Premier ministre à celui de vice-président, il y a un abîme qu'il n'est pas décidé à laisser l'ancien conseiller de Pompidou franchir. S'il avoue être épuisé physiquement, il n'est pas impotent intellectuellement. Lors de leur tête-à-tête avant le premier Conseil des ministres de la rentrée, il n'hésite pas à tancer vertement le chef du gouvernement : « Je lui ai dit d'un ton glacial : voilà où est votre place. Voilà où est la mienne. »

Mitterrand est malade, certes, mais encore président. Cela semble une évidence pourtant, désormais, à l'Élysée, il faut sans cesse la rappeler. « Il a un cancer ; il a soixante-dix-huit ans ; ils le donnent pour mort tous les jours », résume sobrement Jean-François Mary, chef du service presse. Lui arrive chaque jour à son bureau à 10 heures du matin puis se retire dans ses appartements privés. De l'appétit de vivre, il en possède encore, malgré ou à cause de sa maladie, et en use, désormais, comme d'une arme à double tranchant : il saura progressivement se faire plaindre par ses adversaires, à qui il inspirera un immense respect, et puisera sa force dans ses souffrances, qu'il ne taira guère.

Le président devient un mort vivant, dit la rumeur ? Lui s'en indigne sans en paraître autrement surpris. Cela renforce le mépris qu'il affiche, depuis longtemps, envers la nature humaine. L'Élysée se transforme en machine à fantasmes. Un chauffeur prétend l'avoir vu s'écrouler dans un fauteuil ; un cuisinier l'aurait aperçu dans le jardin soutenu par deux hommes ; un assesseur raconte comment il a perdu sa voix au dernier Conseil des ministres ; au secrétaire général qui le quitte à peine, on apporte une dépêche annonçant qu'il vient d'avoir un grave malaise ; à la secrétaire générale adjointe qui l'attend pour déjeuner, on passe des communiqués selon lesquels il serait hospitalisé.

Il avait prévenu lors du dernier Conseil des ministres de la gauche : « J'incarnerai le combat. Mais rassurez-vous : je n'entrerai pas dans la ratière la semaine prochaine... N'oublions pas de répertorier l'ensemble des forces hostiles : les Chirac, Giscard, Bouygues, Poivre d'Arvor ; si nous étions au temps des anciennes guerres, à qui devrais-je rendre ma rapière ? »

Édouard Balladur veut vite l'enterrer ? Plus on le dit mourant, plus lui va décider d'apparaître sur la scène officielle. Plus on le dit épuisé, plus il désirera tenir ses engagements au-delà même du protocole. Pas sous-président mais super-président.

163

30 août 1994

Le livre de Pierre Péan vient d'arriver et il découvre sur la couverture – la première, car celle de l'édition de poche sera modifiée – une photo de lui en compagnie du maréchal Pétain, cette photo même dont le général de Gaulle avait empêché la publication lors de la campagne présidentielle de 1965. Aimant beaucoup Pierre Péan, « un homme honnête, d'une grande probité » dont il a lu et apprécié les ouvrages sur le roi du Maroc et la politique africaine de la France, il a accepté de le recevoir au printemps dernier à plusieurs reprises afin de livrer ses souvenirs, préciser des faits. Il attendait donc la sortie du livre – dont ni le texte ni la couverture ne lui ont été montrés : il n'a d'ailleurs rien demandé – tranquillement. Erreur.

Le lendemain matin, il convoque ses collaborateurs. « Les perspectives de Péan sont fausses, biaisées involontairement. Dans mes entretiens avec lui, je n'ai pas insisté sur la Résistance. Je pensais que l'auteur remplirait les blancs » dit-il. La photographie de couverture le choque. Parce que le jeune homme à côté de lui fut arrêté puis déporté. Parce qu'il s'agissait d'une convocation chez le Maréchal et non d'une audience.

S'il n'est pas content, il ne se montre pas pour autant inquiet. À plusieurs visiteurs, il confie ses impressions, corrige le portrait, à son goût trop à droite, que Péan dresse de lui jusqu'à la guerre, et affirme « l'ouvrage honnête ». Il n'a rien à se reprocher, de toute façon, et raconte comment, déjà en 1965, on avait tenté de le salir avec cette histoire. « L'important, c'est qu'en dépit de mes influences familiales, je sois entré dans la Résistance. »

Les trois premiers jours sont paisibles. Mais, vite, les coups commencent à pleuvoir. Venus plus de la gauche que de la droite. Émerge d'abord un trouble, suivi de méfiance, enfin du dégoût et du mépris. Pour une fois, lui, l'expert, n'a pas vu venir l'orage. Péan non plus qui, à l'issue d'une enquête impressionnante, livre un chef-d'œuvre de rigueur, assorti d'un sens du récit et d'une grande sensibilité historique. L'auteur n'a pas conçu un pamphlet, mais fait le récit d'un itinéraire : celui d'un jeune homme de droite qui, après la « drôle de guerre », est parti travailler à Vichy avant d'entrer dans la Résistance. Le président affecte d'ailleurs encore d'en plaisanter : « Après m'être beaucoup cherché, comme pour la plupart des Français, je me suis trouvé, comme un petit nombre d'entre eux. »

Mais il lui faut vite changer de registre, l'opinion est sous le choc. Le quatrième jour, à ses collaborateurs il dit : « Péan me cherche des circonstances atténuantes, c'est agaçant. On me reproche d'avoir travaillé au Commissariat de reclassement des prisonniers. On fait comme s'il n'y avait rien eu entre la Résistance et la collaboration. On oublie que j'ai été résistant. Quand je regarde la moyenne... j'ai fait le voyage pour Alger puis celui pour Londres mais, moi, je suis reparti pour la France. » Il dit avoir le sentiment d'avoir fait ce qu'il devait ; n'a aucunement milité avec les fascistes au Quartier latin. Alors il demande à son directeur de cabinet et au conseiller Jean Kahn, ancien résistant, de déclencher une enquête sur son passé.

D'où proviennent les premiers coups ? De jeunes socialistes, Pierre Moscovici et Jean-Marie Le Guen. Il en est outragé. Mitterrand est-il de gauche ? Mitterrand nous a-t-il tous trahis ? Mitterrand et Vichy. Mitterrand et la Cagoule. Mitterrand et Bousquet. Le scandale ne vient que de commencer. La vague est partie, empêchant tout recul, toute distance, toute appréciation de complexité à laquelle le livre invite pourtant ses lecteurs. L'ouvrage fait malgré lui effet de révélateur, attire l'attention sur l'indifférence de son sujet à l'égard du statut des Juifs sous Vichy, incite les uns et les autres à rappeler son amitié avec René Bousquet, qui a perduré jusqu'en 1986.

Lui, comme à l'accoutumée lorsqu'il est attaqué, fourbit ses armes sans éprouver le moindre doute. Homme qui a toujours raison, s'il éprouve des doutes, il ne les confie jamais publiquement. À ce jeu de massacre il se prête même, amplifiant les incertitudes et les ambiguïtés, préférant se justifier plutôt qu'apaiser. Durant cette période où il est quotidiennement mis en cause – il avouera, quelques mois plus tard, en avoir été profondément blessé –, il ne dément pas, n'explique pas, mais revendique avec fierté, auprès de ses conseillers, sa relation avec Bousquet. À Maurice Benassayag, il confie : « Cet homme a été assassiné. Il n'a pas eu d'avocat. Pourquoi ne l'aurais-je pas fréquenté ? Je l'ai connu par Martin. Il a sauvé des dizaines de gens. Il nous fournissait des moyens pour la Résistance. Je ne l'ai connu qu'après la guerre. Il a été acquitté pour services rendus à la Résistance. C'était un homme étonnant, chaleureux. J'avais plaisir à le fréquenter. » Comment peut-on passer du tombeau de Jean Moulin à la table de René Bousquet ? s'interroge Daniel Cordier.

Péan a beau le répéter : Mitterrand n'a jamais fait partie de la Cagoule, Mitterrand n'est pas antisémite ; Edgar Morin, son compagnon de Résistance, a beau venir à sa rescousse et tenter d'expliquer que l'erreur est de juger les hommes d'une époque comme s'ils étaient informés de tout ce que nous avons appris depuis ; Serge Klarsfeld, qui se bagarre avec lui depuis longtemps et lui reproche de cultiver ses ambiguïtés, a beau souligner son courage dans la Résistance... rien n'y fait. Il aurait peut-être suffi d'un mot, d'un geste du cœur, comme en réclamait Simone Veil lors de la cérémonie du Vel' d'hiv', d'un jugement, d'un regret sur la période qui précéda le basculement dans la Résistance pour inverser la gêne et la colère montant dans l'opinion, mais Mitterrand ne veut pas être absous. Il n'entend pas se mettre en situation d'accusé face au tribunal de l'Histoire.

« S'excuser, c'est reconnaître qu'on a été coupable, me dit-il un jour. Or, je ne suis pas coupable. » Offensé par le fait même que je pose la question de sa relation avec Bousquet, me classant *de facto* dans le camp de ses pires agresseurs, il ajoute, glacial : « Ah, vous ne le saviez pas ? Je ne suis pas de ceux qui frappent les gens qui sont à terre. »

S'excuser, jamais ; mais s'expliquer, oui, vite, et se faire entendre des « honnêtes gens ». Un entretien avec Jean-Pierre Elkabbach, le 12 septembre, en direct de l'Élysée, est monté à grande vitesse. Le président est au plus bas physiquement ce soir-là, mais l'urgence de s'exprimer prime sur la souffrance. Il a dit à son interlocuteur, juste avant l'émission : « Ne me ménagez pas. » Cela sera le cas.

C'est un homme épuisé, gravement malade, à la peau livide et à l'apparence diaphane, qui apparaît à l'écran. Un homme qui essaie maladroitement de trouver des arguments, omet de parler de Résistance, ne condamne pas catégoriquement le régime de Vichy, commet des erreurs, notamment sur la législation antijuive de Vichy. À la fin de la prestation, un petit buffet est dressé pour ses collaborateurs ayant suivi en direct l'émission. Les mines sont consternées. Lui seul semble heureux, comme il dit « d'avoir livré [ma] part de vérité ». Il se sent « allégé » et paraît persuadé que sa sincérité touchera ceux qui lui importent vraiment : non la classe médiatique, qu'il voue aux gémonies, mais celles et ceux ayant voté pour lui en 1981 et en 1988.

Il ne s'est pas trompé. Des centaines de lettres affluent à l'Élysée : « Les salauds, ils ne vous auront pas. Tenez bon. » Il en a chaud au cœur. Mais les articles négatifs, eux, se multiplient. Qu'il lit tous. Comme il demande à ses collaborateurs de retrouver son bulletin de salaire sous Vichy, le nombre de fois où il a vu Bousquet, l'Élysée se transforme, au fil des jours, en département universitaire, spécialisé dans l'histoire de l'Occupation. Tout le monde cherche. Cet intense travail se traduit par la rédaction, le 23 septembre, d'un épais document à usage interne dont le but est « de pouvoir répondre avec précision, fermeté et sérénité à l'amalgame, à l'anachronisme et à la confusion utilisés dans les calomnies contre le président de la République, pour qui nous sommes fiers de travailler ». Étrange façon de se rassurer. La fierté de travailler pour François Mitterrand n'irait-elle plus de soi ?

Son ami Pierre de Bénouville propose de créer un comité composé d'anciens résistants – Passy, Rol-Tanguy, Dechartre, Chaban – pour témoigner de son passé de résistant. Il refuse avec violence. « Je n'ai besoin de personne pour me défendre. » Le venin du pétainisme et de la traîtrise continue pourtant à s'infiltrer. Il s'en montre profondément blessé, même si 300 lettres arrivent désormais par jour : « Tonton, tiens bon. » Le palais en recevra plus de 12 000, signées de personnes de différents horizons politiques choquées d'un tel acharnement.

Fidèle au pragmatisme – il a toujours professé son mépris des bâtisseurs de théorie et des commentateurs de l'histoire immédiate – il pense qu'on cherche, par tous les moyens, à le déstabiliser et que cette polémique bien « parisianiste va bientôt cesser ». Mitterrand demeure un joueur. Tant qu'il y a des cartes à abattre, il pense pouvoir gagner. Il constate ainsi – en feignant de n'y accorder aucune importance – que sa cote de popularité est remontée à 54 %. À force de se voir enterré tous les jours, il se sent même de plus en plus en forme, se remet au golf, mange de nouveau des huîtres et, en attendant la publication de son testament, rit aux éclats lorsque certains de ses conseillers – ils ne sont pas nombreux à oser le lui avouer – lui racontent qu'au service de presse les demandes affluent et se font de plus en plus pressantes : au marbre des journaux, sa « nécro » est déjà bouclée.

164

10 novembre 1994

Il feuillette *Paris Match* d'un air gourmand et regarde encore et encore les photos de Mazarine. « N'est-ce pas qu'elle est belle ? » ne cesse-t-il de répéter. Le président connaissait depuis trois semaines l'existence de ces clichés pris à la sortie du restaurant *Le Divellec*, où l'on voit Anne et sa fille, et où est dévoilée « sa double vie ». Un des directeurs de *Paris Match* avait informé une collaboratrice de l'Élysée que l'hebdomadaire les possédait et avait voulu tester les réactions du chef de l'État en cas de publication. Comme souvent, celui-ci avait répondu de façon sibylline : « Je suis au-dessus de tout cela. » Puis il s'était ravisé et avait demandé à Roland Dumas de s'enquérir de la réaction d'Anne et Mazarine. Toutes deux s'étant opposées à la divulgation de leur existence, il s'était facilement rallié à leur avis. La décision fut très clairement signifiée à *Paris Match*. Sa réaction n'étonna guère l'hebdomadaire, qui assura garder les clichés jusqu'à nouvel ordre dans un coffre-fort. Le temps leur semble venu.

Le jour de la parution, la nouvelle n'est guère commentée à l'Élysée. Et pour cause. *Primo*,

Mazarine ne vient jamais voir son père sur son lieu de travail et n'a que récemment – et anonymement – franchi pour la première fois les grilles du palais à l'occasion du dîner officiel donné en l'honneur de l'empereur du Japon. *Secundo*, le président n'a jamais parlé d'elle à ses conseillers.

En vérité, très peu de personnes connaissent son existence : Laurence Soudet, l'amie, la collaboratrice, la confidente, qui s'occupe de l'intendance de cette double vie depuis le premier jour mais garde le secret ; André Rousselet, son premier directeur de cabinet, qui avait, il y a longtemps, bien avant que Mitterrand ne devienne président, été intrigué de voir, au retour d'une partie de golf, des jouets à l'arrière de sa voiture. Quelques jours plus tard, son ami lui présentait une jolie petite fille sans rien préciser. Jean-Louis Bianco, qui fut pendant sept ans son secrétaire général et son collaborateur le plus proche durant les années mouvementées, n'en a jamais entendu parler non plus. Tout juste était-il intrigué, chaque fin d'année, quand François Mitterrand lui demandait des adresses de marchands de jouet. Son ancien directeur de cabinet, Gilles Ménage, chargé d'aménager le domaine de Souzy-la-Briche où il venait passer la plupart de ses week-ends avec Anne et Mazarine, ne l'a jamais entendu prononcer leurs noms. Quant à Roland Dumas, il prétend avoir rencontré par hasard François Mitterrand poussant un landau, derrière le Palais de justice, un samedi après-midi de 1975 et avoir été depuis dans la confidence.

Qui d'autre connaît cette vie secrète ? Les amis, comme Élisabeth et Robert Badinter, avec qui il partage des voyages et des week-ends dans leur maison de campagne ; le couple Salzmann, chez qui Mazarine va chaque été passer quelques jours dans les Cévennes ; les collaboratrices proches telle la fidèle et remarquable Christiane qui va à Latché passer des vacances et chez qui Mazarine part quelques étés en Corse – l'une des rares à fréquenter les deux « familles ». Sans oublier Élisabeth, mère d'une amie de Mazarine engagée à l'Élysée après le drame de la disparition de sa fille ; les gardes du corps de Mazarine, le commandant Prouteau, qui a toujours bien du mal à faire comprendre à Anne la nécessité des règles de sécurité. Et Danielle, bien sûr, au courant depuis le deuxième mois d'existence de Mazarine qui ne cesse de s'étonner, depuis, de la durée de cette « liaison », trop longue et trop particulière à son goût. Une Danielle qui devient, avec l'âge, étrangement plus jalouse qu'avant et supporte de moins en moins l'embourgeoisement de la relation de son mari avec Anne Pingeot. Revendiquant d'être l'épouse, la mère, la grand-mère, elle devient une sorte de matriarche dont l'engagement auprès des plus défavorisés, la sincérité et l'énergie forcent l'admiration. La présidence de sa fondation France Libertés lui a enfin donné une certaine assurance, contrairement à son diable de mari qui, en douce, essaie d'introduire par des collaboratrices en qui il a confiance de l'ordre et de la cohérence administrative dans ses multiples activités.

Toutes ces personnes forment une étrange tribu, soudée par un silence qui leur semble normal en raison du respect de la vie privée ; un silence qui en ce soir de novembre 1994 vole en éclats.

La parution de *Paris Match* met la France en émoi. Et la classe politique la première.

Nicolas Sarkozy, ministre du Budget, rédige un communiqué déclarant cette couverture « lamentable ». Charles Pasqua vitupère les *paparazzi*. Valéry Giscard d'Estaing est choqué de cette absence de respect de la vie privée. Et François Mitterrand ? Eh bien il est plutôt ravi de montrer, dans son bureau, les photos et de les commenter : « Non seulement elle est belle, mais elle est aussi normalienne. »

Les jours suivants, le président a tellement entendu « Oh, qu'elle est jolie votre fille ! », « Vous ne trouvez pas qu'elle a un côté Adjani ? » qu'il en est tout attendri, faisant contre mauvaise fortune bon cœur. De toute façon, observe-t-il, on n'est plus au temps béni où son équipe pouvait arrêter une affaire – évocation du livre de Jean-Edern Hallier : « Ma fille était alors mineure et cet ouvrage était un tas d'immondices » rappelle-t-il, heureux qu'aucun éditeur n'ait voulu le publier.

Une fois les photographies parues, le président a voulu rester fidèle à sa promesse, faite en 1981, de ne jamais poursuivre la presse. Mais quand l'hebdomadaire a savamment laissé planer le doute sur son accord à la publication, François Mitterrand s'est fâché tout rouge, a convoqué son secrétaire général et son chef du service de presse pour leur intimer l'ordre de faire savoir la vérité : « Ce sont des voyous. Je veux qu'ils sachent où est leur devoir. » L'Élysée a donc rédigé des communiqués. Cela n'a pas empêché *Match* de continuer à laisser penser le contraire à ses lecteurs et de publier de nouvelles photos la semaine suivante.

À toute chose malheur est bon : la cote de popularité de François Mitterrand bénéficie de ces révélations. Ce côté romanesque du personnage séduit. Les frasques du monarque imposent le respect, et même une certaine considération. La majorité du courrier qui lui est alors adressé concerne Mazarine. On envoie des poèmes à son papa en espérant qu'il les transmettra ; on demande sa photo dédicacée ; on la félicite d'être si intelligente et si jolie. Des correspondants adressent des félicitations sur carte de visite comme pour répondre à un faire-part de naissance. Des mères d'enfant non reconnu, des pères n'ayant jamais voulu avouer, des fils en quête d'identité, le remercient d'avoir levé un tabou.

De son côté, il lit avec attention une part de ce courrier. Chez lui, la voix de l'inconscient devient de plus en plus audible. Comme s'il en avait assez de sa part d'ombre. Il ne dévoile pas, mais ne cache plus, donnant l'impression à ses proches de vouloir délivrer son personnage et mettre en lumière les facettes qu'il a occultées.

Son traitement par radiothérapie, qui vient de s'achever et lui a occasionné de grandes souffrances, semble commencer à produire des effets. Comme il se fait raser les cheveux, il fait observer qu'il suit la mode des plus jeunes. Il dit aussi qu'il se sent mieux, retrouve son humour et, de nouveau, de l'appétit. Il convie d'ailleurs à un festin d'huîtres, crabes et langoustines, ses vieux copains à l'Élysée auxquels il confie en souriant : « C'est dommage que je n'ai pas une ou deux filles cachées à dévoiler, cela me permettrait d'être encore plus populaire et, peut-être, de me représenter… »

165

28 janvier 1995

Il revient dans la Nièvre fêter, avec les militants, l'anniversaire de son acte de candidature à la présidence de la République. La Nièvre, encore la Nièvre, toujours la Nièvre. Certains ont cru qu'il avait dit au revoir à ses compatriotes lors de cette dernière cérémonie des vœux, et beaucoup glosé sur cette phrase : « Je crois aux forces de l'esprit et je ne vous quitterai pas », l'interprétant de manière symbolique, métaphysique, religieuse. Lui explique qu'il ne vit pas avec les fantômes, se nourrit de ses lectures – en dehors de la Bible, sur sa table de chevet, beaucoup d'ouvrages dans la bibliothèque de sa chambre, d'histoire des religions, *La Vie de sainteThérèse de Lisieux*, *Le Livre des morts tibétains*, des livres savants sur la civilisation égyptienne, l'édition complète des stoïciens – et aussi de certains tête-à-tête – il voit beaucoup Marie de Hennezel, auteur du remarquable *La Mort intime* dont il a accepté de rédiger la préface, ainsi qu'un prêtre de la communauté de Taizé, qu'il connaît depuis plus de trente ans et qui vient de temps en temps lui rendre visite. Il cherche donc dans ces lectures et échanges, non pas un apaisement, mais des pistes de réflexion. Il avoue qu'hélas, il ne croit plus au paradis, mais ne se voit pas pour autant en enfer. Il répète qu'il est agnostique tout en en reprécisant la définition. Depuis le début de cette année 1995, il se vit comme un survivant qui, loin de vouloir recouvrer la paix de son corps – « C'est toujours la guerre à l'intérieur de moi-même entre mes cellules » –, reste prudent, très prudent sur son espérance de vie : « De toute façon, la vie n'est qu'un clin d'œil. »

Alors, à chaque fois que sa santé l'y autorise, ou plutôt à chaque fois qu'il s'en sent capable puisqu'il n'observe plus les avis de ses médecins – Gubler a été renvoyé, Kalfon a trop d'admiration pour insister, seul Tarot, qui vient d'arriver, force son estime mais n'est pas pour autant capable de le faire changer d'avis –, il remplit les tâches de son agenda. Comme il dit drôlement : « Je suis encore un peu président. » Toujours est-il qu'il a pris de la distance par rapport aux enjeux de « politicaillerie », mais conserve sa férocité. L'autre jour, dans l'avion qui le menait à Strasbourg pour son grand discours sur l'Europe, il a demandé d'un ton badin à son conseiller diplomatique : « Dites-moi, Balladur répète qu'il est là pour longtemps. Est-ce qu'il s'illusionne ou y croit-il vraiment ? » Le Premier ministre fera bientôt acte de candidature à la présidentielle. Le président verra sa prestation à la télévision et la jugera « terne ».

Ce matin-là, François Mitterrand n'aurait pour rien au monde manqué l'occasion. C'est donc dans son fief nivernais que le patriarche va entonner de nouveau ses thèmes principaux : la mémoire du combat, le recentrage vers les idées simples, l'appel au peuple de gauche. Il arrive en cortège officiel mais, conformément à ses rites, s'arrête d'abord chez Mme Chevrier pour déjeuner avant de se rendre au congrès ; le carton d'invitation le précise bien : ce sont les socialistes nivernais qui l'invitent et non les huiles du parti pourtant venues en nombre.

À l'entrée du gymnase, une dame vend des roses rouges 5 francs pièce. Elles sont légèrement flétries et il lui en reste beaucoup. Sur des panneaux en contreplaqué, des photos de Pierre Bérégovoy : Bérégovoy dans un stade, Bérégovoy dans sa mairie, Bérégovoy et Gilberte. Le maire, en guise de bienvenue, rappelle ce joli mois de mai, la douceur de cette fin d'après-midi, cette année-là, sur la terrasse du *Vieux Morvan*, les embrassades, les applaudissements. Certains militants ont les yeux mouillés. Lui boit du petit-lait, se lève et dit qu'en raison de son état de santé il n'aurait pas dû se déplacer, mais qu'entre les Nivernais et lui, c'est une histoire d'amour : « Être élu par les mêmes gens depuis quarante-neuf ans, il y a de quoi être flatté. » Puis il entame une cérémonie des adieux : « Vous m'aurez apporté une sorte de paix intérieure. Chaque vie est bousculée par vous sur le plan intellectuel, physique, moral… Pendant quelques heures cela m'a fait du bien. Il y eut des heures de tristesse. C'est comme un déchirement de savoir que Pierre Bérégovoy ne soit plus des nôtres aujourd'hui. Il a préféré la mort à la vie qu'il avait devant lui. »

Des gens pleurent, d'autres baissent la tête. Personne n'a plus le cœur à la fête. Les ténors du parti l'entourent, il les quitte en prenant le prétexte d'aller saluer des vieilles dames, qu'il embrasse en citant leur prénom, taillant une bavette comme s'il avait fait avec elles du crochet depuis l'éternité.

Puis, tout d'un coup, il vacille. Il semble très fatigué. Il remet son chapeau.

Est-ce la dernière fois ? La dernière apparition ? Le dernier discours, le dernier déplacement ? Chaque sortie ressemble à une ultime traversée. Chaque geste se nimbe d'une épaisseur de nostalgie. Lui, il s'amuse de ce climat, de cette façon d'empeser tout ce qu'il fait avec les ingrédients du plus jamais. Il ne se vit pas dans ce temps-là, même s'il ne nie pas avoir commencé, mentalement, le compte à rebours.

Ce serait mal le connaître que de penser qu'il repartira sans sacrifier aux rites : la visite au musée du Septennat, la tarte Tatin chez une ancienne voisine, et la dernière halte chez Ginette Chevrier, qui lui donne des œufs frais, sont de la partie. Dans le Falcon qui le ramène à Paris, il dit sa satisfaction : « Tout le monde parle de ma mort ; moi je savoure l'instant. Et puis vous savez, les testaments ne m'ont jamais énormément impressionné et je n'ai pas l'intention de présider mon propre enterrement, alors... »

166

30 mars 1995

Il vient inaugurer la Bibliothèque nationale de France. Dont la maquette se trouve dans son bureau depuis l'été 1986. Il en a suivi toutes les étapes, s'est rendu une dizaine de fois incognito sur le chantier, passant des samedis matin entiers à se faire expliquer le fonctionnement, les types de publics, le jardin intérieur, les méthodes de stockage des livres, les nouvelles technologies.

Au départ projet de bibliothèque virtuelle pensé par Jacques Attali, cette grande bibliothèque à laquelle François Mitterrand accorde beaucoup d'importance sera, comme il le souhaitait, terminée dans les délais. Elle aura nécessité la création d'un secrétariat d'État, l'expérience et l'endurance d'Émile Biasini, la diplomatie, la persévérance de Jack Lang, la force de conviction et de travail de Dominique Perrault pour être achevée sept semaines avant l'expiration du mandat du président. Une véritable marche forcée pour ce fleuron des « grands travaux ». Objet de polémiques de la part d'une certaine frange d'intellectuels, elle cristallise aussi, dès ses débuts, certains fantasmes : cénotaphe d'un président vieillissant qui aurait modifié les plans du rez-de-chaussée et fait planter des cyprès pour y abriter, en secret, sa dernière demeure !

Il fait gris, il fait froid, le vent souffle sur l'esplanade. Le protocole a prévenu Dominique Perrault : le président est très fatigué, impossible de changer le parcours. C'est François Mitterrand lui-même qui s'en échappe et marche au bout de l'esplanade pour admirer la Seine. Pas de siège prévu. Les médecins de l'Élysée craignent qu'il ne s'évanouisse ; il n'en a cure. Il rejoint les ministres concernés et les personnalités politiques, et dévoile la plaque. Dans la cohorte des officiels, il a convié Mazarine, qui fait tout pour ne pas se faire remarquer. Il a encore des regrets de ne pas être devenu écrivain. Sa fille le deviendra-t-elle ? Il en éprouve l'ardent désir. Il laissera à la postérité cette citadelle du livre, ces quatre tours de Babel comme des ouvrages déployés dans l'espace et ce cloître, en dessous, où il rêverait de s'enfermer pour terminer le texte sur la France et l'Allemagne qui lui tient tant à cœur.

Mais cette bibliothèque qui porte désormais son nom est-elle pour autant son mausolée ? Il affecte d'en sourire. Entre le mont Beuvray, la roche de Solutré, le cimetière de Cluny, le cloître de la BNF, il n'a que l'embarras du choix... À croire qu'il n'a plus qu'à mourir, et le plus vite possible ! Lui a décidé de tenir jusqu'au bout. Il ne cache pas qu'il compte les jours, comme autrefois, dans l'enfance, avec le calendrier de l'avent, s'étonne d'être encore vivant. « La vieillesse n'interdit ni l'indignation ni la véhémence », observe-t-il, de plus en plus agacé par son Premier ministre. La lune de miel est terminée. Il considère que Balladur fait l'important, le trouve trop « chattemite », et a toujours l'impression qu'il veut hâter le temps depuis qu'il a décidé de se présenter à la présidentielle. En janvier, Mitterrand a confié au Conseil des ministres : « Moi, je verrai avec un certain soulagement mon départ. Ce n'est pas l'élection du président de la République française qui va changer le sort du monde. Voyez ce nouveau président en 1995, je commence à le plaindre ; je vois bien qu'au bout de trois mois, les ennuis commencent. » Il n'empêche qu'il veut, lui, rester président jusqu'à la dernière minute et avoue à ses collaborateurs qu'il préférerait quitter l'Élysée sur une civière plutôt que démissionner.

Après la cérémonie d'inauguration de la BNF, qui fut rapide – moins d'une demi-heure –, dans la voiture qui file le long des quais pour regagner l'Élysée, il admire l'architecture de l'Institut du monde arabe, fait remarquer que la pyramide de Peï se trouve dans l'axe de la Concorde et de l'Arche de la Défense et lâche : « Au moins j'aurai laissé des bâtiments. On a toujours envie de rencontrer de grands événements historiques. J'aurais pu en rencontrer. Ce sont les lois de l'histoire. La gauche au pouvoir, c'est, en soi, déjà un événement. Qu'elle y soit restée plus de dix ans, c'est déjà de l'Histoire. L'alternance est là aujourd'hui mais la gauche reviendra au pouvoir. » Avec Jospin ? « Je ne sais pourquoi il a choisi comme stratégie de rester autant en retrait… Il va falloir qu'il passe à la vitesse supérieure. » Son cœur balance-t-il entre Chirac et Balladur ? « Chirac a plus d'énergie. Et il est plus sympathique que Balladur, qui n'est pas le quart d'un manchot. » Les rumeurs selon lesquelles il soutiendrait le maire de Paris plus que Lionel

Jospin : « Absurde, totalement absurde. Ceux qui ont voté Chirac n'ont jamais été socialistes et cette histoire de ralliements est à interpréter comme une campagne contre moi. » Puis, arrivé dans la cour de l'Élysée, en me quittant, d'un ton de coquetterie il ajoute : « Mais si je me présentais, les Français, dans leur majorité, voteraient encore pour moi... »

167

8 avril 1995

Il est 18 h 30. Dans la salle des fêtes une bonne centaine de personnes attend sa venue pour la remise de décorations. Fidèle à sa volonté de ritualiser des événements qu'il trouve importants, il a inventé cette cérémonie deux fois par mois en fin d'après-midi. Au bout de deux septennats, c'est plus de 1 500 personnes qu'il aura choisi de décorer. Car le président non seulement choisit mais organise ses propres listes, établit son calendrier, procède par affinités, compose comme un bouquet sa brochette d'invités. La cérémonie doit être, à ses yeux, une alchimie. Impossible de progresser dans l'ordre ou de porter sa décoration avant la remise. Or le président est connu pour ses humeurs vagabondes, ses retards légendaires dans l'arbitrage des listes. Les entichés de décoration le savent qui, finalement, s'avouent vaincus et vont se faire décorer, qui à Matignon, qui par un ministre, mais regretteront toujours de ne pas avoir été assez patients, tant il a réussi à faire de cette fonction un instant suspendu dans les ors de la République et de ses discours des moments de rhétorique tissés de références si personnelles que chaque récipiendaire ressent l'impression d'être sondé au fond de son cœur. L'officiel et le privé cohabitent en effet dans une atmosphère décontractée, où les enfants jouent dans la grande salle des fêtes et bousculent les plus hautes personnalités de la République sans crier gare, faisant basculer quelquefois le protocole dans le ridicule. L'ambiance tient de la réception de préfecture de province, de bal masqué – tant les intrigues y fusent – et de la partie de campagne entre vieux camarades. À noter : pas de décoration sans, au moins, un Nivernais.

Jusqu'à sa maladie, il en remettait douze par cérémonie. Puis, en février, il a failli s'évanouir durant un discours. Heureusement, Danielle était là, tout près, et a anticipé. Les gardes du corps l'ont remis d'aplomb et il a continué. Pourquoi se tenir en permanence sur le fil du rasoir ? Après cet incident, il décide de remettre vingt-cinq médailles une fois par mois, avec un seul discours pour toute la fournée… mais très vite ne peut s'y résoudre. Par bravade ou désir de tester son état, il va reprendre sa performance alors qu'il vit de plus en plus reclus dans ses appartements privés et reçoit souvent allongé sur son lit.

Tout est réglé comme du papier à musique dans cette cérémonie qui se répète à l'identique depuis 1983 : la demi-heure de retard légendaire – qui lui permet, comme un mauvais élève, de « réviser » ses fiches relues jusqu'au moment où il sort de l'ascenseur. Puis l'entrée dans la salle, précédé par un huissier, qui, de manière théâtrale, annonce son arrivée. Les récipiendaires se mettent en ligne, les conversations cessent, la représentation peut commencer. L'artiste ne lit pas ses fiches, improvise et travaille sans filet. Il aime cet exercice, car il y teste sa mémoire et, selon son humeur – qui dépend beaucoup de sa maladie –, peut changer de registre. Il tire sur un fil et part. Ce soir c'est entre l'embrassade amicale et l'exercice patriotique. Il embrasse toujours à la suite du discours. Ainsi le veut le protocole. Mais ce soir, il garde long-temps dans ses bras un résistant. Cela faisait dix ans qu'il lui proposait de se faire décorer. Il lui sait gré d'avoir accepté de sacrifier au rite.

D'habitude, il reste et, comme un cousin de province poli et attentionné, parle à chacun. Ce soir, il constate que les rangs des « piapiateurs » mondains de la République se sont encore un peu plus dégarnis. Il s'en amuse. Ces gens-là n'ont que la reconnaissance du ventre et la rumeur a vite circulé : le gouvernement boude ces réceptions, auxquelles Balladur n'est venu qu'une fois. À quoi bon perdre son temps dans une atmosphère suran-née, en un endroit où il n'y a plus rien à glaner ? Heureusement le carré des fidèles et l'équipe ély-séenne sont toujours là, au même endroit sur le côté gauche, tous regroupés côté jardin. Il va saluer ses collaborateurs et leur déclare : « Vous voyez, ils ne vont pas pouvoir dire que je suis déjà mort. J'ai entendu dire que l'intendance de l'Élysée avait fait un appel d'offres aux pompes funèbres et qu'on ne vous demandait plus que des notices nécrolo-giques. Tenez bon. Je n'ai pas encore le pied dans la tombe. »

168

17 mai 1995

La veille, il a téléphoné à Jean d'Ormesson pour lui demander de venir prendre le petit-déjeuner. Celui-ci, un peu éberlué, lui a répondu qu'il aurait sans doute un emploi du temps chargé. Non, non, a-t-il répondu en insistant. Puis il a reçu dans la salle des fêtes 300 militants dégoulinants de pluie, affublés chacun d'une rose à la main – une surprise concoctée par Danielle – venus tout simplement le remercier.

Depuis des semaines, il range sa bibliothèque, classe ses dossiers, fait transférer ses meubles de Pierre Paulin dans son nouvel appartement de l'avenue Frédéric-Le-Play et remettre à leur place ceux du général de Gaulle.

Il ne veut pas que ce 17 mai soit une journée particulière, mais ne peut s'y dérober. Il la commence donc dans ses appartements privés à 9 heures du matin, devant des œufs brouillés, en discutant de l'Ecclésiaste, de François Mauriac, avec Jean d'Ormesson. Puis la conversation roule sur son enfance, sa mère, ce pays de Jarnac où il est allé inaugurer récemment un centre culturel et où il a remarqué la beauté du ciel. Plus il vieillit, plus les souvenirs de l'enfance reviennent, plus il s'attache à ce pays où il a pensé, un temps, revenir s'établir. Le temps passe et le docteur Tarot, qui ne le quitte pas d'un pouce et attend derrière la porte, lui rappelle qu'il est 10 h 30. Il demande dix minutes de « grâce », puis se rend sur le perron de l'Élysée où il reçoit Jacques Chirac, qu'il fait monter dans son bureau.

Depuis début janvier, les relations entre les deux hommes se sont singulièrement réchauffées. Mitterrand a été très touché de la manière sincère et régulière dont le maire de Paris a pris des nouvelles de sa santé. Chirac a été reconnaissant que Mitterrand l'invite à la cérémonie de la célébration du cinquantième anniversaire de la capitulation allemande, place de l'Étoile. L'entretien entre le président sortant et le nouvel élu dure une heure. À la fin, Mitterrand lui demande de recaser deux de ses collaborateurs, et de prendre soin des colverts venus de Matignon pour lesquels il a beaucoup d'affection : « Vous avez de beaux chiens, faites en sorte qu'ils ne les bouffent pas. »

Les deux hommes descendent vers le perron. La voiture est là au bout du tapis rouge où l'attend Danielle. Chirac veut l'accompagner, il se dégage. Pas de falbalas, pas de mise en scène. Direction rue de Solferino. Il s'en serait bien passé, mais a cédé à l'insistance des dignitaires du parti. Il a prévenu Henri Emmanuelli : « Je veux bien boucler la boucle sans donner l'impression que je continue une carrière politique. »

Sur place, ragaillardi par l'ambiance bon enfant, il improvise un court discours : « Je fais aujourd'hui en sens inverse le chemin parcouru il y a quatorze ans », avant de s'embrouiller dans les dates – il dit 1943 au lieu de 1983 –, répète qu'il a besoin de temps pour reprendre pied, « si jamais je reprends pied ». La foule l'encercle. Il tente d'y échapper, monte au premier étage, fait le tour des bureaux, refuse le cadeau du parti – une Twingo verte : « Organisez donc une tombola dont le premier lot sera cette voiture » – avant de se laisser convaincre qu'il pourra en faire don à Mazarine. Malgré la bousculade, il constate que Michel Rocard est absent, que Lionel Jospin est arrivé en retard, va consoler ce vieux grognard de Louis Mexandeau, noyé dans son chagrin. Il a hâte que toutes ces simagrées soient terminées ; dans sa tête, il n'est plus président. Il est parti ce matin la conscience tranquille, le sentiment du devoir accompli, n'ayant aucune envie de tirer le bilan de ces quatorze années ni de sombrer dans la commémoration de son passé. Déjà, depuis deux mois, il a pris goût à un certain anonymat : quand il fait sa promenade quotidienne en bas des Champs-Élysées, personne ne le reconnaît. Il compte faire de même au Champ-de-Mars dès demain.

Il quitte à pied le siège du PS, accompagné de Tarot, et remonte le boulevard Saint-Germain jusqu'à la rue de Bièvre pour se rendre à son domicile. Il emmène déjeuner Danielle, Gilbert, sa fiancée Cornelia, Tarot dans le restaurant kabyle d'à côté, *Le Bièvre*, où le couscous « président » est plus cher que le « royal ». Des badauds et des journalistes sont attroupés devant. Il les convie à sa table avant de partir vers ses nouveaux bureaux où l'attend l'équipe qu'il a choisie : Christiane Dufour, Joëlle Jaillette, du secrétariat particulier, Jean Kahn, son fidèle compagnon qu'il a arraché au Conseil d'État pour « l'au-delà du pouvoir », Dominique Bertinotti, son archiviste, Bernard Latarjet, son conseiller culturel. En tout, 240 mètres carrés loués par l'État et divisés en deux parties : 90 mètres carrés pour les bureaux du président et de ses collaborateurs, le reste pour ses appartements privés, où Anne et Mazarine vont s'installer après avoir quitté le quai Branly, logement où leur succède Claudia Cardinale.

Il entre dans son nouveau bureau, beaucoup plus petit que l'ancien, mais identique – les meubles signés Pierre Paulin revenus de l'Élysée ont été installés –, baisse le store, tant la lumière est violente, installe quelques grigris qu'il avait aussi à l'Élysée, une vieille photo d'un paysage sépia de Jarnac, un portrait de sa mère, quelques pierres, un coupe-papier, une reproduction de Venise, une photo de sa chienne Baltique, puis décide d'essayer de se mettre au travail : il sort la liasse des feuillets de son manuscrit sur la France et l'Allemagne, qu'il a oublié de paginer, demande de la documentation sur Napoléon III, en vue de renouer peut-être avec ce vieux projet sur le coup d'État du 2 décembre 1851, et espère qu'il aura le courage de reprendre sa recherche sur Laurent de Médicis, abandonnée il y a vingt ans.

Depuis trois mois il ne peut plus écrire, car la maladie a gagné son bras, le privant de ce suprême plaisir. Il dicte, va se promener, invite à déjeuner ; il répète souvent qu'il n'est pas là en exil, qu'il n'a pas le pied dans la tombe et que ce n'est pas parce qu'il est parti de l'Élysée qu'il ne va plus exister. À chaque fois qu'il sort dans la rue, il est reconnu et signe des autographes à des Japonais en goguette comme à de vieilles dames qui lui avouent qu'elles n'ont jamais voté pour lui mais l'aiment beaucoup. Le téléphone n'arrête pas de sonner : Jacques Chirac prend de ses nouvelles régulièrement, Helmut Kohl, Yasser Arafat aussi. Anne Lauvergeon, Michel Charasse viennent le voir quasi quotidiennement. Et il a gardé l'habitude de déjeuner et d'inviter au dernier moment celles et ceux avec qui il se sent en confiance : Pierre Favier, Michel Martin-Roland, Jean-Luc Mélenchon, Henri Emmanuelli, Jack Lang, Georges Kiejman, Georges-Marc Benamou, avec qui il a commencé un livre d'entretiens dont il n'a pas encore « le fil rouge ». L'état de sa maladie dicte son emploi du temps. Le 29 mai il tombe, se fendant l'arcade sourcilière et le menton. Le 30, il est admis en clinique. Le 1er juin il rentre avenue Frédéric-Le-Play et a déjà décidé de sacrifier, comme si de rien n'était, au rite de Solutré.

169

28 juin 1995

Il reconnaît sur le devant du campo le vieux violoniste et voit qu'il n'a que quelques euros dans son étui posé à même le sol. Il s'arrête, et dépose quelques pièces avant de rejoindre le palais Balbi-Valier où il séjourne chez Zoran Music comme à chaque fois qu'il se rend à Venise. Ce fut un coup de foudre tardif entre ces deux hommes qui s'apprécient et se fréquentent depuis qu'un jour, inaugurant une exposition de dessins, il est tombé en arrêt devant les dessins que Zoran Music a fait à Dachau durant sa détention. Il n'a eu de cesse, depuis, de le rencontrer et fait en sorte qu'une exposition, au Grand Palais, lui soit consacrée.

Venise, plus il vieillit, plus il en a besoin. À la fin de l'hiver précédent, il y est venu quelques jours en secret, pour « prendre le soleil », a-t-il dit à Anne Lauvergeon, la seule à avoir été mise au courant de cette escapade. Il y avait aussi passé les fêtes de fin d'année avec Anne et Mazarine. Ici, il a ses habitudes : une conversation dans l'atelier situé au grenier avec Zoran sur ses dernières œuvres, une promenade sur les *Zattere* avec commentaires sur la beauté du pont des Assassins, un bref regard sur la carte de *LaCalcina* par pure curiosité, car il sait qu'il va dîner aux *Gondolieri*. Il remonte le quai en compagnie d'Anne, d'Ida et de Zoran, quand il aperçoit Jean d'Ormesson, attablé à *La Riviera*. Il faut dire que l'écrivain a élu domicile dans le quartier et qu'il y vient le plus souvent possible. Une femme se lève, grande, tout habillée de blanc avec de grosses lunettes noires et s'approche de lui pour lui prendre les deux mains qu'elle embrasse. « Monsieur le Président, je vous présente Lauren Baccall », murmure Jean d'Ormesson.

Le quatuor repart en sens inverse, puis oblique vers l'Académie. Là aussi, il a ses rites. Il s'arrête d'abord dans une des petites salles sur la droite pour contempler *La Tempête* de Giorgione, s'assoit un bon moment dans la première salle des Carpaccio, puis, à la fin de la visite, revient vers les *Annonciations*. En quittant le musée, il décide de franchir le pont et d'aller dans cette boutique qu'il affectionne où il achète des papiers aux différents grammages. Puis, en revenant, il entre à la basilique des Frari contempler *L'Assomption* du Titien, devant laquelle il reste un long moment. Le soir, ils iront dîner tous les quatre dans leur restaurant habituel, où il prendra toujours le même plat : les *spaghetti al nero di seppia*.

Il reviendra en septembre en compagnie d'Anne et résidera encore au *palazzo* Balbi-Valier. Il demandera à Jean Clair, grâce à qui il a fait la connaissance de Music, de l'emmener au *palazzo* Grassi visiter l'exposition *Identité et Altérité*, consacrée aux représentations de l'homme et de son visage entre 1895 et 1995, dont il est le commissaire. Exposition impressionnante dont la visite est éprouvante, car elle met en scène des écorchés, des difformes, des personnes sans vie. Il y passera deux heures, transpirant, souffrant durement, obligé de s'asseoir chaque quart d'heure, mais voulant tout voir. C'est dans la salle consacrée à l'*Ars moriendi* qu'il restera le plus de temps : s'arrêtant devant des photos d'Andrès Serrano, prises à la morgue, et les dessins de Ferdinand Hodler sur l'agonie de sa femme, avant de tomber, fasciné, devant les petites sculptures de Richter, l'assistant de Charcot à la Salpêtrière, professeur aux Beaux-Arts, représentant différentes maladies. En mars 1994, alors qu'il visitait au Grand Palais, un jour de fermeture, l'exposition *L'Âme au corps*, Bernard Latarjet l'a vu s'arrêter très longuement devant la collection des écorchés vifs et demander avec insistance si ces hommes au seuil du vivant étaient bien de vrais hommes et non des cires anatomiques. Un de ses amis, qui désire garder l'anonymat, dit de lui : « Il aime mieux accompagner ses amis à l'hôpital qu'à l'Arc de triomphe. » Jean-Louis Bianco a noté cette volonté d'accompagnement des amis malades, ses visites pendant les agonies, cet affrontement avec ce qu'on nomme les derniers moments. Une propension qui s'est décuplée pendant sa maladie.

Que se passe-t-il après la mort ? Le trou noir de la mort est acceptable, mais après ? À Marie de Hennezel, il a confié : « Les morts ne demandent pas qu'on les pleure. Ils demandent qu'on les continue. » Que restera-t-il de lui ? La question le taraude plus que son combat contre cette saloperie. Il dit qu'il est un patient résigné. Le mal qu'on imagine, répète-t-il souvent, est insupportable, celui que l'on subit supportable. Jusqu'où sa maladie l'atteindra-t-elle ? Va-t-elle le déformer ? Chez lui, en Charente, on prétend qu'elle vient par les mains qui commencent à s'engourdir. Justement il a de plus en plus de mal à tenir un stylo.

Il repart pour Paris, le lendemain, reprendre les séances de rayons. Le cancer des os progresse et s'il atteint la moelle épinière il peut devenir paralysé. Ce jour-là, il déjeunera avec Michel Martin-Roland et Pierre Favier. À la sortie du restaurant, il a du mal à marcher et peste contre ceux qui l'enterrent déjà au mont Beuvray ou ailleurs : « Je m'en fous où je serai enterré. S'il y avait de la place, j'irais bien en Charente. Mais c'est plein à Jarnac. Pensez, trois générations… Enfin, on verra bien. » Avant de les quitter, il leur lance : « Il faut toujours penser à ses morts. Vous verrez, un jour, beaucoup penseront à moi. »

170

8 octobre 1995

Il prend l'avion pour l'Amérique afin de revoir ses vieux copains. Jean-Pierre Tarot et deux gardes du corps l'accompagnent. Dans ses contacts diplomatiques avec les « grands de ce monde », il a aimé les approcher, les revoir, les tester, les inviter hors du protocole, par exemple à Latché, dans le but de mieux les appréhender. Ce n'est pas tant l'étiquette politique qu'ils sont censés incarner, ni la puissance du pays qu'ils représentent qui l'intéressent, que les mécanismes de pensée et la constance de caractère. Ainsi s'est-il lié, au fil des années, avec Kohl d'une véritable amitié, avec Thatcher d'une camaraderie roborative et, avec Bush, s'est tissée une relation faite de considération réciproque et d'une réelle affection.

Anne l'attend sur le tarmac de l'aéroport de New York où il arrive en Concorde. De là, ils partent à La Guardia, d'où ils s'envolent vers Denver. Une voiture les attend pour les emmener à Colorado Springs. Un long trajet. Un décalage éprouvant. George Bush organise un colloque destiné à financer sa fondation et construire une bibliothèque. Dans cette perspective, il a invité d'anciens chefs d'État comme Mulroney, Thatcher, Gorbatchev à venir converser devant un parterre de mécènes sur la fin de la guerre froide. François Mitterrand arrive épuisé et va immédiatement se coucher.

Le lendemain matin, il fait le tour du lac et entame son marathon diplomatique. Tout est kitch, la Rocky Mountain Ballroom où se tient, le dimanche, le dîner des donateurs, le décor – une immense photo représentant la porte de Brandebourg –, le ton du présentateur de la chaîne numéro 13 qui enregistre les débats, mais tout lui plaît. Coincé entre un financier et un milliardaire du pétrole texan, il avale avec appétit le menu en écoutant les chansons country. Le colloque n'a aucun enjeu. Il en fera le lieu de justification de sa politique au moment de la chute du Mur et revient sur l'unification : « La question était de savoir si l'unification était une certitude ou si elle pouvait être évitée. » Évitée ? Il dira qu'elle était « inévitable ». Pourquoi revenir sur ce qui s'est accompli en donnant l'impression d'avoir voulu freiner un mouvement historique ? Agacé par les critiques qui perdurent sur son absence de « vista » lors de la chute du Mur, il entend encore et encore s'expliquer et a hâte de rentrer à Paris prolonger par écrit ses réflexions.

Il revient épuisé, mais ravi, de Colorado Springs et se remet à son ouvrage sur la France et l'Allemagne. Pour lui, le problème n'est pas d'avoir été en faveur ou non de la réunification allemande, mais de savoir s'il y aurait eu une force au monde capable d'empêcher ce mouvement populaire, qui a rencontré un sentiment historique. Lui qui ne verse jamais dans l'autocritique avait dit plusieurs fois, à ses collaborateurs, lors de la guerre du Golfe, à l'issue des conférences de presse régulières alors organisées : « Ah, si j'avais pu parler ainsi de la réunification allemande... »

Problème de communication ? Pas seulement. Retour sur son histoire personnelle, celle du jeune homme brisé par la défaite qui, en tant que président, tient à laisser en héritage la construction d'une Europe dont le socle est constitué par la relation franco-allemande ? Comment expliquer sa « germanitude » exacerbée ? Comment comprendre certaines des phrases prononcées à Berlin le 8 mai précédent, lors de son ultime discours de président, lorsqu'il a rendu un hommage vibrant aux soldats allemands de la Seconde Guerre mondiale : « Je ne suis pas venu célébrer la victoire dont je me suis réjoui pour mon pays en 1945. Je ne suis pas venu souligner une défaite parce que j'ai su ce qu'il y avait de fort dans le peuple allemand, ses vertus, son courage – et peu m'importent son uniforme et même l'idée qui habitait l'esprit de ces soldats qui allaient mourir en si grand nombre. Ils étaient courageux. Ils acceptaient la perte de leur vie. Pour une cause mauvaise, mais leur geste à eux n'avait rien à voir avec cela. Ils aimaient leur patrie. » Peu lui importe l'idée qui habitait l'esprit ? Même si c'était l'idéologie nazie ? Pourquoi cette volonté d'absolution, que personne ne lui demande, alors qu'il est en train d'accomplir ses cérémonies d'adieux ? Au nom de l'Europe ? Au nom de la paix ? Il explique à Georges-Marc Benamou dans *Mémoires interrompus* qu'il en a soigneusement pesé les mots, n'a rien à en retirer et considère ce discours comme son manifeste de la réconciliation franco-allemande. Il ne comprend donc pas que cette allocution ait fait l'objet de controverses alors que l'opinion publique témoigne d'une grande mansuétude envers le général de Gaulle, qui a gracié Oberg, chef de la Gestapo en France, alors que lui a fait extrader Barbie de Bolivie en 1985. En lui, le présent, le passé, son attitude pendant la guerre, les procès qui lui sont intentés, sa politique étrangère se mélangent pour cristalliser le sentiment que, contrairement à de Gaulle, sa place dans l'Histoire n'est pas encore gagnée et que son attitude, dans certaines séquences de celle-ci, reste « floue ». C'est cela qu'il entend dissiper.

Regrette-t-il de ne pas avoir su gérer la dimension universelle de l'événement que fut la chute du Mur, alors qu'il était aux manettes de la présidence européenne ? Le livre qu'il rédige alors, quand la douleur le laisse un peu tranquille, possède des accents de plaidoirie : « J'aurais dû accomplir un geste symbolique, qui vînt du cœur, pour atteindre au cœur les Allemands. » Pourquoi, au soir de sa vie, François Mitterrand essaie-t-il de penser comme un Allemand, de réfléchir comme un Allemand, de comprendre l'âme allemande ? Pour son anniversaire, il recevra, parmi ses cadeaux, un article intitulé « Mitterrand et l'Europe », signé de ses deux plus proches collaborateurs, Hubert Védrine et Jean-Louis Bianco, qui paraîtra dans *Le Nouvel Observateur*. Délicate attention – l'article fut lu à son chevet par Michel Charasse – qui ne l'empêcha pas, malgré ses douleurs de plus en plus tenaces, après un déjeuner d'huîtres qu'il n'arriva pas à avaler, de se remettre le jour même de ses soixante-dix-neuf ans (« Voyez ce vieux monsieur qui entre dans sa grande vieillesse dans l'indifférence générale ») à continuer de rédiger.

François Mitterrand par Claude Azoulay.

171

28 novembre 1995

Christiane a téléphoné vers midi. Rendez-vous à 13 heures, chez *Lipp*. Comme d'habitude, il fait appeler au dernier moment. À l'Élysée, c'était pareil. Il improvise toujours et gare à celles et ceux qui se disent déjà pris : il ne les réinvitera pas. La maladie, hélas, ces jours-ci, explique ses brusques changements d'emploi du temps. Vous serez trois, me prévient Christiane.

Pour une fois il n'est pas en retard. Il a pris la banquette près du comptoir, m'engueule quand je lui dis que je le trouve plutôt en forme : « Je n'ai plus qu'un bras, l'autre ne répond plus. Je ne sais pas comment je vais manger proprement avec vous. Alors, je vous en supplie, ne dites pas que je suis en forme. » Il dévisage les gens quand ils traversent la salle, émet des commentaires acides sur certains, incline la tête tout en les décourageant du regard pour qu'ils ne viennent pas le voir, fait semblant de regarder la carte, salue avec joie l'arrivée de Michel Charasse, se moque gentiment de lui lorsqu'il noue consciencieusement sa serviette autour du cou... et commande pour nous trois le plat du jour ! Nous aurons donc droit à la choucroute.

La conversation roule sur la beauté du lac Chauvet en début d'automne, Barbey d'Aurevilly, qu'il relit, l'exposition au musée d'Orsay, *Manet, Gauguin, Rodin*, le suicide de Roger Stéphane. Puis reviennent les mêmes plaisanteries sur mes origines réelles ou supposées : « Êtes-vous sûre d'être une véritable Auvergnate ? Une Cantaloue ou une Chamaliéroise ? » Outre le comique de répétition – il aime bien faire de moi une giscardienne repentie –, les précisions géographiques s'avèrent importantes quand, tout à coup, il déclare à tous deux : « Donc, je n'ai pas à vous rappeler qu'en Auvergne quand on meurt, après l'enterrement, on organise un bon repas. J'aimerais que vous en fassiez de même pour moi, chaque année, dans un restaurant où j'aime aller. » On feint d'en rire. Il ne plaisante pas. On cherche à changer de conversation. Il insiste, parle de ses métastases, craint qu'elles ne montent au cerveau, emploie à plusieurs reprises l'expression « perdre la boule ». Il demande deux fois à Michel Charasse : « Vous devez tout faire pour m'épargner cela. »

Il propose un dessert. Ce sera un baba au rhum. Jamais de café. Sa voiture l'attend devant le restaurant. Il épilogue longuement sur les circonstances dans lesquelles Ben Barka, juste à cet endroit, a été enlevé. Il met son chapeau, décide de rentrer à pied avenue Frédéric-Le-Play et propose au docteur Tarot de l'accompagner. Je les vois s'éloigner. Sur le boulevard, personne ne prête attention à lui. C'est la dernière fois que je le verrai.

172

3 décembre 1995

Il descend sur le trottoir devant son immeuble et s'engouffre dans cette étrange boîte noire qui ressemble à un corbillard du siècle passé. Il reste un long moment à contempler la châsse dorée aux vingt-huit colonnes de Thérèse de Lisieux, appelée, à l'occasion de son prochain centenaire, en Europe et en France, après un long périple, à faire un petit détour pour lui avant de regagner sa Normandie. Il a en effet demandé s'il pouvait une dernière fois honorer celle dont il connaît par cœur les poèmes, celle dont il a annoté *Histoire d'une âme*, celle dont il parle si souvent, celle qui, à l'âge de vingt-quatre ans, a gagné l'éternité.

Il a renoncé non à vivre, mais à se projeter dans l'avenir. À plusieurs de ses interlocuteurs qui évoquent l'année à venir, il ne parle plus, comme il y a encore trois mois, de l'étincelle qui accompagne toute existence et se montre dubitatif sur les mois futurs. À son frère Robert, il confie : « Je ne crois pas que je tiendrai plus de deux mois. Mais j'ai encore trois cents pages à écrire et je voudrais aller en Égypte et en Italie. » Il lit *Qui est là ? On m'appelle Dieu* du Révérend Père Bruckberger. Lui qui aime raconter pressentir souvent chez les autres

quand la mort va arriver avoue son inquiétude.
Saura-t-il la reconnaître ? Par où viendra-t-elle ?

« Je ne meurs pas. J'entre dans la vie », écrit
Thérèse. À Marie de Hennezel, qu'il voit quasi quotidiennement, il confie le 19 décembre : « Je sens
la vie qui se retire... Mes forces m'abandonnent...
Je vais mourir, mais ce n'est pas une affaire, cela
ne m'affecte plus de la même manière. C'est un
arrachement à soi-même qu'on finit par accepter.
Mais que c'est long de mourir... »

173

24 décembre 1995

Il arrive en fin d'après-midi à *L'Old Cataract*. L'accompagnent dans l'avion mis à sa disposition par Hosni Moubarak, Anne, sa sœur, Mazarine, une de ses amies, Jean-Paul Tarot et son épouse, André et Anouchka Rousselet.

Il a décidé le 21 décembre de partir. Au début du mois, il a proposé à Danielle d'entreprendre tous les deux un voyage en Haute-Égypte ; elle a refusé. Les médecins voient cette équipée comme un véritable suicide. Le docteur Tarot, sachant l'importance qu'il y accorde, et Marie de Hennezel, qui lui conseille d'avoir des buts et de tenter de les atteindre, l'encouragent, eux, à revenir dans ce lieu qui lui inspire calme et sérénité. Il a apporté son manuscrit sur l'Allemagne, dont il lui reste la conclusion et l'introduction à écrire. L'avant-veille, il a organisé une réunion avenue Frédéric-Le-Play avec ses collaborateurs pour déterminer ses priorités dans les trois prochains mois, et ce livre, à inscrire sans doute, pense-t-il, dans un plus vaste projet, constitue la priorité des priorités ; il compte bien y travailler.

La chaleur est suffocante. Dans la suite présidentielle, il s'installe sur la terrasse pour contempler ce paysage qu'il connaît par cœur et qui ressemble à un rêve éveillé : les flancs gris de l'île Éléphantine qui font penser à des rhinocéros endormis, la douceur de la courbe du Nil, la couleur ocre du désert qu'on devine. Il a demandé que la table soit dressée dans la suite pour un réveillon aux mets apportés de Paris. Il reste à l'écart dans un fauteuil d'où il se réjouit de voir le bonheur de ses proches. « Assouan est le plus bel endroit du monde. Quand on ouvre les fenêtres de *L'Old Cataract* le matin, on a l'impression d'être mélangé à l'univers, le lendemain de la création du monde », a-t-il dit à Franz-Olivier Giesbert au printemps dernier.

Le lendemain, il part en expédition sur une felouque et passe la journée à l'arrière, allongé sur un transat, à l'ombre de la voile. Les jours suivants il n'aura plus la force de sortir. Il a prévu de rester après les fêtes de fin d'année et programmé un déjeuner, le 2 janvier, à Assouan, avec Jean-Pierre Soisson, lui-même en vacances à Louxor. Un déjeuner aussi est envisagé avec Hosni Moubarak, le 29 décembre. Ce matin-là, il appelle en personne le président égyptien et lui demande si on peut lui affréter un avion : il souhaite partir dans la journée.

Là commence une étrange histoire : François Mitterrand ne sait pas vraiment où il veut aller et donne plusieurs consignes au pilote : la première de faire un arrêt à Clermont-Ferrand – sans doute pour déposer Anne et Mazarine – puis de mettre le cap sur la Bretagne. Ensuite il change d'avis : ce sera Paris, puis Biarritz. Finalement l'appareil atterrira à Biarritz où la troupe s'éparpillera.

174

2 janvier 1996

Il s'est réveillé tôt dans sa chambre bibliothèque et a vu que la brume, malgré le soleil, n'allait pas se dissiper avant la fin de la matinée. Il connaît par cœur les différents états de la lumière selon les heures de la journée et les saisons, et regrette de ne pouvoir bouger de son fauteuil où la douleur le cloue. Son corps le fait atrocement souffrir et il a peur que les métastases n'atteignent le cerveau. Perd-il la tête ? N'a-t-il pas confondu les jours ? Il a demandé à Gilbert d'inviter Henri Emmanuelli et son épouse à dîner à Latché, le 30 décembre, pensant que c'était le soir du réveillon. Il a ri de sa bévue, même s'il s'inquiète de plus en plus de la progression de sa maladie. Le couple est quand même venu, et même revenu au réveillon. Le 30 décembre, il était plutôt en forme et a parlé de politique. Le lendemain, il a passé la soirée dans son fauteuil, mangeant à peine – l'image d'un président grand ogre devant l'Éternel et faisant, face au Commandeur, son dernier festin est fausse –, chuchotant avec certains de ses convives. Il a toute sa tête mais est très affaibli physiquement.

Le 1er janvier, il a refusé de s'alimenter malgré les demandes réitérées de Danielle, qui s'inquiétait. Il a passé la journée à lire. Le 2 janvier, il voit Jean Munier, ami de la Résistance qui, comme chaque année, est venu participer au réveillon et, en voisin, prend de ses nouvelles. Il avoue être au bout du rouleau. Gilbert lui demande à plusieurs reprises d'avaler quelque chose. Il ne boit que du thé. Vers 5 heures, en compagnie du docteur Tarot, il rentre sur Paris.

Le reste lui appartient. À partir de ce moment, il a coupé tous les ponts. Ce qui est certain, c'est qu'il a choisi de ne pas continuer à vivre. Et, jusqu'au bout, de demeurer maître de son destin.

175

5 janvier 1996

Il se souvient peut-être, dans sa chambre de l'avenue Frédéric-Le-Play aux rideaux fermés, de l'attitude de Charles Quint – qu'il admirait – au cours de l'été 1558. Celui-ci, déjà très malade, ordonna qu'on célèbre ses funérailles devant lui. Selon certains chroniqueurs, il aurait poussé le goût du réalisme jusqu'à s'étendre dans la bière devant les capucins et aurait chanté avec le chœur des moines les prières des trépassés. Il espérait ainsi anticiper son décès et, en conduisant à l'extrême le simulacre de son sacrifice, signifiait à la communauté des vivants qu'il était déjà mort à lui-même.

176

8 janvier 1996

Le téléphone sonne. Il est 10 heures du matin. Je sors de la chambre de ma fille, patraque, à qui je raconte une histoire. Je me précipite pour répondre. Ma fille se souvient encore du cri que j'ai poussé.

Je le savais malade et n'ignorais pas que ses jours étaient comptés.

Qui avais-je perdu ?

La journée s'est passée à attendre le moment où je pourrais enfin disparaître dans la foule rassemblée place de la Bastille. Quelque chose se terminait.

« Entre ce qui n'est pas encore et ce qui est, la conscience reste vide un court instant. On regardait sans comprendre les gros titres à la une du *Monde*, "FRANÇOIS MITTERRAND EST MORT". La foule se reformait comme en décembre, sur la place de la Bastille, dans la nuit. On continuait d'avoir besoin d'être ensemble et c'était la solitude. »

On, nous, je.

Dans *Les Années*, Annie Ernaux a su trouver les mots.

Bibliographie

Plus de cinq cents livres ont été écrits sur François Mitterrand... Certains d'entre eux m'ont servi de guides tout au long de l'écriture. C'est notamment le cas de la biographie en deux volumes du très regretté Jean Lacouture, des trois livres de Franz-Olivier Giesbert, des quatre volumes de Pierre Favier et Michel Martin-Roland sur la décennie Mitterrand, des *Carnets* de Michèle Cotta, du *Bloc-notes* de François Mauriac, des *Années* d'Annie Ernaux, du livre de Pierre Péan consacré à la période de la guerre, *Une jeunesse française*, des deux volumes du *Verbatim* de Jacques Attali, du livre de Robert Mitterrand, *Frère de quelqu'un*, de *La Mort du roi* de Jacques Julliard, mais aussi *Les gauches françaises*, de l'essai de Jean Védrine sur la période de la guerre, *Vichy, lesPrisonniers de guerre et la Résistance*, de la biographie toute récente de Michel Winock ainsi que de l'enquête passionnante de Philippe Short qui vient d'être traduite en français, *Portrait d'un ambigu*.

Je voudrais mentionner aussi le livre de Jean-Marie Borzeix, publié en 1973 et prémonitoire, *Mitterrand lui-même*, les livres d'Alain Duhamel,

625

dont *De Gaulle-Mitterrand* et *Portrait d'un artiste*, certains ouvrages de Marguerite Duras, dont *La Douleur* et *Dans le bureau de poste de la rue Dupin*, l'important volume d'Hubert Védrine, *Les Mondes de François Mitterrand*, ainsi que le bref mais efficace *Undessein, un destin*, de Jean Daniel, publié en 1988, *Les Religions d'un président*, le portrait d'Éric Duhamel, *François Mitterrand, l'unité d'un homme*, le livre de Pierre Vidal-Naquet, *La Torture dans la République*, paru en 1972 aux Éditions de Minuit, l'enquête de Benjamin Stora et François Malye sur Mitterrand et l'Algérie, de Pierre Joxe, *Pourquoi Mitterrand ?*, les trois volumes de Georgette Elgey, indispensables pour comprendre les méandres de la IVe République pendant trois décennies, la lecture du *Courrier de la Nièvre* où François Mitterrand a signé des éditoriaux.

Je n'oublie pas l'hilarant *Grand Amour* d'Erik Orsenna, le récit introspectif et politique de Régis Debray, *Loués soient nos seigneurs* – deux textes qui nous permettent d'entrer dans le cœur du fonctionnement de l'Élysée – le magnifique récit de Mazarine Pingeot, *Bouche cousue*, *Les Derniers Jours de François Mitterrand*, de Christophe Barbier, les mémoires de Louis Mermaz, *Il faut que je vous dise*, le livre décapant de Catherine Nay, *Le Noir et le Rouge*, les entretiens avec Jean-Pierre Elkabbach, certains livres d'Edwy Plenel, dont *La Partd'ombre*, *Le Journaliste et le Président*, et le tout récent *La Troisième Équipe*, de Serge July, *Les Années Mitterrand* et le *Dictionnaire amoureux du journalisme*, le livre de Raphaëlle Bacqué, *Le Dernier Mort de Mitterrand*, celui de Jean-Marc Terrasse, *La Fiancée des Français*, le témoignage et l'analyse de

Charles Salzmann, *Le Bruit de la main gauche*, le récit de Christina Forsne, *François*, celui de David Le Bailly, *La Captive de Mitterrand*.

Je citerai enfin Herman Melville, qui m'a accompagnée tout au long de mon travail et m'a beaucoup aidée sans que je sache comment... et, bien sûr, les ouvrages de François Mitterrand, où il affectait de dire la vérité, sa vérité... Je pense en premier lieu à *Ma part de vérité*, *La Paille et le Grain*, *L'Abeille et l'Architecte*, sans oublier *Mémoires interrompus*, avec Georges-Marc Benamou, et *Mémoires à deux voix*, avec Élie Wiesel.

Remerciements

Ce livre n'aurait pas pu être écrit sans la confiance et la générosité dont ont fait preuve de nombreuses personnes qui ont accepté de me recevoir pendant le temps de la recherche. Qu'elles en soient ici vivement remerciées.

Mes remerciements vont plus particulièrement à Irène Dayan, Laurence Soudet, Christiane Dufour, Marie-Claire Papegay, Paulette Decraene, Élisabeth Guigou, Édith Cresson, Anne Lauvergeon, Nathalie Duhamel, Monique Lang, Dominique Bertinotti, Françoise Carle, Michèle Cotta, Michèle Gendreau-Massaloux, Caroline Lang, Dominique Hernu, Robert Badinter, Hubert Védrine, Pierre Joxe, Michel Charasse, Jean-Louis Bianco, Michel Rocard, François Hollande, Laurent Fabius, Jean-Pierre Chevènement, Jack Lang, Louis Mermaz, Louis Mexandeau, Gilles Ménage, Jacques Attali, André Rousselet, Pierre Bergé, Élie Wiesel, Régis Debray, Erik Orsenna, Christian Quesnot, Pierre Favier, Roland Dumas, Claude Gubler, Jean-Claude Guillebaud, Serge Klarsfeld, Serge Moati, Christian Prouteau, Dominique Perrault, Bartabas, Frédéric Mitterrand, Claude Estier, Jean-Luc Mélenchon.

Merci également, à l'Institut François-Mitterrand, à Georges Saunier et à Christophe Rosé, aux bibliothécaires des Archives nationales, du Sénat, de la Fondation Jean-Jaurès.

Gilles Haeri m'a accompagnée tout au long de ce travail avec Alice d'Andigné et Thierry Billard. Clément Aadli m'a permis de vérifier des sources, Teresa Cremisi, comme d'habitude, a su trouver les mots, et Alain Veinstein a accepté de me lire.

Table des matières

Crédits photographiques

p. 21 : © Dalmas / SIPA
p. 26 : © Keystone France / Gamma-Rapho
p. 39 : © L'Humanité / Keystone France / Gamma-Rapho
p. 78 : © SIPA
p. 90 : © Dalmas / SIPA
p. 95 : © Pierre Pean / Gamma-Rapho
p. 105 : © DR / IFM
p. 105 : © Roger-Viollet
p. 117 : © Pierre Vals / Paris Match / Scoop
p. 117 : © Information Sénégal / DR / IFM
p. 143 : © Studio Lipnitzki / Roger-Viollet
p. 153 : © Keystone France / Gamma-Rapho
p. 160 : © Keystone France / Gamma-Rapho
p. 162 : © François Pages / Paris Match / Scoop
p. 164 : © Rue des Archives / AGIP
p. 200 : © Collection particulière
p. 200 : © L'Humanité / Keystone-France
p. 201 : © M. Simon / J. Garofalo / Paris Match / Scoop
p. 201 : © AFP
p. 201 : © AFP
p. 231 : © Charles Courriere / Paris Match / Scoop
p. 294 : © Diego Goldberg

11806

Composition
NORD COMPO

Achevé d'imprimer en Slovaquie
par NOVOPRINT SLK
le 10 avril 2017.

Dépôt légal : mai 2017.
EAN 9782290134504
OTP L21EPLN002046N001

ÉDITIONS J'AI LU
87, quai Panhard-et-Levassor, 75013 Paris

Diffusion France et étranger : Flammarion